Vadim Zubakhin

# Second Russian Reader
## Bilingual for Speakers of English

LANGUAGE
PRACTICE
PUBLISHING

**Audio tracks are available on lppbooks.com free of charge**

We strive to avoid typos and inaccuracies. However, on occasion we make mistakes. We value your contributions and help in correcting them. To report typos or inaccuracies, please mail to editor@lppbooks.com
Editor Natalia Kolobanova
Copyright © 2012 by Language Practice Publishing
All rights reserved.
This book is in copyright. Subject to statutory exception and to the provisions of relevant collective licensing agreements, no reproduction of any part may take place without the written permission of the copyright holder.

# Table of Contents

Dictionary Codes ................................................................................................ 5

Russian Alphabet ............................................................................................... 6

*Beginner Level* ................................................................................................. 7

Chapter 1 The Imperial Bank ........................................................................... 8

Grammar: Pronunciation, Verb быть (to be), Presence and Absence .......... 11

Chapter 2 Problem ............................................................................................ 13

Grammar: Gender of Nouns, Asking a Person's Name, Saying a Person's Name ........... 17

Chapter 3 Detective Paul Rost ......................................................................... 19

Grammar: Pronunciation, Question words ..................................................... 24

Chapter 4 Atlas City ......................................................................................... 25

Grammar: Word Order ..................................................................................... 30

Chapter 5 A Repairman .................................................................................... 31

Grammar: Gender of Adjectives ...................................................................... 35

Chapter 6 A Vault Key ...................................................................................... 37

Grammar: Plural of Nouns ............................................................................... 40

Chapter 7 The Mover ........................................................................................ 42

Grammar: Declination of the Verbs жить - live, говорить - speak, работать - work; Short Form of Adjectives ........................................................ 49

Chapter 8 A New Job ........................................................................................ 50

Grammar: Possessive Pronouns, Infinitive .................................................... 55

Chapter 9 Personal Meeting ............................................................................ 56

Grammar: The Verb Иметь .............................................................................. 63

Chapter 10 One More Night ............................................................................. 64

Grammar: Pronunciation, Demonstrative Pronouns ..................................... 70

Chapter 11 Meeting ........................................................................................... 72

Grammar: Numerals .......................................................................................... 80

Chapter 12 Now or Never ................................................................................. 81

Grammar: Dative Case of Pronouns ................................................................ 87

Chapter 13 Hello, Exotics! ............................................................................... 88

Grammar: Conjunctions .................................................................................... 97

Chapter 14 Where is my Money? ..................................................................... 98

Grammar: Conjugation of the Verb Хотеть ................................................. 105

*Pre-Intermediate Level* ................................................................................. 107

Глава 15 Суд .................................................................................................... 108

Грамматика: Comparative and Superlative Forms of Adjectives .............. 118

Глава 16 Оружие ханов ................................................................................. 119

Грамматика: Adverbs ..................................................................................... 127

Глава 17 Билет в Одну Сторону ................................................................. 129

Грамматика: Active Participle (Present) ...................................................... 139

Глава 18 Небо в Бриллиантах .................................................................... 140

Грамматика: Days of Week ........................................................................... 149

Глава 19 Ашур Меняет Профессию ........................................................... 150

Грамматика: Conjugation of the Verbs Бежать, Сидеть, Есть .......................... 156
Глава 20 В Двух Шагах от Судьбы ........................................................ 158
Грамматика: Prepositions of Time ............................................................ 167
Глава 21 Единственный Шанс ................................................................ 169
Грамматика: Prefixes of motion verbs ..................................................... 177
Глава 22 Жизнь Ошибок не Прощает ..................................................... 179
Грамматика: To convey an attitude to an action or event… ...................... 189
Глава 23 Преступление и Наказание ...................................................... 191
Грамматика: Perfective and Imperfective Verbs of Motion ..................... 199
Глава 24 Дорожный Патруль ................................................................. 201
Грамматика: Telling time ....................................................................... 214
Глава 25 Арест ..................................................................................... 216
Глава 26 Не Оглядываясь ..................................................................... 224
Глава 27 Чёрное и Белое (Часть 1) ....................................................... 234
Глава 28 Чёрное и Белое (Часть 2) ....................................................... 245
Глава 29 Решай Сам, Парень ............................................................... 253
Appendix 1 Cases of singular nouns and adjectives ................................. 263
Appendix 2 Demonstrative pronoun этот – this ....................................... 264
Appendix 3 Cases of plural nouns and adjectives .................................... 264
Appendix 4 Demonstrative pronoun тот - that ........................................ 265
Appendix 5 Past Tense ........................................................................... 265
Appendix 6 Prefixed verbs of motion ...................................................... 266
Appendix 7 Conjugated Verbs ................................................................ 266
Appendix 8 Personal pronouns ............................................................... 267
Appendix 9 Possessive pronouns ........................................................... 267
Appendix 10 The 3rd person possessive pronouns .................................. 269
Appendix 11 Personal reflexive pronoun себя ......................................... 269
Appendix 12 Reflexive possessive pronoun свой ..................................... 269
Appendix 13 Pronoun сам ...................................................................... 269
Appendix 14 Pronoun весь ..................................................................... 270
Appendix 15 Common adjectives ............................................................ 270
Русско-Английский Словарь ................................................................. 272
Англо-Русский Словарь ........................................................................ 313
Recommended Books ............................................................................. 350

# Dictionary Codes

## *Code* / **Person / Number**

*fst sng* / First / Singular
*fst plr* / First / Plural
*sec* / Second / Singular & Plural
*sec sng* / Second / Singular
*sec plr* / Second / Plural
*thrd* / Third / Singular & Plural
*thrd sng* / Third / Singular
*thrd plr* / Third / Plural

## *Code* / **Tense**

*past* / Past Tense
*pres* / Present Tense
*ftr* / Future Tense
*past part* / Past Participle
*pres part* / Present Participle
*inf* / Infinitive
*imp* / Imperative

## *Code* / **Gender**

*pers* / person
*neut* / neuter
*masc* / person masculine
*fem* / person feminine

## *Code* / **Category**

*noun* / Noun
*adj* / Adjective
*adv* / Adverb
*pron* / Pronoun
*verb* / Verb
*conj* / Conjunction
*prep* / Preposition

## *Code* / **Cases**

*Nom* / Nominative
*Gen* / Genitive
*Acc* / Accusative
*Dat* / Dative
*Inst* / Instrumental
*Prep* / Prepositional

# Русский Алфавит
## *Russian Alphabet*

*Capital/Small / Name / IPA / English example*

А а…а [a]…/a/…*a* in rather

Б б…бэ [bɛ]…/b/ or /bʲ/…*b* in hit

В в…вэ [vɛ]…/v/ or /vʲ/…*v* in veal

Г г…гэ [gɛ]…/g/…*g* in get , or *h* in hat

Д д…дэ [dɛ]…/d/ or /dʲ/…*d* in do

Е е…е [je]…/je/ or / ʲe/…*ye* in yet

Ё ё…ё [jo]…/jo/ or / ʲo/…*yo* in york

Ж ж…жэ [zɛ]…/z̧/…*g* in genre, *s* in pleasure

З з…зэ [zɛ]…/z/ or /zʲ/…*z* in zoo

И и…и [i]…/i/ or / ʲi/…*e* in me

Й й…и краткое…/j/…*y* in yes

К к…ка [ka]…/k/ or /kʲ/…*k* in kitchen

Л л…эл [el]…/l/ or /lʲ/…*l* in lock

М м…эм [ɛm]…/m/ or /mʲ/…*m* in mat

Н н…эн [ɛn]…/n/ or /nʲ/…*n* in not

О о…о [o]…/o/…*o* in more

П п…пэ [pɛ]…/p/ or /pʲ/…*p* in put

Р р…эр [ɛr]…/r/ or /rʲ/…rolled *r*

С с…эс [ɛs]…/s/ or /sʲ/…*s* in sea

Т т…тэ [tɛ]…/t/ or /tʲ/…*t* in top

У у…у [u]…/u/…*oo* in foot

Ф ф…эф [ɛf]…/f/ or /fʲ/…*f* in fate

Х х…ха [xa]…/x/…like *h* in harp

Ц ц…це [t͡sɛ]…/t͡s/…*ts* in meets

Ч ч…че [t͡ɕe]…/t͡ɕ/…*ch* in chess

Ш ш…ша [ʃa]…/ʃ/…similar to the *sh* in shop

Щ щ…ща [ɕɕa]…/ɕ/…similar to the *sh* in shake

Ъ ъ…твёрдый знак puts a distinct /j/ sound in front of the following iotified vowels

Ы ы…ы [ɨ]…like *i* in Billy

Ь ь…мягкий знак / ʲ/ slightly palatalizes the preceding consonant

Э э…э [ɛ]…/e/…*e* in met

Ю ю…ю [ju]…/ju/ or / ʲu/…*u* in use

Я я…я [ja]…/ja/ or / ʲa/…*ya* in yard

# Second Russian Reader
*Beginner Level*

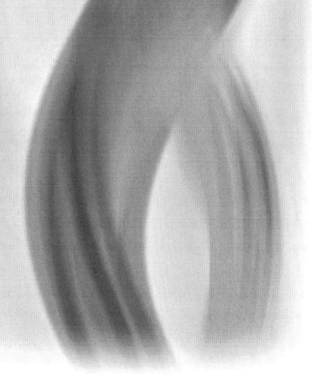

# 1

## Банк Империал
*The Imperial Bank*

### A

### Слова
*Words*

1. автомоб_и_ль - a car
2. банк - a bank
3. больш_о_й *(masc)* - big
4. в - in
5. в_е_жливая *(fem)* - polite
6. в_е_тер - wind
7. внимательный *(masc)* - attentive
8. в_о_зле - near
9. вы_со_кий *(masc)* - tall
10. детект_и_в - a detective
11. диктоф_о_н - a dictaphone

12. ду́ет *(thrd sng)* - blows, дуть *(inf)* - to blow
13. есть - have; У меня́ (есть) кроссво́рд - I have a crossword.
14. же́нщина - a woman
15. и - and
16. интере́сный *(masc)* - interesting
17. касси́р - a teller
18. кроссво́рд - a crossword puzzle
19. ме́неджер - a manager
20. мно́го - many, much, a lot
21. молода́я *(fem)* - young
22. мужчи́на - a man
23. на - on
24. нахо́дится *(thrd sng)* - is (located); находи́ться *(inf)* - to be (located)
25. но́вый *(masc)* - new
26. он - he
27. она́ - she
28. охра́нник - guard; охра́нника *(gen)* - guard's

29. пистоле́т - a gun
30. понеде́льник - Monday
31. проспе́кт - an avenue; проспе́кт Ван Го́га - Van Gogh avenue
32. рабо́та - work, a job; мно́го рабо́ты *(gen)* - a lot of work
33. респекта́бельный *(masc)* - respectable
34. серьёзный *(masc)* - serious
35. си́льный *(masc)* - strong
36. сла́бый *(masc)* - weak
37. со́лнечно *(adv)* - sunny
38. ста́рый *(masc)* - old
39. тепло́ *(adv)* - warm
40. то́же - too, also
41. у него́ / у неё - he has/ she has
42. у́тро - a morning
43. челове́к - a man
44. чёрный *(masc)* - black
45. э́то - it, this

# B

## Банк Империа́л

## *The Imperial Bank*

Понеде́льник. У́тро. Тепло́ и со́лнечно. Ду́ет сла́бый ве́тер.

*It is Monday. It is morning. It is warm and sunny. A light wind is blowing.*

Э́то банк Империа́л. Он большо́й и респекта́бельный. Банк Империа́л нахо́дится на проспе́кте Ван Го́га.

*This is the Imperial Bank. It is big and respectable. The Imperial Bank is located in Van Gogh Avenue.*

Э́то же́нщина. Она́ молода́я и ве́жливая. У же́нщины есть кроссво́рд. Кроссво́рд же́нщины интере́сный. Же́нщина нахо́дится в ба́нке. Она́ касси́р. У неё интере́сная рабо́та.

*This is a woman. She is young and polite. The woman has a crossword puzzle. The woman's crossword is interesting. The woman is in the bank. She is a teller. She has an interesting job.*

Э́то мужчи́на. Мужчи́на нахо́дится в ба́нке то́же. Он ста́рый и серьёзный. Он ме́неджер. У него́ то́же мно́го рабо́ты. У ме́неджера

*This is a man. The man is in the bank too. He is old and serious. He is a*

есть автомобиль. Автомобиль менеджера возле банка.

Это автомобиль менеджера. Автомобиль менеджера чёрный и новый. Он находится возле банка.

Это охранник. Он высокий и сильный. Он молодой. У охранника есть пистолет. Пистолет охранника чёрный. Охранник тоже находится в банке. Он внимательный и вежливый.

Это человек. Он детектив. У детектива есть диктофон. Диктофон детектива новый. Детектив тоже в банке. Он серьёзный и вежливый.

*manager. He has a lot of work too. The manager has a car. The manager's car is near the bank.*

*This is the manager's car. The manager's car is black and new. It is near the bank.*

*This is a guard. He is tall and strong. He is young. The guard has a gun. The guard's gun is black. The guard is in the bank too. He is attentive and polite.*

*This is a man. He is a detective. The detective has a dictaphone. The detective's dictaphone is new. The detective is in the bank too. He is serious and polite.*

# C

## Проверь Новые Слова

### New Vocabulary Review

*1*
- Сегодня понедельник?
- **Да.**
- Сегодня тепло?
- Да, сегодня тепло и солнечно.

*2*
- Это книга?
- Да. Это книга.
- Она **возле** лампы?
- Да. Она **возле** лампы.
- А лампа **возле** компьютера?
- Да.

*3*
- Это лампа?
- Да.
- Она **на** столе?
- Да. Она на столе.
- Компьютер тоже **на** столе?
- Да.

*1*
- Is today Monday?
- Yes, it is.
- Is it warm today?
- Yes, it is warm and sunny today.

*2*
- Is it a book?
- Yes, this is a book.
- Is it near the lamp?
- Yes, it is near the lamp.
- And the lamp is near the computer?
- Yes, it is.

*3*
- Is it a lamp?
- Yes, it is.
- Is it on the table?
- Yes. It is on the table.
- Is the computer on the table too?
- Yes, it is.

### 4
- Эта женщина молодая?
- Да.
- Она серьёзная?
- Да. Она серьёзная и вежливая.

### 5
- Это пистолет охранника?
- Да.
- У охранника новый пистолет?
- Да. У охранника новый чёрный пистолет.

### 6
- В банке находится респектабельный мужчина.
- Он молодой?
- Да. Он молодой и серьёзный.

### 7
- На проспекте Ван Гога находится банк?
- Да. На проспекте Ван Гога находится большой банк.

### 8
- Это автомобиль менеджера?
- Да. У менеджера новый автомобиль.

### 9
- Это компьютер женщины?
- Да.
- Компьютер женщины на столе?
- Да. Он на столе.

### 4
- *Is this woman young?*
- *Yes, she is.*
- *Is she serious?*
- *Yes. She is serious and polite.*

### 5
- *Is it the guard's gun?*
- *Yes, it is.*
- *Does the guard have a new gun?*
- *Yes. The guard has a new black gun.*

### 6
- *There is a respectable man in the bank.*
- *Is he young?*
- *Yes, he is. He is young and serious.*

### 7
- *Is there a bank on Van Gogh Avenue?*
- *Yes, there is. There is a big bank in Van Gogh Avenue.*

### 8
- *Is this the manager's car?*
- *Yes, it is. The manager has a new car.*

### 9
- *Is this the woman's computer?*
- *Yes, it is.*
- *Is the woman's computer on the table?*
- *Yes. It is on the table.*

 **D**

## Pronunciation

For the most part one Russian letter corresponds to one sound.
**Ё** is always stressed. **О** is pronounced **а** if unstressed: молоко - [малако] *milk*.
**Е** is pronounced **и** if unstressed: менеджер - [мениджир] *manager*.
Ending -го is always pronounced -во: его - [ево] *his, him*.

## Verb быть *(to be)*

Verb быть is usually omitted in the present tense:
Он студент. - *He is a student.*
Она дома. - *She is at home.*
However its equivalents являться и находиться can be used in formal situations instead:

Он является студентом. - *He is a student.*
Она находится дома. - *She is at home.*

## Presence and Absence

In Russian they usually do not use the words есть, имеется *(there is, there are)*. However they usually use есть in questions and when they emphasize the presence or existence.
Например/*For example*:
- На столе диктофон. *There is a dictaphone on the table.*
- На столе есть компьютер? *Is there a computer on the table?*
- На столе два компьютера. *There are two computers on the table.*
- В Москве есть банки? *Are there banks in Moscow?*
- В Москве много банков. *There a lot of banks in Moscow.*
Absence is formed with нет + Genitive:
В этом банке нет охранника. *There is no guard in this bank.*
На столе нет лампы. *There is no lamp on the table.*

# 2

## Проблема
*Problem*

### Слова
*Words*

1. бут<u>ы</u>лка - a bottle; Он даёт бут<u>ы</u>лку. *(acc)* - He gives a bottle.
2. Вас *(acc)* - you; Я зн<u>а</u>ю Вас. - I know you.
3. весь *(masc)* - entire, whole
4. вод<u>а</u> *(noun)* - water ; мн<u>о</u>го вод<u>ы</u> *(gen)* - a lot of water
5. вр<u>е</u>мя - time
6. всю *(fem acc)* - all, whole
7. вт<u>о</u>рник - Tuesday
8. вх<u>о</u>дит *(thrd sng)* - enters; входить *(inf)* - to enter

9. вы *(plr)*, Вы *(sng polite)* - you
10. говор́ит *(thrd sng)* - says; говор́ить *(inf)* - to say
11. господ́ин - mister; госпож́а - miss, missis, madam
12. даёт *(thrd sng)* - gives; дав́ать *(inf)* - to give
13. дѐньги - money
14. д́есять - ten
15. до - before, until
16. докум́ент - a document; докум́енты *(plr)* - documents
17. д́олжен *(sng)* - have to, must
18. д́оллар - a dollar; пять д́олларов *(gen plr)* - five dollars
19. д́умает *(thrd sng)* - thinks; д́умать *(inf)* - to think
20. он - he; Я зн́аю еѓо. *(acc)* - I know him. Еѓо дѐньги на стол́е. *(gen)* - His money is on the table.
21. ж́арко *(adv)* - hot
22. за - at, behind
23. здр́аствуйте - hello
24. зов́ут *(thrd plr)* - call; звать *(inf)* - to call; Еѓо зов́ут Александр. - They call him Alexander, his name is Alexander.
25. иди́от - an idiot
26. как - how
27. каќая *(fem)* - what
28. ќасса - a cash register
29. ќомната - a room
30. кон́ечно - sure, of course
31. контрол́ировать *(inf)* - to supervise, to control
32. л́ампа - a lamp
33. лжец - a liar
34. л́юди - people ; наблюд́ать за людьм́и *(plr inst)* - to watch people
35. минер́альная *(fem)* - mineral

36. я - I; мне *(dat)* - to me; Он даёт мне дѐньги. - He gives money to me.
37. м́ожно - can; М́ожно сад́иться? - Can I sit down?
38. наблюд́ать *(inf)* - to watch, to observe
39. налив́ает *(thrd sng)* - pours; налив́ать *(inf)* - to pour
40. немн́ого *(adv)* - a little, some
41. об́ед - lunch
42. отвеч́ает *(thrd sng)* - is responsible, answers; отвеч́ать за *(inf)* - be responsible for
43. персон́ал - personnel, staff
44. поговор́ить *(perf inf)* - to talk
45. пож́алуйста - please
46. поќазывает *(thrd sng)* - points, shows; поќазывать *(inf)* - to point, to show
47. предотврат́ить *(inf)* - to prevent
48. преступл́ение - a crime
49. пробл́ема - a problem
50. проп́али *(past plur)* - got lost, gone, disappeared; проп́асть *(inf)* - to be lost, to disappear
51. с - with
52. сад́иться - to sit down; сад́итесь *(imp plr)* - sit down
53. сид́ит *(thrd sng)* - sits; сид́еть *(inf)* - to sit
54. сќолько - how much, how many
55. спр́ашивает *(thrd sng)* - asks; спр́ашивать *(inf)* - to ask
56. стаќан - a glass
57. стол - a table
58. т́ысяча - a thousand
59. у нас - we have
60. ч́истая *(fem)* - clean
61. что - what
62. ́этот *(masc)* - this

# B

## Проблема

Вторник. Время до обеда. Жарко и солнечно. Дует ветер.

Это комната менеджера банка. Комната большая и чистая. В комнате большой стол. На столе лампа. Менеджер сидит за столом. У него проблема. В комнату менеджера входит детектив.

«Здравствуйте, господин Вега,» говорит детектив.

«Здравствуйте, господин Рост,» отвечает менеджер, «Садитесь, пожалуйста.»

«Какая у Вас проблема?» спрашивает господин Рост.

«У нас пропали деньги,» отвечает господин Вега.

«Сколько?» спрашивает детектив.

«Десять тысяч долларов,» отвечает менеджер.

«Как зовут кассира?» спрашивает Павел Рост.

«Кассира зовут Лиза Пандора,» отвечает Иван Вега.

«За что отвечает госпожа Пандора?» спрашивает детектив.

«Госпожа Пандора отвечает за деньги и документы в кассе,» отвечает менеджер.

«Как зовут охранника?» спрашивает господин Рост.

«Охранника зовут Георгий Титан,» отвечает Иван Вега.

«За что отвечает господин Титан?» спрашивает детектив.

«Господин Титан должен наблюдать за людьми и предотвратить преступление,» отвечает менеджер банка.

«За что отвечаете Вы?» спрашивает господин Рост.

«Я должен контролировать всю работу и

## Problem

It is Tuesday. It is the time before dinner. It is hot and sunny. The wind is blowing.

This is the bank manager's room. The room is big and clean. There is a big table in the room. There is a lamp on the table. The manager sits at the table. He has a problem. A detective enters the manager's room.

"Hello, Mr. Vega," the detective says.

"Hello, Mr. Rost," the manager answers, "Sit down, please."

"What is your problem?" Mr. Rost asks.

"We are missing some money," Mr. Vega answers.

"How much?" the detective asks.

"Ten thousand dollars," the manager answers.

"What is the name of the teller?" Paul Rost asks.

"The teller's name is Lisa Pandora," John Vega replies.

"What is miss Pandora responsible for?" the detective asks.

"Miss Pandora is responsible for money and documents in the cash register," the manager answers.

"What is the name of the guard?" Mr. Rost asks.

"The guard's name is George Titan," John Vega replies.

"What is Mr. Titan responsible for?" the detective asks.

"Mr. Titan has to watch people and prevent crime," the manager of the bank answers.

"What are you responsible for?" Mr. Rost asks.

"I have to supervise all the work and all

весь персонал банка,» отвечает господин Вега.
«Что это?» детектив показывает на бутылку с минеральной водой на столе менеджера. «Это бутылка с минеральной водой,» говорит менеджер.
«Можно мне немного воды?» спрашивает детектив.
«Конечно, пожалуйста» отвечает менеджер. Он наливает немного воды в стакан и даёт его детективу. «Этот детектив идиот,» думает менеджер.
«Менеджер лжец,» думает детектив, «Можно мне поговорить с персоналом, пожалуйста?» говорит он.
«Конечно,» отвечает менеджер.

the staff of the bank," Mr. Vega answers.
"What is this?" the detective points to a bottle of mineral water on the manager's desk.
"This is a bottle of mineral water," the manager says.
"Can I have some water?" the detective asks.
"Of course, please" the manager answers. He pours a little water into a glass and gives it to the detective. "This detective is an idiot," the manager thinks.
"The manager is a liar," the detective thinks, "Can I speak with the staff, please?" he says.
"Sure," the manager answers.

## Проверь Новые Слова

**1**
- Молодой человек, сегодня **вторник** или понедельник?
- Сегодня **вторник**.
- Сейчас время **до обеда или после обеда**?
- Сейчас время **до обеда**.
- Сейчас тепло или **жарко**?
- Сейчас **жарко и солнечно**.

**2**
- **Как зовут** менеджера?
- **Его зовут** Иван Вега.
- **Что должен контролировать** Иван Вега?
- Он **должен контролировать работу банка**.

**3**
- **Как зовут** охранника?
- Охранника **зовут** Георгий Титан.
- **За что отвечает** господин Титан?
- Господин Титан должен **наблюдать за людьми**. Он должен **предотвратить преступление**.

## New Vocabulary Review

**1**
- Is it Tuesday or Monday today, young man?
- Today is Tuesday.
- Is it the time before noon or after noon now?
- It is the time before noon now.
- Is it warm or hot now?
- It is hot and sunny now.

**2**
- What is the manager's name?
- His name is John Vega.
- What must John Vega supervise?
- He must supervise the work of the bank.

**3**
- What is the guard's name?
- His name is George Titan.
- What is Mr. Titan responsible for?
- Mr. Titan must watch people. He must prevent crime.

4

- **У меня** проблема.
- **Какая у Вас** проблема?
- **Пропал мой** хот-дог.
- У менеджера **тоже** проблема.
- **Какая** проблема у менеджера?
- У него **пропала бутылка с минеральной водой**.

5

- Что на столе **кассира**?
- **На столе** кассира **деньги и документы**.
- **Сколько** долларов на столе?
- На столе **одна тысяча** долларов.

6

- Молодой человек, **что это за** банк?
- Это **респектабельный** банк.
- Он **находится** на проспекте Ван Гога?
- Да.

7

- **Что это** возле компьютера?
- Это **интересный кроссворд**.
- **Что это за** бутылка **на** столе?
- Это **минеральная вода**.

8

- Деньги **в кассе** или у менеджера?
- **Конечно,** деньги **в кассе**.
- Этот менеджер **лжец или идиот**?
- Конечно, он не **идиот**. Он **лжец**.

4

- *I have a problem.*
- *What is your problem?*
- *My hotdog is gone.*
- *The manager has a problem too.*
- *What is the manager's problem?*
- *His bottle of mineral water is gone.*

5

- *What is there on the teller's table?*
- *There are some money and documents on the table.*
- *How many dollars are there on the table?*
- *There is a thousand dollars on the table.*

6

- *What bank is this, young man?*
- *It is a respectable bank.*
- *Is it located on Van Gogh Avenue?*
- *Yes, it is.*

7

- *What is this near the computer?*
- *It is an interesting crossword puzzle.*
- *What is this bottle on the table?*
- *It is mineral water.*

8

- *Is the money in the cash register or at the manager's?*
- *Of course, money is in the cash register.*
- *Is this manager a liar or an idiot?*
- *Of course, he's not an idiot. He's a liar.*

# D

## Gender of Nouns

There are no articles used with nouns. There are three genders: masculine, feminine and neuter. Both animate and inanimate nouns have a gender which depends on a word ending.
Masculine nouns normally end with a consonant or -й: город *(city)*, номер *(number)*, диджей *(DJ)*. Common exceptions: папа *(dad)*, дядя *(uncle)*, мужчина *(man)*.
Feminine nouns normally end with -a or -я: фамилия *(surname)*, фирма *(firm)*
Neuter nouns end with -o or -e: отчество *(middle name)*, здание *(building)*. Common exception: имя *(name)*
Most nouns ending with -ь can be masculine or feminine: сеть *(fem. network)*, день *(masc. day)*, стиль *(masc. style)*.

## Asking a Person's Name

Как теб<u>я</u>/Вас зов<u>у</u>т? *What is your name?*
Как е<u>го</u> зов<u>у</u>т? *What is his name?*
Как её зов<u>у</u>т? *What is her name?*
Как их зов<u>у</u>т? *What are their names?*

## Saying a Person's Name

Мен<u>я</u> зов<u>у</u>т <u>А</u>ня. *My name is Anya.*
Е<u>го</u> зов<u>у</u>т Евг<u>е</u>ний. *His name is Yevgeny.*
Её зов<u>у</u>т Н<u>а</u>стя. *Her name is Nastya.*
Их зов<u>у</u>т Ал<u>и</u>на и Миха<u>и</u>л. *Their names are Alina and Mihail.*

# 3

## Детект<u>и</u>в П<u>а</u>вел Р<u>о</u>ст
*Detective Paul Rost*

### Слов<u>а</u>
*Words*

1. а - and, but
2. <u>а</u>дрес - an address
3. бакал<u>а</u>вр - a bachelor's degree; дипл<u>о</u>м бакал<u>а</u>вра *(gen)* - bachelor degree
4. брать *(inf)* - to take
5. вам *(dat)* - to you
6. ваш *(masc)*; в<u>а</u>ша *(fem)*; в<u>а</u>ше *(neut)*; в<u>а</u>ши *(plr)* - your
7. в<u>е</u>чер - evening; в<u>е</u>чером *(adv)* - in the evening
8. вм<u>е</u>сте *(adv)* - together
9. в<u>о</u>лосы *(plr)* - hair
10. вопр<u>о</u>с - a question

11. да - yes
12. двадцать - twenty
13. делать *(inf)* - to do, to make
14. диплом - a degree, a diploma
15. дом - a house
16. другие *(plr)* - other
17. её - her; Я знаю её. *(acc)* - I know her. Это её деньги. *(gen)* - It is her money.
18. ему *(dat)* - to him
19. задать вопрос *(inf)* - to ask a question
20. закрывать *(inf)* - to close
21. замужем *(adv)* - married *(for women)*; женатый *(adv)* - married *(for men)*
22. затем *(adv)* - after that, then
23. заходит *(thrd sng)* - enters; заходить *(inf)* - to enter
24. из - from
25. или - or
26. имя - name (of a person)
27. ключ - a key
28. красивая *(fem)* - beautiful
29. кто - who
30. лет *(gen plr)* - years; год *(sng nom)* - a year; много лет - many years
31. ли - whether, if
32. меня *(gen)* - me; Меня зовут Лиза. - They call me Lisa.
33. могу я *(fst sng)* - I can; мы можем *(fst plr)* - we can; ты можешь *(sec sng)* - you can; вы можете *(sec plr)* - you can; он/она/оно может *(thrd*

*sng)* - he/she/it can; они могут *(thrd plr)* - they can
34. мой *(masc)*; моя *(fem)*; моё *(neut)*; мои *(plr)* - my
35. не - not
36. несколько - a few
37. нет - no
38. облачно *(adv)* - cloudy
39. образование - an education
40. обязанность *(sng)* - a responsibility; обязанности *(plr)* - responsibilities
41. одинока(я) *(fem)*; одинок *(masc)*; одиноки *(plr)* - single
42. они - they
43. от - from
44. открывать *(inf)* - to open
45. пять - five
46. разведена *(past part fem)*; разведён *(past part masc)* - divorced
47. светлые *(plr)* - blond, fair
48. седые *(plr)* - gray
49. сейф - a vault
50. семь - seven
51. смотрит *(thrd sng)* - looks; смотреть *(inf)* - to look
52. сорок - forty
53. сотрудник *(masc)*; сотрудница *(fem)* - an employee
54. среда - Wednesday
55. стройная *(fem)* - slender
56. туда - there (direction)
57. фамилия - last name
58. час - an hour; пять часов *(gen plr)* - five hours
59. я - I

# B

### Детектив Павел Рост

Среда. Обед. Жарко и облачно. Ветер не дует.
Детектив Павел Рост сидит за столом в

### *Detective Paul Rost*

*It is Wednesday. It is noon. It is hot and cloudy. The wind is not blowing.*
*The detective Paul Rost is sitting at a*

комнате менеджера банка. Ему сорок пять лет. Его волосы седые. В комнату менеджера заходит женщина. Её волосы светлые. Она высокая и стройная. Женщина молодая и красивая.

«Здравствуйте,» говорит она.

«Здравствуйте,» отвечает Павел Рост, «Садитесь, пожалуйста,» говорит детектив. Женщина садится.

«Можно задать вам несколько вопросов?» говорит детектив.

«Конечно,» отвечает женщина.

«Как ваше имя?» спрашивает господин Рост.

«Меня зовут Лиза,» отвечает женщина.

«Как ваша фамилия?» спрашивает детектив.

«Моя фамилия Пандора,» отвечает она.

«Сколько вам лет?» говорит Павел.

«Мне 37 лет,» говорит женщина.

«Какой ваш адрес?» спрашивает господин Рост.

«Мой адрес улица Да Винчи, дом двадцать семь,» отвечает Лиза Пандора.

«Какое у вас образование?» спрашивает детектив.

«У меня диплом бакалавра,» отвечает Лиза.

«Вы замужем или одиноки?» спрашивает он.

«Я не замужем. Я разведена,» отвечает женщина.

«Какие Ваши обязанности?» спрашивает господин Рост.

«Я отвечаю за документы и деньги в кассе,» отвечает Лиза.

«У вас есть ключ от сейфа?» спрашивает Павел.

«Да,» отвечает женщина.

«Кто должен открывать сейф утром и закрывать вечером?» спрашивает детектив.

«Я должна это делать вместе с менеджером,» отвечает женщина. Детектив

table in the bank manager's room. He is forty-five years old. His hair is gray. A woman enters the manager's room. Her hair is fair. She is tall and slender. The woman is young and beautiful.

"Hello," she says.

"Hello," Paul Rost answers. "Sit down, please," the detective says. The woman sits down.

"Can I ask you some questions?" the detective says.

"Sure," the woman answers.

"What is your first name?" Mr. Rost asks.

"My name is Lisa," the woman answers.

"What is your last name?" the detective asks.

"My last name is Pandora," she says.

"How old are you?" Paul says.

"I am thirty seven years old," she says.

"What is your address?" Mr. Rost asks.

"My address is Da Vinci Street, house number twenty-seven," Lisa Pandora answers.

"What is your education?" the detective asks.

"I have a bachelor's degree," Lisa answers.

"Are you married or single?" he asks.

"I am not married. I am divorced," the woman answers.

"What are your responsibilities?" Mr. Rost asks.

"I am responsible for the documents and the money in the cash register," Lisa answers.

"Do you have a key for the vault?" Paul asks.

"Yes, I do," the woman answers.

"Who opens the vault in the morning and closes it in the evening?" the detective asks.

"I do it together with the manager," the woman answers. The detective looks

смотрит внимательно на госпожу Пандору, а затем на господина Вегу.

«Может охранник заходить в сейф?» спрашивает господин Рост.

«Нет, он не должен заходить,» отвечает Лиза.

«Могут другие сотрудники заходить туда?» спрашивает детектив.

«Нет, они не должны заходить туда,» отвечает кассир.

«Можете вы брать документы или деньги из банка?» спрашивает детектив.

«Нет, я не могу,» говорит она и смотрит на менеджера.

«Должны ли Вы находиться в банке с 9 до 5 часов?» спрашивает Павел Рост.

«Да,» отвечает Лиза Пандора.

«Вы можете давать ключ от сейфа другим сотрудникам?» спрашивает детектив.

«Я не должна давать его другим сотрудникам,» отвечает женщина.

attentively at Ms. Pandora, and then at Mr. Vega.

"Can the guard enter the vault?" Mr. Rost asks.

"No, he should not enter," Lisa answers.

"Can other employees enter it?" the detective asks.

"No, they should not enter it," the teller answers.

"Can you take documents or money out of the bank?" the detective asks.

"No, I cannot," she says and looks at the manager.

"Do you have to be at the bank from nine to five?" Paul Rost asks.

"Yes, I have to be there," Lisa Pandora answers.

"Can you give the key for the vault to other employees?" the detective asks.

"I should not give it to other employees," the woman answers.

# C

## Проверь Новые Слова

### 1
- Сегодня **вторник** или **среда**?
- Сегодня **среда**.
- Сегодня **жарко**?
- **Нет**, сегодня не **жарко**.
- **Ветер дует**?
- Да, **ветер дует**.

### 2
- **Где** сидит менеджер?
- Он **сидит** в **автомобиле**.
- **Сколько лет** менеджеру?
- Менеджеру **сорок** лет.
- **Волосы** менеджера **чёрные**?
- Да, **его волосы чёрные**.

### 3
- Кто **заходит** в комнату?
- В комнату заходит **сотрудник** банка.

## New Vocabulary Review

### 1
- Is today Tuesday or Wednesday?
- Today is Wednesday.
- Is it hot today?
- No, it's not. It is not hot today.
- Is the wind blowing?
- Yes, the wind is blowing.

### 2
- Where does the manager sit?
- He sits in a car.
- How old is the manager?
- The manager is forty years old.
- Is the manager's hair black?
- Yes, his hair is black.

### 3
- Who is entering the room?
- A bank employee is entering the room.

- **Кто** этот **сотрудник** банка?
- Она **кассир**.
- Кассир **высокая и стройная**?
- Да, она **молодая и красивая**.

### 4

- Можно **задать** Вам **вопрос**?
- Да, пожалуйста.
- Ваша **фамилия** Ротшильд?
- Нет, моя **фамилия не** Ротшильд. **Меня** зовут Билл Гейтс.

### 5

- Молодой человек, **сколько Вам лет**?
- Мне **тридцать** лет.
- **Какой** Ваш **адрес**?
- Мой адрес **дом семь** улица Пикадилли Лондон Англия.
- Какое у Вас **образование**?
- У меня **диплом бакалавра**.

### 6

- У детектива диплом **бакалавра**?
- Нет, у него диплом **военного пилота**.
- Он **женат** или **разведён**?
- Он **разведён**.
- Менеджер банка тоже **одинокий**?
- Да, он не **женат**.
- Эта женщина **замужем** или **одинокая**?
- Она не **замужем**.

### 7

- Вы кто?
- Я кассир.
- Какие у Вас **обязанности**?
- Я **отвечаю за** деньги и документы в кассе банка.
- Может кассир **брать деньги** из кассы?
- Нет, **сотрудники** не могут брать деньги из кассы.

### 8

- У неё есть **ключ** от **сейфа**?
- Да, у неё есть **ключ от сейфа**.
- Когда она должна **открывать сейф**?
- Она должна **открывать сейф** в 5 часов.

- Who is this bank employee?
- She's a teller.
- Is the teller tall and slender?
- Yes, she is. She is young and beautiful.

### 4

- Can I ask you a question?
- Yes, please.
- Is your last name Rothschild?
- No, it is not. My family name is not Rothschild. My name is Bill Gates.

### 5

- How old are you, young man?
- I'm thirty years old.
- What is your address?
- My address is 7 Piccadilly Street , London, England.
- What is your education?
- I have a bachelor's degree.

### 6

- Does the detective have a bachelor's degree?
- No, he has an air force pilot's degree.
- Is he married or divorced?
- He is divorced.
- Is the bank manager single, too?
- Yes, he is. He isn't married.
- Is this woman married or single?
- She isn't married.

### 7

- Who are you?
- I'm a teller.
- What are your responsibilities?
- I am responsible for the documents and money in the bank's cash register.
- Can a teller take money from the cash register?
- No, she cannot. The employees can't take money from the cash register.

### 8

- Does she have a key for the vault?
- Yes, she does. She has a key for the vault.
- When does she have to open the vault?
- She has to open the vault at 5 o'clock.

### 9
- Менеджер **смотрит на** охранника?
- Нет, менеджер **внимательно смотрит** на детектива.
- Он может **давать** охраннику **ключ**?
- Нет, не может.

### 10
- Молодой человек, **можно** задать Вам вопрос?
- Да, **задавайте**, пожалуйста.
- Кто эта красивая стройная **сотрудница**?
- Это менеджер нашего **офиса**.
- Она **замужем**?
- Нет, она не **замужем**. Она **разведена**.
- Как её **зовут**?
- Её **зовут** Анна.
- Как её **фамилия**?
- Её **фамилия** Бергман.

### 9
- *Is the manager looking at the guard?*
- *No, he is not. The manager is looking attentively at the detective.*
- *May he give a key to the guard?*
- *No, he may not.*

### 10
- *Can I ask you a question, young man?*
- *Yes, please ask.*
- *Who is this beautiful slender employee?*
- *This is the manager of our office.*
- *Is she married?*
- *No, she is not married. She's divorced.*
- *What is her name?*
- *Her name is Anna.*
- *What is her last name?*
- *Her last name is Bergman.*

 **D**

## Pronunciation

When consonants appear at the end of a word, they lose their voice.
б is pronounced like п: клуб — [клуп] *club*
в is pronounced like ф: Медведев - [мидведеф] *Medvedev (a surname)*
г is pronounced like к: маркетинг - [маркитинк] *marketing*
д is pronounced like т: шоколад - [шакалат] *chocolate*
ж is pronounced like ш: ложь - [лош] *lie*
з is pronounced like с: каприз - [каприс] *caprice*

## Question words

Как? - How? What?
Где? - Where?
Куда? - Where to?
Откуда - Where from?
Какой? - What? Which? *(m)*
Какая? - What? Which? *(f)*
Какое? - What? Which? *(n)*

Какие? - What? Which? *(pl)*
Сколько? - How much/many?
Когда? - When?
Кто? - Who?
Что? - What?
Почему? - Why?
Зачем? - What for?

# 4

## Город Атлас
*Atlas City*

### Слова
*Words*

1. авиация - aviation; самолёт военной авиации *(gen)* - airplane of the air force
2. автобусный *(adj masc sng)* - bus; автобусная станция - a bus station; много автобусных остановок *(plr gen)* - a lot of bus stops
3. алло *(on the phone only)* - hello
4. аэродром - an airfield
5. балет - ballet; театр балета *(gen)* - a ballet theatre
6. берёт *(thrd sng)* - takes; брать *(inf)* - to take
7. больница - a hospital

8. был *(past masc)* - was, were; быть *(inf)* - to be; Я был в театре. - I was at the theatre.
9. ванная - a bathroom
10. военная - military; аэродром военной авиации *(gen fem)* - the air force airfield
11. второй *(masc)* - second
12. выращивает *(thrd sng)* - grows smth; выращивать *(inf)* - to grow smth
13. гараж - a garage
14. голос - a voice
15. город - a city
16. два *(masc)*, две *(fem)* - two
17. дома - at home
18. драматический *(masc)* - dramatic
19. железнодорожные станции *(plr)* - railway stations
20. живёт *(thrd sng)* - lives; живут *(thrd plr)* - they live; жить *(inf)* - to live
21. зал - a hall
22. запасная *(fem)* - spare
23. звонит *(thrd plr)* - calls; звонить *(inf)* - to call, to telephone
24. звук *(sng)* - a sound, a noise; звуки *(plr)* - sounds, noises
25. здесь *(adv)* - here *(location)*
26. имеет *(thrd sng)* - has; иметь *(inf)* - to have
27. иметь в виду - to mean smth
28. кабинет - an office room
29. Как дела? - How are you? How is it going?
30. какие-то *(plr)* - some
31. кафе - a cafe
32. кладовая - a pantry
33. когда - when
34. котельная - a boiler room
35. кухня - a kitchen
36. магазин - a shop; много магазинов *(plr gen)* - a lot of shops
37. маленький *(masc)* - small
38. минута - a minute

39. момент - a moment
40. мужской *(masc)* - male
41. назад - ago, back
42. название *(for inanimate things)* - a name; называется *(thrd sng)* - is called; называться *(inf)* - to be called
43. начал *(past masc)* - began; начать *(inf)* - to begin
44. опера - an opera; театр оперы *(gen)* - an opera theatre
45. пенсия - a pension
46. первый *(masc)* - first
47. пилот - a pilot; Он был пилотом. *(inst)* - He was a pilot.
48. подвал - a basement
49. пока - bye
50. порядок - order; всё в порядке - everything is OK
51. привет - hi
52. пригород - a suburb
53. прийти *(inf)* - to come; я приду *(fst sng ftr)* - I'll come
54. примерно - about, approximately
55. происходит *(thrd sng)* - happens; происходить *(inf)* - to happen
56. прохладно *(adv)* - cool, cold
57. прямо *(adv)* - straight; прямо сейчас - right now
58. расположен *(past part sng)* - is located; расположены *(past part plr)* - are located
59. рядом *(adv)* - nearby
60. сад - a garden
61. сейчас *(adv)* - now
62. служил *(past masc)* - served; служить *(inf)* - to serve
63. случай - an incident
64. слышу *(fst sng)* - I hear; слышать *(inf)* - to hear
65. современная *(fem)* - modern
66. спальня - a bedroom
67. спасибо - thanks
68. станция - a station

69. сто - a hundred
70. стра́нное *(neut)* - strange
71. там - there *(location)*
72. теа́тр - a theatre
73. телефо́н - a telephone, a phone
74. тепе́рь *(adv)* - now
75. тру́бка - receiver, handset; брать тру́бку *(acc)* - to pick up the phone
76. ты *(sng)* - you (informal)
77. уви́димся *(ftr fst plr)* - see you, will see each other; уви́деться *(inf)* - to meet smb
78. у́жинает *(thrd sng)* - dines; у́жинать *(inf)* - to dine
79. университе́т - a university
80. ушёл *(past masc)* - left; уйти́ *(inf)* - to go away, to leave

81. хорошо́ *(adv)* - well
82. цвето́к *(sng)* - a flower; цветы́ *(plr)* - flowers
83. центр - centre
84. центра́льный *(masc)* - central
85. ча́стный - private; Я рабо́таю ча́стным детекти́вом. *(masc inst)* - I work as a private detective.
86. через - in
87. четве́рг - Thursday
88. что-то - something
89. чу́вство - a feeling
90. шко́ла - a school; мно́го школ *(plr gen)* - a lot of schools
91. эта́ж - a storey

# В

## Го́род А́тлас

Детекти́в Па́вел Рост живёт в ма́леньком до́ме. Дом име́ет два этажа́. На пе́рвом этаже́ нахо́дятся ку́хня, ва́нная и зал. Спа́льня, кабине́т и запасна́я ко́мната нахо́дятся на второ́м этаже́. В подва́ле располо́жены коте́льная и кладова́я. Во́зле до́ма располо́жен гара́ж. Дом име́ет большо́й сад. Па́вел выра́щивает там цветы́. Дом нахо́дится на у́лице Пика́ссо. Ря́дом нахо́дится аэродро́м вое́нной авиа́ции. У́лица нахо́дится в при́городе. Го́род называ́ется А́тлас. В го́роде живу́т приме́рно сто ты́сяч челове́к. Там есть пять авто́бусных ста́нций и две железнодоро́жные ста́нции. В го́роде есть не́сколько школ и университе́тов. В це́нтре А́тласа нахо́дится больша́я совреме́нная больни́ца. На центра́льной у́лице нахо́дятся не́сколько ба́нков. Назва́ние центра́льной у́лицы - проспе́кт Ван Го́га. Там

## *Atlas City*

*The detective Paul Rost lives in a small house. The house has two floors. There are a kitchen, a bathroom, and a hall on the ground floor. There are a bedroom, a study and a spare room on the first floor. A boiler room and a pantry are located in the basement. The garage is near the house. The house has a large garden. Paul grows some flowers there.*
*The house is located on Picasso Street. There is an air force airfield nearby. The street is located in a suburb. The name of the city is Atlas. About a hundred thousand people live in this city. There are five bus stations and two railway stations there. The city has several schools and universities. A large modern hospital is in the centre of Atlas. There are a few banks on the main street. The name of the main street is Van Gogh*

расположены Драматический Театр и Театр Оперы и Балета. В городе есть много магазинов и кафе.

Четверг. Вечер. Прохладно. Ветер не дует.
Детектив Павел Рост дома. Он служил в военной авиации, когда был молод. Он был пилотом. Господин Рост ушел на пенсию пять лет назад. Затем он начал работать частным детективом. Теперь он начинает этот случай в банке. У него странное чувство.
Детектив ужинает. В этот момент звонит телефон. Детектив берёт трубку.
«Алло,» отвечает Павел Рост.
«Алло, привет Павел. Это говорит Бруно. Как дела?» говорит мужской голос.
«Хорошо, спасибо. Как ты?» отвечает детектив.
«Я в порядке. Можешь прийти на минуту ко мне? Что-то странное здесь происходит,» говорит Бруно.
«Что ты имеешь в виду?» спрашивает детектив.
«Я слышу какие-то странные звуки в доме. Пожалуйста, можешь прийти прямо сейчас?» спрашивает Бруно.
«Да, я приду прямо сейчас. Увидимся через пять минут,» отвечает Павел Рост.
«Спасибо. Пока,» говорит Бруно.
«Пока Бруно,» говорит господин Рост.

Avenue. *The Drama Theatre and the Opera Theatre are located there. The town has many shops and cafes.*

*It is Thursday. It is evening. It is cool. The wind is not blowing.*
*The detective Paul Rost is at home. He served in the air force when he was young. He was a pilot. Mr. Rost retired five years ago. He began to work as a private detective then. Now he is beginning to work on this case about the bank. He has a strange feeling.*
*The detective is having his dinner. At this moment the phone rings. The detective picks up the phone.*
*"Hello," Paul Rost answers.*
*"Hello. Hi Paul. This is Bruno speaking. How are you?" a male voice says.*
*"I'm well, thank you. How are you?" the detective answers.*
*"I'm OK. Can you come over for a minute? Something strange is happening here," Bruno says.*
*"What do you mean?" the detective asks.*
*"I hear some strange noises in the house. Can you come right now, please?" Bruno asks.*
*"Yes, I'll come right now. See you in five minutes," Paul Rost answers.*
*"Thank you. Bye, " Bruno says.*
*"Bye, Bruno," Mr. Rost says.*

## C

### Проверь Новые Слова
#### 1
- **Привет**, Анна. Это Александр.
- **Привет**, Александр.
- Как **дела**?
- Я **в порядке**, спасибо. Как у тебя **дела**?
- Тоже **в порядке**, спасибо.

### *New Vocabulary Review*
#### *1*
- *Hello, Anna. It's Alexander.*
- *Hello, Alexander.*
- *How are you?*
- *I'm okay, thanks. How are you?*
- *I'm okay too, thanks.*

## 2

- Молодой человек, Вы работаете на **аэродроме военной авиации**?
- Нет. Я работаю на **автобусной станции**.
- Кем Вы работаете на **автобусной станции**?
- Я водитель **автобуса**.

## 3

- Ты живёшь в **маленьком доме**?
- Нет. У меня большой **дом**.
- Твой **дом** находится в **центре города**?
- Мой **дом** находится в **пригороде**.
- У тебя есть **гараж**?
- У меня нет **гаража**. У меня есть красивый **сад**. Я **выращиваю** там **цветы**.

## 4

- Где ключ от **гаража**?
- Ключ **дома** в **кабинете**.
- В **кабинете** на столе?
- Да.

## 5

- Где **расположен Театр Оперы и Балета**?
- Он **расположен** на **проспекте** Ван Гога.
- А где **Драматический театр**?
- Он находится на улице Бетховена.

## 6

- Мне нужно идти к доктору. В этом **городе** есть **больница**?
- Да, есть. В этом городе есть **современная больница**.
- Где она находится?
- Она находится **в центре** возле **Драматического театра**.

## 7

- Кем Вы **были** до того, как **ушли** на **пенсию**?
- Я был **пилотом**. Я **служил** в **военной авиации**.
- А кем **была** она до того, как **ушла** на **пенсию**?
- Она **была** кассиром.

## 8

- Ты сможешь **прийти** ко мне **через минуту**?

## 2

- Do you work at an air force airfield, young man?
- No, I don't. I work at a bus station.
- What do you do at the bus station?
- I'm a bus driver.

## 3

- Do you live in a small house?
- No, I don't. I have a big house.
- Is your house in the city centre?
- My house is in the suburbs.
- Do you have a garage?
- I don't have a garage. I have a beautiful garden. I grow flowers there.

## 4

- Where is the key from the garage?
- The key is at home in the study.
- Is it in the study on the table?
- Yes, it is.

## 5

- Where is the Opera Theatre located?
- It's located on Van Gogh Avenue.
- And where is the Drama Theatre?
- It's located on Beethoven Street.

## 6

- I need to go to the doctor. Is there a hospital in this city?
- Yes, there is. There is a modern hospital in the city.
- Where is it located?
- It's located in the city centre near the Drama Theatre.

## 7

- What were you before you retired?
- I was a pilot. I served in the air force.
- And what was she before she retired?
- She was a teller.

## 8

- Can you come over in a minute?
- I can come in ten minutes. Is it okay?

- Я смогу **прийти** через десять **минут**. **Хорош**о?
- **Хорош**о. Увидимся через десять **минут**.
- У**ви**димся. Пок**а**.

9

- **Что** здесь **происх**одит?
- Здесь **происх**одит что-то **странное**.
- Что ты **имеешь в виду**?
- Я **имею в виду** как**и**е-то **странные звуки**.
- **Э**то **звон**ит **телефон** на **втор**ом эт**а**же. Тр**у**бка в **спальне** на стол**е**.

- *It is okay. See you in ten minutes.*
- *See you. Bye.*

9

- *What's happening here?*
- *Something strange is happening here.*
- *What do you mean?*
- *I mean that there are some strange noises.*
- *It is the telephone ringing on the first floor. The receiver is in the bedroom on the table.*

## Word Order

Russian word order is very flexible. Russians usually begin a sentence with a place or time of an action: З**а**втра я раб**о**таю. *I am working tomorrow.* На **э**той **у**лице мн**о**го б**а**нков. *There are a lot of banks in this street.*

Rising of intonation indicates a question: Ты студ**е**нт↑? *Are you a student?*

If a sentence begins with question word, intonation is usually affirmative: Где магаз**и**н↓? *Where is a shop?*

# 5

## Ремонтник
*A Repairman*

 **A**

### Слов**а**
*Words*

1. вдруг *(adv)* - suddenly
2. вед**ё**т *(thrd sng)* - takes (somewhere); (от)вест**и** *(inf)* - to take (somewhere)
3. вентил**я**ция - ventilation; ш**а**хта вентил**я**ции *(gen)* - a ventilation shaft
4. в**и**дят *(thrd plr)* - (they) see; в**и**деть *(inf)* - to see
5. внутр**и** - inside *(location)*
6. встреч**а**ет *(thrd sng)* - meets; встреч**а**ть *(inf)* - to meet

31

7. вылезти *(inf)* - to get out by crawling; он вылезает *(thrd sng)* - he gets out by crawling
8. выходят *(thrd plr)* - (they) come/go out; выходить *(inf)* - to come/go out
9. где - where *(location)*
10. дверь - a door
11. доктор - a doctor
12. заказал *(past masc)* - ordered; заказать *(inf)* - to order
13. залезть *(inf)* - to get in by crawling; залез *(past masc)* - got in; залезли *(past plr)* - got in
14. застрял *(past masc)* - got stuck; застрять *(inf)* - to get stuck
15. зачем - why, what for
16. знаю *(fst sng)* - (I) know; знать *(inf)* - to know
17. идти *(inf)* - to go/come; идёте *(sec plr)* - you go/come; идёт *(thrd sng)* - goes/comes; идут *(thrd plr)* - they go/come; Иди! *(imp sng)* - Go!/Come!
18. они - they; Я знаю их. *(acc)* - I know them.
19. к - to
20. кнопка - a button; нажимать кнопку *(acc)* - to press a button
21. крепко *(adv)* - tight
22. крик *(sng)* - a scream; крики *(plr)* - screams; кричит *(thrd sng)* - screams, shouts; кричать *(inf)* - to shout, to scream
23. крышка - a lid; открыть крышку *(acc)* - to open a lid
24. кто-то - somebody, someone
25. лестница - stairs
26. лифт - a elevator
27. мимо *(adv)* - past
28. нажимает *(thrd sng)* - presses; нажимать *(inf)* - to press
29. налево *(adv)* - to the left
30. направо *(adv)* - to the right

31. начинают *(thrd plr)* - start; начинать *(inf)* - to start
32. низкий *(masc)* - short, low
33. никто - nobody; Я не знаю здесь никого. *(acc)* - I know nobody here.
34. ничто - nothing; Я не слышу ничего. *(acc)* - I hear nothing.
35. но - but
36. об - about
37. обвинили *(past plr)* - charged; обвинить *(inf)* - to charge
38. ограбление - a robbery; попытка ограбления *(gen)* - a robbery attempt
39. окно - a window; мимо окна *(gen)* - past a window
40. откуда - where from
41. отремонтировать *(inf)* - to repair
42. отсюда - out of here; оттуда - out of there
43. плохо *(adv)* - bad, sick
44. по - on, along
45. поворачивают *(thrd plr)* - turn; поворачивать *(inf)* - to turn (around)
46. подниматься *(inf)* - to go upstairs; to get up
47. Подождите! *(imp plr)* - Wait! (подо)ждать *(inf)* - to wait
48. подходят *(thrd plr)* - approach; подходить *(inf)* - to approach
49. полицейский *(noun; adj masc)* - police; a police officer
50. полный *(masc)* - heavy, full-figured
51. поможет *(ftr thrd sng)* - will help; Помогите! *(imp plr)* - Help! помочь *(inf)* - to help
52. помощь *(noun)* - help
53. понимать *(inf)* - to understand
54. попытка - an attempt
55. потом - afterwards, after that, then
56. поэтому - so
57. прибывает *(thrd sng)* - arrives; прибывать *(inf)* - to arrive
58. привидение - a ghost

59. прин**я**ть *(inf)* - to take
60. пр**о**сит *(thrd sng)* - asks; прос**и**ть *(inf)* - to ask
61. рем**о**нтник - a repairman, a repairer
62. рук**а** *(sng)* - a hand, an arm; р**у**ки *(plr)* - hands, arms
63. сл**и**шком *(adv)* - too; сл**и**шком мн**о**го - too much
64. сн**о**ва *(adv)* - again
65. сюд**а** *(adv)* - here *(direction)*
66. табл**е**тка - a pill
67. т**о**лстый *(masc)* - fat
68. тр**у**дно *(adv)* - difficult, hard
69. т**я**нут *(thrd plr)* - pull; тян**у**ть *(inf)* - to pull
70. ув**е**рен *(adj past part masc)* - sure; быть ув**е**ренным *(inf)* - to be sure
71. уд**а**р *(sng)* - a knock; уд**а**ры *(plr)* - knocks
72. уйт**и** *(inf)* - to go (away)
73. улыб**а**ется *(thrd sng)* - smiles; улыб**а**ться *(inf)* - to smile
74. уч**а**сток - a plot (of land); полиц**е**йский уч**а**сток - a police station
75. холл - a hall
76. хор**о**шая *(fem)* - good
77. хоч**у** *(fst sng)* - (I) want; х**о**чет *(thrd sng)* - wants; хот**е**л *(past masc)* - wanted; хот**е**ть *(inf)* - to want
78. чт**о**бы - *gives a reason to do something;* Он идёт к Бр**у**но чт**о**бы пом**о**чь ему. - He goes to Bruno to help him.
79. ш**а**хта - a shaft, a mine
80. **э**ти *(plr)* - these; **э**ту *(acc fem)* - this

## Рем**о**нтник

П**а**вел Рост прибыв**а**ет к д**о**му Бр**у**но через пять мин**у**т. Бр**у**но встреч**а**ет его возл**е** двер**и**. Бр**у**но н**и**зкий п**о**лный мужч**и**на.
«Прив**е**т. Как**и**е зв**у**ки, Бр**у**но?» спр**а**шивает детект**и**в.
«Кт**о**-то говор**и**т в д**о**ме, но сейч**а**с там никог**о** нет,» отвеч**а**ет Бр**у**но.
«Привид**е**ние?» говор**и**т П**а**вел и улыб**а**ется.
«Это не привид**е**ние, а челов**е**к. Я ув**е**рен,» отвеч**а**ет Бр**у**но. Он**и** зах**о**дят в дом.
«Где это?» спр**а**шивает детект**и**в.
«Ид**и** сюд**а**, напр**а**во,» говор**и**т Бр**у**но. Он**и** ид**у**т через больш**о**й холл к л**е**стнице. Он**и** начин**а**ют поднима**а**ться по ней. Вдруг он**и** сл**ы**шат с**и**льные уд**а**ры и г**о**лос. Г**о**лос крич**и**т н**е**сколько слов, но **э**ти слов**а** тр**у**дно пон**я**ть. Он**и** не м**о**гут пон**я**ть, отк**у**да идёт г**о**лос. Поэ**т**ому они ид**у**т

## *A Repairman*

*Paul Rost arrives to Bruno's house after five minutes. Bruno meets him at the door. Bruno is a short, heavy man.*
*"Hi. What are the noises, Bruno?" the detective asks.*
*"Someone is talking in the house, but there is nobody there now," Bruno answers.*
*"Is it a ghost?" Paul says and smiles.*
*"It is not a ghost, but a man. I'm sure," Bruno answers. They come into the house.*
*"Where is it?" the detective asks.*
*"Come here, to the right," Bruno says. They go through a large hall to the stairs. They start to climb up. Suddenly they hear heavy knocks and a voice. The voice shouts out some words, but it is difficult to understand these words. They cannot understand where the voice is coming*

прямо, мимо большого окна к маленькой двери. Это лифт. Бруно нажимает кнопку возле двери. Дверь открывается, и они заходят в лифт. Лифт поднимает их на второй этаж. Они снова слышат удары и крики. Когда они выходят из лифта, они понимают, откуда идёт голос. Они поворачивают налево и подходят к шахте вентиляции. Они открывают крышку шахты и видят внутри мужчину.

«Я застрял. Помогите мне вылезти отсюда, пожалуйста,» просит он. Они тянут его за руки, и он вылезает оттуда.

«Спасибо. Теперь я должен идти к доктору,» говорит он и хочет уйти.

«Подождите минуту,» говорит детектив и крепко берёт его за руку, «Зачем Вы залезли в шахту вентиляции?» спрашивает он мужчину.

«Я залез туда, чтобы отремонтировать вентиляцию. Я ремонтник,» отвечает мужчина.

«Кто заказал эту работу? Это мой дом, но я ничего не знаю об этом,» говорит Бруно.

«Вы идёте со мной в полицейский участок,» говорит детектив.

«Но я ремонтник. Мне плохо. Я хочу принять таблетку,» говорит мужчина.

«В полицейском участке есть хорошая таблетка. Она поможет Вам,» говорит Павел Рост и ведёт мужчину в полицейский участок.

Потом детектив звонит Бруно и говорит: «Этого мужчину обвинили в попытке ограбления. Он хотел залезть в дом через шахту вентиляции. Но он слишком толстый, поэтому он застрял.»

«Спасибо за помощь, Павел,» говорит Бруно.

«Пожалуйста. Это моя работа, Бруно,» отвечает детектив.

from. So they go straight ahead, past a large window to a little door. This is an elevator. Bruno presses a button near the door. The door opens and they enter the elevator. The elevator takes them up to the first floor. They hear the knocks and screams again. When they get out of the elevator, they understand where the voice comes from. They turn left and approach a ventilation shaft. They open the lid of the shaft and see a man inside.

"I'm stuck. Help me get out of here, please," he asks. They pull him by the hands, and he gets out.

"Thank you. I have to go to the doctor now," he says and wants to leave.

"Wait a minute," says the detective and grabs him tightly by the arm, "Why did you get into the ventilation shaft?" he asks the man.

"I got in there to repair the ventilation. I am a repairman," the man answered.

"Who ordered this work? This is my house but I know nothing about it," Bruno says.

"You are coming with me to the police station," the detective says.

"But I am a repairman. I am feeling sick. I want to take a pill, " the man says.

"There is a good pill at the police station. It will help you," Paul says and takes the man to the police station.

He calls Bruno later and says: "That man has been charged with attempted robbery He wanted to get into the house through the ventilation shaft. But he is too fat, so he got stuck."

"Thank you for the help, Paul," Bruno says.

"You are welcome. It is my job, Bruno," the detective answers.

## C

### Проверь Новые Слова

**1**
- **Что происходит?**
- Кто-то **ограбил** эту женщину.
- Кто **ограбил**?
- **Какие-то люди.** Скажите, пожалуйста, где находится **полицейский участок**?
- **Идите налево.** Возле **лестницы** есть **лифт. Выходите** на **втором этаже**.

**2**
- Что это за **дверь**?
- Там **ничего** нет. Это **шахта вентиляции**.
- **Помогите** мне открыть эту **дверь**.
- Зачем Вы **хотите** открыть эту **дверь**?
- Там **грабители**.
- Вы **уверены**?
- Да, я **уверен**.
- **Подождите**. Полиция уже едет **сюда**.

**3**
- Молодой человек, проходите в **холл** и **подождите**, пожалуйста.
- Спасибо. У вас красивый дом.
- Да, **но** он **слишком** большой.
- Ваш дом новый?
- Нет, он не новый. Поэтому надо **ремонтировать окна** и **лестницу**.

**4**
- Кого **обвинили в попытке ограбления**?
- **Никого** не **обвинили**.
- Вы **уверены**?
- Да, я **уверен**. Полиция **снова плохо** работает.

### *New Vocabulary Review*

*1*
- *What is going on?*
- *Someone has robbed this woman.*
- *Who robbed her?*
- *Some people. Tell me, please, where is the police station?*
- *Go left. There is an elevator near the stairs. Get out on the second floor.*

*2*
- *What is this door?*
- *There is nothing there. This is a ventilation shaft.*
- *Help me open this door.*
- *Why do you want to open this door?*
- *There are robbers there.*
- *Are you sure?*
- *Yes, I'm sure.*
- *Wait. The police is already on its way here.*

*3*
- *Young man, go into the hall and wait, please.*
- *Thank you. You have a beautiful house.*
- *Yes, but it's too big.*
- *Is your house new?*
- *No, it's not new. That's why I have to repair the windows and the stairs.*

*4*
- *Who was charged with the robbery attempt?*
- *Nobody was charged.*
- *Are you sure?*
- *Yes, I am. The police is working badly again.*

## Gender of Adjectives

Adjectives agree with nouns and pronouns in number, gender and case.
Masculine endings are -ый, -ий, -ой: ру́сский го́род - *a Russian city*, компью́терный

магазин - *a computer shop*, молодой человек - *a young man*.
Feminine ending is -ая: русская книга - *a Russian book*, стройная женщина - *a slender woman*.
Neuter ending is -ое, -ее: большое озеро - *a big lake,* новое здание - *a new building*.
Plural endings are the same for all genders -ые, -ие: американские студенты - *American students,* русские фильмы - *Russian films*.

# 6

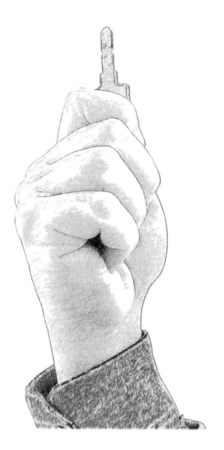

## Ключ от Сейфа
*A Vault Key*

## A

### Слова
*Words*

1. б<u>о</u>льше - more; bigger
2. в пол п<u>я</u>того - at half past four
3. взял *(past sng)* - took; взять *(inf)* - to take
4. вин<u>а</u> - fault
5. все - all, everybody; всем *(dat)* - to all, to everybody
6. в<u>ы</u>йти *(inf)* - to leave, to get out
7. день - a day

8. доверяю *(fst sng)* - (I) trust; доверять *(inf)* - to trust
9. дождь - rain
10. если - if
11. ещё - more, else
12. зайти *(inf)* - to come in
13. здоровается *(thrd sng)* - says hello, greets; здороваться *(inf)* - to say hello, to greet
14. каждый *(masc)* - every, each
15. ладно *(adv)* - okay
16. месяц - a month
17. ну *(interjection)* - well
18. нужен *(sng)* - needed; Мне нужен диктофон. - I need a dictaphone.
19. Позовите! *(imp plr)* - Call! позвать *(inf)* - to call
20. попросить *(inf)* - to ask
21. потерял *(past masc)* - lost; потерять *(inf)* - to lose
22. правда *(adv)* - really; truth
23. принёс *(past masc)* - brought, fetched; принести *(inf)* - to bring, to fetch
24. пятница - Friday
25. пять - five; в пол-пятого *(gen)* - at half past four
26. свои *(plr)* - my, our, your, his, her, its, their *(do smth with own your things)*; Он берёт свои документы. - He takes his documents.
27. сказать *(inf)* - to tell, to say
28. стоит *(thrd sng)* - stands; стоять *(inf)* - to stand
29. тот *(masc)* - that
30. туманно *(adv)* - foggy
31. уволить *(inf)* - to fire
32. удивлённо *(adv)* - surprised
33. хранилище - a store-room, a repository
34. что-нибудь - something, anything
35. шёл *(past masc)* - went; идти *(inf)* - to go

## Ключ от Сейфа

Пятница. Утро. Прохладно и туманно. Ветер не дует. Идёт дождь.
Павел Рост прибывает в банк Империал, чтобы задать вопросы охраннику Георгию Титану. Он заходит внутрь. Охранник Георгий Титан стоит возле двери.
«Здравствуйте,» говорит детектив.
«Здравствуйте,» отвечает охранник.
«Могу я задать Вам несколько вопросов?» спрашивает детектив.
«Конечно,» отвечает охранник.
Менеджер банка Иван Вега подходит к ним и здоровается с детективом.
«Вы можете зайти в мою комнату,» говорит он. Они заходят в комнату

## *The Vault Key*

*It's Friday. It's morning. It's cool and foggy. The wind is not blowing. It's raining.*
*Paul Rost arrives to the Imperial Bank to ask the guard George Titan some questions. He comes in. The guard George Titan is standing at the door.*
*"Hello," the detective says.*
*"Hello," the guard replies.*
*"Can I ask you a few questions?" the detective asks.*
*"Sure," the guard replies.*
*The bank manager John Vega comes up to them and greets the detective.*
*"You can come into my room," he says.*

менеджера и садятся.

«Вы доверяете всем сотрудникам банка?» спрашивает детектив.

«Да, я доверяю всем сотрудникам банка,» отвечает охранник. Он смотрит на детектива, потом на Ивана Вегу.

«Могу я попросить Вас выйти из комнаты?» говорит Павел Рост Ивану Веге.

«Конечно. Позовите меня, если я нужен,» улыбается менеджер и выходит из комнаты. Детектив смотрит на Георгия Титана.

«Вы доверяете менеджеру?» спрашивает он.

«Да. Я доверяю менеджеру банка,» говорит Георгий.

«Правда? Поэтому он хотел уволить Вас месяц назад?» спрашивает Павел Рост.

«Это была моя вина. Я потерял ключ от сейфа,» отвечает охранник.

«Как это произошло?» спрашивает детектив.

«Это произошло примерно месяц назад. Каждый день в пол-пятого я должен брать ключ от сейфа у менеджера банка. Потом я должен принести его в хранилище ключей. В тот день взял ключ у менеджера, но не принёс его в хранилище,» говорит охранник, «Я потерял его.»

«Потерял ключ, когда шёл от менеджера до хранилища?» спрашивает детектив удивлённо.

«Да,» говорит Георгий Титан и смотрит на свои руки, потом на детектива.

«Вы хотите сказать ещё что-нибудь?» спрашивает детектив.

«Нет. Больше ничего,» отвечает охранник.

«Ну ладно. Спасибо, что ответили на мои вопросы,» говорит детектив Рост.

They go into the manager's room and sit down.

"Do you trust all the bank's employees?" the detective asks.

"Yes, I trust all the bank's employees," the guard answers. He looks at the detective, then at John Vega.

"Can I ask you to go out of the room?" Paul Rost says to John Vega.

"Sure. Call me if you need me," the manager smiles and leaves the room. The detective looks at George Titan.

"Do you trust the manager?" he asks.

"Yes, I do. I trust the bank manager," George says.

"Really? Is that why he wanted to fire you a month ago?" Paul Rost asks.

"It was my fault. I lost the vault key," the guard answers.

"How did it happen?" the detective asks.

"It happened about a month ago. I have to take the vault key from the bank manager every day at half past four. Then I have to bring it into the key repository. I took the key from the manager that day, but didn't bring it to the repository," the guard says, "I lost it."

"You lost the key, when you were going from the manager's to the repository?" the detective asks in surprise.

"Yes, I did," George Titan says and looks at his hands, then at the detective.

"Do you want to say anything else?" the detective asks.

"No, I don't. Nothing else," the guard answers.

"Okay. Thank you for answering my questions," detective Rost says.

## С

### Проверь Новые Слова

### New Vocabulary Review

**1**

- Сегодня **пятница** или четверг?
- Сегодня **пятница**.
- Сегодня жарко или прохладно?
- Сегодня прохладно и туманно.
- Ветер сильный?
- Ветра нет, но **идёт** сильный **дождь**.

**2**

- Вы **доверяете** этому доктору?
- Да, я **доверяю**.
- А я нет. Этот **доктор** странный.
- Что Вы имеете в виду?
- Он не улыбается.

**3**

- **Позовите** Анну к телефону, пожалуйста.
- Кто спрашивает?
- Это доктор. Она должна **прийти** сегодня в больницу.
- Сегодня? Вы уверены?
- Да, я уверен.

**4**

- Молодой человек, на каком этаже находится банк?
- Банк находится на втором этаже.
- Можно **пройти** туда по лестнице?
- Да, можно по лестнице или на лифте.

**5**

- Я должен ходить в больницу **каждый** день.
- Тебе **плохо**?
- Нет. Мне хорошо. Я работаю там доктором.

**1**

- Is today Friday or Thursday?
- Today is Friday.
- Is it hot or cool today?
- It is cool and foggy today.
- Is the wind strong?
- There is no wind, but it's raining heavily.

**2**

- Do you trust this doctor?
- Yes, I do.
- And I do not. This doctor is strange.
- What do you mean?
- He doesn't smile.

**3**

- Please ask Anna to take the phone.
- Who's asking?
- This is a doctor. She must come to the hospital today.
- Today? Are you sure?
- Yes, I'm sure.

**4**

- Young man, what floor is the bank located on?
- The bank is located on the second floor.
- Can you take the stairs?
- Yes, you can take the stairs or by the elevator.

**5**

- I have to go to the hospital every day.
- Do you feel sick?
- No, I'm well. I work there as a doctor.

### Plural of Nouns

Most masculine and feminine nouns in the nominative plural will have the ending -ы if the noun stem ends in a hard consonant: фирма - фирмы, телефон - телефоны.

Nouns with the ending -a and -я drop them: мужч<u>и</u>на - мужч<u>и</u>ны *man - men*, ж<u>е</u>нщина - ж<u>е</u>нщины *woman - women*.

If the noun stem ends in a soft consonant, or in г, ж, к, х, ч, ж, ш, щ, the ending will be -и: кн<u>и</u>га - кн<u>и</u>ги *book - books*, банк - б<u>а</u>нки *bank - banks*.

The soft sign (-ь) is left out: день - дни *day - days*.

Neuter nouns that end in -o, have the ending -a in the plural: окн<u>о</u> - <u>о</u>кна *window - windows*.

Neuter nouns that end in -e, have the ending -я in the plural: зд<u>а</u>ние - зд<u>а</u>ния *building - buildings*.

# 7

## Грузчик
*The Mover*

### Слова
*Words*

1. больн**о**й *(masc)* - ill
2. бр**а**т - a brother
3. брос**а**ет *(thrd sng)* - throws, drops; брос**а**ть *(inf)* - to throw, to drop
4. б**ы**ть *(inf)* - to be
5. в**е**щь *(sng)* - thing; в**е**щи *(plr)* - things, stuff
6. в**и**дит *(thrd sng)* - sees; в**и**дел *(past masc)* - saw; в**и**деть *(inf)* - to see
7. в**о**здух - air
8. вокр**у**г - around
9. вон**ю**чий *(masc)* - smelly, stinking; вон**ю**чка - stinker
10. вон**я**ет *(thrd sng)* - (it) stinks; вон**я**ть *(inf)* - to stink
11. в**о**р - a thief
12. всё - all, everything
13. встаёт *(thrd sng)* - stands up, gets up; встав**а**ть *(inf)* - to stand up, to get up
14. газ**е**та - a newspaper

42

15. грузчик - a mover, a loader; грузят *(thrd plr)* - (they) load; грузить *(inf)* - to load
16. Давай! *(imp sng)* - Come on! *(is used to make smb to do smth)*, давать *(inf)* - to give
17. далеко *(adv)* - far (away)
18. дать *(inf)* - to give; дам *(ftr fst)* - (I) will give
19. диван *(acc)* - a couch, a sofa
20. домой - home *(direction)*
21. ещё раз - once more
22. заткнись *(imp sng)* - shut up; заткнуться *(inf)* - to shut up
23. земля - the ground, the earth
24. именно - exactly
25. коллега - a colleague
26. кресло - an armchair
27. кровать - a bed
28. лежит *(thrd sng)* - lies; лежать *(inf)* - to lie
29. машина - a car, a truck, a van
30. мерзкий *(masc)* - disgusting
31. место - a place, a location
32. наверное *(adv)* - probably, maybe
33. надевает наручники *(thrd sng)* - put on handcuffs; надевать наручники *(inf)* - to put on handcuffs
34. наконец *(adv)* - finally, at last
35. направляет *(thrd sng)* - sends, points; направлять *(inf)* - to send, to point
36. наручники *(plr)* - handcuffs
37. настоящий *(masc)* - real
38. недалеко *(adv)* - not far away
39. незнакомец - a stranger; незнакомый *(masc)* - unfamiliar, strange
40. нервничает *(thrd sng verb)* - (he) is nervous; нервничать *(inf)* - to be/feel nervous; нервно *(adv)* - nervously
41. несут *(thrd plr)* - (they) carry; нести *(inf)* - to carry

42. никто - nobody, no-one; никому *(dat)* - to nobody, to no-one
43. носок (sng) - a sock; носки *(plr)* - socks
44. нравиться *(inf, reflexive verb)* - to like; Этот кроссворд нравится мне. - I like this crossword.
45. нюхает *(thrd sng)* - sniffs, smells; нюхать *(inf)* - to sniff, to smell
46. они - they; им *(dat)* - to them
47. отпусти *(imp sng)* - let (me) go; отпустить *(inf)* - to let go
48. очень - very
49. падает *(thrd sng)* - falls down; падать *(inf)* - to fall down
50. перевезти *(inf)* - to move *(smth to somewhere by transport)*
51. погрузить *(inf)* - to load
52. под - under
53. получишь *(ftr sec sng)* - (you) will get; получить *(inf)* - to get *(smth)*
54. порно-журнал *(sng)* - a porn magazine; порно-журналы *(plr)* - porn magazines
55. после - after
56. Посмотри! *(imp sng)* - Look! посмотреть *(inf)* - to look
57. почему - why
58. про - about
59. просто - just
60. прыгает *(thrd sng)* - jumps; прыгать *(inf)* - to jump
61. пуля - a bullet; получить пулю *(acc)* - to get a bullet
62. пытается *(thrd sng)* - tries; пытаться *(inf)* - to try
63. расскажу *(ftr fst sng)* - (I) will tell; рассказать *(inf)* - to tell
64. сам - alone, by yourself
65. самый *(masc)* - the most
66. на свете - in the world
67. свободное *(neut)* - free
68. сигарета - a cigarette

69. скрыть *(inf)* - to hide; скрыться *(inf)* - to escape
70. смеяться *(inf)* - to laugh
71. снимает *(thrd sng)* - takes off; снимать *(inf)* - to take off
72. так - so
73. тарелка - a plate
74. татуировка - a tattoo; Я вижу татуировку. *(acc)* - I see a tattoo.
75. твой *(masc)* - your, yours
76. тебе *(dat)* - (to) you; Я знаю тебя. *(acc)* - I know you.
77. теряй *(imp sng)* - waste, lose; терять *(inf)* - to waste, to lose
78. убегает *(thrd sng)* - runs away; убегать *(inf)* - to run away
79. убирает *(thrd sng)* - takes away, puts away; убирать *(inf)* - to take away, to put away
80. удивление - surprise
81. хлеб - bread
82. ходит *(thrd sng)* - walks, goes; ходить *(inf)* - to walk, to go
83. хозяин - an owner
84. Эй! - Hey!
85. ящик - a drawer, a box

## Грузчик

Пятница. Время после обеда. На улице тепло и солнечно. Дует слабый ветер. Павел Рост идёт из банка домой. Недалеко от его дома незнакомый мужчина подходит к нему.
«Эй, брат, ты живёшь на этой улице?» спрашивает незнакомец.
Этот мужчина не нравится Павлу. Поэтому он говорит: «Нет. Я живу далеко отсюда.»
«Можешь помочь мне?» спрашивает незнакомец.
«Что именно?» говорит Павел.
«Я грузчик. Мой коллега больной. А я должен погрузить вещи в машину и перевезти в другое место. Я дам тебе двадцать долларов, если поможешь мне погрузить вещи в машину,» говорит незнакомец.
«Ну, у меня есть свободное время,» говорит Павел. Мужчина идёт к дому Павла Роста. Дверь дома открыта.
«Заходи. Это здесь,» говорит грузчик.
Павел Рост заходит в свой дом. Он пытается

## The Mover

It's Friday afternoon. It is warm and sunny outside. A light wind is blowing.
Paul Rost is coming back home from the bank. A strange man comes up to him not far from his house.
"Hey, brother, do you live on this street?" the stranger asks.
Paul doesn't like this man. So he says: "No, I don't. I live far from here."
"Can you help me?" the stranger asks.
"How exactly?" Paul says.
"I'm a mover. My colleague is ill. And I have to load some things into the truck and move them to another location. I'll give you twenty dollars if you help me load the things into the truck," the stranger says.
"Well, I have some free time," Paul says.
The man goes to Paul Rost's house. The house door is open.
"Come in. It's here," the mover says.
Paul Rost goes into his own house. He tries to hide his surprise.
"The owner is not here, but I know what he

44

скрыть своё удивление.

«Хозяина нет, но я знаю, что он хочет перевезти. Давай, бери это кресло,» говорит грузчик. Они поднимают кресло и несут на улицу.

«А хозяин настоящий вонючка,» говорит мужчина.

«Что?» спрашивает Павел Рост.

«Это кресло воняет сигаретами. Ты не слышишь?» спрашивает грузчик.

«Правда?» детектив нюхает своё кресло, «Да, наверное, воняет,» говорит он.

«Воняет как сигарета!» говорит мужчина нервно. Павел смотрит на его руку и видит там татуировку: «Не теряй время!». Они грузят кресло на машину и идут назад в дом. Мужчина ходит и смотрит на вещи.

«Здесь тоже воняет! Теперь этот столик,» говорит он. Они берут столик и несут его на улицу. Ящик стола открывается и оттуда падает хлеб, тарелка, носки и газета.

«Что? Посмотри на это! Хлеб, носки, тарелка и газета в столе. Он самый вонючий человек на свете! Да он настоящий вонючка!» кричит мужчина нервно. Павел бросает столик, прыгает на мужчину и падает с ним на землю.

«Заткнись!» кричит он, «Заткнись! Мерзкий вор!» Павел очень нервничает, «Это ты вонючка! Ты сам вонючка!»

Павел Рост надевает наручники на вора и говорит: «Это мой дом! И это моё кресло! И это мой стол и моя тарелка! Ты, мерзкий вонючий вор! Не теряй время? Да?»

Мужчина лежит на земле. Он пытается понять, что происходит.

«Так это твой дом? Не может быть..» наконец мужчина это понимает. Он смотрит на детектива. Потом начинает смеяться.

«Так это ты вонючка? Это твои вещи?» смеётся он.

«Да, ты мерзкий вонючий вор! Не теряй время? Сейчас в полицейский участок!»

wants to move. Come on, take this armchair," the mover says. They take the armchair and carry it outside.

"The owner is a real stinker," the man says.

"What?" Paul Rost asks.

"This armchair stinks of cigarettes. Don't you smell?" the mover asks.

"Really?" the detective sniffs his armchair.

"Yes it probably stinks," he says.

"It smells like a cigarette!" the man says nervously. Paul looks at his arm and sees a tattoo there: "No time to lose!" They load the armchair in the truck and go back into the house. The man walks around and looks at things.

"It stinks here too! Now this table," he says. They take the table and carry it outside.

The table drawer opens and some bread, a plate, socks and a newspaper fall out of it.

"What's that? Look at this! Some bread, socks, a plate and a newspaper are in the table. He is the stinkiest person in the world! He is a real stinker!" the man shouts nervously. Paul throws down the table, jumps on the man and falls down to the ground with him.

"Shut up!" he shouts, "Shut up! Disgusting thief!" Paul is very nervous, "You're the stinker! You're a stinker yourself!"

Paul Rost puts on handcuffs on the thief and says: "This is my house! And that is my armchair! And this is my table and my plate! You disgusting stinky thief! No time to lose? Really?"

The man lays on the ground. He tries to understand what is going on.

"Well, is this your house? That's incredible.." the man understands it at last. He looks at the detective. Then he starts laughing.

"So you're the stinker? Are these things yours?" he laughs.

"Yes, you are a disgusting stinky thief!

кричит Павел нервно.

«Я расскажу им всё!» кричит мужчина, «Про носки и про хлеб, и про вонючее старое кресло. И.. и про порно-журналы под кроватью!»

«Что? Что?!» детектив направляет на мужчину пистолет, «Что ты говоришь?»

«Отпусти меня. Я маленький человек и у меня много проблем. Просто отпусти меня, и я никому ничего не скажу,» говорит мужчина.

«Какие порно-журналы?» детектив говорит нервно.

«Если не отпустишь, я расскажу. Я расскажу всё, что видел.. и.. всё что не видел! Пожалуйста, отпусти меня,» просит мужчина.

Павел думает немного. Он убирает пистолет. Потом снимает наручники с мужчины и говорит: «Если я ещё раз увижу тебя, получишь пулю!»

Мужчина встаёт с земли и убегает. Павел Рост идёт в дом и садится на диван. Он смотрит вокруг. Он нюхает воздух. «Да, наверное, воняет,» думает он. Он живёт один. Почему? Он не может ответить. Никто не может ответить на этот вопрос.

Don't waste the time? Go to the police station now!" Paul shouts nervously.

"I'll tell them everything!" the man shouts, "About your socks and bread, and about the smelly old armchair. And.. and about the porn magazines under the bed!"

"What? What?!" the detective points a gun at the man, "What are you talking about?"

"Let me go. I am a small man and I've got many problems. Just let me go, and I won't tell anything to anybody," the man says.

"What porn magazines?" the detective says nervously.

"If you don't let me go, I'll tell. I will tell everything that I've seen .. and .. all that I haven't! Please, let me go," the man asks.

Paul thinks a little. He puts the gun away. Then he takes the handcuffs off the man and says: "If I see you again, you'll get a bullet!"

The man gets up from the ground and runs away. Paul Rost goes into the house and sits down on the couch. He's looking around. He is sniffing the air. "Yes, it probably stinks," he thinks. He lives alone. Why? He can't answer. Nobody can answer this question.

# C

## Проверь Новые Слова

### 1
- Сегодня пятница или четверг?
- Сегодня пятница.
- На улице тепло?
- На улице сегодня тепло и солнечно.

### 2
- Вы **больной**?
- Нет, я в порядке. Почему Вы спрашиваете?
- У Вас на столе **лежит таблетка**.

## New Vocabulary Review

### 1
- Is today Friday or Thursday?
- Today is Friday.
- Is it warm outside?
- Today, it is warm and sunny outside.

### 2
- Are you ill?
- No, I'm well. Why do you ask?
- There is a pill on the table.
- Do you want this pill?

- Хот<u>и</u>те эту **табл<u>е</u>тку**?
- Нет. Спас<u>и</u>бо.

3

- У Вас есть **п<u>о</u>рно-журн<u>а</u>лы**?
- У мен<u>я</u> нет **п<u>о</u>рно-журн<u>а</u>лов**. А у Вас?
- У мен<u>я</u> т<u>о</u>же нет **п<u>о</u>рно-журн<u>а</u>лов**. Мне не **нр<u>а</u>вятся п<u>о</u>рно-журн<u>а</u>лы**.
- Мне т<u>о</u>же не **нр<u>а</u>вятся**.

4

- Почем<u>у</u> ты **н<u>е</u>рвничаешь**?
- Я не **н<u>е</u>рвничаю**. Почем<u>у</u> ты спр<u>а</u>шиваешь?
- Ты положил **носк<u>и</u>** в **<u>я</u>щик** с **хл<u>е</u>бом**.

5

- У теб<u>я</u> есть **брат**?
- У мен<u>я</u> два **бр<u>а</u>та** и сестр<u>а</u>.
- **Тво<u>я</u>** сестра жив<u>ё</u>т в <u>э</u>том д<u>о</u>ме?
- Нет. Он<u>а</u> жив<u>ё</u>т **далек<u>о</u>** в друг<u>о</u>м г<u>о</u>роде.
- А где жив<u>у</u>т **тво<u>и</u> бр<u>а</u>тья**?
- Мо<u>и</u> **бр<u>а</u>тья** жив<u>у</u>т со мн<u>о</u>й.

6

- Что <u>э</u>то за **в<u>е</u>щи** на **див<u>а</u>не**?
- <u>Э</u>то мо<u>и</u> **в<u>е</u>щи**.
- Хот<u>и</u>те, я помог<u>у</u> Вам **погруз<u>и</u>ть** Ваши **в<u>е</u>щи** в **автомоб<u>и</u>ль**?
- Да, пож<u>а</u>луйста.

7

- **Посмотр<u>и</u>** на мо<u>ю</u> **татуир<u>о</u>вку**!
- Тво<u>я</u> **татуир<u>о</u>вка** мне нр<u>а</u>вится.
- А мне нр<u>а</u>вится. Он<u>а</u> **с<u>а</u>мая** крас<u>и</u>вая **на св<u>е</u>те**!

8

- Здесь **вон<u>ю</u>чий в<u>о</u>здух. Пон<u>ю</u>хай**.
- Да. Здесь **в<u>о</u>здух** <u>о</u>чень **вон<u>ю</u>чий**.
- Здесь мн<u>о</u>го **автомоб<u>и</u>лей** и авт<u>о</u>бусов. Поэтому **в<u>о</u>здух м<u>е</u>рзкий**.
- Да. **Всё вокр<u>у</u>г вон<u>я</u>ет**. <u>Э</u>то **<u>о</u>чень вон<u>ю</u>чее м<u>е</u>сто**.

9

- Молод<u>о</u>й челов<u>е</u>к, это Ваша **газ<u>е</u>та**?
- Да. Почем<u>у</u> Вы спр<u>а</u>шиваете?
- Я хоч<u>у</u> **посмотр<u>е</u>ть** её. М<u>о</u>жно?

- *No, thanks.*

3

- *Do you have porn magazines?*
- *I don't have any porn magazines. And you?*
- *I don't have any porn magazines, either. I don't like porn magazines.*
- *I don't like them either.*

4

- *Why are you nervous?*
- *I'm not nervous. Why do you ask?*
- *You put socks into a drawer together with bread.*

5

- *Do you have a brother?*
- *I have two brothers and a sister.*
- *Does your sister live in this house?*
- *No, she doesn't. She lives far away in another city.*
- *And where do your brothers live?*
- *My brothers live with me.*

6

- *What are these things on the couch?*
- *They are my things.*
- *Do you want me to help you load your things into the car?*
- *Yes, please.*

7

- *Look at my tattoo!*
- *I do not like your tattoo.*
- *But I like it. It's the most beautiful tattoo in the world.*

8

- *The air here stinks. Smell it.*
- *Yes. The air is very stinky here.*
- *There are a lot of old cars and buses here. So the air is disgusting.*
- *Yes. Everything around smells. It is a very stinky place.*

9

- *Is this your newspaper, young man?*
- *Yes, it is. Why do you ask?*
- *I want to look at it. Can I?*

- Конечно, нет! Может быть, Вам ещё и **порно-журналы дать посмотреть**?

## 10

- **Давайте** ся**дем на диван**.
- **Давайте**. Наконец мы можем сесть.
- **Посмотрите** под стол! Там кто-то лежит.
- Это мой **коллега**. Он пытается **скрыться** от полиции.
- **Почему**? Он совершил преступление?
- Да. Он совершил преступление.
- Какое преступление он совершил?
- Мой **коллега** ограбил банк Империал.
- Ограбил банк?
- **Именно**.
- **Давайте наденем** на него **наручники**.
- **Давайте**.

## 11

- Я хочу **получить место** кассира в банке.
- **Наверное**, в банке Империал есть **свободное место** кассира.
- Я весь месяц пытаюсь **получить именно** это **место**.
- Менеджер банка Империал - мой **брат**. Хотите, я **направлю** Вас к нему?
- Да, **направьте** меня к нему, пожалуйста.

## 12

- **Посмотрите**. Это Ваш **коллега нюхает** цветы?
- Нет. Это **хозяин** дома.
- Можете **рассказать** мне про **хозяина** дома? Он хороший человек?
- Конечно, я **расскажу** Вам про него. Он самый странный человек **на свете**.
- Странный?
- **Именно**!
- **Почему**?
- Ему **нравится бросать** в сад **тарелки** со второго этажа.
- Правда?
- Я **сам** это **видел**! И каждый день он

- *Of course not! Maybe you would also like to look at a porn magazine?*

## 10

- *Let's sit on the couch.*
- *Okay. At last we can sit down.*
- *Look under the table! Somebody is lying there.*
- *This is my colleague. He is trying to hide from the police.*
- *Why? Did he commit a crime?*
- *Yes, he has. He committed a crime.*
- *What crime did he commit?*
- *My colleague robbed the Imperial Bank.*
- *He robbed the bank?*
- *Exactly.*
- *Let's handcuff him.*
- *Okay.*

## 11

- *I want to get a position as a teller at a bank.*
- *There may be a vacancy for a teller at the Imperial Bank.*
- *I have been trying to get exactly this position all month.*
- *The manager of the Imperial Bank is my brother. If you want, I'll direct you to him.*
- *Yes, please direct me to him.*

## 12

- *Look. Is this your colleague smelling the flowers?*
- *No, it's not. This is the owner of the house.*
- *Can you tell me about the owner of the house? Is he a good person?*
- *Of course, I'll tell you about him. He is the strangest person in the world.*
- *Strange?*
- *Exactly!*
- *Why?*
- *He likes to throw plates from the second floor into the garden.*
- *Really?*
- *I saw it myself! And he jumps on the bed every day.*

**пр**ы**гает** на **кров**а**ти**.
- Мне тоже **нр**а**вится пр**ы**гать** на **кров**а**ти**!

- *I like jumping on the bed too!*

 D

## Declination of the Verbs жить - live, говорить - speak, работать - work

Я: Живу́ / Говорю́ / Рабо́таю
Мы: Живём / Говори́м / Рабо́таем
Ты: Живёшь / Говори́шь / Рабо́таешь
Вы/вы: Живёте / Говори́те / Рабо́тает
Он/она́/оно́: Живёт / Говори́т / Рабо́тает
Они́: Живу́т / Говоря́т / Рабо́тают

## Short Form of Adjectives

There is a short form of adjective. It is always used after a noun or pronoun:
Он мо́лод. *He is young. Compare:* Он молодо́й челове́к.
А́ня краси́ва. *Anya is beautiful. Compare:* А́ня краси́вая де́вушка.
Э́то ме́сто свобо́дно. *This place is free. Compare:* Свобо́дное ме́сто там.
Э́ти места́ свобо́дны. *These places are free. Compare:* Свобо́дные места́ там.

# 8

## Новое Дело
*A New Job*

###  A

#### Слова
*Words*

1. б<u>о</u>юсь *(fst sng)* - (I'm) afraid; бо<u>я</u>ться *(inf)* - to be afraid
2. б<u>ы</u>стро *(adv)* - quickly
3. вин<u>о</u> - wine
4. в<u>ы</u>пей *(imp sng)* - have a drink; в<u>ы</u>пить *(inf)* - to have a drink
5. д<u>е</u>ло - a job, work, business
6. д<u>е</u>ти *(plr)* - children
7. джинсовая - denim; Он одет в джинсовую рубашку. *(fem acc)* - He is wearing a denim shirt.
8. дж<u>и</u>нсы *(plr)* - jeans
9. дорог<u>о</u>й *(masc)* - dear, expensive
10. друг - a friend
11. же - *an interjection used to accentuate smth*

12. жена - a wife
13. настаивает *(thrd sng)* - insists; настаивать *(inf)* - to insist
14. ночью *(adv)* - at night
15. одет *(past part sng)* - is dressed, is wearing
16. опасно *(adv)* - dangerously, dangerous
17. опять *(adv)* - again
18. плачу *(fst sng)* - (I) pay; платить *(inf)* - to pay
19. поливает *(thrd sng)* - waters; поливать *(inf)* - to water
20. полиция - the police
21. Понятно? *(adv)* - Got it?
22. предлагает *(thrd sng)* - offers; предлагать *(inf)* - to offer
23. Приходи! *(imp sng)* - Come! приходить *(inf)* - to come
24. простая *(fem)* - simple, easy
25. профессия - a profession
26. пьёт *(thrd sng)* - drinks; пить *(inf)* - to drink
27. рубашка - a shirt; одеть рубашку *(acc)* - to put on a shirt
28. сделать *(inf)* - to do, to make
29. себе *(dat)* - to yourself; Возьми этот кроссворд себе. - Take this crossword to yourself.
30. сок - juice
31. спать *(inf)* - to sleep
32. стоят *(thrd plr)* - stand; стоять *(inf)* - to stand
33. суббота - Saturday
34. такая - such; такую *(fem acc)* - such
35. трава - grass
36. Угощайся! *(imp sng)* - Help yourself! угощаться *(inf)* - to help yourself
37. уже - already, yet
38. узнает *(ftr thrd sng)* - will learn about; узнать *(inf)* - to learn about
39. уходит *(thrd sng)* - goes away; уходить *(inf)* - to go away, to leave
40. футболка - a t-shirt; быть одетым в футболку *(acc)* - to be dressed in a t-shirt
41. холодно *(adv)* - cold
42. ценю *(fst sng)* - (I) appreciate; ценить *(inf)* - to appreciate
43. чепуха - nonsense
44. электрик - an electrician

## Новое Дело

Суббота. Семь часов вечера. На улице облачно и немного холодно. Дует сильный ветер.
На проспекте Ван Гога возле дома 156 маленький мужчина поливает траву. Он одет в джинсы и джинсовую рубашку. Его зовут Александр Гефест. Он электрик по профессии. Из дома выходит Иван Вега. Он одет в джинсы и футболку. Он садится за маленький столик на траве. На столике стоят

## *A New Job*

*It's Saturday. It's seven o'clock in the evening. It is cloudy and a little bit cold outside. A strong wind is blowing.*
*A short man is watering the grass near house number 156 on Van Gogh Avenue. He is dressed in jeans and a denim shirt. His name is Alexander Hephaestus. He is an electrician by profession. John Vega goes out of the house. He is dressed in jeans and a t-shirt. He sits down at a small table on the grass. There are some bottles of*

бутылки с соком, водой и вином.
«Александр, иди и сядь со мной,»
говорит Иван Вега. Александр подходит
и садится.
«Угощайся, дорогой друг,» предлагает
ему Иван, «Выпей сока или воды.»
«Спасибо, Иван,» отвечает Гефест. Он
наливает себе воды и пьёт.
«Спасибо, что помогаешь мне. Я очень
ценю твою помощь,» говорит господин
Вега.
«Ты мой друг, поэтому я здесь, Иван,»
отвечает Александр.
«Как твоя жена и дети?» спрашивает
Иван Вега.
«Спасибо. Хорошо,» отвечает Александр.
«Слушай, мне опять нужна твоя помощь
в банке,» говорит Иван Вега.
«Ты же знаешь. Я не могу,» отвечает его
друг.
«Это очень простая маленькая работа. Ты
можешь сделать её быстро и получить
тысячу долларов,» говорит господин
Вега.
«Я не хочу. Иван, я боюсь. Это очень
опасно,» отвечает Александр.
«Это не опасно и ты знаешь это! Ты уже
делал такую работу,» настаивает Иван.
«Ты знаешь, что я не могу. Если полиция
узнает..» говорит Александр Гефест.
«Полиция не узнает! Хочешь больше
денег? Я дам тебе две тысячи! И не
говори, что ты не можешь! Это
понятно?» кричит Иван.
«Я боюсь, Иван. Я не могу спать ночью!»
говорит Александр.
«Чепуха! Я плачу много денег за
маленькую работу! А ты говоришь, что
не можешь спать ночью! Приходи во
вторник утром. Понятно? И не говори,
что не можешь. Всё,» говорит господин
Вега.
«Но Иван...» говорит Александр, но Иван

juice, water and wine on the table.
"Come and sit with me, Alexander," John
Vega says. Alexander comes and sits down.
"Help yourself, my dear friend," John offers
him, "Have some juice or water."
"Thank you, John," Hephaestus answers.
He pours some water for himself and
drinks.
"Thank you for helping me. I really
appreciate your help," Mr. Vega says.
"You're my friend, so I'm here, John,"
Alexander answers.
"How are your wife and kids doing?" John
Vega says.
"Thank you. They're fine," Alexander
answers.
"Listen, I need your help in the bank
again," John Vega says.
"I can't. You know that," his friend
answers.
"It's a very simple little job. You can do it
quickly and get a thousand dollars," Mr.
Vega says.
"I don't want to do it. John, I'm afraid. This
is very dangerous," Alexander answers.
"It's not dangerous and you know it! You've
already done such work, " John insists.
"You know that I can't. If the police finds
out..." Alexander Hephaestus says.
"The police won't know! Do you want more
money? I'll give you two thousand! And
don't say that you can't! Is that clear?"
John shouts.
"I'm afraid, John. I can't sleep at night!"
Alexander says.
"Nonsense! I pay a lot of money for a small
job! And you are saying that you can't sleep
at night! Come in Tuesday morning. Got it?
And don't say that you can't. That is all,"
Mr. Vega says.
"But John..." Alexander says, but John
Vega gets up and goes into the house.
Alexander Hephaestus gets up and goes

Вега встаёт и уходит в дом. Александр Гефест встаёт и уходит домой.

home.

# C

## Проверь Новые Слова

### 1
- Сегодня **суббота** или пятница?
- Сегодня **суббота**.
- На улице солнечно?
- На улице облачно и немного **холодно**.

### 2
- Вы **боитесь** грабителей?
- Я не **боюсь** грабителей!
- **Понятно**. Давайте мне свои деньги!
- У меня нет денег. Молодой человек, а хотите интересный кроссворд и пять лет свободного времени для него?

### 3
- Вы кто по **профессии**?
- Я водитель. А Вы?
- Я полицейский. А этот мужчина мерзкий вор.
- Мерзкий вор - это **профессия**?
- Мерзкий вор - это, наверное, **диагноз.**

### 4
- Хотите немного **вина**?
- Почему немного **вина**? Я хочу много **вина**!
- Правда? Я тоже хочу много **вина**! Но **вина** нет.
- А что есть?
- Есть минеральная вода. Хотите немного?
- Нет.
- Но я **настаиваю**!
- Спасибо, не хочу!

### 5
- Почему Вы **уходите**?
- У меня есть **дело**.
- Какое **дело**?
- Не Ваше **дело**!

## New Vocabulary Review

### 1
- *Is today Saturday or Friday?*
- *Today is Saturday.*
- *Is it sunny outside?*
- *It is cloudy and a little cold outside.*

### 2
- *Are you afraid of robbers?*
- *I am not afraid of robbers!*
- *Got it. Give me your money!*
- *I don't have any money. Young man, do you want an interesting crossword puzzle and five years of free time to solve it?*

### 3
- *What is your profession?*
- *I'm a driver. And you?*
- *I'm a policeman. And this man is a nasty thief.*
- *Is a disgusting thief a profession?*
- *A disgusting thief is probably a diagnosis.*

### 4
- *Do you want a little wine?*
- *Why only a little wine? I want a lot of wine!*
- *Really? I want a lot of wine too! But there is no wine.*
- *And what do you have?*
- *There is a mineral water. Do you want some?*
- *No, I don't.*
- *But I insist.*
- *Thanks, I don't want any.*

### 5
- *Why are you leaving?*
- *I have to take care of some business.*
- *What business?*
- *It is not you business.*

## 6

- Мои **джинсы** очень **дорогие**!
- Это **чепуха**! А у меня **джинсовая рубашка**!
- Это **чепуха**! А у меня много **детей**!
- Это **чепуха**! А у меня много денег!
- Вы **миллионер**?
- Да нет. Я работаю с деньгами. Я кассир!

## 7

- Смотрите, моя жена **одета** в новую **футболку**.
- Она **одета** в одну **футболку**?
- Нет, она одета в **джинсы** тоже.

## 8

- Кто **стоит** возле Вашего дома?
- Это **полиция**. У нас украли мебель.
- Новую мебель?
- Да нет. Старую мебель.
- Очень старую?
- Да. Креслу 200 лет, а кровати 300 лет.

## 9

- Это **опасно спать ночью** на **траве** в саду?
- Конечно, нет!
- Вы уверены?
- Конечно да! Берите с собой пистолет и наручники, и можете **спать** в саду. А если **боитесь** на **траве**, то спите на дереве.

## 10

- Вот **вода**, вот **сок**, вот **вино**. **Угощайтесь**, пожалуйста.
- Спасибо. А Вы?
- Я тоже **угощаюсь**. Ну что, Вам нравится?
- Да, очень. Это всё Ваше?
- Да нет.
- Как нет? А кто хозяин всего этого?
- Я не знаю. Хорошее **вино**, правда?

## 6

- *My jeans are very expensive.*
- *That's nothing! And I have a denim shirt.*
- *That's nothing! And I have a lot of children.*
- *That's nothing! And I have a lot of money!*
- *Are you a millionaire?*
- *Well, no. I work with money. I'm a teller!*

## 7

- *Look, my wife is wearing a new t-shirt.*
- *Is she wearing only a t-shirt?*
- *No, she's not. She is wearing jeans, too.*

## 8

- *Who is standing near your house?*
- *This is the police. Our furniture was stolen.*
- *Was the furniture new?*
- *Well, no. The furniture was old.*
- *Was it very old?*
- *Yes. The chair was two hundred, and the bed was three hundred years old.*

## 9

- *Is it dangerous to sleep on the grass in the garden at night?*
- *Of course not!*
- *Are you sure?*
- *Of course! Take a gun and some handcuffs with you, and you can sleep in the garden. If you are afraid to sleep on the grass, then sleep in a tree.*

## 10

- *Here is some water, some juice and some wine. Help yourself, please.*
- *Thanks. And you?*
- *I help myself too. Well, do you like it?*
- *Yes, very much. Is it all yours?*
- *No, it is not.*
- *Not? Who is its owner?*
- *I don't know. The wine is good, isn't it?*

## Possessive Pronouns

*Before: masc. / fem. / neut. / plr.*
whose? / чей? / чья? / чьё? / чьи?
my / мой / мо<u>я</u> / мо<u>ё</u> / мо<u>и</u>
our / наш / н<u>а</u>ша / н<u>а</u>ше / н<u>а</u>ши
your *(sng)* / твой / тво<u>я</u> / тво<u>ё</u> / тво<u>и</u>
your *(plr)* / ваш / в<u>а</u>ша / в<u>а</u>ше / в<u>а</u>ши
his/its / ег<u>о</u> / ег<u>о</u> / ег<u>о</u> / ег<u>о</u>
her / её / её / её / её
their / их / их / их / их

## Infinitive

Infinitive form of the verb is the basic form of the verb that is listed in dictionaries. Verbs in infinitive form end in -ать, -ить, -еть, -оть or -ся (for reflexive verbs): говор<u>и</u>ть, чит<u>а</u>ть, удивл<u>я</u>ться.

# 9

## Личная Встреча
*Personal Meeting*

### A

#### Слова
*Words*

1. банковская карта *(fem)* - bank card, credit or debit card
2. буду *(ftr fst sng)* - I will; быть *(inf)* - to be
3. важная - important; Я имею важную информацию. *(fem acc)* - I have some important information.
4. взволнованно *(adv)* - in agitation, excitedly, nervously
5. внимательно *(adv)* - carefully, attentively
6. возвращается *(thrd sng)* - returns; возвращаться *(inf)* - to return
7. возмущается - protests, is indignant; возмущаться *(inf)* - to protest, to be indignant; возмущённо *(adv)* - resentfully, indignantly
8. воскресенье - Sunday
9. вот - here is

10. встреча - a meeting
11. глядя *(part 1)* - looking; глядеть *(inf)* - to look
12. девушка - a girl
13. девять - nine
14. добавляет *(thrd sng)* - adds; добавлять *(inf)* - to add
15. доброе (утро) *(neut)* - good (morning)
16. долго *(adv)* - for a long time
17. достаёт *(thrd sng)* - pulls out, takes out; доставать *(inf)* - to pull out, to produce
18. завтра - tomorrow
19. замок *(sng)* - a lock; замки *(plr acc)* - locks
20. информация - information
21. какой *(masc)* - what, which
22. карман - a pocket
23. карта - a card, a map
24. которая *(fem)* - which, that
25. кстати - by the way
26. купил *(past masc)* - bought; купить *(inf)* - to buy
27. личная *(fem)* - personal, private
28. ложит *(thrd sng)* - puts; ложить *(inf)* - to put
29. (мне) всё равно - I don't care
30. моего друга *(masc gen)* - my friend's
31. молчит *(thrd sng)* - is silent; молчать *(inf)* - to be/keep silent
32. мусор - rubbish
33. набирает номер *(thrd sng)* - dials a number; набирать номер *(inf)* - to dial a number
34. наш *(sng)* - our; наш друг - our friend
35. нашёл *(thrd sng)* - found; найти *(inf)* - to find
36. номер - a number
37. обратно *(adv)* - back
38. осматривает *(thrd sng)* - inspects; осматривать *(inf)* - to inspect

39. Оставь! *(imp sng)* - Leave it! оставить *(inf)* - to leave
40. останавливается *(thrd sng)* - stops; останавливаться *(inf)* - to stop
41. отвезу *(ftr fst sng)* - (I) will take *(smth somewhere by transport)*; отвезти *(inf)* - to take *(smth somewhere by transport)*
42. Отдавай!/Отдай! *(imp sng)* - Give it! отдаёт *(thrd sng)* - gives; отдавать *(inf)* - to give
43. пауза - a pause
44. передаёт *(thrd sng)* - passes *(smth to smb)*; передавать *(inf)* - to pass *(smth to smb)*
45. пешком - on foot
46. подарок - a gift
47. подвезти *(inf)* - to give a lift
48. подъезжает *(thrd sng)* - arrives, comes; подъехать *(inf)* - to arrive, to come *(by transport)*
49. Позвоните! *(imp plr)* - Call! позвонить *(inf)* - to call, to phone
50. попасть *(inf)* - to get *(somewhere)*
51. прав *(sng masc)* - (I am, you are, he is) right; права *(sng fem)* - (I am, you are, she is) right; правы *(plr)* - (we are, you are, they are) right
52. правильно *(adv)* - right, correctly
53. пригласить *(inf)* - to invite
54. продам *(ftr fst sng)* - (I) will sell; продать *(inf)* - to sell
55. пятьсот - five hundred
56. рад *(sng masc)*, рада *(sng fem)* - glad, рады *(plr)* - glad
57. салон машины - a passenger compartment
58. сегодня - today
59. слушаю *(fst sng)* - (I) listen, am listening; слушать *(inf)* - to listen
60. сможешь *(ftr sec sng)* - (you) could, will be able to
61. тогда - then

62. требует *(thrd sng)* - demands; требовать *(inf)* - to demand
63. тренироваться *(inf)* - to train
64. тротуар - a sidewalk
65. уговорил *(past masc)* - convinced, persuaded; уговорить *(inf)* - to convince, to persuade
66. удивляется *(thrd sng)* - is surprised; удивляться *(inf)* - to be surprised
67. удовольствие - pleasure; с удовольствием - with pleasure, gladly.
68. ужин - dinner
69. украл *(past masc)* - stole; украсть *(inf)* - to steal
70. чужие *(plr)* - somebody else's, another's
71. шестьсот - six hundred

## Личная Встреча

Воскресенье. Примерно девять часов утра. На улице прохладно и туманно. Дует слабый ветер.
Павел Рост идёт в банк. Банк недалеко, поэтому он идёт пешком. Возле тротуара останавливается машина. В машине сидит Лиза Пандора.
«Доброе утро, Павел!» говорит она.
«Доброе утро, Лиза,» отвечает Павел.
«Вы не в наш банк идёте?» спрашивает она.
«Да, Лиза» говорит Павел.
«Я могу Вас подвезти к банку. Хотите?» предлагает ему девушка.
«Спасибо. С удовольствием,» детектив садится в машину.
«Сегодня ночью кто-то украл мой телефон из машины,» говорит Лиза.
«Правда?» удивляется детектив.
«Да. Через окно,» добавляет Лиза.
«Дорогой телефон?» спрашивает детектив.
«Нет. Телефон уже не новый. Но там есть информация, которая не должна попасть в чужие руки,» говорит Лиза. Павел внимательно осматривает салон машины. Он поднимает что-то с пола.
«Это Ваша банковская карта?» спрашивает он.
«Нет, не моя,» отвечает Лиза. Павел достаёт

## *Personal Meeting*

*It is Sunday. It is about nine o'clock in the morning. It is cool and foggy outside. A light wind is blowing.*
*Paul Rost is going to the bank. The bank is near so he goes on foot. A car stops near the sidewalk. Lisa Pandora is sitting in the car.*
*"Good morning, Paul," she says.*
*"Good morning, Lisa," Paul answers.*
*"Are you going to our bank?" she asks.*
*"Yes, Lisa," Paul says.*
*"I can give you a lift to the bank. Would you like that?" the girl offers.*
*"Thank you. With pleasure," the detective gets into the car.*
*"Someone stole my phone out of the car last night," Lisa says.*
*"Really?" the detective is surprised.*
*"Yes. Through the window," Lisa adds.*
*"Is the telephone expensive?" the detective asks.*
*"No, it's not. The phone is not new. But there is some information that should not get into the wrong hands," Lisa says.*
*Paul carefully inspects the passenger compartment. He picks up something from the floor.*
*"Is it your bank card?" he asks.*

свой телефон.

«Какой номер телефона, который украли?» спрашивает Павел. Госпожа Пандора называет номер, и детектив набирает его.

«Я слушаю,» мужской голос отвечает.

«У тебя мой телефон. Можешь отдать его мне обратно?» спрашивает Павел. Пауза. Потом мужчина отвечает: «Твой телефон мусор. Он мне не нужен. Поэтому могу продать его тебе назад.»

«Продать мне назад?» удивлённо говорит детектив, «Но ты же его не купил,» возмущается он.

«Мне всё равно. Он, наверное, имеет важную информацию, если ты так хочешь получить назад этот мусор?» спрашивает вор, «Я прав?» добавляет он. Лиза взволнованно смотрит на Павла.

«Это подарок моего друга. Он мне дорог как подарок,» говорит Павел, «Хорошо, сколько ты хочешь?» спрашивает детектив.

«Пятьсот долларов!» требует мужчина.

«Но этот телефон мусор. Ты же сам говоришь!» возмущённо отвечает детектив. Лиза взволнованно берёт руку Павла.

«Ну, как хочешь!» говорит мужчина.

«Хорошо. Я дам тебе пятьсот долларов,» говорит детектив, глядя на Лизу, «Кстати, в машине я нашёл банковскую карту на имя Рома Ковальского. Не знаешь его?» спрашивает Павел. Человек молчит минуту. Потом он говорит: «Отдай мне карту. Я знаю этого человека.»

«Я продам её тебе за шестьсот долларов,» говорит детектив.

«Оставь её себе! Всё равно на карте нет денег!» возмущённо кричит голос из трубки.

«Ладно, Ром Ковальский, я думаю, в полиции будут рады взять её,» говорит Павел.

«Ладно, я дам тебе пятьсот долларов! Отдай её мне!» просит вор.

"No, it's not mine," Lisa replies. Paul pulls out his phone.

"What is the phone number of the stolen phone?" Paul asks. Ms. Pandora tells the number and the detective dials it.

"Speaking," a man's voice answers.

"You've got my phone. Can you give it back to me?" Paul asks. A pause follows. Then the man replies: "Your phone is rubbish. I don't need it. So I can sell it back to you."

"Sell it back to me?" the detective says in surprise. "But you did not buy it," he protests.

"I don't care. It probably has some important information if you want to get this garbage back so much?" the thief asks. "Am I right?" he adds. Lisa is looking at Paul in agitation.

"This is my friend's gift. It is dear to me as a gift," Paul says/ "Well, how much do you want?" the detective asks.

"Five hundred dollars!" the man demands.

"But this phone is rubbish. You have just said it!" the detective replies indignantly. Lisa takes Paul's hand nervously.

"Well, as you wish!" the man says.

"Okay. I'll give you five hundred dollars," the detective says looking at Lisa, "By the way, I found a bank card in the name of Rom Kowalski in the car. Do you know him?" Paul asks. The man keeps silent for a minute. Then he says: "Give me the card. I know this man."

"I'll sell it to you for six hundred dollars," the detective says.

"Keep it! There is no money on the card anyway!" the voice shouts indignantly through the phone.

"Okay, Rom Kowalski, I think the police will be happy to take it," Paul says.

"Okay, I'll give you five hundred dollars!

«Ну ладно, уговорил,» улыбается детектив и добавляет, «Можешь подехать к банку Империал через десять минут?»

«Да! Я буду там через десять минут! Не отдавай карту в полицию!» просит мужчина. Через десять минут вор подъезжает к банку и отдаёт телефон.

«Мне не нужны деньги! Отдай карту!» просит он. Павел быстро надевает на вора наручники.

«Вот твоя карта,» он ложит карту в карман вора, «Я отвезу тебя туда, где ты сможешь долго тренироваться открывать замки своей картой,» добавляет он и передаёт вора в полицию. Потом он возвращается в банк.

«Павел, большое спасибо за помощь,» говорит Лиза, «Могу я пригласить Вас на ужин завтра вечером?»

«Конечно. Я буду очень рад,» отвечает детектив.

«Вы уже знаете мой телефон, правильно?» улыбается Лиза.

«Да,» отвечает Павел.

«Тогда позвоните мне завтра в пять часов вечера, хорошо?» спрашивает Лиза.

«Конечно,» отвечает Павел.

Give it to me!" the thief asks.

"Well, you convinced me," the detective smiles and adds, "Can you come to the Imperial Bank in ten minutes?"

"Yes, I can! I'll be there in ten minutes! Don't give the card to the police!" the man asks. The thief comes to the bank ten minutes later and gives the phone back.

"I don't need money! Give me the card!" he asks. Paul quickly handcuffs the thief.

"Here's your card," he puts the card in the thief's pocket, "I'll take you to a place where you can practice opening locks with your card for a long time," he adds and hands the thief over to the police. Then he returns to the bank.

"Paul, thank you very much for your help," Lisa says, "Can I invite you to dinner tomorrow night?"

"Sure. I'll be very glad," the detective answers.

"You already know my phone, right?" Lisa smiles.

"Yes, I do," Paul answers.

"Then give me a call tomorrow at five o'clock, okay?" Lisa asks.

"Sure," Paul answers.

# C

## Проверь Новые Слова
### 1
- Сегодня **воскресенье** или суббота?
- Сегодня **воскресенье**.
- А сколько сейчас время?
- Сейчас примерно **девять** часов.
- **Кстати**, на улице жарко или холодно?
- На улице прохладно.
### 2
- Вам нравится **банковская** работа?
- Не очень. Но я делаю **важную** работу. И я должна работать **внимательно**.
- У Вас есть **важная** финансовая

## New Vocabulary Review
### 1
- Is today Sunday or Saturday?
- Today is Sunday.
- What time is it?
- It's about nine o'clock.
- By the way, is it hot or cold outside?
- It is cool outside.
### 2
- Do you like the job at a bank?
- Not very much. But I do important work. And I have to work carefully.
- Do you have important financial

**информация**?
- Что Вы имеете в виду?
- Я имею в виду **личную** финансовую **информацию** о клиентах банка.
- Да. Я работаю с этим.
- **Продайте** мне **личную** финансовую **информацию** о клиентах банка.
- Я думаю, мой **муж** сможет Вам помочь.
- А кто Ваш **муж**?
- Он полицейский.

### 3

- Почему **возмущается** этот человек?
- Банк потерял его **личные** финансовые документы.
- **Важные** документы?
- Нет, совсем не **важные**.
- А кто именно потерял?
- Я.

### 4

- Вот Ваши финансовые документы и деньги.
- Спасибо.
- Посмотрите, всё в порядке с Вашими документами?
- Сейчас, минуту.. А где мои деньги?
- Я спрашиваю, всё в порядке с Вашими документами?
- С документами всё в порядке. А где мои деньги?
- Я отвечаю только за документы. А за деньги отвечает менеджер банка.
- А где он?
- Его **уволили** месяц назад.

### 5

- Девушка, Вы не знаете, когда открывается банк?
- Банк открывается в **девять** часов утра.
- А когда закрывается?
- Закрывается в пять часов вечера.
- А что Вы **будете** делать после работы?
- Ещё не знаю. Может быть, пойду в кафе. А что?
- Можно **пригласить** Вас на **ужин**?

*information?*
- *What do you mean?*
- *I mean private financial information about the bank's clients.*
- *Yes, I do. That's part of my work.*
- *Sell me the private financial information about the bank's clients.*
- *I think my husband could help you.*
- *What is your husband?*
- *He is a policeman.*

### 3

- *Why is this man protesting?*
- *The bank lost his private financial documents.*
- *Are they important documents?*
- *No, they're not important at all.*
- *Who exactly lost it?*
- *I did.*

### 4

- *Here is your financial documents and money.*
- *Thank you.*
- *Take a look, is everything alright with your documents?*
- *Wait a minute... But where is my money?*
- *I'm asking, is everything alright with your documents?*
- *The documents are alright. But where is my money?*
- *I'm responsible for documents only. The manager of the bank is responsible for the money.*
- *And where is he?*
- *He was fired a month ago.*

### 5

- *Do you know when the bank opens, miss?*
- *The bank opens at nine o'clock in the morning.*
- *And when does it close?*
- *It closes at five o'clock in the evening.*
- *And what are you going to do after work?*
- *I don't know yet. Maybe, I'll go to a café. Why?*

- Я пойду с Вами на **ужин** с **удовольствием**. **Кстати**, а можно я возьму с собой **нашего** менеджера?
- Зачем?
- Он меня тоже **приглашает** меня на **ужин**!

### 6

- **Кстати**, господин менеджер, этот клиент **требует** назад свои деньги.
- Скажите ему, что его деньги в порядке.
- Что Вы имеете в виду?
- Я имею в виду, что его деньги **украли**, и полиция с этим работает.

### 7

- **Кстати**, у Вас есть **карта** города?
- Да. Хотите посмотреть?
- Нет, хочу показать улицу, на которой у меня **украли** деньги из кармана.
- Правда? Когда это произошло?
- Это произошло два дня назад, и я очень **возмущён**!
- Вы сказали об этом полиции?
- Нет.
- Почему?
- Я уже **украл** деньги у других людей.

### 8

- **Кстати**, вы ходите на работу **пешком** или ездите на автобусе?
- Когда холодно или идёт дождь, я хожу **пешком**, а когда тепло и солнечно я езжу на автобусе.
- Странно. Почему?
- Когда холодно или идёт дождь, в автобусе слишком много людей, и я не могу сесть на него.
- А когда тепло и солнечно?
- Тогда слишком много людей на **тротуаре**!

### 9

- Кстати, этот клиент не **удивлён**, что его деньги **украли** из **нашего** банка?
- Да, господин менеджер, он очень **удивлён** и **возмущён**!

- *Can I invite you to dinner?*
- *I will gladly have dinner with you. By the way, can I take our manager with us?*
- *Why?*
- *He is inviting me to dinner, too!*

### 6

- *By the way, Mr. manager, this client is requesting his money back.*
- *Tell him his money is alright.*
- *What do you mean?*
- *I mean his money has been stolen and the police is working with it.*

### 7

- *By the way, do you have a map of the city?*
- *Yes, I do. Would you like to look at it?*
- *No, I don't. I want to show you the street where my money was stolen from my pocket.*
- *Really? When did it happen?*
- *It happened two days ago and I'm very angry.*
- *Did you tell the police about it?*
- *No, I didn't.*
- *Why?*
- *I've already stolen some money from other people.*

### 8

- *By the way, do you go to work on foot or by bus?*
- *I go on foot when it's cold or raining and by bus when it's warm and sunny.*
- *That's strange. Why?*
- *There are too many people on the bus when it's cold or raining, and I can't get on it.*
- *And when it's warm and sunny?*
- *Then there are too many people on the sidewalk.*

### 9

- *By the way, isn't this client surprised, that his money was stolen from our bank?*
- *Yes, Mr. manager, he is vey surprised*

- Правда? Может **пригласить** его на **ужин**?
- Я думаю, он сам хочет Вас **пригласить**.
- Вы уверены?
- Да. **Вот** он идёт с пистолетом и наручниками.
- Помогите!

and angry!
- Really? Should we invite him to dinner?
- I think he will want to invite you himself.
- Are you sure?
- Yes, I do. Here he is coming with a gun and handcuffs.
- Help!

 **D**

## The Verb Иметь

The verb иметь *(to have)* is rarely used to designate possession. The following construction is used instead:

У меня (есть) книга. - *I have a book.*
У нас (есть) книга. - *We have a book.*
У тебя (есть) книга. - *You have a book. (sing)*
У Вас/вас (есть) книга. - *You have a book. (plr)*
У него (есть) книга. - *He/It has a book. (masc. and neut.)*
У неё (есть) книга. - *She has a book.*
У них (есть) книга. - *They have a book.*

# 10

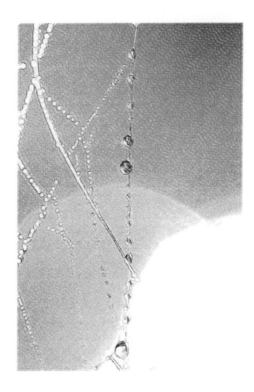

## Ещё Одна Ночь
*One More Night*

### Слова
*Words*

1. ас - an ace *(pilot)*
2. атаковать *(inf)* - to attack
3. блестят *(thrd plr)* - glitter; блестеть *(inf)* - to glitter
4. близко *(adv)* - close, nearby
5. быстрый *(masc)* - quick, rapid
6. вверх *(adv)* - up *(direction)*; вверху *(adv)* - above *(location)*
7. везде *(adv)* - everywhere
8. вертикально *(adv)* - vertically
9. взрыв - an explosion
10. вибрирует *(thrd sng)* - vibrates; вибрировать *(inf)* - to vibrate
11. вниз *(adv)* - down *(direction)*; внизу *(adv)* - below *(location)*
12. вправо *(adv)* - to the right

13. враг - an enemy; вражеский *(adj)* - enemy; много вражеских самолётов *(plr gen)* - a lot of enemy planes
14. вращать *(inf)* - to rotate; вращение - a rotation
15. встретить *(inf)* - to meet
16. выбросила *(past fem)* - threw out/away; выбросить *(inf)* - to throw out/away
17. высоко *(adv)* - high; высота - height
18. глаз *(sng)* - an eye; глаза *(plr)* - eyes
19. голова - a head
20. горит *(thrd sng)* - burns; гореть *(inf)* - to burn
21. двенадцать - twelve
22. действие *(sng)* - an action; действия *(plr)* - actions
23. дерево - a tree; много деревьев *(plr acc)* - a lot of trees
24. драка - a fight
25. дым - smoke
26. задание - a task
27. закуривает *(thrd sng)* - lights up (a cigarette); закуривать *(inf)* - to light up (a cigarette)
28. звезда *(sng)* - a star; звёзды *(plr)* - stars
29. из-за - because of
30. капля - a drop; капли *(plr)* - drops
31. катапульта - a catapult
32. кончается *(thrd sng)* - ends; кончаться *(inf)* - to end
33. координируют *(thrd plr)* - coordinate; координировать *(inf)* - to coordinate
34. красиво *(adv)* - nicely
35. красно *(adv)* - red; красный *(masc)* - red
36. кровь - blood
37. крыльцо - a porch
38. летит *(thrd sng)* - flies; лететь *(inf)* - to fly
39. лицо - a face

40. луна - the moon
41. медленно *(adv)* - slowly
42. между - between
43. метр - a meter
44. над - above, over
45. надо - must, need, should
46. мы - we; нам *(dat)* - to us
47. небо - sky
48. нельзя - cannot, must not, should not
49. ниже *(adv comparative)* - more below
50. ночь - a night
51. облако *(sng)* - a cloud; облака *(plr)* - clouds
52. обматывается *(thrd sng)* - wraps (itself); обматываться *(inf)* - to wrap (itself)
53. обязательно *(adv)* - necessarily
54. один *(masc)* - alone
55. остаётся *(thrd sng)* - stays, remains; оставаться *(inf)* - to stay, to remain
56. отлично *(adv)* - excellent
57. парашют - a parachute
58. патрулирует *(thrd sng)* - patrols; патрулировать *(inf)* - to patrol
59. паутинка *(sng)* - a cobweb; паутинки *(plr)* - cobwebs
60. перед - in front of; перед собой *(inst)* - before him
61. пикируют *(thrd plr)* - swoop down; пикировать *(inf)* - to swoop down
62. пицца - a pizza
63. послезавтра *(adv)* - the day after tomorrow
64. пот - sweat
65. почти *(adv)* - almost
66. проводит *(thrd sng)* - passes; проводить *(inf)* - to pass
67. проезжает *(thrd sng)* - drives by; проезжать *(inf)* - to drive past something
68. пролетают *(thrd plr)* - fly; пролетать *(inf)* - to fly

69. простой *(masc)* - simple
70. пускать *(inf)* - to launch
71. радар - a radar
72. ракета - a rocket, missile
73. рвёт *(thrd sng)* - tears; рвать *(inf)* - to tear
74. реальность - reality
75. розоветь *(inf)* - to turn pink
76. рыба - fish; с рыбой *(inst)* - with fish
77. самолёт - a plane; самолёт-истребитель - a fighter plane
78. свисают *(thrd plr)* - hang; свисать *(inf)* - to hang
79. сзади - behind
80. сигнал - a signal
81. синее *(neut)* - blue
82. скорость - a speed

83. снаряд *(sng)* - a shell; снаряды *(plr)* - shells
84. сон *(sng)* - a dream; сны *(plr)* - dreams
85. сознание - a consciousness
86. сразу - immediately, right away
87. течёт *(thrd sng)* - runs; течь *(inf)* - to run
88. тихо *(adv)* - quiet, silently
89. тишина - silence
90. только - just, only
91. третий *(masc)* - third; три - three
92. тридцать - thirty
93. убить *(inf)* - to kill
94. ужас - nightmare, horror
95. четвёртый *(masc)* - fourth
96. шесть - six
97. шум - a noise

## Ещё Одна Ночь

Синее небо. Небо везде. Павел Рост в самолёте-истребителе. Он один. Он смотрит направо и налево. Небо везде. Внизу облака, а вверху звёзды. Самолёт немного вибрирует. В самолёте почти тихо. Весь шум остаётся сзади. Несколько минут тишины между звёздами и облаками. Его аэродром далеко. Очень далеко. Павел на высоте тридцать тысяч метров над землёй. Он патрулирует небо. Это простое задание, если нет вражеских самолётов. Павел Рост слышит сигнал. Радар показывает чужой самолёт. Тишина кончается. Павел ведёт самолёт вниз, чтобы встретить врага. Радар показывает второй самолёт, потом третий, потом четвёртый. Он должен уходить. Павел пикирует к земле. Враги пикируют тоже. Они начинают атаковать. Он не может уйти. Драка начинается. Враги плохо

## *One More Night*

*The sky is blue. The sky is everywhere. Paul Rost is in a fighter plane. He is alone. He looks to the right and to the left. The sky is everywhere. There are some clouds below and some stars above. The plane vibrates a little bit. It is almost quiet inside the plane. All the noise remains behind. A few minutes of silence between the stars and clouds. His airfield is far away. It is very far away. Paul is at the altitude of thirty thousand meters above the ground. He patrols the sky. It is a simple task if there are no enemy airplanes. Paul Rost hears a signal. The radar shows a strange airplane. The silence ends. Paul flies the plane down to meet the enemy. The radar shows the second plane, then the third, then the fourth. He must go. Paul swoops down to the ground. The enemies swoop down too. They begin attacking. He can't get away. The fight begins. The*

координируют свои действия, и Павел начинает атаковать тоже. Павел видит, что рядом пролетают снаряды. Он уходит вправо и видит перед собой самолёт. Павел пускает ракету и сразу уходит вверх. Сзади внизу он видит дым от взрыва. Один есть. Он летит почти вертикально вверх. Но что это? Рядом летит самолёт врага тоже вертикально вверх. Пилот смотрит на Павла. Он очень близко. Пилот отлично ведёт самолёт. Это настоящий ас. Они смотрят глаза в глаза. И время почти останавливается. Павел понимает, что этот пилот хочет его убить. Он видит это на его лице. Самолёты поднимаются рядом на двадцать тысяч метров. Где другие враги? Он смотрит на радар. В этот момент удар. Самолёта нет. Он падает вниз. Павел видит, что его самолёт горит и падает. Катапульта выбросила его из самолёта. Он падает вниз. Нельзя открывать парашют. Слишком высоко. Парашют можно открыть только на высоте шесть тысяч метров или ниже. Большая скорость начинает вращать его. Это очень опасно. Он может потерять сознание. Он пытается остановить вращение, но не может сделать это. Из-за быстрого вращения кровь идёт в голову. В глазах всё красно. Высота двенадцать тысяч метров. Он открывает парашют. Парашют обматывается вокруг него. Он падает и вращается. Небо - облака, облака - небо, небо - облака.. Он рвёт парашют руками и.. садится в кровати. Пот течёт по лицу. Он смотрит на свои руки, потом на пол комнаты. Надо встать. Он встаёт и подходит к окну. Ужас медленно уходит.. Павел Рост выходит на крыльцо. На чёрном небе звёзды и луна. В саду тихо. Павел закуривает и садится на крыльце. С деревьев до земли свисают паутинки.

enemies coordinate their actions badly, so Paul begins attacking too. Paul sees that shells are flying close by. He goes to the right and sees a plane in front of him. Paul launches a rocket and immediately goes up. He sees some smoke from the explosion down behind him. This one is ready. He flies almost vertically upwards. But what is that? An enemy plane flies vertically upwards beside him too. The pilot is looking at Paul. He is very close. The pilot flies his plane excellently. He is a true ace. They look eye to eye. The time almost stops. Paul understands that the pilot wants to kill him. He sees it in his face. Planes fly up side by side to the height of twenty thousand meters. Where are the other enemies? He looks at the radar. He feels a hit at this moment. The plane is gone. He falls down. Paul sees his plane burning and falling down. The catapult threw him out of the plane. He falls down. He cannot open the parachute. It's too high. The parachute can be opened only at the height of six thousand meters or less. High speed begins to rotate him. It's very dangerous. He may lose consciousness. He tries to stop the rotation, but he can't do it. Because of the rapid rotation blood goes up to the head. He sees all red in his eyes. The height is twelve thousand meters. He opens the parachute. The parachute wraps around him. He falls and rotates. The sky—the clouds, the clouds—the sky, the sky—the clouds... He tears the parachute with his hands and... sits up in his bed. Some sweat runs down his face. He looks at his hands, then at the floor of the room. He must get up. He gets up and walks to the window. The nightmare goes away slowly..
Paul Rost goes out on the porch. There are some stars and the moon in the black sky. It is quiet in the garden. Paul lights up a cigarette and sits down on the porch. Some

Капли воды на паутинках блестят в свете луны. Он ещё спит? Павел проводит рукой по лицу. Потом открывает глаза снова. Это реальность. Паутинки и капли блестят в свете луны. Очень красиво. Но этот ужас три минуты назад тоже почти реальность. Возле дома проезжает полицейская машина. Полицейский видит Павла в саду. Машина останавливается. Полицейский выходит из машины, подходит к Павлу и садится рядом. Он не говорит ничего. Он тоже закуривает. Они сидят и смотрят на небо. Небо начинает розоветь.

«Опять сны спать не дают?» спрашивает полицейский.

«Да, немного,» отвечает Павел, «Как Анна и дети?» спрашивает он.

«Хорошо. Ты сам зайди к нам и посмотри завтра. Я имею в виду сегодня. Анна сделает пиццу с красной рыбой,» говорит полицейский.

«Спасибо Андрей,» говорит Павел, «Сегодня не могу. У меня встреча.»

«Давай завтра или послезавтра,» говорит Андрей.

«Спасибо, друг. Я обязательно зайду,» отвечает ему Павел.

cobwebs hang from the trees down to the ground. Some water drops on the cobwebs glitter in the moonlight. Is he still sleeping? Paul passes his hand over his face. Then he opens his eyes again. It is reality. Some cobwebs and drops are glittering in the moonlight. It's very nice. But this horror three minutes ago was almost reality too. A police car drives past the house. The policeman sees Paul in the garden. The car stops. The policeman gets out of the car, comes up and sits down next to Paul. He doesn't say anything. He lights up a cigarette too. They sit and stare at the sky. The sky begins to turn pink.

"The dreams don't let you sleep again?" the policeman asks.

"Yes, a little bit," Paul answers, "How is Anna and children?" he asks.

"They are fine. Come over tomorrow and see for yourself. I mean today. Anna will make a pizza with red fish," the policeman says.

"Thank you, Andrew," Paul says, "I can't today. I have a meeting."

"Come tomorrow or the day after tomorrow," Andrew says.

"Thank you, friend. Of course I'll come," Paul answers.

## Проверь Новые Слова / *New Vocabulary Review*

### 1

- Сегодня понедельник или **воскресенье**?
- Сегодня **воскресенье**.
- А сколько сейчас время?
- Сейчас **почти** девять часов.
- Кстати, на улице жарко или прохладно?
- На улице холодно.

*- Is it today Monday or Sunday?*
*- Today is Sunday.*
*- And what time is it now?*
*- It's almost nine o'clock now.*
*- By the way, is it hot or cool outside?*
*- It's cold outside.*

### 2

- Посмотри на эту машину. Водитель настоящий **ас**!

*- Look at this car. The driver is a true ace!*
*- But he drives the car too dangerously!*

- Но он ведёт автомобиль слишком опасно!
- Вот это **скорость**! Этот **ас** хочет поехать **вертикально вверх**!
- Он, наверное, хочет **атаковать дерево**. Ему нужна **катапульта** и **парашют**!

### 3

- Вы не знаете, что это за **взрыв** в банке?
- Это менеджер открывает сейф.
- А ключом открыть сейф он не пытался?
- Он открывает сейф ключом в рабочее время. А сейчас он не на работе.

### 4

- Здесь **везде** много высоких деревьев. Здесь очень красиво.
- На небе **луна** и **звёзды**!
- Правда. И **облака медленно пролетают над** городом.
- Какая красивая ночь.
- Посмотри! Уже **небо** начинает **розоветь**.
- Да, ночь **кончается**.
- Эй, вы двое! Утро уже начинается, а мы ещё не ограбили этот банк! Берите ящики с деньгами и положите в машину! **Быстро**!
- Да, господин менеджер.
- Не называйте меня менеджером, идиоты! Вдруг кто-то услышит.
- Хорошо, господин Вега.
- Ну почему я должен работать с этими идиотами?

### 5

- Хотите **закурить**?
- Спасибо, я не **курю**.
- А я **закурю**.
- Здесь нельзя **курить**.
- Почему?
- Это опасно. В этих ящиках **ракеты**.
- А давайте **пустим ракету**!

### 6

- Вот **пицца с красной рыбой**. Угощайся!

- What speed! This ace wants to go up vertically!
- He probably wants to attack the tree. He needs a catapult and a parachute.

### 3

- Do you know what this explosion at the bank is?
- The manager is opening a safe.
- Did he try to open the safe with a key?
- He opens the safe with a key during working hours. But now he isn't at work.

### 4

- There are a lot of tall trees here. It is very beautiful here.
- There is a moon and some stars in the sky!
- True. And some clouds are flying slowly above the city.
- What a beautiful night.
- Look! The sky has already started to turn pink.
- Yeah, the night is coming to an end.
- Hey, you two! The morning has already begun and we haven't robbed this bank yet! Take the boxes with money and put them into the car. Hurry up!
- Okay, Mr. manager.
- Don't call me a manager, idiots! What if someone hears?
- Okay, Mr. Vega.
- Why do I have to work with these idiots?

### 5

- Do you want to smoke?
- I don't smoke, thanks.
- And I'll smoke.
- One can't smoke here.
- Why?
- It's dangerous. There are some rockets in these boxes.
- Let's launch a rocket!

### 6

- Here is a pizza with red fish. Help yourself!
- Why does it stink?

- Почему она воняет?
- Я не знаю. Я в первый раз де́лаю пи́ццу.
- Тогда я не хочу. Спасибо.
- Почему? Угощайся! Я буду очень рад!
- Спасибо, нет.
- Но я настаиваю!

7
- Кстати, когда мы пойдём в кафе - сегодня или завтра?
- Мы пойдём в кафе послезавтра.
- Почему послезавтра? Я хочу сегодня или завтра!
- Сегодня и завтра ты будешь есть пиццу, которую ты сам сделал!
- А ты?
- А я буду очень рада!

8
- Кстати, Вы знаете, что полиция должна обязательно патрулировать улицы днём и ночью.
- А ночью обязательно?
- Да. Кто-то ночью грабит мебель.

9
- Мы должны хорошо координировать наши действия. Я буду уговаривать клиентов ложить деньги в наш банк.
- А что буду делать я?
- А Вы будете говорить им, почему они не могут получить свои деньги назад.

- I don't know. I cooked pizza for the first time.
- I don't want it then. Thanks.
- Why? Help yourself! I'll be very glad!
- No, thank you.
- But I insist!

7
- By the way, when will we go to a café, today or tomorrow?
- We will go to a café the day after tomorrow.
- Why the day after tomorrow? I want to go today or tomorrow!
- Today and tomorrow you will eat the pizza that you made yourself!
- And you?
- And I'll be very glad!

8
- By the way, do you know that the police must always patrol streets by day and at night?
- Is it necessary at night?
- Yes, it is. Somebody steals furniture at night.

9
- We have to coordinate our actions well. I'll try to persuade the clients to put their money in our bank.
- And what will I do?
- And you will tell them why they can't get their money back.

# D

## Pronunciation

улыба́ться - [улыба́ца] *(to smile)*

боя́ться - [ба́яца] *(to be afraid)*

серди́ться - [серди́ца] *(to be angry)*

гре́ться - [гре́ца] *(to get warm)*

боро́ться - [боро́ца] *(to wrestle)*

# Demonstrative Pronouns

A demonstrative pronoun is used to point out a noun or to indicate what you are talking about with your body. Russian demonstrative pronouns этот (this) and тот (that).
Pronoun этот (this) is used to indicate something close by: Этот журнал на русском языке. *This magazine is in Russian.*
Pronoun тот (that) is used to indicate something not so close. Тот журнал на английском языке. *That magazine is in English.*
Тот (that) can be used as the second element of an opposition. Compare:
Этот дом мой, а тот моего друга. *This house is mine, and that one is of my friend.*
Этот студент работает в торговой фирме, а тот студент работает администратором компьютерной сети. *This student works at a retail company and that student works as a computer network administrator.*
Masculine gender - этот (this), тот (that):
Этот дом находится за магазином. *This house is situated behind the store.*
Neuter gender - это (this), то (that):
Я люблю ходить в это кафе. *I like to go to this café.*
Feminine gender - эта (this), та (that):
Эта картина не новая. *This picture is not new.*
All plural - эти (these), те (those):
Приятно читать эти книги. *It is pleasant to read these books.*

# 11

## Встр<u>е</u>ча
*Meeting*

### Слов<u>а</u>
*Words*

1. б<u>е</u>рег - shore
2. бы - *the particle is used with Conditional Mood;* Я бы пошёл в кин<u>о</u>, если бы у мен<u>я</u> б<u>ы</u>ло б<u>о</u>льше вр<u>е</u>мени. - I would go to the cinema if I had more time.
3. был *(masc)*, был<u>а</u> *(fem)*, б<u>ы</u>ло *(neut)* - was; б<u>ы</u>ли - were
4. в<u>е</u>жливо *(adv)* - politely
5. в<u>е</u>рит *(thrd sng)* - believes; в<u>е</u>рить *(inf)* - believe
6. верн<u>у</u>ли *(thrd plr)* - gave back,

72

returned; вернуть *(inf)* - to give back, to return

7. вкусно *(adv)* - tasty
8. внутрь - inside *(direction)*
9. волнуется *(thrd sng)* - worries; волноваться *(inf)* - to worry
10. все - all
11. выиграла *(past fem)* - won; выиграть *(inf)* - to win
12. гладит *(thrd sng)* - pets (a dog or a cat); гладить *(inf)* - to pet
13. глухой *(masc)* - deaf
14. гость *( sng)* - guest; гости *(plr)* - guests
15. готовить *(inf)* - to prepare, to cook
16. грустный *(masc)* - sad
17. далматин - Dalmatian
18. двое - two (for people); Я знаю этих двоих. *(gen)* - I know these two (people). Два - two (for other things)
19. десятый *(masc)* - tenth, the tenth
20. для - for (something or someone)
21. еда - food; Я люблю эту еду. *(acc)* - I like this food.
22. едут *(thrd plr)* - (they) ride; ехать *(inf)* - to ride;
23. есть *(inf)* - to eat; едят *(thrd plr)* - (they) eat
24. жаль - pity
25. забрали *(thrd plr)* - (they) took away; забрать *(inf)* - to take away
26. заехать *(inf)* - to stop by
27. заказ - an order
28. Заканчивайте! *(imp plr)* - finish!; заканчивать *(inf)* - to finish
29. занимает *(thrd sng)* - takes or takes up (some space or time); занимать *(inf)* - to take
30. запах - a smell
31. звонок - phone-call, ring (the sound of the telephone)
32. знакомьтесь *(imp plr)* - meet, make (someone's) acquaintance;

знакомиться *(inf)* - to meet, to make (someone's) acquaintance

33. индийский - Indian; индийского *(masc gen)* - Indian
34. иногда - sometimes
35. итальянская *(fem)* - Italian
36. классно *(adv)* - *colloquial expression meaning* cool or great
37. конверт - envelope
38. куда - where *(direction)*
39. лото - lottery
40. лучше *(adv)* - better
41. лучшая - the best; Дайте мне лучшую пиццу, пожалуйста. *(fem acc)* - Give me the best pizza, please.
42. меню - menu
43. молодец - *a term of praise, meaning a great guy or someone who did something well*
44. наивный *(masc)* - naive
45. напиток *(sng)* - a drink; напитки *(plr)* -drinks
46. например - for example
47. неделя - week; Я спланировал эту неделю. *(acc)* - I scheduled this week.
48. объявление - advertisement, ad
49. океан - ocean; берег океана *(gen)* - the shore of the ocean
50. около - near
51. отдых - a rest, a vacation
52. отказывается *(thrd sng)* - refuses; отказываться *(inf)* - to refuse
53. официант - waiter
54. парень - a guy
55. повар - a cook
56. подбегает *(thrd sng)* - runs up (to something); подбегать *(inf)* - to run up
57. поездка - a trip, a drive
58. поехать *(inf)* - to travel, to set off on a trip
59. поздравляю *(fst sng)* - congratulate;

поздравлять *(inf)* - to congratulate
60. пойти *(inf)* - to go
61. попробовать *(inf)* - to try
62. приезд - arrival
63. приезжают *(thrd plr)* - (they) arrive; приезжать *(inf)* - to arrive
64. приятно *(adv)* - pleasant
65. разве - really, *a particle indicating surprise:* Разве он не британец? - Is not he British?
66. разговаривают *(thrd plr)* - (they) talk, have a conversation; разговаривать *(inf)* - to talk, to have a conversation
67. серьёзно *(adv)* - serious(ly)
68. служба - a service, a work
69. Смотрите! *(imp plr)* - Look! смотреть *(inf)* - to look
70. собака - a dog
71. совсем - completely
72. согласен *(masc adj)* - (he) agrees, he is in agreement
73. соглашается *(thrd sng)* - he agrees; соглашаться *(inf)* - to agree
74. спагетти - spaghetti
75. сюрприз - a surprise
76. то - then; Если открыть окно, то здесь будет холодно. - If you open a window, than it will be cold here.
77. убрать *(inf)* - to clean, to take away; Уберите! *(imp plr)* - Clean!
78. уборка - cleaning
79. удалить *(inf)* - to remove
80. уезжаю *(fst sng)* - (I) am leaving; уезжать *(inf)* - to leave
81. улыбка - a smile
82. умно *(adv)* - wisely, intelligently
83. хорошенько *(adv)* - thoroughly, really well
84. чья *(fem)* - whose
85. шутка - a joke
86. шучу *(fst sng)* - (I) am joking, (I) joke; шутить *(inf)* - to joke

## Встреча

Павел звонит Лизе в пять часов вечера.
«Алло,» отвечает Лиза на звонок.
«Привет Лиза. Это Павел,» говорит ей Павел.
«Привет Павел,» отвечает ему Лиза.
«Мы можем встретиться и пойти в кафе прямо сейчас. Согласны?» спрашивает Павел.
«Я согласна. Вы можете заехать за мной в банк?» просит Лиза.
«Да. Я заеду за Вами через десять минут,» соглашается Павел.
«Хорошо. Пока,» говорит Лиза. Павел встречает Лизу возле банка, и они едут в кафе.

## *Meeting*

*Paul calls Lisa at five o'clock in the evening.*
*Lisa answers the call, saying "Hello."*
*"Hi Lisa, this is Paul," Paul says.*
*"Hi Paul, this is Lisa," Lisa replies.*
*"We can meet and go to a cafe right now. Do you agree?" Paul asks.*
*"I agree. Could you stop by the bank to pick me up?" Lisa asks.*
*"Yes. I will pick you up in ten minutes," Paul agrees.*
*"Okay, see you soon," Lisa says. Paul meets Lisa at the bank and they go to a cafe.*
*"Paul, do you like Italian cooking?" Lisa*

«Павел, Вам нравится итальянская кухня?» спрашивает Лиза.

«Пицца и спагетти?» улыбается Павел, «Да, нравится.»

«Давайте поедем в кафе Верона,» предлагает ему Лиза.

«Давайте,» соглашается Павел.

Они приезжают в кафе и заходят внутрь. В кафе немного людей. Они садятся возле окна. Официант приносит меню. Они заказывают еду и напитки. Официант приносит заказ. Они сидят, едят и разговаривают.

«Спасибо, что вернули мне мой телефон,» говорит Лиза.

«Большое дело. Тот парень просто идиот,» отвечает Павел.

«Всё равно, я думаю, Вы сделали это очень умно. Кстати, как Вам нравится эта пицца?» спрашивает Лиза.

«Классно. Я иногда делаю пиццу, но не так вкусно. Повар просто молодец,» говорит Павел.

«Правда? Вы готовите пиццу? Хотелось бы попробовать,» улыбается Лиза.

«Приходите в гости, и я сделаю самую лучшую пиццу,» отвечает Павел.

«Большое спасибо, Павел. Я обязательно приду. И если так, то я хочу пригласить Вас в гости тоже. Прямо сейчас,» говорит Лиза.

«Прямо сейчас?» удивляется Павел.

«Почему нет? Заканчивайте свою пиццу и поехали!» отвечает Лиза. Лиза очень красивая девушка, поэтому Павел Рост очень волнуется.

«Спасибо, но может быть в другой раз? Например, завтра?» вежливо отказывается он.

«Не отказывайтесь! Прямо сейчас!» говорит она с улыбкой, «Я дам Вам свою пиццу, и Вы скажете, чья лучше!»

Они платят официанту и выходят из кафе.

asks.

"Pizza and spaghetti?" Paul smiles, "Yes, I like it."

"Let's go to cafe Verona," Lisa suggests. Paul agrees: "Let's go."

They arrive at the cafe and go inside. There are a few people at the cafe. They sit down by the window. The waiter brings them a menu. They order food and drinks. The waiter brings them their order. They sit, eat, and talk.

"Thank you for returning my phone," says Lisa.

"Big deal. That guy is just an idiot," Paul replies.

"All the same, I think that you acted very wisely. By the way, how do you like this pizza?" Lisa asks.

"It's great. I make pizza sometimes, but it isn't as tasty. The cook did a great job," Paul says.

"Really, you can make pizza? I'd like to try it," Lisa smiles.

"Come for a visit, and I'll make the very best pizza," Paul replies.

"Thanks so much, Paul. I will definitely come. And in that case, I also want to invite you for a visit. Right now," says Lisa.

Paul is surprised: "Right now?"

"Why not? Finish your pizza and let's go!" Lisa answers.

Lisa is a very pretty young woman, and that is why Paul Rost is very worried.

"Thank you, but maybe another time? For instance, tomorrow?" he refuses politely.

"Don't refuse! Let's go right now!" she says, smiling. "I will give you my pizza, and you will tell me, whose is better!"

They pay the waiter and leave the cafe. The drive to Lisa's house takes about ten minutes. Lisa opens the door and they go into the house. Inside the house there is a

Поездка до дома Лизы занимает около десяти минут. Лиза открывает дверь, и они заходят в дом. В доме собака.

«Павел, знакомьтесь. Это Смоки,» говорит Лиза.

«Привет, Смоки,» Павел гладит собаку.

«Смоки - далматин. Это моя вторая собака. Первая была тоже далматин, но она была глухая,» говорит Лиза с грустной улыбкой.

«Собака была совсем глухая?» спрашивает Павел.

«Да, она была совсем глухая. Потом я узнала, что каждый десятый далматин глухой. Я отдала её,» говорит Лиза.

«Куда Вы отдали её?» спрашивает Павел.

«Я дала объявление в газете и её забрали,» отвечает Лиза.

«Жаль. Я бы взял её, если бы знал» говорит ей Павел.

«А я бы не отдала её Вам,» говорит Лиза. Павел смотрит на неё удивлённо. Лиза смеётся.

«Я шучу,» говорит она, «Вы иногда такой наивный.»

«Все люди иногда наивны, разве нет?» спрашивает Павел.

«Кстати!» Лиза подбегает к столу и берёт какой-то конверт, «Смотрите, я выиграла в лото отдых на берегу Индийского океана для двоих!»

«В лото? Классно! Поздравляю, Лиза,» говорит Павел.

«И.. я.. хочу пригласить Вас, Павел, поехать со мной к Индийскому океану,» говорит Лиза.

Павел смотрит на Лизу. Это, и правда, большой сюрприз. Ему очень приятно.

«Мне очень приятно. Но это, наверное, опять шутка?» не верит Павел.

«Нет. Сейчас я говорю серьёзно. Я приглашаю Вас поехать со мной к Индийскому океану,» говорит Лиза и смотрит на Павла.

*dog.*

*"Paul, meet Smoky," Lisa says.*

*Paul pets the dog: "Hi, Smoky," he says.*

*"Smoky is a Dalmatian. This is my second dog. The first one was also a Dalmatian, but she was deaf," Lisa says with a sad smile.*

*"Your dog was completely deaf?" Paul asks.*

*"Yes, she was completely deaf. I later learned that one in ten Dalmatians is deaf. I gave her away," Lisa says.*

*"Where did you take her?" Paul asks.*

*"I placed an ad in the newspaper and they took her away," Lisa replies.*

*"It's a pity. I would have taken her, if I'd known," Paul says.*

*"But I wouldn't have given her to you," says Lisa. Paul looks at her in surprise. Lisa laughs.*

*"I'm kidding," she says, "You're so naive sometimes."*

*"All people are naive sometimes, aren't they?" Paul asks.*

*"By the way!" Lisa runs up to the table and picks up some kind of an envelope, "Look, I won a lottery! I got a vacation for two on the shore of the Indian Ocean!"*

*"You won a lottery? Cool! Congratulations, Lisa," Paul says.*

*"And ... I would like to invite you, Paul, to travel with me to the Indian Ocean," says Lisa.*

*Paul looks at Lisa. This is truly a big surprise. He is very pleased.*

*"I am very pleased. But this is probably another a joke?" Paul can't believe it.*

*"No. This time I'm serious. I'm inviting you to come with me to the Indian Ocean," Lisa says, looking at Paul.*

*"If you're not kidding, Lisa, I agree. I'll be very happy to go with you," Paul agrees.*

«Если Вы не шутите, Лиза, то я согласен. Я буду очень рад поехать с Вами,» соглашается Павел.

Вечером Павел звонит в службу по уборке домов и просит их хорошенько убрать в его доме.

«Послезавтра я уезжаю на неделю. Пожалуйста, уберите в моём доме к моему приезду. И.. здесь запах какой-то.. Можете удалить этот запах?» спрашивает Павел.

«Конечно, мы уберём все в доме и удалим запах,» отвечает сотрудник по уборке.

In the evening, Paul calls the house-cleaning service and asks them to thoroughly clean his house.

"I am going away for a week the day after tomorrow. Please clean my house before my arrival. And... there's some kind of smell here ... Could you remove that smell?" Paul asks.

"Of course, we will clean the entire house and remove the smell," the house-cleaning worker replies.

# C

## Проверь Новые Слова

### 1

- Сегодня понедельник или вторник?
- Сегодня понедельник.
- А сколько сейчас время?
- Сейчас примерно час.
- Кстати, на улице жарко или прохладно?
- На улице холодно, но солнечно.

### 2

- Я хочу **поехать** на **берег океана**!
- Давай **поедем** через **неделю**.
- Но я хочу **поехать** на **берег океана** завтра!
- Сейчас нет денег.
- Ты менеджер банка, и у тебя нет денег? Это очень странно.
- Ну, хорошо. Завтра я возьму немного денег из банковского сейфа, и **поедем** послезавтра.

### 3

- Этот водитель автобуса очень **вежливый**.
- Правда?
- Да. Когда девушка с **собакой** вошли в автобус, он **вежливо** попросил её выйти из автобуса.
- Она **согласилась**?

## New Vocabulary Review

### 1

- *Is today Monday or Tuesday?*
- *Today is Monday.*
- *And what time is it?*
- *It is about one o'clock.*
- *By the way, it is hot or cool outside?*
- *It is cold but sunny outside.*

### 2

- *I want to go to the ocean shore!*
- *Let's go next week.*
- *But I want to go to the ocean shore tomorrow!*
- *There is no money right now.*
- *You are a bank manager and you have no money? That is very strange.*
- *Well, alright. Tomorrow I'll take some money from the bank safe, and we'll go the day after tomorrow.*

### 3

- *This bus driver is very polite.*
- *Really?*
- *Yes. When a girl with a dog entered the bus, he politely asked her to leave the bus.*
- *And she agreed?*
- *Probably not. Look, the driver is now running away from her dog!*

- Наверное, нет. Посмотри, водитель теперь убегает от её **собаки**!

### 4

- Мне нравятся **наивные** клиенты.
- Почему, господин менеджер?
- Они **верят** каждому моему слову. Это просто **классно**!

### 5

- Какой **вкусный запах** у этой **еды**!
- Хочешь немного? Угощайся. На.
- Спасибо.
- Не за что.
- Очень **вкусная еда**. А ты сам почему не **ешь**?
- Я не ем эту **еду**. Это **еда** для моей **собаки**.

### 6

- Банк **вернул** мне мои деньги, наконец!
- Сколько денег они **вернули**?
- Ещё не знаю. Они дали мне много своей банковской мебели. Теперь я должен её продать и получить деньги.
- Как называется этот банк?
- Зачем тебе? Ты тоже хочешь положить туда деньги?
- Нет. Я не хочу попасть туда.

### 7

- Почему этот человек **волнуется**?
- Он **выиграл** много денег в **лото**!
- А почему ты **очень грустный**?
- Этот человек мой коллега.

### 8

- Алло. Это **ресторан**?
- Да. Чем могу помочь?
- Я хочу **заказать** столик на вечер.
- На который час?
- На восемь часов. И приготовьте пиццу с красной рыбой, пожалуйста.
- Вы один?
- Нет. Нас **двое** - я и моя **собака**.
- Но **собаки** не должны заходить в наш **ресторан**.
- Не **волнуйтесь**. Мы не будем заходить

### 4

- I like naive customers.
- Why, Mr. Manager?
- They believe every word I say. It's just great!

### 5

- This food smells so delicious!
- Want some? Help yourself. Here.
- Thank you.
- You're welcome.
- This food is very tasty. And you, why aren't you eating?
- I don't eat this food. This food is for my dog.

### 6

- Finally, the bank returned my money!
- How much money did they return?
- I do not know. They gave me a lot of their office furniture. Now I have to sell it and get the money.
- What's the name of that bank?
- Why do you want it? Do you want to put your money there?
- No. I don't want to end up there.

### 7

- Why is this man worried?
- He won a lot of money in the lottery!
- And why are you so sad?
- This man is my colleague.

### 8

- Hello. Is this the restaurant?
- Yes. How can I help you?
- I want to reserve a small table for this evening.
- For what time?
- For eight o'clock. And please make a pizza with red fish.
- Are you alone?
- No. There are two of us - me and my dog.
- But dogs aren't allowed in our restaurant.
- Do not worry. We won't go inside. We'll eat outside by the door.

**внутрь**. Мы будем **есть** возле двери на улице.

### 9

- Женщина, можно **погладить** Вашу **собаку**?
- Конечно, молодой человек. Можно. Не бойтесь. Это - **далматин**.
- Я не боюсь **собак**. Если **собака** начинает атаковать, надо закричать. Тогда она **убежит**.
- Вам это не поможет. Мой **далматин** - **глухой**.

### 10

- Хочешь **попробовать спагетти**?
- Да. Мне **спагетти** очень нравится!
- Тогда приготовь себе и мне.
- Ты говоришь **серьёзно**?
- Да. Я не **шучу**.
- Но готовить должна жена, а не муж!
- А что должен делать муж?
- **Умный** муж должен лежать на диване и смотреть телевизор!
- **Умный** муж, хочешь **классный сюрприз**?
- Да!
- Ты должен **убрать** в доме.
- Но я не **согласен**! Я не **уборщик**.
- Если ты **отказываешься**, то я не буду готовить **еду**. Я не **повар**.

### 11

- Я хочу дать **объявление** в газету.
- Какое **объявление**?
- Отдам **умного** мужа в хорошие руки!
- Но я твой муж!
- А зачем ты мне? Ты **отказываешься убирать** и готовить **еду**. Ты **согласен** только лежать на диване и смотреть телевизор.
- Но я могу делать многие вещи!
- Правда? Какие вещи, **например**?
- **Например**, я могу взрывать сейфы и грабить дома.
- Но ты уже один раз взорвал сейф.

### 9

- *Ma'am, can I pet your dog?*
- *Of course you can, young man. Don't be afraid. This is a Dalmatian.*
- *I'm not afraid of dogs. If a dog begins to attack, you need to yell. Then it will run away.*
- *That won't help you. My Dalmatian is deaf.*

### 10

- *Do you want to try some spaghetti?*
- *Yes. I really like spaghetti!*
- *Then make some for both of us.*
- *Are you serious?*
- *Yes. I'm not kidding.*
- *But the wife is supposed to cook, not the husband!*
- *And what is a husband supposed to do?*
- *An intelligent husband is supposed to lie on the couch and watch TV!*
- *Hey, intelligent husband, do you want a great surprise?*
- *Yes!*
- *You should clean the house.*
- *But I do not agree! I'm not a house-cleaner.*
- *If you refuse, I won't cook. I'm not a cook.*

### 11

- *I want to place an advertisement in the newspaper.*
- *What kind of advertisement?*
- *I'm giving away an intelligent husband to a good home.*
- *But I'm your husband!*
- *Why would I want you? You refuse to clean and cook. You only agree to lie on the couch and watch TV.*
- *But I can do many things!*
- *Really? What kind of things, for example?*
- *For example, I can blow up safes and rob houses.*
- *But you already blew up a safe once.*

После этого никто не лежал на диване пять лет!
- **Жаль**, что ты не понимаешь меня.
- Куда дать **объявление** о тебе - в **рубрику «Собаки»** или «**Вещи для дома**»?

After that, no one lay on the couch for five years!
- It's too bad that you don't understand me.
- Where should I place the advertisement - under the rubric of "Dogs" or "Things for the home?"

 **D**

## Числительные *(Numerals)*

*Cardinal masc./fem. / Ordinal masc./fem. / Example*
1 - один/одна / первый/первая / У меня один брат и одна сестра. *I have a brother and a sister.*
2 - два/две / второй/вторая / У меня два брата и две сестры.
3 - три / третий/третья / У меня три брата и три сестры.
4 - четыре / четвёртый/четвёртая / У меня четыре брата и четыре сестры.
5 - пять / пятый/пятая / У меня пять братьев и пять сестёр.
6 - шесть / шестой/шестая / У меня шесть братьев и шесть сестёр.
7 - семь / седьмой/седьмая / У меня семь братьев и семь сестёр.
8 - восемь / восьмой/восьмая / У меня восемь братьев и восемь сестёр.
9 - девять / девятый/девятая / У меня девять братьев и девять сестёр.
10 - десять / десятый/десятая / У меня десять братьев и десять сестёр.

# 12

## Сейчас или Никогда!
*Now or Never*

## A

### Слова
*Words*

1. банкн**о**та *(sng)* - a bill; банкн**о**ты *(plr)* - bills
2. бед**а** - misfortune
3. бог - god; Я в**е**рю в б**о**га. *(gen)* - I believe in god.
4. вм**е**сто - instead
5. всегд**а** - always
6. гр**о**мко *(adv)* - loudly
7. зарегистр**и**рованы *(past part plr)* - registered
8. зн**а**ешь *(sec sng)* - (you) know
9. интерес**у**ют *(thrd plr)* - interest; интересов**а**ть *(inf)* - to interest
10. к**а**жется - apparently, it looks like, it seems; каз**а**ться *(inf)* - to appear, to seem
11. кап**у**ста - cabbage; Я любл**ю** кап**у**сту. *(acc)* - I like cabbage.
12. коридор - corridor
13. кр**о**лик - rabbit
14. л**ю**бим *(fst plr)* - (we) love; люб**и**ть *(inf)* - to love
15. мен**я**л *(past masc)* - exchanged; мен**я**ть *(inf)* - to exchange
16. мы - we
17. нап**и**сано *(past part neut)* - written;

Это слово написано неправильно. - This word is written incorrectly.
18. Начинай! *(imp sng)* - Begin! начинать *(inf)* - to begin
19. ней *(always used with a preposition)* - her; На ней красивое платье. - A beautiful dress is put on her.
20. никогда - never
21. нормально *(adv)* - OK, normal
22. нормальный - normal, ordinary; нормальные *(plr)* - normal, ordinary
23. обманывает *(thrd sng)* - cheats; обманывать *(inf)* - to cheat
24. оправдывается *(thrd sng)* - justifies himself; оправдываться *(inf)* - to justify oneself
25. Подумай! *(imp sng)* - Think! подумать *(inf)* - to think
26. покупать *(inf)* - to buy
27. Послушай! *(imp sng)* - Listen! послушать *(inf)* - to listen
28. потому что - since, because
29. проверять *(inf)* - to check
30. продолжает *(thrd sng)* - continues; продолжать *(inf)* - to continue
31. проходят *(thrd plr)* - walk through; проходить *(inf)* - to walk through
32. прошлая - last; Дождь шёл всю прошлую неделю. *(fem acc)* - It was raining all last week.
33. работает *(thrd sng)* - works; работать *(inf)* - to work
34. сигнализация - an alarm
35. слесарь - electrician, locksmith
36. случиться *(inf)* - to happen
37. сначала - at the beginning
38. собираешься *(sec sng)* - planning; собираться *(inf)* - to plan
39. стодолларовый *(sng)* - hundred-dollar; стодолларовые *(plr)* - hundred-dollar
40. столько - that much
41. сумка - a bag; Возьмите с собой сумку. *(acc)* - Take a bag with you.
42. тратить *(inf)* - to spend
43. украденный *(masc)* - stolen; украденные *(plr)* - stolen
44. утром *(adv)* - in the morning
45. фальшивый *(masc)* - fake; фальшивые *(plr)* - fake

## Сейчас или Никогда!

Во вторник утром электрик Александр Гефест ложит инструменты в сумку. Его жена подходит к нему и смотрит на него. «Куда ты собираешься?» спрашивает она. «Я собираюсь сделать одно дело,» отвечает Александр.
«Ты опять собираешься помогать Веге?» спрашивает его жена. Александр Гефест не отвечает. Он молчит и продолжает ложить инструменты в сумку. Его жена берёт его за руку.
«Пожалуйста, Александр, не ходи к Веге. С тобой может случиться большая беда.

## *Now or Never*

*It is Tuesday morning and Alexander Hephaestus, an electrician, is putting his tools in his bag. His wife comes up to him and watches him.*
*"Where are you going?" she says.*
*"I'm going to do this one thing," Alexander answers.*
*"Are you planning to help Vega again?" his wife asks. Alexander Hephaestus doesn't reply. He remains silent and continues to put his tools in his bag. His wife takes him by the arm.*
*"Please, Alexander, don't go to Vega. A*

Подумай о наших детях,» просит она.

«Вега требует, чтобы я сделал эту работу,» говорит Александр.

«Ты ему сказал, что такую работу ты больше не делаешь?» спрашивает она.

«Он требует. Я ничего не могу с этим сделать. Я должен идти и сделать эту работу! Ты понимаешь?» кричит он.

«Не ходи! Подумай обо мне и детях, пожалуйста! Что будет с нами, если ты попадёшь в полицию?» просит его жена.

«А ты подумай о том, что сделает Вега, если я не сделаю эту работу!» кричит Александр.

«Вега всегда обманывает тебя! Ты наивный идиот! И он тоже идиот! Что ты получил за прошлую работу?» кричит женщина.

«Он взял в банке десять тысяч долларов. Потом обменял их на пять тысяч чистых долларов. И он дал мне две тысячи,» оправдывается Александр.

«Он десять тысяч долларов обменял на пять тысяч чистых долларов?» спрашивает она.

«Украденные деньги были зарегистрированы в банке. Их нельзя тратить. Ты это не знаешь?» говорит Александр.

«Ты уверен, что он дал тебе доллары? Разве на долларах должно быть написано «Мы Любим Капусту» вместо «Мы Верим в Бога?» возмущается она.

«Его обманули, когда он менял украденные деньги на чистые,» оправдывается Александр.

«Его обманули, потому что он идиот! Ты думаешь, я должна покупать еду детям за эти доллары? Мы любим капусту?» возмущается она.

Александр Гефест молчит.

«Пожалуйста, Александр, не ходи. С тобой может случиться большая беда,» опять

*terrible misfortune will happen to you. Think about our children," she pleads.*

*"Vega demands me to do this job," Alexander says.*

*"Did you tell him that you no longer do this kind of work?" she asks.*

*"He demands that I do it. I can't do anything about it. I must go and do the job! Do you understand?" he shouts.*

*"Don't go! Please, think of me and the children! What will happen to us if you get caught by the police?" his wife pleads.*

*"And you should think of what Vega would do, if I don't do this job!" Alexander shouts.*

*"Vega always cheats you! You're a naive idiot! And he is also an idiot! What did you get for the last job?" the woman shouts.*

*"He took ten thousand dollars out of the bank. Then they exchanged them for five thousand clean dollars. And he gave me two thousand," Alexander justifies himself.*

*"He exchanged ten thousand dollars for five thousand clean dollars?" she asks.*

*"The stolen money was registered at the bank. You can't spend it. Don't you know that?" Alexander says.*

*"Are you sure he gave you dollar bills? Does it really say on the dollar bill, 'We Love Cabbage' instead of 'In God We Trust?'" she protests.*

*"They cheated him when he exchanged the stolen money for clean money," Alexander justifies himself.*

*"He was cheated because he is an idiot! Do you think I could buy food for our children with these dollars? We love cabbage?" she protests.*

*Alexander Hephaestus is silent.*

*"Please, Alexander, don't go. A terrible misfortune could happen to you," she*

просит она. Александр Гефест берёт сумку с инструментами и уходит.

Слесарь Александр Гефест приходит в банк. Он подходит к менеджеру банка Ивану Веге.
«Здравствуйте, господин Вега» здоровается слесарь с менеджером.
«Доброе утро,» здоровается менеджер со слесарем, «У нас опять плохо работает сигнализация. Вы можете сделать её сегодня?»
«Мне сначала нужно проверить, почему она не работает,» отвечает слесарь. Менеджер и слесарь проходят к сейфу. Менеджер открывает сейф, и они заходят в него. Слесарь начинает проверять сигнализацию. Потом он говорит: «Мне нужен один час, чтобы всё сделать.»
«У нас нет столько времени. Я даю тебе пол часа, чтобы всё сделать,» тихо говорит менеджер, «Начинай, Александр,» заканчивает он и уходит в свой кабинет. Через пять минут в кабинет менеджера заходит кассир Лиза Пандора.
«Доброе утро, господин Вега,» здоровается кассир с менеджером.
«Доброе утро, госпожа Пандора,» здоровается менеджер с Лизой Пандорой, «Как дела?» спрашивает он.
«Спасибо. У меня нормально. А у Вас, кажется, проблемы!» громко говорит кассир и бросает на стол банкноту,
«Почему на этой стодолларовой банкноте вместо «Мы Верим в Бога» написано «Мы Любим Капусту»? И почему на ней кролик вместо Бена Франклина?» возмущается она.
«Тихо, тихо, Лиза. Пожалуйста,» просит Иван Вега. Он подходит к двери, открывает её и смотрит в коридор. Там никого нет. Тогда он закрывает дверь и подходит назад к столу: «Я могу всё

pleads again. Alexander Hephaestus takes his bag of tools and leaves.

The electrician Alexander Hephaestus arrives at the bank. He goes to the bank manager, John Vega.
"Hello, Mr. Vega," the electrician greets the manager.
"Good morning," the manager greets the electrician, "We are having problems with the alarm system again. Can you fix it today?"
"I first need to check why it isn't working," the electrician replies. The manager and the electrician go to the safe. The manager opens the safe, and they go inside. The electrician starts checking the alarm. Then he says: "I need one hour to do everything."
"We don't have that much time. I give you half an hour to do everything," the manager says quietly. "Begin, Alexander," he finishes and goes into his office. Five minutes later Lisa Pandora, a cashier, comes into the manager's office.
"Good morning, Mr. Vega," the cashier greets the manager.
"Good morning, Ms. Pandora," the manager greets Lisa Pandora, "How are you?" he asks.
"Thank you. I'm fine. But it looks like you are having problems!" the cashier says loudly and throws a bill onto the table, "Why does it say, 'We love cabbage?' instead of 'In God We Trust' on this hundred dollar bill? And why is there a picture of a rabbit on it instead of Ben Franklin?" she protests.
"Quiet, quiet, Lisa. Please," John Vega pleads. He walks to the door, opens it and looks out into the corridor. There's no one there. Then he closes the door and goes back to the table: "I can explain

объяснить. Меня обманули, когда я менял деньги на чистые. Мне дали фальшивые банкноты,» оправдывается менеджер банка.

«Иван Вега, меня не интересуют твои проблемы,» настаивает Лиза Пандора, «Мне нужны не фальшивые, а нормальные банкноты! Дай мне мои деньги!» громко говорит она и бросает на стол фальшивые банкноты с кроликами.

«Пожалуйста, тихо, Лиза,» опять просит Вега, «Я всё сделаю. Убери эти фальшивые банкноты,» тихо говорит менеджер и убирает со стола фальшивые деньги, «Послушай, Лиза. Пришёл слесарь Александр Гефест. Он сейчас делает сигнализацию,» тихо говорит менеджер, «Сегодня вечером сигнализация не будет работать. Я смогу взять много денег из сейфа. И это будут не кролики, Лиза. Это будут настоящие стодолларовые банкноты,» тихо говорит Вега, «А сейчас иди работать. Я всё сделаю,» заканчивает он. Кассир Лиза Пандора не отвечает. Она встаёт и выходит из кабинета менеджера.

everything. They cheated me when I exchanged money for clean bills. They gave me fake bills," the bank manager justifies himself.

"John Vega, I am not interested in your problems," Lisa Pandora insists, "I need regular bills, not fake ones. Give me my money!" she says loudly, and throws the fake bills with the rabbits onto the table.

"Please, be quiet, Lisa," Vega pleads again, "I'll do everything. Take these fake bills away," the manager says quietly and removes the fake money from the table, "Lisa, listen. The electrician Alexander Hephaestus is here. He is fixing the alarm," the manager says quietly, "Tonight the alarm won't work. I could take a lot of money out of the safe. And it won't be the money with the rabbits, Lisa. These will be real hundred-dollar bills," Vega says quietly, "Now go to work. I'll do everything," he concludes. The cashier Lisa Pandora doesn't reply. She gets up and leaves the manager's office.

# C

## Проверь Новые Слова
### 1
- Сегодня вторник или среда?
- Сегодня вторник.
- Вы не **знаете**, сколько сейчас время?
- Сейчас посмотрю на телефоне. Ровно два часа.
- Спасибо. Кстати, на улице **сухо** или дождь?
- На улице **сухо**, но холодно и **ветрено**.
### 2
**Разговор** в кассе банка:
- Какие **банкноты** Вам давать - большие или маленькие?

## New Vocabulary Review
### 1
- Is it Tuesday or Wednesday?
- Today is Tuesday.
- Do you know what time is it?
- I will check my phone. Exactly two o'clock.
- Thank you. By the way, is it dry or raining outside?
- It is dry, but cold and windy outside.
### 2
A conversation with a bank cashier:
- What kind of bills would you like - large or small?

85

- Дав<u>а</u>йте немн<u>о</u>го больш<u>их</u> и немн<u>о</u>го маленьких.
- Вам нрав<u>я</u>тся **банкн<u>о</u>ты** с **кр<u>о</u>ликами**?
- Что?
- **Стод<u>о</u>лларовые банкн<u>о</u>ты** с Б<u>е</u>ном Франклином уж<u>е</u> к<u>о</u>нчились. Но м<u>е</u>неджер банка принёс друг<u>и</u>е **стод<u>о</u>лларовые банкн<u>о</u>ты**. Как<u>и</u>е Вам б<u>о</u>льше нрав<u>я</u>тся - с **кр<u>о</u>ликами** или с соб<u>а</u>ками?

### 3

- Кст<u>а</u>ти, ты **зн<u>а</u>ешь**, что с ним **случ<u>и</u>лась бед<u>а</u>**?
- Пр<u>а</u>вда? Что с ним **случ<u>и</u>лось**?
- Ег<u>о</u> жен<u>а</u> отдал<u>а</u> ег<u>о</u> в хор<u>о</u>шие р<u>у</u>ки.
- Ком<u>у</u>?
- Он теп<u>е</u>рь живёт в больш<u>о</u>м д<u>о</u>ме. У них нет соб<u>а</u>ки, поэтому он охран<u>я</u>ет дом и сад.
- А он<u>и</u> зн<u>а</u>ют, что он граб<u>и</u>тель?
- Нав<u>е</u>рное, нет.

### 4

- Господ<u>и</u>н м<u>е</u>неджер, кли<u>е</u>нты говор<u>я</u>т, что наш банк их **обм<u>а</u>нывает**.
- **Зн<u>а</u>ешь**, мы **никогд<u>а</u>** не обм<u>а</u>нываем н<u>а</u>ших кли<u>е</u>нтов.
- Кон<u>е</u>чно, господ<u>и</u>н м<u>е</u>неджер.
- **Под<u>у</u>май**. Мы **норм<u>а</u>льно** раб<u>о</u>таем. У нас **норм<u>а</u>льные** сотр<u>у</u>дники.
- Л<u>у</u>чше не ск<u>а</u>жешь, господ<u>и</u>н м<u>е</u>неджер. Н<u>а</u>ши сотр<u>у</u>дники прост<u>о</u> молодц<u>ы</u>!
- Наш банк везд<u>е</u> **зарегистр<u>и</u>рован**.
- <u>И</u>менно, господ<u>и</u>н м<u>е</u>неджер.
- **Послушай**. Зач<u>е</u>м нам их **обм<u>а</u>нывать**, <u>е</u>сли он<u>и</u> с<u>а</u>ми принос<u>я</u>т сво<u>и</u> д<u>е</u>ньги?
- Я согл<u>а</u>сен с В<u>а</u>ми.
- У нас н<u>о</u>вая **сигнализ<u>а</u>ция**.
- Совс<u>е</u>м н<u>о</u>вая, господ<u>и</u>н м<u>е</u>неджер.
- Л<u>а</u>дно, теп<u>е</u>рь в<u>ы</u>ключи её. Пойдём в сейф. М<u>о</u>жет быть, там есть что-нибу<u>д</u>ь интер<u>е</u>сное.
- Я уж<u>е</u> в<u>ы</u>ключил **сигнализ<u>а</u>цию**, господ<u>и</u>н м<u>е</u>неджер.
- Молод<u>е</u>ц!

- *Give me a few large ones and a few small ones.*
- *Do you like bills with pictures of rabbits?*
- *What?*
- *We are out of hundred-dollar bills with pictures of Ben Franklin. But the bank manager brought other kinds of hundred-dollar bills. What kind do you like better - with pictures of rabbits or dogs?*

### 3

- *By the way, do you know that a great misfortune happened to him?*
- *Really? What happened to him?*
- *His wife gave him away to a good home.*
- *Where?*
- *He lives in a big house now. They don't have a dog, so he protects the house and the garden.*
- *And they know that he is the robber?*
- *Probably not.*

### 4

- *Mr. manager, customers say that our bank is cheating them.*
- *You know that we never cheat our customers.*
- *Of course, Mr. manager.*
- *Think about it. We work in a normal way. We have a normal staff.*
- *You can't put it any better, Mr. manager. Our employees are just great!*
- *Our bank is registered everywhere.*
- *Exactly, Mr. manager.*
- *Listen, why should we cheat them, if they bring their own money themselves?*
- *I agree with you.*
- *We have a new alarm system.*
- *Completely new, Mr. manager.*
- *Okay, now turn it off. Let's go into the safe. Maybe there is something interesting in there.*
- *I already turned off the alarm, Mr. manager.*
- *Well done!*

### 5
- **Послушай**, я убирал в доме в **прошлую** субботу.
- А я приготовила пиццу вчера **утром**.
- Я отремонтировал телевизор в **прошлый** четверг.
- А я приготовила спагетти с красной рыбой позавчера вечером.
- Тогда почему именно я должен идти за вином в магазин?
- Потому что я не пью вино. А ты пьёшь!

### 6
- Я думаю эти **банкноты фальшивые**.
- А я думаю, нет. Почему ты так думаешь?
- Разве на долларах должен быть Билл Гейтс?
- Это не Билл Гейтс.
- А кто?
- Я не знаю. Наверное, какой-то президент. Но не Билл Гейтс. Я уверен.
- А почему эта **банкнота** красная?
- Да. А это, правда, странно. Все остальные доллары нормальные, синие. А эта одна красная.

### 5
- Listen, I cleaned the house last Saturday.
- And I made a pizza yesterday morning.
- I repaired the TV last Thursday.
- I cooked spaghetti with red fish the night before yesterday.
- Then why should I go for wine to the store?
- Because I don't drink wine. And you do!

### 6
- I think that these bills are fake.
- And I don't think so. Why do you think so?
- Are there really pictures of Bill Gates on dollar bills?
- This isn't Bill Gates.
- Who is it, then?
- I don't know. Maybe some president. But it isn't Bill Gates. I'm sure.
- And why is this bill red?
- Yes. That is truly strange. All the other dollar bills are regular, blue, and only this one is red.

 **D**

## Dative Case of Pronouns

*Nominative (Именительный) / Dative (Дательный) / Example (Пример)*

Я / Мне / Дайте мне банан, пожалуйста. *Give me a banana, please.*
Мы / Нам / Дайте нам бананы, пожалуйста. *Give us some bananas, please.*
Ты / Тебе / Вот тебе банан, пожалуйста. *Here is a banana for you, please.*
Вы/вы / Вам/вам / Вот Вам/вам бананы, пожалуйста. *Here are some bananas for you, please.*
Он / Ему / Дайте ему банан, пожалуйста. *Give him a banana, please.*
Она / Ей / Дайте ей банан, пожалуйста. *Give her a banana, please.*
Оно / Ему / Дайте ему банан, пожалуйста. *Give it a banana, please.*
Они / Им / Дайте им бананы, пожалуйста. *Give them some bananas, please.*

# 13

## Прив<u>е</u>т, Экз<u>о</u>тика!
*Hello, Exotics!*

### Слов<u>а</u>
*Words*

1. аэроп<u>о</u>рт - airport
2. бар - bar, pub
3. без - without
4. бой *(sng)* - a battle; бо<u>и</u> *(plr)* - battles
5. борт - side (of a ship or a boat)
6. бриз - a breeze
7. бум<u>а</u>га - paper, document
8. б<u>ы</u>вший *(masc)* - former
9. в<u>а</u>жно *(adv)* - important
10. везёт *(thrd sng)* - drives (someone or something by transport); везт<u>и</u> *(inf)* - to drive (someone or something by transport)
11. весел<u>е</u>й *(adv)* - more fun, more exciting
12. вест<u>и</u> *(inf)* - to drive (a car, a train),

88

to fly (an airplane)

13. вид - a view

14. внимание - attention

15. водяная (adj fem) - water, made out of water

16. возможно (adv) - possibly

17. вслед (adv) - after, following

18. вывезти (inf) - to take out, to smuggle

19. вызывает (thrd sng) - calls; вызывать (inf) - to call

20. Выйдите! (imp plr) - leave, come out; выйти (inf) - to leave, to come out

21. гостиница - hotel; Я знаю эту гостиницу. (acc) - I know this hotel.

22. грузить (inf) - to load

23. грустить (inf) - to be sad

24. даже - even (used to express emphasis)

25. дать (inf) - to give; дали (past plr) - gave

26. двести - two hundred

27. двойная (fem) - double

28. догадаться (inf) - to guess

29. дурак - a fool

30. душ - shower

31. ждёт (thrd sng) - waits; ждать (inf) - to wait

32. желают (thrd plr) - (they) wish; желать (inf) - to wish

33. жизнь - life

34. замечает (thrd sng) - notes, notices; замечать (inf) - to note, to notice

35. заперта (past part fem) - locked

36. записка - a note

37. заработать (inf) - to earn, to make (money)

38. зелёный (masc) - green; зелёные (plr) - green

39. исчез (past masc) - disappeared; исчезнуть (inf) - to disappear

40. ищет (thrd sng) - searches, looks for; искать (inf) - to search, to look for

41. контроль (noun) - control

42. конец - an end; до конца (gen) - till the end

43. кружиться (inf) - to spin

44. лёгкий (masc) - light

45. логично (adv) - logically, reasonably

46. мама - mom, mother; Иди к маме! (dat) - Go to the mom!

47. мафия - the mob

48. мебель - furniture

49. мебельный (adj masc) - furniture; мебельный магазин - a furniture store

50. местный (masc) - local; Я знаю одного местного человека. (gen) - I know a local man.

51. миллион - million; два миллиона (gen) - two millions

52. миллионер - a millionaire

53. море - sea

54. музыка - music; Я часто слушаю музыку. (acc) - I often listen to music.

55. найти (inf) - to find

56. намного (adv) - much more

57. напротив (adv) - across the street, in front of

58. насчёт (adv) - about, regarding

59. невесёлый (masc) - sad, unhappy

60. недобрый (masc) - unkind

61. нелегально (adv) - illegally

62. неожиданно (adv) - surprisingly, suddenly

63. оба - both

64. обращает (внимание) (thrd sng) - pays (attention); обращать (внимание) (inf) - to pay attention

65. обращается (thrd sng) - addresses; обращаться (inf) - to address

66. оно (neut) - a gender neutral pronoun, usually it

67. оператор - operator, phone service provider

68. опыт - an experience
69. ответ - an answer, a reply
70. отец - father
71. отъезд - departure
72. пакует *(thrd sng)* - packs; паковать *(inf)* - to pack
73. паспортный *(adj masc)* - passport; паспортный контроль - passport control
74. переживай *(imp sng)* - worry, feel upset; Не переживай! - Do not worry! переживать *(inf)* - to worry, to feel upset
75. перекрёсток - intersection
76. платье - a dress
77. Поверните! *(imp plr)* - Turn! повернуть *(inf)* - to turn
78. поверю *(ftr fst sng)* - (I) will believe; поверить *(inf)* - to believe
79. подкупил *(past masc)* - bribed; подкупить *(inf)* - to bribe
80. подменили *(past plr)* - replaced, substituted; подменить *(inf)* - to replace, to substitute (often illegally)
81. поднимает *(thrd sng)* - raises, picks up; поднимать *(inf)* - to raise, to pick up
82. полетит *(ftr thrd sng)* - will fly; полететь *(inf)* - to fly
83. пол - a floor
84. правитель - ruler
85. привозит *(thrd sng)* - brings (by transport); привозить *(inf)* - to bring (by transport)
86. приземляется *(thrd sng)* - lands; приземляться *(inf)* - to land
87. приятный *(masc)* - pleasant
88. пробует *(thrd sng)* - tries; пробовать *(inf)* - to try
89. проверка *(sng)* - inspection, control; проверки *(plr)* - inspections
90. пройдите *(imp plr)* - go through; пройти *(inf)* - to go through
91. прячут *(thrd plr)* - (they) hide;

прятать *(inf)* - to hide
92. пятнадцать - fifteen
93. размышлять *(inf)* - to reflect
94. рассказывает *(thrd sng)* - tells; рассказывать *(inf)* - to tell
95. рассылал *(past masc)* - sent; рассылать *(inf)* - to send
96. регистрируются *(thrd plr)* - (they) register; регистрироваться *(inf)* - to register
97. связано *(past part neut)* - connected to, related to
98. семья - family
99. Сим-карта - SIM card
100. скоро *(adv)* - soon
101. слышит *(thrd sng)* - hears; слышать *(inf)* - to hear
102. СМС - SMS, text message
103. смущённо *(adv)* - embarrassedly, with embarrassment
104. солдаты *(plr)* - soldiers, soldier - солдат
105. сообщи *(imp sng)* - report; сообщить *(inf)* - to report
106. спортивная *(adj fem)* - sports
107. срочно *(adv)* - urgently
108. стойка бара - bar (a kind of table)
109. страна - country (state)
110. стучит *(thrd sng)* - knocks, bangs; стучать *(inf)* - to knock, to bang
111. супервор - super thief
112. также - likewise, also
113. такси - a taxi, a cab
114. таможенный *(adj masc)* - customs
115. терраса - terrace
116. точно *(adv)* - exactly
117. тюрьма - prison
118. тяжёлые *(plr)* - heavy
119. увезти *(inf)* - to take away
120. умереть *(inf)* - to die
121. управлять (самолётом) *(inf)* - to fly (a plane), to drive (a car)

| | | | |
|---|---|---|---|
| 122. | чем - than | 125. | эйфория - euphoria |
| 123. | чемодан - suitcase | 126. | экзотика - the exotic |
| 124. | четыре - four | 127. | экзотическая *(adj fem)* - exotic |

## Привет, Экзотика!

Павел Рост и Лиза Пандора приезжают в аэропорт. Друг Павла Андрей привозит их на своей машине. Они входят внутрь. У Павла большая спортивная сумка. У Лизы два больших чемодана. Павел помогает ей с чемоданами. Они тяжёлые, но он делает вид, что они лёгкие для него.

«Чемоданы тяжёлые, Павел?» спрашивает Лиза.

«Совсем нет,» отвечает ей Павел и показывает, «Нам нужно пройти туда.»

Сотрудники таможенного и паспортного контроля знают Павла Роста. Поэтому они проходят через таможенный и паспортный контроль без проверки. Андрей и сотрудники желают ему приятного отдыха. Павел и Лиза садятся в самолёт.

Через несколько часов их самолёт приземляется. Везде красивая экзотика. Они приезжают в отель и регистрируются.

«У Вас терраса с видом на море и большая двойная водяная кровать,» говорит сотрудник отеля.

«Двойная кровать?» улыбается Лиза и смотрит на Павла. Павел смущённо смотрит в окно.

«Павел, пожалуйста, можешь купить мне Сим-карту местного оператора? Мне нужно срочно позвонить маме,» просит Лиза, «А я подожду тебя в номере, хорошо?» добавляет она.

«Конечно, Лиза,» соглашается Павел и

## *Hello, Exotics!*

*Paul Rost and Lisa Pandora arrive at the airport. Paul's friend, Andrew, drives them there in his car. They go inside. Paul has a large sports bag. Lisa has two large suitcases. Paul helps her with the suitcases. They are heavy, but he pretends that they are light for him.*

*"Are the suitcases heavy, Paul?" Lisa asks.*

*"Not at all," Paul answers, and points his finger: "We need to go there."*

*The staff of the customs and passport control know Paul Rost. Therefore, they pass through customs and passport control without an inspection. Andrew and the staff wish him a good vacation. Paul and Lisa get on the plane.*

*A few hours later their plane lands. Everywhere there are beautiful and exotic views. They arrive at the hotel and register.*

*"You have a terrace overlooking the sea and a large double waterbed," a hotel staff member says.*

*"Double bed?" Lisa smiles and looks at Paul. Paul looks out the window in embarrassment.*

*"Paul, could you please buy me a SIM card for the local phone service provider? I urgently need to call my mother," Lisa asks, "I'll wait for you in the room, okay?" she adds.*

*"Of course, Lisa," Paul agrees, and addresses a hotel staff member: "Where can I buy a SIM card for the local phone*

обращается к сотруднику отеля, «Где здесь можно купить Сим-карту местного оператора?» интересуется он.

«Выйдите из отеля и поверните налево. Пройдите до перекрёстка и ещё раз налево. Там магазин так и называется Сим-Карта,» отвечает ему сотрудник.

Павел идёт в магазин, а Лиза поднимается в номер. Через пятнадцать минут Павел возвращается в отель и поднимается в номер. На столе записка: «Я в душе. Скоро выйду.»

Павел улыбается и подходит к креслу. На кресле лежит платье Лизы. Он берёт платье и садится в кресло. Павел слышит шум воды и музыку в ванной. Он нюхает платье. У него начинает кружиться голова.

«Как всё неожиданно,» думает Павел, «Неделю назад я даже не знал Лизу. А теперь я с ней в этой экзотической стране,» он выходит на террасу. Везде зелёные деревья и цветы. Далеко внизу синее море. Лёгкий бриз дует с моря. У Павла эйфория от запаха моря. Через десять минут он возвращается в комнату и подходит к двери ванной. Он стучит в дверь: «Лиза, Вы скоро?» спрашивает он. Ответа нет. «Всё в порядке?» он спрашивает и стучит ещё раз. Потом ещё раз громко. Ответа нет. Он пробует открыть дверь, но она заперта. Он звонит сотруднику отеля и просит срочно прийти в его номер. Через минуту приходят сотрудники и открывают дверь. В ванной никого нет. Павел смотрит на сотрудников. Сотрудники смотрят на Павла. Павел ищет вещи. Его спортивная сумка стоит на полу. Чемоданов Лизы нет. Только её платье лежит на кресле. Павел видит, что сотрудники отеля прячут улыбки.

Он выходит из отеля и заходит в бар

*service provider?" he inquires.*

*"Go out of the hotel and turn left. Walk to the intersection and turn left again. There is a store called just SIM Card," the staff member replies.*

*Paul goes to the store, and Lisa goes up to the hotel room. Fifteen minutes later, Paul returns to the hotel and goes up to the hotel room. On the table there is a note: "I'm in the shower. I'll come out soon." Paul smiles and walks over to the chair. Lisa's dress is on the chair. He takes the dress and sits in the chair. Paul hears the sound of water and music in the bathroom. He smells the dress. His head begins to spin.*

*"It's all so sudden," Paul thinks. "A week ago I didn't even know Lisa. And now I am with her in this exotic country." He goes out to the terrace. Everywhere there are green trees and flowers. Far below, there is the blue sea. A light breeze blows from the sea. Paul feels euphoric from the smell of the sea. Ten minutes later he returns to the room and goes to the bathroom door. He knocks on the door: "Lisa, will you be much longer?" he asks. There is no answer. "Are you okay?" he asks, and knocks again.*

*Then he knocks once again, loudly. There is no answer. He tries to open the door, but it is locked. He calls the hotel staff and asks them to come to his room urgently. A minute later, staff members come in and open the door. There is no one in the bathroom. Paul looks at the staff. The staff members look at Paul. Paul searches for his and Lisa's things. His sports bag is on the floor. Lisa's luggage is gone. Only her dress lies on the chair. Paul sees that the staff is trying to hide their smiles.*

*He leaves the hotel and walks into a bar across the street. He sits down, drinks*

напротив. Он садится, пьёт минеральную воду и начинает размышлять. Рядом садится человек и ложит руку на стойку бара. Он смотрит на руку и видит татуировку «Не теряй время!» Павел поднимает глаза и видит мебельного вора.

«Привет,» говорит вор.

«А, супервор.. Как дела?» спрашивает Павел и смотрит удивлённо на него.

«Моё имя Пётр Ашур. Послушай. Ты хороший парень. Я хочу помочь тебе. Не переживай из-за Лизы. Она сейчас едет в автобусе в другой город,» говорит он.

«Вы вместе делаете дела, да?» улыбается детектив недоброй улыбкой.

«Она везёт чемоданы Ивану Веге, который ждёт в отеле,» вор не обращает внимания на его слова, и быстро продолжает, «Она думает, что в чемоданах деньги. Сколько, я не знаю. На самом деле деньги в этих чемоданах,» вор показывает рукой вниз. Павел смотрит туда и видит чемоданы Лизы. Вор быстро продолжает говорить: «Я подкупил грузчиков здесь в аэропорту, и они подменили чемоданы. У неё точно такие же чемоданы, но в них не деньги, а бумага,» улыбается Ашур.

«Ты иногда делаешь что-то логично,» удивляется детектив, «Теперь, наверное, хочешь жить здесь как миллионер?» добавляет он.

«Это сейчас не важно. Ты можешь мне помочь?» спрашивает Пётр Ашур.

«Опять грузить мебель?» спрашивает Рост.

«Мой отец сидит в тюрьме Хал Хат. Это здесь недалеко. Он уже старый человек. Он не хочет умереть в тюрьме. Но он будет сидеть в тюрьме до конца жизни, если я не помогу ему,» рассказывает Ашур.

«За что он сидит? Он тоже любит нюхать

mineral water and begins to reflect. A man sits down next to him, and puts down his hand on the bar. Paul looks at the hand and sees a tattoo that says: "Do not waste time!" Paul looks up and sees the furniture thief.

"Hi," the thief says.

"Oh, super-thief ... How are you? " Paul asks, looking at him in surprise.

"My name is Peter Ashur. Listen. You're a good guy. I want to help you. Don't worry because of Lisa. She is riding a bus to another town," he says.

"So the two of you work together?" the detective smiles unkindly.

"She is taking the suitcases to John Vega, who is waiting for her in a hotel," the thief quickly continues, not paying attention to Paul's words. "She thinks that there is money in her suitcases. I don't know how much. But, in fact, the money is in these suitcases," the thief points down with his hand. Paul looks down and sees Lisa's suitcases. The thief quickly continues: "I bribed the loaders at the airport here and they switched the bags. She has the exact the same suitcases, but they contain paper instead of money," Ashur smiles.

"Sometimes you act reasonably," the detective says in surprise, "Now you probably want to live here as a millionaire?" he adds.

"That isn't important right now. Can you help me?" Peter Ashur asks.

"You want me to help you load furniture again?" Rost asks.

"My father is in the Hal Hut prison. It isn't far from here. He is an old man. He doesn't want to die in prison. But he will stay in prison for the rest of his life if I don't help him," Ashur says.

"Why is he in prison? He also likes the smell of other people's furniture?" Paul

чужую мебель?» спрашивает Павел.

«Мой отец не сделал ничего плохого. Ему дали двадцать лет тюрьмы, а он просто рассылал СМС с шутками о правителях этой страны,» говорит Пётр Ашур.

«Я должен был догадаться, что ты из гениальной семьи. Какую помощь ты хочешь от меня?» спрашивает Павел Рост.

«Я должен найти хорошего пилота на самолёт. Надо вывезти моего отца из этой страны,» говорит Ашур.

«Куда ты хочешь вывезти его?» спрашивает Павел.

«Я хочу вывезти не только его. Я хочу вывезти ещё несколько человек в Северную Африку сегодня ночью. Я могу управлять самолётом. Но там идут бои, а у меня нет военного опыта. А ты бывший военный пилот и сможешь сделать эту работу. Я дам тебе двести тысяч долларов за это. Что скажешь?» предлагает Ашур.

«Я должен вести самолёт в Северную Африку? Ты думаешь, я такой идиот как ты?» возмущается Павел.

«Да,» говорит мужчина и пьёт воду, «Я подкупил сотрудников местного аэропорта. Я хочу увезти моего папу отсюда на этом самолёте. А ты можешь заработать большие деньги,» настаивает Ашур.

«Я буду большой дурак, если поверю тебе. И.. для тебя будет лучше, если мы больше не встретимся,» говорит Павел Рост. Он встаёт и уходит.

«Ты идиот! Я сам сделаю эту работу и возьму все деньги!» кричит мужчина вслед.

Павел идёт в гостиницу и пакует свои вещи. Потом он звонит по телефону.

«Привет, Павел! Как отдых?» говорит Андрей на другом конце.

«Намного веселей, чем можно подумать,» отвечает Павел.

asks.

"My father didn't do anything wrong. He was given twenty years in prison, and he only sent out text messages with jokes about the rulers of this country," Peter Ashur says.

"I should have guessed that you're from a brilliant family. How do you want me to help you?" Paul Rost asks.

"I have to find a good airplane pilot. I have to take my father out of this country," Ashur says.

"Where do you want to take your father?" Paul asks.

"I want to take not only my father but a few other people to North Africa tonight. I can fly a plane, but there are battles over there and I don't have any military experience. But you are a former military pilot and you can do this job. I'll pay you two hundred thousand dollars. What do you say?" Ashur offers.

"I have to fly a plane to North Africa? Do you think that I'm an idiot just like you?" Paul protests.

"Yes," the man says and takes a drink of water, "I bribed the staff of the local airport. I want to take my dad out of here on this plane. And you can earn a lot of money," Ashur insists.

"I'll be a great fool if I believe you. And... It would be better for you if we never meet again," Paul Rost says. He gets up and leaves.

"You idiot! I will do this job myself and keep all the money!" the man shouts after him.

Paul goes to the hotel and packs his things. Then he makes a phone call.

"Hi, Paul! How is your vacation?" Andrew says on the other end of the line.

"A lot more exciting than you might think," Paul responds.

94

«У тебя невесёлый голос,» замечает его друг, «Наверное, это связано с новым ограблением банка? Ты ещё не знаешь об этом? Оно произошло ночью перед твоим отъездом. Иван Вега исчез и четыре миллиона долларов из банка тоже.»

«Лиза Пандора и Иван Вега украли эти деньги. Они оба здесь, но я не знаю, где они сейчас находятся. Кстати, в чемоданах, которые я помогал нести Лизе Пандоре, были эти украденные деньги. У меня есть, также, немного информации насчёт Северной Африки. Отсюда нелегально полетит туда самолёт. На борту будут какие-то люди. Возможно солдаты или мафия. И ещё будут два идиота из нашей страны. Один из них, наверное, будет вести самолёт. Сообщи куда нужно. Если нужно больше информации, то я попробую узнать.» говорит Павел.

«Жаль, что твой отдых закончился так быстро. Я позвоню тебе скоро. Пока, и не грусти,» говорит Андрей.

«Я в порядке. Пока,» заканчивает Павел, вызывает такси и едет в аэропорт.

"You don't sound excited," his friend notes, "Maybe this has to do with the recent bank robbery? Don't you know about it yet? It happened the night before you left. John Vega disappeared along with four million dollars from the bank."

"Lisa Pandora and John Vega stole that money. They are both here, but I don't know where they are. By the way, the stolen money was in the suitcases that I helped Lisa Pandora carry. I also have some information about North Africa. A plane will fly illegally from here to North Africa. There will be some people on board. Maybe soldiers or the mob. And there will also be two idiots from our country. One of them will probably fly the airplane. Report this to the authorities. If you need more information, I'll try to find out," Paul says.

"It's a pity that your vacation ended so quickly. I'll call you soon. See you later, and don't be sad," Andrew says.

"I'm fine. See you," Paul concludes, calls a taxi, and rides to the airport.

# C

## Проверь Новые Слова

### 1

- Сегодня среда или четверг?
- Сегодня среда.
- Вы не знаете, сколько сейчас время?
- Сейчас посмотрю на телефоне. Ровно три часа.
- Спасибо. Кстати, на улице сухо или дождь?
- На улице дождь, но не холодно.

### 2

- Вы знаете, что **аэропорт** закрыт из-за тумана?
- Правда? И самолёты не летают?

## New Vocabulary Review

### 1

- Is it Wednesday or Thursday today?
- Today is Wednesday.
- Do you know what time is it?
- I will check my phone. Exactly three o'clock.
- Thank you. By the way, is it dry or raining outside?
- It is raining, but it isn't cold outside.

### 2

- Do you know that the airport is closed because of the fog?
- Really? And the planes don't fly?

- Конечно, не летают. Туман такой сильный, что даже птицы ходят пешком.

### 3

- Один наш **бывший** клиент хочет с Вами встретиться, господин менеджер.
- Что он хочет?
- Он говорит, что приготовил для Вас сюрприз.
- Хороший или плохой сюрприз?
- По его лицу могу сказать, что сюрприз, наверное, не хороший.
- Сколько времени осталось до **конца** рабочего дня?
- Двадцать минут, господин менеджер.
- Ладно. Я пошёл.
- Куда Вы, господин менеджер? Дверь там.
- Сегодня я лучше **выйду** через окно. Мы же находимся на **первом** этаже!

### 4

- Какой приятный **лёгкий бриз** с **моря**!
- Да, и **вид** на **море** очень красивый.
- Ну ладно. Пора **паковать** и грузить ящики.
- Как Вы думаете, господин менеджер, **таможенник** не **догадался**, что мы перевозим эти ящики **нелегально**?
- Конечно, **догадался**.
- Что же теперь делать? Это для нас большая проблема.
- Не волнуйся. Я его **подкупил**.
- Господин менеджер, другие **таможенники** пришли.
- Зачем?
- Они тоже хотят, чтобы Вы их **подкупили**. Дайте им денег!
- Ладно, дам. Какая **приятная страна**. Здесь у всех **эйфория** и хороший аппетит!

### 5

- У Вас какой мобильный **оператор**?
- Я не знаю.
- А какой у Вас мобильный телефон?

- Of course they don't fly. The fog is so thick that even the birds walk.

### 3

- One of our former clients wants to meet with you, Mr. manager.
- What does he want?
- He says that he has a surprise for you.
- Is it a good or a bad surprise?
- Judging at his face, I would say that it probably isn't good.
- How much time is there until the end of the day?
- Twenty minutes, Mr. manager.
- Okay. I'm leaving.
- Where are you going, Mr. manager? The door is over there.
- Today, I'd better leave through the window. After all, we're on the ground floor!

### 4

- What a pleasant light breeze from the sea!
- Yes, and the sea view is also very beautiful.
- Okay, enough. It's time to pack and load boxes.
- What do you think, Mr. manager, the customs officer didn't guess that we ship these boxes illegally?
- Of course he guessed.
- What should we do now? This is a big problem for us.
- Don't worry. I bribed him.
- Mr. manager, the other customs officers came.
- What for?
- They also want to be bribed. Give them money!
- Okay, I will. What a pleasant country. Here, everyone is euphoric and has a good appetite!

### 5

- What is your cell-phone service provider?
- I don't know.
- And what kind of a cell-phone do you have?

- Я не знаю.
- В Вашем телефоне одна **Сим-карта** или две **Сим-карты**?
- А почему Вы спрашиваете?
- Просто мне интересно.
- А мне не интересно.

- *I don't know.*
- *Does your phone have one SIM card or two?*
- *Why do you ask?*
- *I'm just interested.*
- *And I'm not interested.*

 **D**

## Conjunctions

Conjuctions и *(and)*, или *(or)*, но *(but)* join words or independent clauses that are grammatically equal or similar. These conjunctions show that the elements they join are similar in importance and structure:

Евгений разговаривает на русском и английском языках. *Yevgeny speaks Russian and English.*

Я родилась в Донецке, но учусь я в Симферополе. *I was born in Donetsk, but I study in Simferopol.*

Он живёт в своём доме или квартире? *Does he live in his own house or flat?*

When a conjunction joins independent clauses, it is always correct to place a comma before the conjunction:

Я люблю смотреть пьесы в театре, но я обычно смотрю фильмы дома. *I like watching plays in the theatre, however I usually watch films at home.*

However, if the independent clauses are short and well-balanced, a comma is not really essential:

На выходных мы с мужем ходим кафе или в гости к друзьям. *My husband and I go to a café or visit our friends at weekends.*

When "and" is used with the last word of a list, a comma is omitted:

Я знаю таких художников как Пикассо, Ван Гог, Шишкин и Айвазовский. *I know painters Picasso, Van Gogh, Shishkin and Aivazovsky.*

# 14

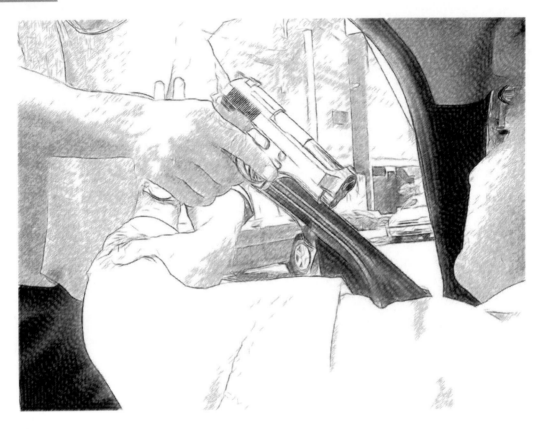

## Где мои Деньги?
*Where is my Money?*

 **A**

### Слова
*Words*

1. аккуратно *(adv)* - carefully, neatly
2. била *(past fem)* - hit, beat; бить *(inf)* - to hit, to beat
3. бродяга - a vagabond, a bum, a tramp
4. бумажник - wallet
5. внёс *(past masc)* - brought in; внести *(inf)* - to bring in
6. водитель - driver
7. вошла *(past fem)* - came in; войти *(inf)* - to come in
8. вытащил *(past masc)* - took out, dragged out; вытащить *(inf)* - to take

out, to drag out

9. гот**о**в *(past part masc)* - ready, prepared
10. гр**а**бить *(inf)* - to rob
11. грудь - chest
12. гр**я**зная *(fem)* - dirty
13. Дай! *(imp sng)* - Give! дать *(inf)* - to give
14. дв**и**гался *(past masc)* - moved; дв**и**гаться *(inf)* - to move
15. ел *(past masc)* - ate; есть *(inf)* - to eat
16. **е**хать *(inf)* - to ride, to go (somewhere in a vehicle)
17. забеж**а**л *(past masc)* - ran into (a place); забеж**а**ть *(inf)* - to run into (a place)
18. закрич**а**л *(past masc)* - shouted, yelled; закрич**а**ть *(inf)* - to shout, to yell
19. закр**ы**тый *(masc)* - closed; закр**ы**тыми *(plr inst)* - closed
20. зл**о**е *(neut)* - evil
21. каб**и**на - driver's cab, cabin; каб**и**ны *(plr)* - driver's cabs, cabins
22. к**а**мера - (prison) cell
23. кварт**а**л - street block, neighborhood; три кварт**а**ла *(gen)* - three street blocks
24. кр**и**кнул *(past masc)* - shouted, yelled; кр**и**кнуть *(inf)* - to shout, to yell
25. кур**и**л *(past masc)* - smoked; кур**и**ть *(inf)* - to smoke
26. легк**о** *(adv)* - easily
27. меш**о**к - a bag
28. нан**я**ть *(inf)* - to hire
29. ног**а** - a foot; Он поставил н**о**гу на стул. *(acc)* - He put his foot on a chair.
30. об**ы**чная *(fem)* - ordinary, regular
31. огр**а**бить *(inf)* - to rob
32. од**е**жда - clothes
33. от**е**ль - hotel
34. откр**ы**то *(past part neut)* - open; Это уж**е** откр**ы**то. - It is already open.
35. ош**и**бка - a mistake; Я сделал ош**и**бку. *(acc)* - I made a mistake.
36. парк - park
37. п**а**спорт - passport
38. п**а**чка - a pack; Дайте мне п**а**чку сигар**е**т, пож**а**луйста. *(acc)* - Give me a pack of cigarettes, please.
39. поднял**а**сь *(past fem)* - went up, stood up; подн**я**ться *(inf)* - to go up, to stand up
40. полож**и**л *(past masc)* - put down; полож**и**ть *(inf)* - to put down
41. пон**ю**хал *(past masc)* - smelled, sniffed; пон**ю**хать *(inf)* - to smell, to sniff
42. порть**е** - porter
43. пост**а**вил *(past masc)* - put; пост**а**вить *(inf)* - to put
44. постуч**а**ла *(past fem)* - knocked; постуч**а**ть *(inf)* - to knock
45. пош**ё**л *(past masc)* - went; пойт**и** *(inf)* - to go
46. привезл**и** *(past plr)* - brought (by vehicle); привезт**и** *(inf)* - to bring (by vehicle)
47. пришл**а** *(past fem)* - came; прийт**и** *(inf)* - to come
48. пробеж**а**л *(past masc)* - ran; пробеж**а**ть *(inf)* - to run
49. р**а**дио - radio
50. реш**и**л *(past masc)* - decided; реш**и**ть *(inf)* - to decide
51. светоф**о**р - traffic lights, stoplight
52. Сид**и**! *(imp sng)* - Sit! сид**е**ть *(inf)* - to sit
53. спок**о**йно *(adv)* - quietly, still
54. стейк - steak
55. стул - chair
56. с**у**мочка *(sng)* - purse; с**у**мочки *(plr)* - purse
57. схват**и**л *(past masc)* - grabbed;

схватить *(inf)* - to grab
58. убью *(ftr fst sng)* - (I) will kill; убить *(inf)* - to kill
59. увидел *(past masc)* - saw; увидеть *(inf)* - to see
60. ударил *(past masc)* - hit; ударить *(inf)* - to hit
61. упал *(past masc)* - fell; упасть *(inf)* - to fall
62. хватит - that's enough
63. химчистка - dry cleaners, dry cleaning; возле химчистки *(gen)* - near the dry cleaners
64. чаевые *(plr)* - a tip
65. шок - a shock
66. электрошокер - Taser

## Где мои Деньги?

## *Where is my Money?*

Лиза Пандора приехала на автобусе в другой город. Она пришла в отель «Карма» и поднялась на второй этаж. Лиза подошла к двери комнаты номер десять и остановилась. Она дала портье чаевые, и он ушёл. Лиза подошла близко к двери, потом достала электрошокер из сумочки и положила его в карман. Она постучала в дверь. Дверь открыл Иван Вега. Он быстро вышел в коридор, взял чемоданы и внёс их в комнату. Лиза вошла в комнату тоже и закрыла дверь.
«Всё было спокойно? Рост ещё ждёт возле ванной?» улыбнулся Иван Вега.
«Всё было нормально. Я думаю, Рост уже поехал домой. Отдых для него уже закончился,» ответила Пандора.
Иван Вега поставил чемоданы на пол и открыл их. В чемоданах аккуратно лежали пачки денег.
«Здесь хватит денег, чтобы нанять двести солдат. Теперь можно лететь в Северную Африку,» он взял одну пачку и открыл. На пол упала обычная бумага.
«Что это?» Иван Вега открыл другие пачки. Там тоже была обычная бумага. Пандора в шоке.
«Ты подменил чемоданы!» закричала она Веге. Лицо Ивана Веги красное и злое. Он подошёл к Пандоре и закричал ей в

*Lisa Pandora arrived in another town by bus. She came to the hotel "Karma", and went up to the second floor. Lisa came up to the door of room number ten and stopped. She gave the porter a tip, and he left. Lisa came close to the door, then took a Taser out of her purse and put it in her pocket. She knocked on the door. John Vega opened the door. He quickly went out to the corridor, took the suitcases and carried them into the room. Lisa also went into the room and closed the door.*
*"Did everything go well? Is Rost still waiting outside the bathroom?" John Vega smiled.*
*"Everything went okay. I think that Rost has already gone home. His vacation is over," Pandora replied.*
*John Vega put the suitcases on the floor and opened them. Packs of money lay neatly in the suitcase.*
*"There is enough money here to hire two hundred soldiers. Now we can fly to North Africa," he picked up one pack and opened it. Ordinary paper fell to the floor.*
*"What is this?" John Vega opened another pack. In it there was also regular paper. Pandora was shocked.*
*"You switched the suitcases!" she shouted at Vega. John Vega's face was red and angry.*

100

лицо.

«Где мои деньги?! Дай мне мои деньги!» он схватил её за волосы и ударил чемоданом по голове, «Дай мне мои деньги!» кричит он.

Пандора упала на пол. Она ударила Вегу электрошокером в ногу. Он упал на пол. Пандора ударила его снова и снова электрошокером.

«Вот тебе твои деньги, идиот! Вот ещё! И вот ещё!» Пандора била ещё и ещё Вегу электрошокером в лицо и в грудь. Дым начал идти от Ивана Веги. Он лежал и уже не двигался. Потом Пандора подошла к чемоданам. Она посмотрела на бумагу.

«Это мог сделать только Пётр Ашур! Только он знал про деньги,» она взяла свою сумочку и посмотрела на Вегу. Он лежал с закрытыми глазами. Дым ещё шёл от него. Пандора взяла у него из кармана паспорт и бумажник и положила в свою сумочку. Она вышла из номера и быстро пошла к лифту.

Минут через десять Вега открыл глаза. Он посмотрел вокруг. Потом он медленно встал и сел на стул. Он увидел, что нет бумажника и паспорта.

«Я убью тебя, Пандора,» крикнул он. Вега вытащил из кармана пистолет и проверил его. Потом положил его назад в карман и вышел из номера. Он вышел на улицу и посмотрел вокруг. Он не знал, что теперь делать. Назад домой ехать нельзя, потому что его ищет полиция. Без денег и без паспорта он был теперь как бродяга. Он пошёл по улице, думая, что делать. Денег нет. Дома его ищет полиция. Всё пропало. Теперь он был даже готов ограбить магазин или банк. На светофоре стояла машина. Он понял, что это была банковская машина, в которой перевозят деньги. Он медленно

He went up to Pandora and shouted at her. "Where is my money? Give me my money!" he grabbed her by the hair and hit her on the head with a suitcase, "Give me my money!" he shouted.

Pandora fell to the floor. She stunned Vega in the leg with her Taser. He fell to the floor. Pandora stunned him again and again with her Taser.

"Here's your money, you idiot! Here's some more! And here's more!" Pandora stunned Vega again and again in the face and chest. Smoke began to rise from John Vega. He lay on the floor and no longer moved. Then Pandora walked to the suitcases. She looked at the paper.

"Only Peter Ashur could have done this! Only he knew about the money," she took her purse and looked at Vega. He lay with his eyes closed. Smoke was still rising from him. Pandora took the passport and wallet out of his pocket and put them in her purse. She left the room and quickly walked to the elevator.

After about ten minutes, Vega opened his eyes. He looked around. Then he slowly got up and sat on a chair. He realized that his wallet and passport were gone.

"I will kill you, Pandora," he shouted. Vega pulled a gun out of his pocket and checked it. Then he put it back in his pocket and left the room. He went outside and looked around. He didn't know what to do next. He couldn't go back home because the police was looking for him. Without money and without a passport, he was now like a vagabond. He walked down the street, thinking what to do. The money was gone. Back home, the police was looking for him. Everything was lost. Now he was even ready to rob a store or bank. A van was stopped at the traffic lights. He realized that it was a bank's van, which transported money. He

шёл мимо, глядя на водителя. Окно кабины было открыто. В кабине лежало несколько мешков. Водитель курил и слушал радио. Вега посмотрел вокруг, затем достал пистолет и подошёл к машине.

«Дай мне мешок!» закричал он и направил пистолет на водителя. Водитель посмотрел на пистолет. Потом он посмотрел вокруг себя, взял один мешок и дал Веге.

«Сиди тихо!» крикнул Вега и убежал. Он пробежал три или четыре квартала. Затем забежал в парк и сел под деревом. Он был очень рад. Грабить - это так легко! Он открыл мешок и достал что-то. Это были не деньги. Это была какая-то грязная вонючая одежда. Он бросил мешок на землю. Он понял, что ограбил машину химчистки. Он сделал ещё одну ошибку. Вега решил пойти назад в отель.

«Руки вверх!» сзади него стояли два полицейских. Они направили свои пистолеты на него. Вега поднял руки, и они надели на него наручники. Полицейские привезли его в местную тюрьму. В камере было ещё несколько человек. Один из них подошёл к нему и понюхал его одежду.

«Ты ел стейк?» спросил он, «У тебя есть немного? Я не ел два дня.»

«Я убью тебя Пандора..» подумал Иван Вега, «И тебя Пётр Ашур я убью тоже.»

walked by slowly, looking at the driver. The window of the driver's cab was open. In the cab were a few bags. The driver was smoking and listening to the radio. Vega looked around, then pulled out his gun and walked up to the van.

"Give me the bag!" he yelled and pointed the gun at the driver. The driver looked at the gun. Then he looked around, picked up a bag and gave it to Vega.

"Sit still!" Vega shouted and ran away. He ran three or four blocks. Then he ran into a park and sat under a tree. He was very happy. To rob - that's so easy! He opened the bag and pulled something out. It wasn't money. These were some kind of dirty, smelly clothes. He threw the bag on the ground. He realized that he had robbed a dry cleaners' van. He made another mistake. Vega decided to return to the hotel.

"Hands up!" behind him stood two policemen. They pointed their guns on him. Vega raised his hands, and they handcuffed him. The police took him to the local jail. There were a few other people in the jail cell. One of them approached him and sniffed his clothes.

"Did you eat a steak?" he asked, "Do you have some left? I haven't eaten in two days."

"I'll kill you Pandora ..." John Vega thought, "And you, Peter Ashur - I'll kill you too."

## Проверь Новые Слова
### 1
- Сегодня четверг или пятница?
- Сегодня четверг.
- Вы не знаете, сколько сейчас время?
- Сейчас посмотрю на телефоне. Без десяти

## New Vocabulary Review
### 1
- Is it Thursday or Friday today?
- It is Thursday today.
- Do you know what time is it?
- I will check my phone. It's ten minutes to

минут четыре.
- Спасибо. Кстати, на улице ветрено?
- На улице холодно, но не ветрено.

## 2

- Меня ограбили!
- Кто Вас ограбил?
- Этот **грязный бродяга** меня ограбил!
- Как он это сделал?
- Он **вытащил бумажник** из моего кармана.
- Что было в **бумажнике**?
- Мой **паспорт** и деньги.
- Почему у этого **грязного бродяги** идёт **дым** из головы?
- Я **ударил** его **электрошокером**.

## 3

- Дайте мне воды, пожалуйста.
- Воды нет.
- Тогда дайте мне сока, пожалуйста.
- Сока тоже нет.
- Дайте мне **стейк**!
- **Стейка** тоже нет. А хотите закурить или выпить вина? Или, может, хотите послушать **радио**?
- Нет, в другой раз. У вас удивительное кафе.
- Спасибо. Так все говорят. И нам очень приятно.

## 4

- Я в **шоке**!
- Что случилось?
- Мой компьютер всё время делает **ошибки**!
- Какие **ошибки** делает твой компьютер?
- Он всё время **ошибается**! И долго думает!
- О чём думает твой компьютер, интересно?
- Мне тоже интересно. Странный компьютер!

## 5

- У меня красивая **грудь**?
- Да. А почему она **грязная**?

four.
- *Thank you. By the way, is it windy outside?*
- *It is cold, but it isn't windy outside.*

## 2

- *I was robbed!*
- *Who robbed you?*
- *This dirty bum robbed me!*
- *How did he do it?*
- *He pulled the wallet out of my pocket.*
- *What was in your wallet?*
- *My passport and money.*
- *Why is there smoke coming out of this dirty bum's head?*
- *I stunned him with a Taser.*

## 3

- *Give me some water, please.*
- *There isn't any water.*
- *Then give me some juice, please.*
- *There isn't any juice either.*
- *Give me a steak!*
- *There is no steak. Would you like to smoke or drink some wine? Or maybe you would like to listen to the radio?*
- *No, some other time. You have a wonderful cafe.*
- *Thank you. Everyone says so. And we are very pleased.*

## 4

- *I'm shocked!*
- *What happened?*
- *My computer keeps making mistakes!*
- *What kind of mistakes does your computer make?*
- *It is always wrong! And it takes a long time to think!*
- *Interesting. What is your computer thinking about?*
- *I'm also interested. What a strange computer!*

## 5

- *Do I have a nice chest?*
- *Yes. But why is it dirty?*

- Она не **грязная**. Это такая **татуировка**.
- Дай мне хорошо посмотреть.

### 6

- **Этот отель** нанимает сотрудников?
- Да. Этому **отелю** нужны сотрудники убирать комнаты.
- А повар не нужен?
- Повар тоже нужен. Вы **аккуратный**?
- Да, я очень **аккуратный**!
- Что Вы умеете готовить?
- Я умею готовить **обычную** пиццу.
- И всё?
- Я умею готовить необычную пиццу тоже. И я делаю это **аккуратно**!

### 7

- Чья это **одежда**?
- Это **одежда** одной молодой женщины.
- А где сама молодая женщина?
- Она в море.
- **Я портье** из **отеля**. Скажите ей, что я отнесу её **сумочку** и **одежду** в её номер. А-а-а!
- Что случилось?
- Меня что-то **ударило**!
- Это **электрошокер**. Молодая женщина оставила его под **одеждой**.

### 8

- Чей это **паспорт**?
- Это мой **паспорт**, господин таможенник.
- Чей это **ящик**? Это **ящик** того молодого человека. Он попросил меня **перевезти** его через таможню.
- Что в **ящике**?
- Там газеты и **радио**, господин таможенник.
- Вы уверены?
- Он так сказал.
- Давайте откроем и посмотрим вместе.
- Давайте.
- Что это за таблетки и пистолеты?
- Я не знаю, господин таможенник. Надо спросить этого молодого человека.
- Молодой человек, это Ваши таблетки и

- It isn't dirty. That's a tattoo.
- Let me get a better look.

### 6

- Is the hotel hiring new staff?
- Yes. This hotel needs staff for room cleaning.
- Do they also need a cook?
- Yes, they also need a cook. Are you neat?
- Yes, I'm very neat!
- What can you cook?
- I can cook an ordinary pizza.
- Is that all?
- I can cook an unusual pizza, too. And I do it neatly!

### 7

- Whose clothes are these?
- These are a young woman's clothes.
- And where is the young woman herself?
- She is in the sea.
- I am a porter from the hotel. Tell her that I'll take her purse and clothes to her room. Ah-ah-ah!
- What happened?
- Something stunned me!
- It's a Taser. The young woman left it under her clothes.

### 8

- Whose passport is this?
- This is my passport, Mr. customs officer.
- Whose box is this?
- This box belongs to that young man. He asked me to carry it through customs.
- What's in the box?
- Newspapers and a radio, Mr. customs officer.
- Are you sure?
- That's what he told me.
- Let's open it together and check.
- Let's.
- What are these pills and guns?
- I don't know, Mr. customs officer. You have to ask that young man.

пистолеты?
- Конечно, нет!
- Можно я уже **пойду**, господин таможенник?
- Да. **Идите**. Этот полицейский отведёт Вас куда нужно.

### 9

- Зачем Вы **перевозили** таблетки и пистолеты?
- Молодой человек попросил меня, господин полицейский.
- Он дал Вам деньги за это?
- Нет. Он просто попросил. Он сказал, что там газеты и **радио**.
- Почему Вы согласились?
- Наверное, потому что я добрый идиот.

- Young man, are these your pills and guns?
- Of course not!
- Can I go now, Mr. customs officer?
- Yes. Go. This police officer will take you where you need to go.

### 9

- Why were you transporting pills and guns?
- A young man asked me to do so, Mr. policeman.
- Did he give you money for it?
- No. He just asked. He said that there were newspapers and a radio.
- Why did you agree?
- Probably because I am a kind idiot.

## Conjugation of the Verb Хотеть

Infinitive: хотеть *(want)*
Я хочу *(I want)*
Ты хочешь *(you want)*
Он, она, оно хочет *(he, she, it wants)*
Мы хотим *(we want)*
Вы/вы хотите *(you want)*
Они хотят *(they want)*
Например:
- Ты хочешь пойти в библиотеку? *Do you want to go to the library?*
- Нет, мой друг и я хотим пойти в кино. *No, my friend and I want to go to the cinema.*

# Second Russian Reader
*Pre-Intermediate Level*

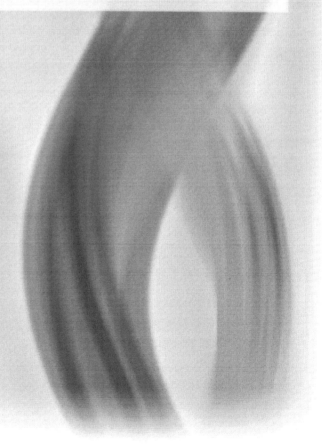

# 15

## Суд
*The Trial*

## A

### Слова

1. аппет<u>и</u>т - appetite
2. арест<u>о</u>вали *(past plr)* - arrested; Арест<u>у</u>йте! *(imp plr)* - Arrest! арестов<u>а</u>ть *(inf)* - to arrest
3. бельё - underwear, linen
4. Благодар<u>и</u>! *(imp sng)* - Thank!

благодар<u>и</u>ть *(inf)* - to thank
5. бл<u>и</u>же *(adv)* - closer
6. б<u>о</u>мба - a bomb
7. б<u>у</u>дешь *(ftr sec sng)* - (you) will; быть *(inf)* - to be
8. взорв<u>а</u>ть *(inf)* - to blow up

108

9. вперёд *(adv)* - (straight) ahead
10. Вставай! *(imp sng)* - Get up! вставать *(inf)* - to get up
11. Входи! *(imp sng)* - Go in! / Come in! входить *(inf)* - to go in, to come in
12. вывешивают *(thrd plr)* - hang out; вывешивать *(inf)* - to hang out
13. Выходи! *(imp sng)* - Go out! выходить *(inf)* - to go out, to leave
14. главарь - the head (of a criminal organization)
15. голодный *(masc)* - hungry
16. грузовик - a truck
17. двор - yard
18. действует *(thrd sng)* - acts; действовать *(inf)* - to act
19. держал *(past masc)* - held; держать *(inf)* - to hold
20. днём *(adv)* - during the day, by day
21. до того как - before (doing something)
22. Дойди! *(imp sng)* - Walk up! (to something); дошёл *(past masc)* - walked up (to something); дойти *(inf)* - to walk up (to something)
23. доказать *(inf)* - to prove
24. дорога - road
25. достал *(past masc)* - took out; достать *(inf)* - to take out
26. ездил *(past masc)* - drove, went; ездить *(inf)* - to drive, to go
27. жаба - toad; взять жабу *(acc)* - to take a toad
28. жопка - butt; лизнуть жопку *(acc)* - to lick a butt
29. завёл *(past masc)* - started (an engine); завести *(inf)* - to start (an engine)
30. заключённый *(masc)* - convict,

prisoner; заключённые *(plr)* - convicts, prisoners
31. заплачу *(ftr fst sng)* - (I) will pay; заплатить *(inf)* - to pay
32. заставил *(past masc)* - made, forced; заставить *(inf)* - to make, to force
33. защита - defense
34. защитник - defender, defending counsel
35. зевнул *(past masc)* - yawned; зевнуть *(inf)* - to yawn
36. имущество - property; мало имущества *(gen)* - little property
37. используя *(pres part)* - using
38. итак - well, so
39. казнь - execution (punishment)
40. класс/классно - cool, great
41. клетка - a cage
42. конфискация - confiscation
43. кормят *(thrd plr)* - (they) feed; кормить *(inf)* - to feed
44. крадёт *(thrd sng)* - (he/she/it) steals; красть *(inf)* - to steal
45. красить *(inf)* - to paint
46. краска - a paint, a color; мало краски *(gen)* - little paint
47. лизать, полизать *(inf)* - to lick; Лижи! *(imp sng)* - Lick! лизнул *(past masc)* - licked
48. маньяк - maniac
49. мотор - engine
50. наказание - punishment
51. наказать *(inf)* - to punish
52. На! *(informal) (sng)* / Нате! *(plr)* - Take! Here! *(imp)*
53. негодяй - scoundrel
54. нос - nose
55. обещал *(past masc)* - promised; обещать *(inf)* - to promise
56. оказывали *(past plr)* - provided; оказывать *(inf)* - to provide
57. опасная - dangerous; опасной

*(gen fem)* - dangerous

58. организация - organization
59. осторожно *(adv)* - carefully
60. отвернулся *(past masc)* - turned away; отвернуться *(inf)* - to turn away
61. отвращение - disgust
62. открывая (дверь) *(pres part)* - opening (a door)
63. палец - a finger; нажать пальцем *(inst)* - to press with a finger
64. перестали *(past plr)* - stopped; перестать *(inf)* - to stop
65. по крайней мере - at least
66. победитель - the victor, winner
67. повёл *(past masc)* - drove, led; повести *(inf)* - to drive, to lead
68. подзащитный *(masc)* - defendant
69. подмигнул *(past masc)* - winked; подмигнуть *(inf)* - to wink
70. подошёл *(past masc)* - walked up to; подойти *(inf)* - to walk up to
71. покажу *(ftr fst sng)* - (I) will show; показать *(inf)* - to show
72. поклонился *(past masc)* - bowed; Поклонись! *(imp sng)* - Bow! поклониться *(inf)* - to bow
73. полагаем *(fst plr)* - (we) believe, suppose; полагать *(inf)* - to believe, to suppose
74. полосатая - striped; полосатую *(fem acc)* - striped
75. попался *(past masc)* - got caught; попасться *(inf)* - to get caught
76. поскольку - since, as
77. посмотрел *(past masc)* - looked; посмотреть *(inf)* - to look
78. почесал *(past masc)* - scratched; почесать *(inf)* - to scratch
79. правая - right; поднять правую руку *(fem acc)* - to pick up the right hand
80. предложил *(past masc)* - offered;

предложить *(inf)* - to offer

81. приказал *(past masc)* - ordered; приказать *(inf)* - to order
82. Проведите! *(imp plr)* - Conduct! провести *(inf)* - to conduct
83. произнёс *(past masc)* - declared; произнести *(inf)* - to declare
84. проконсультироваться *(inf)* - to consult (with someone)
85. прокурор - prosecutor
86. протестую *(fst sng)* - (I) protest; протестовать *(inf)* - to protest
87. прошу *(fst sng)* - (I) ask; просить *(inf)* - to ask
88. рабочий *(noun sng)* - worker; рабочие *(plr)* - workers
89. раньше *(adv)* - earlier
90. решение - decision
91. сексуально *(adv)* - sexually; сексуальные *(plr)* - sexual; сексуальный *(masc)* - sexual
92. следственный *(adj masc)* - investigation
93. смертная *(adj fem)* - death
94. сонный *(masc)* - sleepy
95. спал *(past masc)* - (was) asleep
96. стал *(past masc)* - started (to do something); стать *(inf)* - to start
97. стена - a wall; красить стену *(acc)* - to paint a wall
98. столица - capital (city)
99. строго *(adv)* - harsh, strict
100.    строгое *(adj neut)* - harsh
101.    субстанция - substance
102.    суд - trial; судья -judge
103.    сушка - drying
104.    тело - body; часть тела *(gen)* - a part of body
105.    террорист - terrorist; террористическая организация *(masc)* - terrorist organization
106.    то (after если) - then; **Если** ты поможешь мне, **то** я

110

помог**у** тебе. - If you help me,
then I will help you.

107.    тур**и**ст - tourist; сказ**а**ть
тур**и**стам *(plr dat)* - to say to
tourists

108.    угрож**а**л *(past masc)* -
threatened; угрож**а**ть *(inf)* - to
threaten

109.    указ**а**л *(past masc)* -
pointed; указ**а**ть *(inf)* - to point

110.    услуг**а** *(sng)* - the help,
service; услуг**и** *(plr)* - the help,
services

111.    уст**а**л *(past masc)* -
became tired; уст**а**ть *(inf)* - to
become tired

112.    х**о**чешь *(sec sng)* - (you)
want; хот**е**ть *(inf)* - to want

113.    цветн**о**й *(masc)* - colorful;
цветн**ы**е *(plr)* - colorful

114.    часть - a part

115.    честь - honor

116.    эксперим**е**нт - experiment

117.    эксплуат**и**ровали *(past
plr)* - exploited; эксплуат**и**ровать
*(inf)* - to exploit

# В

## Суд

«**Е**сли дашь мне как**у**ю-ниб**у**дь ед**у**, то я
дам теб**е** полиз**а**ть **э**ту ж**а**бу,» предлож**и**л
Ив**а**ну В**е**ге од**и**н челов**е**к в к**а**мере.
«Как**у**ю ж**а**бу?» удив**и**лся Ив**а**н В**е**га.
«Я гол**о**дный, потом**у** что здесь почт**и** не
к**о**рмят. **Е**сли дашь мне немн**о**го ед**ы**, то
см**о**жешь полиз**а**ть ж**о**пку **э**той ж**а**бы,»
продолж**а**л челов**е**к.
«Зач**е**м лиз**а**ть ж**о**пку **э**той ж**а**бы?» не
п**о**нял В**е**га.
«У не**ё** здесь на ж**о**пке есть субст**а**нция, от
кот**о**рой ты б**у**дешь в**и**деть цветн**ы**е сны и
днём и н**о**чью,» челов**е**к показ**а**л В**е**ге
ж**а**бу. Он лизн**у**л зелёную ж**о**пку и
улыбн**у**лся, «Класс. Х**о**чешь? На,»
предлож**и**л он.
«Спас**и**бо, лиж**и** сам и.. при**я**тного
аппет**и**та,» В**е**га отверн**у**лся с
отвращ**е**нием.
Охр**а**нник подошел к дв**е**ри к**а**меры и
дост**а**л ключ**и** из карм**а**на.
«Выход**и**, негод**я**й!» гр**о**мко сказ**а**л
охр**а**нник, открыв**а**я дверь. Н**е**сколько
челов**е**к вст**а**ли и подошл**и** к дв**е**ри, «Не

## The Trial

*"If you give me something to eat, then I'll
let you lick this toad," someone in the
prison cell suggests to John Vega.
"What toad?" John Vega said in surprise.
"I'm hungry, because they almost never
feed us here. If you give me some food, I'll
let you lick this toad's butt," the man
continued.
"Why would I lick this toad's butt?" Vega
didn't understand.
"This toad has some kind of substance
there on the butt that lets you see colorful
dreams day and night," the man showed
the toad to Vega. He licked the green butt
and smiled, "Cool. Want some? Here," he
offered.
"Thank you, lick it yourself, and ... bon
appetit," Vega turned away in disgust.
A security guard approached the cell door
and pulled the keys out of his pocket.
"Come out, scoundrel!" the guard said
loudly, opening the door. Several people
stood up and walked to the door, "Not you.
You. Get up and leave," he pointed to*

вы. Ты. Вставай и выходи,» указал он на Вегу. Вега встал и вышел из камеры. Охранник закрыл дверь.

«Иди по этому коридору вперёд! Дойди до двери и остановись!» приказал он. Вега пошёл вперёд по коридору и дошёл до двери. Он остановился. Охранник постучал в дверь и открыл её.

«Входи!» сказал он Ивану Веге. Вега вошёл в большую комнату. Там были две большие клетки. В одной из клеток сидел человек. Охранник открыл другую клетку. «Входи!» приказал он снова. Вега вошёл в клетку и посмотрел вокруг. В комнате было несколько столов, за которыми сидели люди. Вега понял, что это комната суда. Возле окна два рабочих красили стену. В комнате был сильный запах краски. Рабочие были одеты в полосатую одежду, и Вега понял, что это заключённые.

«Ваша честь,» произнёс один из людей и встал, «Я требую наказать этого негодяя очень строго,» он с отвращением указал пальцем на человека в другой клетке, «Он обещал работу в магазине пяти женщинам. Но вместо работы в магазине, их эксплуатировали сексуально. Я, как прокурор, требую для него 190 лет тюрьмы или смертную казнь!»

«Что скажет защита?» спросил судья.

«Ваша честь, этих женщин эксплуатировали сексуально уже много лет до того, как он предложил им эту работу. По крайней мере, две из них оказывали сексуальные услуги туристам в столице,» сказал защитник, поклонился и сел.

«190 лет и смертная казнь слишком строгое наказание для него, если они раньше уже оказывали сексуальные услуги,» судья посмотрел на человека в клетке и почесал свой нос, «Вот моё

Vega. Vega got up and walked out of the cell. The guard closed the door.

"Go straight down this corridor! Walk up to the door, then stop!" he ordered. Vega walked down the corridor and up to the door. He stopped. The guard knocked on the door and opened it.

"Go in!" he told to John Vega. Vega entered a large room. There were two large cages. A man sat inside one of the cages. The guard opened the other cage. "Go in!" he ordered again. Vega entered the cage and looked around. In the room were a few tables with people sitting behind them. Vega realized that it was a courtroom. Near the window, two workers were painting the wall. There was a strong smell of paint in the room. The workers were dressed in striped clothes, and Vega realized that they were convicts.

"Your honor," declared one of the people, getting up, "I demand a severe punishment for this scoundrel," he pointed with disgust at the man in the other cage. "He promised five women jobs at a shop, but instead he sexually exploited them. I, as a prosecutor, demand a sentence of 190 years in prison or the death penalty!"

"What does the defense say?" the judge asked.

"Your honor, these women had been sexually exploited for many years before he offered them this job. At least two of them had provided sexual services to tourists in the capital," said the defender, bowed and sat down.

"190 years in prison and the death penalty are too severe punishment for him, since they had already provided sexual services," the judge looked at the man in the cage and scratched his nose. "Here is my decision! 95 years in prison and the confiscation of his property!" he said. A

решение! 95 лет тюрьмы с конфискацией имущества!» сказал он. Охранник подошёл к клетке и открыл дверь. Человек вышел из клетки.

«Благодари судью за решение и поклонись!» приказал охранник.

«Спасибо, Ваша честь,» сказал человек, поклонился и вышел из комнаты суда.

«Ваша честь,» сказал прокурор и встал, «Этот негодяй ограбил машину химчистки. Он угрожал водителю пистолетом. Он забрал мешок с грязной одеждой. Полицейские, которые арестовали его, видели, что он открыл мешок и нюхал грязную одежду. Мы полагаем, что именно он крадёт бельё, которое женщины вывешивают для сушки. Этот маньяк действует в нашем городе уже два месяца! Я требую для него 350 лет тюрьмы!»

«Я протестую!» закричал Вега, «Я приехал в Ваш город два дня назад!» оправдывался он.

«Тихо! Что скажет защита?» спросил судья.

«Ваша честь, можно проконсультироваться с подзащитным?» спросил защитник.

«Давай. Только быстро,» попросил судья и зевнул.

Защитник подошёл к клетке, в которой сидел Вега. Вега подошёл ближе.

«Помогите мне. Я заплачу,» тихо сказал он защитнику.

«В нашей стране можно наказать одну часть тела,» тихо ответил защитник Веге, «Поскольку Вы держали пистолет и нюхали грязную одежду, используя правую руку, то можно наказать только её.» продолжал он.

Вега посмотрел на защитника: «Что Вы имеете в виду?» спросил он нервно.

«Я имею в виду, что судья может наказать

*security guard approached the cage and opened the door. The man came out of the cage.*

*"Thank the judge for his decision and bow to him!" the guard ordered.*

*"Thank you, Your Honor," the man said, bowed, and walked out of the courtroom.*

*"Your honor," said the prosecutor, getting up, "This scoundrel robbed the dry cleaners' van. He threatened the driver with a gun. He took a bag of dirty clothes. The police officers who arrested him saw that he opened the bag and was sniffing the dirty clothes. We believe that he is the one who steals the clothes that women hang out to dry. This maniac has been active in our city for two months! I demand 350 years in prison as a punishment for him!"*

*"I protest!" Vega shouted, "I came to your town just two days ago!" he justified himself.*

*"Silence! What does the defense say?" the judge asked.*

*"Your honor, can we consult with our client?" the defender asked.*

*"Go ahead, but do it quickly," the judge asked and yawned.*

*The defender went to the cage where Vega was sitting. Vega came up to him.*

*"Help me. I'll pay you," he said quietly to the defender.*

*"In our country it is possible to punish just one part of the body," the defender replied quietly, " Since you held a gun and smelled the dirty clothes using only your right hand, then we can punish just the hand," he continued.*

*Vega looked at his defender: "What do you mean?" he asked nervously.*

*"I mean that the judge can punish just your right hand," the defender smiled and winked victoriously.*

*"Enough! It's almost dinner time and I'm*

113

только Вашу правую руку,» защитник улыбнулся и подмигнул как победитель.

«Хватит! Скоро обед и я устал,» сказал судья, «Итак, что скажет защита?» спросил судья снова.

«Поскольку подзащитный держал пистолет и нюхал грязную одежду, используя правую руку, то я прошу наказать только её,» сказал защитник и поклонился.

«Подождите!» закричал Вега, «Я требую провести следственный эксперимент!»

«Зачем?» удивился судья и почесал свою голову. Все посмотрели с интересом на Вегу.

«Я могу доказать, что не я ограбил машину химчистки!» предлагает Вега.

«Тогда кто сделал это?» удивился прокурор. Все посмотрели на Вегу. Рабочие перестали красить и тоже с интересом посмотрели на Вегу.

«Водитель машины химчистки - это главарь опасной террористической организации. Он дал мне пистолет и заставил меня сделать это! В его машине бомба! Он хочет взорвать полицию и тюрьму! Я покажу Вам, Ваша честь! Можно провести следственный эксперимент?» закричал Вега.

«Да,» согласился судья, «Быстро проведите следственный эксперимент и арестуйте водителя тоже! Арестуйте всех террористов! Быстро!»

Охранники повели Вегу во двор тюрьмы. Грузовик стоял во дворе. Водитель сидел в грузовике и спал. Из окон тюрьмы смотрели судья, защитник, прокурор и рабочие, которые красили стену.

«Вот этот негодяй!» закричал Вега судье и схватил водителя за волосы, «Попался негодяй! Мерзкий террорист!» кричит он.

Сонный водитель в ужасе начал кричать:

«Помогите! Он опять хочет ограбить

tired," the judge said, "So, what does the defense say?" the judge asked again.

"Since the defendant had a gun and smelled dirty clothes with his right hand, then I ask only to punish the hand," the lawyer said, and bowed.

"Wait a minute!" Vega shouted, "I demand to conduct an investigative experiment!"

"What for?" the judge said in surprise and scratched his head. Everyone looked at Vega with interest.

"I can prove that I wasn't the one who robbed the dry cleaners' van!" Vega suggested.

"Then who did it?" the prosecutor was surprised. Everyone looked at Vega. The workers stopped painting and also looked with interest at Vega.

"The driver of the dry cleaners' van is the leader of a dangerous terrorist organization. He gave me a gun and made me do it! There is a bomb in his van! He wants to blow up the police station and the prison! I'll show you, Your Honor! Can we conduct an investigative experiment?" Vega shouted.

"Yes," the judge agreed, "Quickly, conduct an investigative experiment and also arrest the driver! Arrest all the terrorists! Quickly! "

The guards took Vega to the prison yard. A truck stood in the yard. The driver sat in the truck and slept. The judge, defense counsel, prosecutor, and the workers who were painting the walls looked down from the prison windows.

"Here is that scoundrel!" Vega shouted to the judge and grabbed the driver by the hair. "We got you, scoundrel! Disgusting terrorist!" he shouted.

The sleepy driver began to shout in horror: "Help! He wants to rob me again! Help! Police!"

114

меня! Помогите! Полиция!»
Несколько полицейских схватили водителя и бросили его на землю. Вега прыгнул на водителя и стал бить его.
«Смотрите Ваша честь! Вот этот мерзкий террорист!» кричал он, «В машине бомба! Смотрите!» он быстро залез в машину, схватил один из мешков и бросил его с отвращением на землю, «Бомба!» закричал Вега. Все вокруг остановились и посмотрели на мешок.
«В машине ещё пять бомб! Я должен отвезти машину от тюрьмы!» Вега завёл мотор и быстро повёл машину по дороге. Один из охранников осторожно открыл мешок на земле. Конечно, там была грязная одежда.
«За ним!» закричал судья, «Арестуйте его быстро! Идиоты!»
Иван Вега ехал так, как никогда не ездил раньше в своей жизни. Теперь ему нужен был только Пётр Ашур. И он знал, где сможет найти его.

Several police officers grabbed the driver and threw him to the ground. Vega jumped on the driver and began beating him.
"Look, your honor! Here's that disgusting terrorist!" he shouted, "There is a bomb in the van! Look!" he quickly climbed into the car, grabbed one of the bags and threw it on the ground in disgust, "Bomb!" Vega shouted. Everyone stopped and looked at the bag.
"There are five more bombs in the van! I have to drive the van out of the jail!" Vega started the engine and drove quickly down the road. One of the guards carefully opened the bag on the ground. Of course, it was full of dirty clothes.
"After him!" the judge shouted, "Arrest him, quickly! Idiots!"
John Vega drove like he'd never driven before. Now, he just needed to get Peter Ashur. And he knew where to find him.

# C

## Проверь Новые Слова
### 1
- Вы можете сказать, сегодня пятница или суббота?
- Кажется, сегодня пятница. Я не уверен.
- Вы не знаете, сколько сейчас время?
- Сейчас посмотрю на телефоне. Без пяти пять.
- Спасибо. Кстати, на улице тепло?
- На улице прохладно, но солнечно. Наверное, потом будет жарко.
### 2
- Что это вы **вывешиваете**?
- Я **вывешиваю** бельё для **сушки**.
- Вы не должны **вывешивать бельё** возле автобусной остановки.

## New Vocabulary Review
### 1
- Could you tell me, is it Friday or Saturday today?
- I think it's Friday today. I'm not sure.
- Do you know what time it is?
- I will check my phone. Five minutes to five.
- Thank you. By the way, is it warm outside?
- It is cool but sunny outside. It will probably be hot later.
### 2
- What are you hanging?
- I'm hanging laundry to dry.
- You shouldn't hang laundry near a bus

115

- Я всегда его здесь **вывешиваю**.
- Лучше **вывешивать** в саду за домом.

3

- Я хочу **поблагодарить** Вас за то, что Вы, наконец, нашли мои документы.
- Лучше **благодарите** менеджера. Это он взорвал сейф и нашёл их.
- Почему он не открыл сейф ключом?
- Он потерял ключ два месяца назад.

4

- Вы не знаете, как **пройти** к **зоопарку**?
- Нет, не знаю. **Извините**.
- Подождите. Я Вам скажу как. Сначала идёте вперёд до **светофора**. Потом направо до отеля. **Зоопарк** находится за отелем.
- Да, спасибо…
- Не за что. Пока!
- Одну минуту… А когда открыта ваша **клетка**? Я приду посмотреть, как Вас **кормят,** и принесу Вам **банан**.

5

- Итак, господин менеджер, я должен **приговорить** Вас к **конфискации имущества**.
- Не надо, господин **судья**. Я больше не буду. Я **обещаю** Вам.
- Что скажет **защита**?
- **Ваша честь**, мой **подзащитный** крадёт всё что видит. Он уже украл в **тюрьме** ключ у охранника и тарелку у собаки охраны. Он плохо контролирует себя. Моего **подзащитного** нельзя **наказывать**. Наверное, у него **клептомания**. Надо, чтобы доктор его проверил.
- Понятно. **Проведите** докторскую проверку. А где мой телефон? Вы **негодяй**, господин менеджер! **Негодяй и маньяк**! Господин **прокурор**, что Вы думаете?
- Его надо строго **наказать**, Ваша честь! Он только что украл мою газету. Я требую **смертную казнь**. И давайте **казним** его прямо сейчас!

stop.
- I always hang it here.
- It is better to hang laundry in the garden behind the house.

3

- I want to thank you for finally finding my documents.
- You'd better thank the manager. He was the one who blew up the safe and found them.
- Why didn't he open the safe with a key?
- He lost the key two months ago.

4

- Do you know how to get to the zoo?
- No, I don't know. Sorry.
- Wait. I can tell you how to get there. First, go straight up to the traffic light. Then right up to the hotel. The zoo is behind the hotel.
- Yes, thank you ...
- Not at all. Bye!
- Wait a minute ... And when is your cage open? I'll come to watch them feed you and I'll bring you a banana.

5

- So, Mr. manager, I have to sentence you for a confiscation of property.
- Please don't, Mr. judge. I won't do it anymore. I promise you.
- What does the defense say?
- Your honor, my client steals everything in sight. He already stole the prison guard's key and the guard-dog's saucer. He can't control himself. My client shouldn't be punished. He is probably a kleptomaniac. He should be examined by a doctor.
- I see. Have him examined by a doctor. And where's my phone? You are a scoundrel, Mr. manager! A scoundrel and a maniac! Mr. prosecutor, what do you think?
- He should be punished severely, your

## 6

- Где Вы были, когда услышали первый взрыв?
- Я был в двух шагах от банка, господин **судья**.
- А где Вы были, когда услышали второй и третий взрыв?
- О-о, тогда я уже был в трёх кварталах оттуда!

## 7

- Мужчина, почему Вы мне **подмигиваете**?
- Я не Вам, женщина. Успокойтесь.
- Не надо меня успокаивать! Почему Вы **подмигиваете** не мне?

## 8

- Не смотри на других женщин! Смотри только на меня.
- Но они все смотрят на меня. Разве я виноват, что я такой **сексуальный**?
- **Вытащи палец** из **носа**, и они не будут на тебя смотреть.

## 9

- Женщина, Вы можете **оказать** мне одну **услугу**?
- Не могу.
- Ну, пожалуйста.
- Нет.
- Я Вас очень **прошу**!
- Какую **услугу, маньяк**?
- **Перестаньте** стучать ногой по моему стулу.

## 10

- Отведите этого **маньяка** в комнату номер пять.
- Доктор, я **протестую**! Я грузовик, а не **маньяк**! Я должен ехать в гараж! Отпустите меня!
- Успокойтесь, больной. Мы **полагаем**, что Вы грузовик именно потому, что **лизали жопку жабы**.
- Я хочу **проконсультироваться** с **прокурором**!

*honor! He just stole my newspaper. I demand the death penalty. And let's punish him right now!*

## 6

- *Where were you when you heard the first explosion?*
- *I was just two steps away from the bank, Mr. Judge.*
- *And where were you when you heard the second and third explosions?*
- *Oh, by that time I was already three blocks away!*

## 7

- *Mister, why are you winking at me?*
- *I'm not winking at you, miss. Calm down.*
- *No need to calm me down! Why are you winking at someone else and not at me?*

## 8

- *Don't look at other women! Look only at me.*
- *But they're all looking at me. Is it my fault that I'm so sexy?*
- *Take the finger out of your nose and they won't look at you.*

## 9

- *Miss, can you do me a favor?*
- *No, I can't.*
- *Oh, please.*
- *No.*
- *I beg you!*
- *What kind of a favor, maniac?*
- *Stop banging your foot on my chair.*

## 10

- *Take this maniac to room number five.*
- *Doctor, I protest! I am a truck and not a maniac! I need to drive to the garage! Let me go!*
- *Calm down, patient. We believe that you are a truck just because you licked the butt of a toad.*
- *I want to consult with the prosecutor!*
- *Okay. Take him to the prosecutor. The*

117

- Хорош<u>о</u>. Отвед<u>и</u>те ег<u>о</u> к **прокур<u>о</u>ру**. *prosecutor is in room number four.*
**Прокур<u>о</u>р** сид<u>и</u>т в к<u>о</u>мнате н<u>о</u>мер четы́ре.

## Comparative Form of Adjectives

You can form the comparative of adjective by adding -ee (-ей), -e, -ше: дл<u>и</u>нный *(long)* - длинн<u>ее</u>/длинн<u>ей</u> *(longer)*, крас<u>и</u>вый *(beautiful)* - красив<u>ее</u>/красив<u>ей</u> *(more beautiful)*, т<u>о</u>нкий *(thin)* - т<u>о</u>ньше *(thinner)*. Common exceptions: хор<u>о</u>ший *(good)* - л<u>у</u>чше *(better)*, плох<u>о</u>й *(bad)* - х<u>у</u>же *(worse)*.
You can also form the comparative of adjective by adding the words б<u>о</u>лее *(more)*, м<u>е</u>нее *(less)*:
<u>у</u>мный *(clever)* - б<u>о</u>лее/м<u>е</u>нее <u>у</u>мный *(more/less clever)*, н<u>и</u>зкий *(low)* - б<u>о</u>лее/м<u>е</u>нее н<u>и</u>зкий *(lower/less low)*, дружел<u>ю</u>бный *(friendly)* - б<u>о</u>лее/м<u>е</u>нее дружел<u>ю</u>бный *(more/less friendly)*:
Евг<u>е</u>ний встаёт р<u>а</u>ньше, чем я. *Yevgeny gets up earlier than I do.*
<u>Э</u>та програ́мма б<u>о</u>лее интер<u>е</u>сная, чем та. *This program is more interesting than that one.*

## Superlative Form of Adjectives

You can form the superlative by adding -ейший, -айший: умн<u>е</u>йший *(the cleverest)*, сильн<u>е</u>йший *(the strongest)*: Он умн<u>е</u>йший челов<u>е</u>к. *He is the cleverest person.*
You can form the superlative form of adjective by adding the words с<u>а</u>мый, наиб<u>о</u>лее, наим<u>е</u>нее: <u>у</u>мный *(clever)* - с<u>а</u>мый <u>у</u>мный/наиб<u>о</u>лее <u>у</u>мный *(the cleverest)*, наим<u>е</u>нее <u>у</u>мный *(the least clever)*.
С<u>а</u>мое хор<u>о</u>шее каф<u>е</u> н<u>а</u>шего г<u>о</u>рода нах<u>о</u>дится на ул. П<u>у</u>шкина. *The best café of our town is in Pushkina Street.*
Л<u>е</u>на с<u>а</u>мая <u>у</u>мная учен<u>и</u>ца н<u>а</u>шего кл<u>а</u>сса. *Lena is the cleverest pupil of our class.*

# 16

## Оружие Ханов
*The Weapon of the Khans*

### Слова

1. автостоянка - parking lot; возле автостоянки *(gen)* - near the parking lot
2. бегать *(inf)* - to run
3. безумная *(fem)* - mad, out of her mind
4. бледное *(neut)* - pale
5. боль - pain, ache; без боли *(gen)* -

without pain

6. больно *(adv)* - painful
7. бочка - a barrel; много бочек *(plr gen)* - a lot of barrels
8. взгляд - a glance, a gaze
9. видно *(past part neut)* - visible
10. ворота - gates; перед воротами *(inst plr)* - in front of gates
11. впереди *(adv)* - ahead, in front
12. встретились *(past plr)* - met; встретиться *(inf)* - to meet
13. выбегать *(inf)* - to run out
14. выехал *(past masc)* - drove out; выехать *(inf)* - to drive out
15. выпили *(past plr)* - drank; выпить *(inf)* - to drink
16. выскочил *(past masc)* - jumped out, got out; выскочить *(inf)* - to jump out, get out
17. газ - a gas
18. год - a year
19. громкий *(masc)* - loud; громким голосом *(inst masc)* - with loud voice
20. группа - a group, a team; войти в группу *(acc)* - join a group/team
21. давить *(inf)* - to shove, to crush
22. Держись! *(imp sng)* - Hold on! Hang in there! держаться *(inf)* - to hold on
23. длинная - long; Я вижу длинную стену. *(acc fem)* - I see a long wall.
24. дорожная - relating to the road; дорожную *(acc fem)* - relating to the road
25. зазвонил *(past masc)* - rang; зазвонить *(inf)* - to ring
26. закон - law; конфликтовать с законом *(inst)* - be in trouble with the law
27. закончил *(past masc)* - finished; закончить *(inf)* - to finish
28. заняться *(inf)* - to take care (of something), to deal (with something)
29. использовать *(inf)* - to use
30. качество - quality
31. конфликтуют *(thrd plr)* - in conflict, in trouble
32. левая - left; левой рукой *(fem gen)* - with the left hand
33. ликёр - liqueur; ликёрную *(fem acc)* - liqueur
34. мало *(adv)* - not enough, too little
35. масса - a mass, weight
36. миг - moment
37. министерство - ministry, department
38. многие *(plr)* - many
39. надавил *(past masc)* - pressed, pushed; надавить *(inf)* - to press, to push
40. напали *(past plr)* - attacked; напасть *(inf)* - to attack
41. невероятно *(adv)* - unlikely
42. обезумевший *(masc)* - mad, out of his mind; обезумевших *(plr acc)* - mad, out of their mind
43. обезумели *(past plr)* - went mad; обезуметь *(inf)* - to go mad
44. оборона - defense; без обороны *(gen)* - without defense
45. обочина - side of the road
46. огромный *(masc)* - huge
47. опускали *(past plr)* - lowered; опускать *(inf)* - to lower
48. оружие - weapon
49. отключил *(past masc)* - turned off; отключить *(inf)* - to turn off
50. отправляется *(thrd sng)* - heading out; отправляться *(inf)* - to head out
51. отпрыгнуть *(inf)* - to jump away
52. палка - a stick; палкой *(inst)* - with a stick
53. папа - dad
54. перебегали *(past plr)* - ran across; перебегать *(inf)* - to run across
55. перевернул *(past masc)* - overturned, turned over; перевернуть *(inf)* - to overturn, to turn over

56. переворачивали *(past plr)* - overturned, turned over; переворачивать *(inf)* - to overturn, to turn over
57. перезвоню *(ftr fst sng)* - (I will) call back; перезвонить *(inf)* - to call back
58. пили *(past plr)* - drank; пить *(inf)* - to drink
59. побежал *(past masc)* - ran; побежать *(inf)* - to run
60. поближе *(adv)* - closer
61. повторял *(past masc)* - repeated; повторять *(inf)* - to repeat
62. поддержка - support, reinforcement; поддержки *(gen)* - support, reinforcement
63. подтащили *(past plr)* - dragged; подтащить *(inf)* - to drag
64. поинтересовался *(past masc)* - inquired; поинтересоваться *(inf)* - to inquire
65. половина - half; Дайте мне половину. *(acc)* - Give me a half.
66. поле - field
67. помогать *(inf)* - to help
68. посоветовал *(past masc)* - advised; посоветовать *(inf)* - to advise
69. потащил *(past masc)* - dragged; потащить *(inf)* - to drag
70. потребовал *(past masc)* - demanded; потребовать *(inf)* - to demand
71. почувствовал *(past masc)* - felt; почувствовать *(inf)* - to feel
72. придавил *(past masc)* - crushed; придавить *(inf)* - to crush
73. прижата *(past part fem)* - pressed down; прижать *(inf)* - to press down
74. пробка - traffic jam
75. просят *(thrd plr)* - (they) ask; просить *(inf)* - to ask
76. против - against
77. прочь - away *(ex.: иди прочь - go away)*

78. прошлый *(masc)* - last
79. прыгай *(imp sng)* - jump; прыгать *(inf)* - to jump
80. пьяница - a drunk; пьяницы *(plr)* - drunks
81. пьяный *(masc)* - drunk; пьяными *(plr inst)* - drunk
82. пятьдесят - fifty
83. разлито *(past part neut)* - spilled; разлить *(inf)* - to spill
84. разрушали *(past plr)* - destroyed; разрушать *(inf)* - to destroy
85. раненая *(past part fem)* - injured; ранены *(past part plr)* - injured; ранить *(inf)* - to injure
86. расчистить *(inf)* - to clear
87. рванула *(past fem)* - sped off, started moving suddenly and quickly; рвануть *(inf)* - to speed off
88. ребята - guys
89. ревели *(past plr)* - roared; реветь *(inf)* - to roar
90. рёв - a roar; с рёвом *(inst)* - with a roar
91. родственник - a relative; друг моего родственника *(gen)* - a friend of my relative
92. руль - steering wheel
93. секунда - second; за секунду *(gen)* - in a second
94. серьёзней *(adv)* - more serious
95. сильно *(adv)* - a lot, strongly, badly
96. слон - elephant
97. создавать *(inf)* - to create; создаст *(ftr thrd sng)* - will create; создать *(inf)* - to create
98. спина - back
99. спиртное - liquor, alcohol; запах спиртного *(neut gen)* - the smell of liquor/alcohol
100. справа *(adv)* - on the right
101. спрыгнул *(past masc)* - jumped off; спрыгнуть *(inf)* - to jump off

102. сработал *(past masc)* - worked *(perfective)*; сработать *(inf)* - to work *(perfective)*
103. сторона - side; в сторону *(acc)* - to a side
104. стоящий *(past part 1)* - standing; Я подошёл к стоящему человеку. *(past part masc dat)* - I went to the standing man.
105. стрелять *(inf)* - to shoot
106. сын - son
107. таксист - cab driver, taxi driver
108. тащить *(inf)* - to drag
109. те *(plr)* - those
110. тело - body; телу *(dat)* - body
111. ты - you; с тобой *(inst)* - with you
112. толкала *(past fem)* - pushed; толкать/толкнуть *(inf)* - to push; толкнул *(past masc)* - pushed
113. триста - three hundred
114. трюк - a trick
115. тюремная - *relating to a prison*
116. указывал *(past masc)* - was pointing; указывать *(inf)* - to point
117. улыбнулся *(past masc)* - smiled; улыбнуться *(inf)* - to smile
118. умеет *(thrd sng)* - can (do something), knows (how to do something); уметь *(inf)* - to be able, to know (how to do something)
119. управление - the people in charge, the head office; управления *(gen)* - the people in charge, the head office
120. услышал *(past masc)* - heard; услышать *(inf)* - to hear
121. фабрика - factory
122. ферма - a farm
123. хан - Khan; оружие ханов *(plr gen)* - the weapon of the Khans
124. хобот - trunk; хоботы *(plr)* - trunks
125. экран - a screen
126. эффективно *(adv)* - effective(ly)

## Оружие Ханов

По дороге в аэропорт Павел попал в дорожную пробку. Его такси тоже остановилось в пробке. Он посмотрел вокруг и увидел справа высокую длинную стену с большими воротами. Над воротами было написано Хал Хат.
«Что это справа?» спросил Павел.
«Это тюрьма Хал Хат,» сказал таксист, «А там ферма слонов,» показал он налево.
Павел посмотрел туда, куда указывал таксист. Там он увидел огромных слонов. Несколько слонов бежали по полю. Они подняли хоботы вверх и ревели.
«Со слонами что-то не так,» сказал таксист. Зазвонил телефон Павла.

## *The Weapon of the Khans*

*On the way to the airport, Paul got into a traffic jam. His cab also stopped in the traffic jam. He looked around and saw, on the right, a long, high wall with a big gate. Above the gate it said Hal Hut.*
*"What's that on the right?" Paul asked.*
*"That's the Hal Hut prison," the cab driver said, "And that's an elephant farm," he pointed to the left.*
*Paul looked where the driver had pointed. He saw huge elephants there. A few elephants were running across the field. They raised their trunks and roared.*
*"There's something wrong with the elephants," the driver said. Paul's phone*

«Да,» ответил он.

«Паша, это Андрей. Ты сейчас можешь говорить?» услышал Павел.

«Да, я в такси, еду в аэропорт,» ответил Павел Андрею.

«Ребята из управления просят тебя заняться самолётом, который полетит в Северную Африку. Им нужна вся информация, которая у тебя есть. Если сможешь попасть на самолёт, то Министерство Обороны создаст группу поддержки для тебя. Какие идиоты из нашей страны будут там?» спросил Андрей.

«Два родственника - папа и сын, оба конфликтуют с законом. Я попробую попасть на самолёт в качестве пилота. Я сразу перезвоню, когда у меня будет больше информации,» ответил Павел.

«Понятно. Держись друг. Северная Африка - это сейчас серьёзней чем наши местные воры и пьяницы,» сказал Андрей.

«Хорошо. Пока,» закончил Павел. Он вдруг увидел, что люди выходят из стоящих впереди машин и убегают прочь. Его таксист тоже выскочил из машины и убежал. Павел посмотрел вперёд и увидел, что слоны бегут с левой стороны к дороге. Они с рёвом подбегали к машинам и переворачивали их своими хоботами, чтобы расчистить себе дорогу. Потом они перебегали через дорогу и бежали направо к какому-то грузовику. Он быстро вышел из машины и увидел, что два огромных слона бегут к его такси. Один из них поднял хоботом такси и перевернул его. На другом слоне сидел человек. Слон с рёвом пробежал мимо Роста. Человек с громким криком бил слона палкой по спине. Павел посмотрел на его лицо. На миг их глаза встретились. Невероятно! На слоне сидел Пётр Ашур! Человек с татуировкой «Не теряй время!»

rang.

"Yes," he answered.

"Paul, this is Andrew. Can you talk?" Paul heard.

"Yes, I'm in a taxi, on my way to the airport," Paul replied to Andrew.

"The guys from the head office have asked you to take care of the airplane that will be flying to North Africa. They need all the information that you have. If you can get on the plane, the Ministry of Defense will create a reinforcement team. Which idiots from our country are going to be there?" asked Andrew.

"Two relatives - a dad and his son, both are in trouble with the law. I'll try to get on the plane as the pilot. I'll call again as soon as I have more information," Paul said.

"Understood. Hang in there. North Africa - that's more serious right now than our local thieves and drunks," Andrew said.

"Okay. See you," Paul concluded. He suddenly saw that people were getting out of the stopped cars in front of him and running away. His taxi driver also jumped out of the car and ran away. Paul looked ahead and saw that the elephants were running from the left toward road. Roaring, they ran up to the cars and overturned them with their trunks to clear the way. Then they ran across the road and ran right toward some truck. He got out quickly and saw that two huge elephant were running toward his taxi. One of them picked up a taxi with his trunk and overturned it. A man was riding the other elephant. Roaring, the elephant ran past Rost. A man shouted loudly and beat the elephant with a stick on the back. Paul looked at his face. For a moment their eyes met. Unbelievable! The man on top of the elephant was Peter Ashur! The man with

умеет создавать проблемы себе и другим людям. Он с криком повёл слона к грузовику стоявшему справа у стены тюрьмы. Другие слоны побежали за ним. Павел почувствовал сильный запах спиртного, который был в воздухе. Слоны подбегали к грузовику, поднимали хоботы и опускали их в грузовик. Павел подбежал поближе, чтобы лучше видеть. Вокруг грузовика было что-то разлито. Наверное, ликёр, потому что здесь был очень сильный запах. Слоны пили из бочек, которые стояли на грузовике. Другие слоны, которые подбегали сзади, не могли подойти к бочкам, потому что не было свободного места. Они начали бить и давить тех слонов, которые стояли возле грузовика. Началась драка. Слоны обезумели от запаха спиртного и с рёвом били и толкали друг друга. Те слоны, которые уже выпили ликёра, больше не контролировали себя. Они били и толкали всё что видели. Вся эта безумная масса толкала и давила грузовик так сильно, что он надавил на стену тюрьмы, и она с шумом упала. Павел увидел несколько тюремных камер. Люди в них с ужасом смотрели на обезумевших слонов. Ашур спрыгнул со слона, подбежал к этому месту и закричал: «Папа, это я Пётр! Прыгай сюда!» В этот момент огромный слон, толкнул другого слона, и тот упал около Ашура. Ашур хотел отпрыгнуть в сторону, но упал на землю и слон придавил ему руку. Ашур закричал от боли. Какой-то маленький человек прыгнул из тюремной камеры на втором этаже прямо между слонами. Секунду или две его не было видно, Павел подумал, что слоны убили его. Но потом он поднялся с земли и побежал к Ашуру. «Сын мой!» закричал он, схватил Ашура и потащил его от слонов.

*the tattoo "Do not waste time!" knows how to create problems for himself and others. Shouting, he led the elephant to the truck that stood to the right of the prison wall. The other elephants followed him. Paul smelled a strong smell of alcohol, which filled the air. The elephants ran up to the truck, raised their trunks and lowered them into the truck. Paul ran up closer so that he could see better. Something had spilled around the truck. It was probably liqueur because the smell there was very strong. The elephants drank from the barrels on the truck. Other elephants, running up from behind, couldn't reach barrels because there was no more room. They started to beat and crush the elephants near the truck. A fight broke out. The smell of alcohol made the elephants crazy and, roaring, they beat and pushed each other. The elephants that already had a drink of liqueur, could no longer control themselves. They beat and pushed everything in sight. All this crazy mass crushed and pushed the truck so hard that it pressed on the wall of the prison until it broke down with a loud noise. Paul saw a few prison cells. The people in them looked at the mad elephants with horror. Ashur leaped from the elephant, ran there and cried: "Daddy, it's me, Peter! Jump over here!" At this moment a huge elephant pushed another elephant, and it fell near Ashur. Ashur wanted to jump back, but he fell to the ground and the elephant crushed his hand. Ashur cried out in pain. A man jumped down from his prison cell on the second floor and landed right between the elephants. For a second or two he disappeared and Paul thought that the elephants had killed him. But then he rose from the ground and ran to Ashur. "My son," he shouted, grabbed Ashur and*

Другие люди начали прыгать из тюремных камер на землю. Несколько из них были сразу ранены слонами. Но многие смогли убежать. Павел подбежал к Ашуру и стал помогать его папе тащить его. Они подтащили Ашура к одной из машин, в которой никого не было. Они сели в неё. Павел сел за руль и завёл мотор. Из ворот тюрьмы стали выбегать охранники. Они начали стрелять по людям, которые выбегали из тюрьмы и по слонам. Павел нажал на газ, и машина рванула вперёд. Он повёл по обочине до того места, где пробка кончалась. Затем он выехал на дорогу и на большой скорости повёл машину по дороге. Он посмотрел на Ашура, его глаза были закрыты. Раненая рука была прижата к телу. Его старый отец гладил его по голове и повторял: «Сын мой.. сын мой..» Ашур открыл глаза и посмотрел вокруг. Его взгляд опять встретился с взглядом Павла.

«Двести тысяч слишком мало, чтобы бегать между пьяными слонами и везти самолёт над Северной Африкой,» возмутился Павел, «Дай мне половину денег!» потребовал он.

«Ты хороший парень, Павел. Поэтому я добавлю ещё пятьдесят тысяч, и ты получишь всего двести пятьдесят тысяч,» предложил Ашур.

Павел посмотрел на него. Лицо Петра Ашура было очень бледное. Было видно, что ему очень больно.

«Триста пятьдесят тысяч или едем прямо в полицию, Пётр,» настаивал Павел.

«С тобой приятно иметь дело,» согласился Ашур, «я согласен. Надо забрать чемоданы с деньгами с автостоянки. Самолёт отправляется в пять часов из аэропорта Арена 1. Мы должны быть там в четыре часа. Я буду показывать тебе

dragged him away from the elephants. Other people began to jump from the prison cells to the ground. A few of them were immediately injured by the elephants. But many were able to escape. Paul ran up to Ashur and helped his father to drag him away. They dragged Ashur to one of the empty cars. They got inside. Paul sat behind the wheel and started the engine. Prison guards ran out from the prison gates. They began shooting at the people who ran out of prison and at the elephants. Paul stepped on the gas and the car sped off. He drove along the side of the road to the point where the traffic jam ended. He returned to the road and drove down the road at high speed. He looked at Ashur. His eyes were closed. The injured arm was pressed against the body. His old father stroked his head and repeated: "My son... my son... "

Ashur opened his eyes and looked around. Once again, he met Paul's gaze.

"Two hundred thousand is not enough money to run between drunken elephants and fly a plane over North Africa," Paul protested, "Give me half the money!" he demanded.

"You're a good guy, Paul. That's why I will add another fifty thousand, so you'll get two hundred and fifty thousand," Ashur offered.

Paul looked at him. Peter Ashur's face was very pale. It was clear that he was in a lot of pain.

"Three hundred and fifty thousand, or we go straight to the police, Peter," Paul insisted.

"I enjoy doing business with you," Ashur agreed. "I agree. We have to pick up the suitcases with the money from a parking lot. The plane leaves at five o'clock from the airport Arena 1. We should be there at

дорогу,» сказал он. В кармане Павла зазвонил телефон. Павел достал его, посмотрел на экран и отключил.

«Кстати, кто посоветовал тебе использовать слонов?» поинтересовался Павел.

«В прошлом году слоны напали на ликёрную фабрику,» сказал папа Ашура, «Фабрика находилась недалеко от тюрьмы. Они выпили много спиртного и разрушали всё, что видели вокруг себя. Поэтому я предложил Петру использовать пьяных слонов. И трюк сработал, не правда ли?» улыбнулся он.

«Да, оружие ханов и сейчас эффективно против стен,» сказал Павел и положил телефон назад в карман.

four o'clock. I'll give you directions," he said. Paul's phone rang in his pocket. Paul took it out, looked at the screen and turned it off.

"By the way, who advised you to use the elephants?" Paul inquired.

"Last year, the elephants attacked a liqueur factory," Ashur's dad said. "The factory was near the prison. They drank a lot of liquor and destroyed everything in sight. That's why I suggested the idea of using drunken elephants to Peter. And it did the trick, didn't it?" he smiled.

"Yes, Khans' weapon still works well against walls," Paul said and put the phone back in his pocket.

# C

## Проверь Новые Слова
### 1
- Вы не знаете, сегодня суббота или воскресенье?
- Кажется, сегодня суббота. Я точно не знаю.
- Вы не знаете, сколько сейчас время?
- Сейчас посмотрю на телефоне. Пять минут шестого.
- Спасибо. Кстати, на улице не холодно?
- На улице не холодно, но ветрено. Наверное, потом будет холодно.
### 2
- Смотрите, этот мужчина бегает по **автостоянке** как **безумный**. Наверное, не может найти свой автомобиль.
- Он только что ограбил банк. А его автомобиль тоже украли.
### 3
- Мужчина, почему Вы **бледный**? У Вас что-то **болит**? Вам плохо?
- Мне **больно** видеть, как этот человек

## New Vocabulary Review
### 1
- Could you tell me, is it Saturday or Sunday today? (literally: Do not you know...?)
- I think it's Saturday today. I'm not sure.
- Do you know what time it is?
- I will check my phone. Five minutes to six.
- Thank you. By the way, is it cold outside?
- It isn't cold but it's windy. It will probably be cold later.

### 2
- Look, this man is running around the parking lot like a madman. He probably can't find his car.
- He had just robbed a bank. And his car was also stolen.

### 3
- Mister, why are you so pale? Are you in pain? Do you feel ill?
- It hurts me to watch this man buy himself

покупает себе новый автомобиль.

**4**
- Говорят, что он **конфликтует** с **законом**.
- Правда? Чем он **занимается**?
- Он нелегально лижет жопки жаб.
- Разве это против **закона**?
- Да это против **закона**.

**5**
- Смотрите! На дороге пробка!
- Что случилось?
- **Пьяный** водитель съехал на **обочину** и **ранил** несколько людей на остановке.
- **Пьяниц** на дороге надо убивать!
- Я тоже так думаю!

**6**
- Полиция **расчистила** дорогу. Теперь **пробки** нет и можно ехать.
- А где **пьяный** водитель, который **ранил** людей на остановке?
- **Обезумевшие родственники раненных** людей хотят казнить его. Поэтому полиция отвезла его в тюрьму.
- Я надеюсь, он никогда не выйдет оттуда. Он просто мерзкий негодяй.

**7**
- **Министерство обороны** каждый **год** покупает много **оружия**.
- **Оружие** требуется для **обороны** страны.
- Да, но я думаю, **половину** этих денег нужно отдать в больницы.

a new car.

**4**
- They say that he is in trouble with the law.
- Really? What does he do?
- He illegally licks toads' butts.
- Is that against the law?
- Yes, it's against the law.

**5**
- Look! There is a traffic jam on the road!
- What happened?
- A drunken driver drove to the curb and injured several people at the bus stop.
- Drunk drivers should be killed!
- I think so too!

**6**
- The police cleared the road. Now there is no longer a traffic jam and we can drive.
- And where is the drunk driver who injured the people at the bus stop?
- Family members of the wounded, mad with grief, want to execute him. That's why the police took him to jail.
- I hope he never gets out of there. He's just a nasty scoundrel.

**7**
- The Ministry of Defense buys a lot of weapons each year.
- The weapons are necessary for national defense.
- Yes, but I think that half of that money should be given to hospitals.

 **D**

## Adverbs

Adverbs of place and direction have no special adverbial suffix. They do not change their form for gender, number, and case, i.e. they are invariable.

### Adverbs of Place Где? *Where?*

Здесь, тут *(here)*, там *(there)*, дома *(at home)*, далеко *(far away)*, внизу *(below)*, вверху

(above, upstairs), сзади (behind), слева (on the left), справа (on the right), впереди (ahead).

## Adverbs of Direction Куда? *Where to?*

Сюда *(here)*, туда *(there, that way)*, домой *(home)*, далеко *(far away)*, вниз *(down)*, вверх/наверх *(up)*, назад *(back)*, налево *(to the left)*, направо *(to the right)*, вперёд *(ahead)*.

Например:
Я здесь. Иди сюда. *(I am here. Come here.)*
Она там. Иди туда. *(She is there. Go there.)*
Он дома. Иди домой. *(He is at home. Go home.)*
Они внизу. Идите вниз. *(They are below. Go down.)*
Мы наверху. Идите наверх. *(We are upstairs. Go upstairs.)*
Я сзади. Иди назад. *(I am behind. Come behind.)*

# 17

## Билет в Одну Сторону
*One-Way Ticket*

## A

### Слова

1. автодорога - road, motorway
2. ангар - hangar
3. араб - Arab; арабская *(adj fem)* - Arab
4. безумец - madman
5. белый *(masc)* - white
6. боевой *(masc)* - fighter, relating to combat
7. боец - fighter, soldier; Я знаю этого бойца *(gen)* - I know this soldier.
8. болела *(past fem)* - hurt; болеть *(inf)* - to hurt
9. бриллиант *(sng)* - diamond;

бриллианты *(plr)* - diamonds

10. взлёт - take off; Взлетай! *(imp sng)* - Take off! взлетать *(inf)* / взлететь *(inf)* - to take off

11. вираж - a turn in the air

12. внешность - appearance

13. водил *(past masc)* - flew, drove; водить *(inf)* - to fly, to drive

14. волна *(sng)* - a wave; волны *(plr)* - waves

15. вообще - in general

16. въезд - an entrance (for transport); въехать *(inf)* - to enter (by vehicle)

17. выглянул *(past masc)* - looked out; выглянуть *(inf)* - to look out

18. вылетаем *(sec plr)* - (we are) taking off; вылетать *(inf)* - to take off

19. выпустят *(ftr thrd plr)* - will launch, will shoot; выпустить *(inf)* - to launch, to shoot

20. выше *(adv)* - higher

21. вышел *(past masc)* - left, went outside; выйти *(inf)* - to leave, to go outside

22. глупый *(masc)* - stupid; несколько глупых людей *(plr gen)* - some stupid people

23. грузовой *(adj masc)* - relating to cargo; грузовые *(adj plr)* - relating to cargo

24. грустно *(adv)* - sad

25. давайте *(imp plr)* - give, let's; давать *(inf)* - to give, to let

26. двигатель - engine; двигатели *(plr)* - engines

27. два - two; Я не знаю этих двух людей. *(gen)* - two

28. джин - genie

29. довести *(inf)* - to drive or fly up to (a place)

30. достаточно *(adv)* - enough

31. европейская *(fem)* - European

32. Ждите! *(imp plr)* - Wait! ждать *(inf)* - to wait

33. жестикулировать *(inf)* - to gesticulate

34. заводить *(inf)* - to start (an engine etc.)

35. заговорил *(past masc)* - started talking; заговорить *(inf)* - to start talking

36. задавать (вопросы) *(inf)* - to ask (questions)

37. засмеялся *(inf masc)* - started laughing; засмеяться *(inf)* - to start laughing

38. Заходи! *(imp sng)* - Come in! заходить *(inf)* - to come in

39. земля-воздух - ground to air

40. изменив *(past part)* - having changed; изменить *(inf)* - to change

41. интернациональный *(masc)* - international; интернациональной *(gen fem)* - international

42. испуганный *(masc)* - frightened; испуганные *(plr)* - frightened

43. истребитель - fighter plane; за истребителем *(inst)* - behind the fighter plane

44. касаясь *(pres part)* - touching; касаться *(inf)* - to touch

45. километр - kilometer; несколько километров *(gen plr)* - some kilometers

46. кто - who; Кого ты знаешь здесь? *(gen)* - Whom do you know here?

47. комплекс - compound; комплексы *(plr)* - compounds

48. консультант - consultant; консультанта *(gen)* - consultant

49. крыло - a wing; крылом *(inst)* - with a wing

50. любой - any; любого *(masc gen)* - any
51. люк - a hatch
52. меньше *(adv)* - less
53. мечта - a dream; мечтал *(past masc)* - dreamed; мечтать *(inf)* - to dream
54. милый - dear, lovely; милые *(plr)* - dear, lovely
55. надели *(past plr)* - put on, wore; надеть *(inf)* - to put on, to wear
56. наполнился *(past masc)* - filled up; наполниться *(inf)* - to be filled up
57. направление - direction
58. наружу *(adv)* - outside *(direction)*
59. некоторый *(masc)* - some; некоторые *(plr)* - some
60. обойти *(inf)* - go around
61. обычно *(adv)* - usually
62. огонь - a fire; огнём *(inst)* - with fire
63. опытный *(masc)* - experienced
64. остальное *(neut)* - the rest
65. Открывайте! *(imp plr)* - Open! открывать *(inf)* - to open
66. отличный *(masc)* - excellent
67. отойти *(inf)* - to move away, to walk away
68. патрон - shell, cartridge; много патронов *(plr gen)* - a lot of shells / cartridges
69. перебил *(past masc)* - interrupted; перебить *(inf)* - to interrupt
70. перевели *(past plr)* - transferred; перевести *(inf)* - to transfer
71. переглянулся *(past masc)* - exchanged glances; переглянуться *(inf)* - to exchange glances
72. песок - sand
73. пиджак - jacket; под пиджаком

*(inst)* - under the jacket
74. плечо - shoulder
75. пляж - beach
76. повернул *(past masc)* - turned; повернуть *(inf)* - to turn
77. поднёс *(past masc)* - brought (smth close to); поднести *(inf)* - to bring (smth close to)
78. полоса - strip, runway
79. порулить *(inf)* - to steer (a little time); рулить *(inf)* - to steer
80. посадить *(inf)* - to land; посадка - landing
81. похлопал *(past masc)* - patted; похлопать *(inf)* - to pat
82. появился *(past masc)* - appeared; появиться *(inf)* - to appear
83. при - near
84. прибор - an instrument; приборы *(plr)* - instruments
85. привёл *(past masc)* - brought; привести *(inf)* - to bring
86. проверишь *(ftr sec sng)* - (you) will check; Проверь! *(imp sng)* - Check! проверить *(inf)* - to check
87. пусть - it's OK, let (someone do something)
88. пятьдесят - fifty; около пятидесяти *(gen)* - about fifty
89. разбивались *(past plr)* - broke; разбиваться *(inf)* - to break (to pieces)
90. разрешение - permission; разрешил *(past masc)* - allowed; разрешить *(inf)* - to allow
91. ракетный *(adj masc)* - missile; ракетные *(adj plr)* - missile
92. ранение - injury; ранения *(plr)* - injuries
93. рассыпаться *(inf)* - to fall apart, to scatter
94. рухлядь - a junk
95. сбить *(inf)* - to shoot down

96. ст**а**рая *(fem)* - old; ст**а**рость - old age; от ст**а**рости *(gen)* - because of old age;

97. ст**а**рше *(adv)* - older

98. так**а**я *(fem)* - such

99. теплов**о**й *(masc)* - thermal, relating to heat; н**е**сколько теплов**ы**х рак**е**т *(plr gen)* - some thermal rockets

100. террит**о**рия - territory; всю **э**ту террит**о**рию *(acc)* - all this territory

101. тр**о**е - three (people)

102. униф**о**рма - uniform

103. шасс**и** - landing gear

104. шир**о**кая *(fem)* - wide

105. шт**у**ка - thing

106. шт**у**рман - navigator

107. экон**о**мика - economy; без экон**о**мики *(gen)* - without economy

108. элемент**а**рный - simple, basic; н**е**сколько элемент**а**рных пр**а**вил *(plr gen)* - some basic rules

109. эмоцион**а**льно *(adv)* - emotional

# В

## Бил**е**т в Одн**у** Ст**о**рону

Аэроп**о**рт Ар**е**на 1 наход**и**лся за г**о**родом. П**а**вел Рост подъ**е**хал к вор**о**там. Охр**а**нник подошёл и спрос**и**л разреш**е**ние на въезд. Аш**у**р показ**а**л ему докум**е**нт, и охр**а**нник разреш**и**л им въ**е**хать на террит**о**рию аэроп**о**рта.

«Нам н**у**жно к анг**а**ру н**о**мер 21,» сказ**а**л Аш**у**р. Его рук**а** теп**е**рь бол**е**ла м**е**ньше. Он**и** подъ**е**хали к анг**а**ру н**о**мер 21 и в**ы**шли из маш**и**ны.

«Жд**и**те здесь,» приказ**а**л Аш**у**р. Он взял два чемод**а**на из маш**и**ны и зашёл в анг**а**р. Ч**е**рез мин**у**ту он в**ы**шел и сказ**а**л сво**е**му отц**у** и Р**о**сту идт**и** за ним.

«Это **о**чень серьёзные л**ю**ди. Не н**а**до задав**а**ть им вопр**о**сы, хорош**о**?» попрос**и**л он Р**о**ста. Рост ничег**о** не отв**е**тил.

Он**и** зашл**и** в анг**а**р. Там сто**я**л самолёт Douglas DC-3. В**о**зле самолёта сто**я**ли три челов**е**ка. Од**и**н из них сказ**а**л отц**у** Аш**у**ра отойт**и** и подойт**и** к **я**щикам в**о**зле самолёта. Зат**е**м он посмотр**е**л на Р**о**ста и Аш**у**ра. Челов**е**ку б**ы**ло прим**е**рно с**о**рок

## *One-Way Ticket*

*The Arena 1 airport was located out of town. Paul Rost drove up to the gate. A security guard approached and asked for an entrance permit. Ashur showed him a document and the guard let them enter the airport.*

*"We need hangar number 21," Ashour said. By now, his arm hurts less. They drove to hangar number 21 and got out of the car.*

*"Wait here," Ashur ordered. He took two suitcases out of the car and walked into the hangar.*

*A minute later he came out and told Rost and his father to follow him.*

*"These are very serious people. Don't ask them any questions, okay?" he asked Rost. Rost didn't answer.*

*They went into the hangar. There was a Douglas DC-3 plane there. Three people stood near the plane. One of them told Ashur's father to step away and go to the boxes near the airplane. Then he looked*

132

лет. У него была арабская внешность.
«Это консультанты по…» начал Ашур, но араб перебил его: «Консультанты по проблемам интернациональной экономики,» все трое мужчин улыбнулись, «Посмотри на эту карту,» продолжил он, «Самолёт надо посадить в этом месте на автодорогу. Ты сможешь сделать это?» он показал Росту карту. Павел Рост посмотрел на карту.

«Если автодорога достаточно широкая, то я думаю, проблем не будет,» ответил Рост. Он посмотрел на двух других мужчин. У них была европейская внешность. Оба были старше пятидесяти лет. Один из них показал на карту и сказал: «Не будет проблем? Сначала посмотри на эти ракетные комплексы. Как ты собираешься их обойти?»

«Я буду вести самолёт на высоте десять метров,» сказал Рост, внимательно глядя на карту.

«Эта старая рухлядь сможет лететь только двести пятьдесят километров в час. При такой скорости и на высоте десять метров - это мечта любого бойца на земле с ракетой земля-воздух в руках,» араб указал пальцем в лицо Роста, «Ашур сказал, что ты был опытный боевой пилот. Но ты не знаешь элементарных вещей. Зачем ты пришёл сюда?» мужчина начал сильно жестикулировать и Павел заметил у него под пиджаком пистолет, «Кого ты привёл, Ашур? Ты сказал, что он боевой пилот.» Ашур хотел что-то сказать, но другой человек заговорил.

«Каким самолётом ты управлял?» спросил он.

«Сначала истребителем. После ранения меня перевели на грузовые самолёты. Я водил самолёты под огнём с земли. И обычно на высоте от десяти до тридцати метров. Бойцы на земле могут сбить

133

самолёт и на высоте пять тысяч метров и на скорости тысячу пятьсот километров в час тоже. Но чем ниже ты летишь, тем меньше ракет в тебя выпустят. Если есть достаточно тепловых патронов, то ракеты не так опасны,» Рост посмотрел на самолёт, «Этот диси три от старости может рассыпаться в воздухе. Тогда ракеты уже не будут иметь значения,» улыбнулся он. Один из мужчин улыбнулся. Араб переглянулся с ним. Потом он похлопал Роста по плечу: «Ладно, парень, ты в деле. Меня зовут Алладин. Знаешь, меня иногда спрашивают, где мой джин. Тогда я отвечаю, что мой джин сидит в этой штуке!» араб достал пистолет и поднёс его к лицу Роста, «Поэтому лучше делать всё как я говорю и не задавать глупых вопросов. Тогда ты и Ашур увидите небо в бриллиантах,» улыбнулся Алладин, «Заходи в самолёт и проверь приборы. Самолёт должен отправиться через два часа.» добавил он.

Рост зашёл в самолёт. В самолёте сидело около тридцати мужчин. Там также было несколько ящиков. Он прошёл в кабину. Пётр Ашур сел на место второго пилота. Его отец сел на место штурмана. Павел стал проверять приборы. Самолёт был такой старый, что некоторые приборы не работали. Некоторых приборов не было вообще. В кабину зашёл Алладин.

«О, у нас отличный штурман!» похлопал он по плечу отца Ашура, «А что в твоих чемоданах?» спросил он Ашура.

«Ничего.. кроме одежды. Я ограбил магазин одежды.. для беременных,» сказал Ашур.

«Хочешь выглядеть модно? Понятно.» улыбнулся Алладин, «Как дела, пилот?» обратился он к Росту, «Сможешь довести эту старую рухлядь до Ливии?» спросил он.

thirty meters. Fighters on the ground can shoot down a plane even at an altitude of five thousand meters and at speeds of fifteen hundred kilometers an hour, too. But the lower you fly, the fewer missiles they shoot at you. If there are enough heat shells, then the missiles are not so dangerous," Rost looked at the plane, "This DC-3 is so old it could fall apart in the air. Then the rockets won't matter," he smiled. One of the men smiled. The Arab exchanged glances with him. Then he patted Rost on the shoulder, "Okay, kid, you're in business. My name is Aladdin. You know, sometimes they ask me where's my genie. Then I say that my genie is in this thing!" the Arab pulled out his gun and held it to Rost's face, "So, it's better to do as I say and not ask any stupid questions. Then you and Ashur will see the sky in diamonds," Aladdin smiled, "Get into the plane and check the equipment. The airplane must depart in two hours," he added.

Rost got into the plane. There were about thirty men on board. There were also a few boxes. He went into the cabin. Peter Ashur took the co-pilot's seat. His father took the navigator's seat. Paul began to check the equipment. The plane was so old that some of the equipment didn't work. Some of it was missing completely. Aladdin entered the cabin.

"Oh, we have a great navigator!" he patted Ashur's father on the shoulder, "What's in your suitcases?" he asked Ashur.

"Nothing... just some clothes. I robbed a clothing store... for pregnant women," Ashur said.

"You want to look fashionable? I see," Aladdin smiled, "How is it going, pilot?" he turned to Rost, "Can you fly this old

«До Ливии? Я уверен, что смогу, но удивлюсь, если он не рассыплется при посадке,» ответил Павел.

«При посадке пусть рассыпается. Этот самолёт летит только в одну сторону,» сказал араб и засмеялся как безумец. Когда араб вышел из кабины, Павел Рост переглянулся с Ашуром.

«У нас милые работодатели, Пётр,» заметил Павел.

«Они платят хорошие деньги. Остальное мне всё равно,» ответил Ашур и выглянул наружу. В ангар зашли два человека в полицейской униформе. Араб и два других «консультанта» подошли к ним и стали о чём-то эмоционально разговаривать. Затем «консультанты» достали пистолеты и заставили полицейских лечь на землю. Они забрали у полицейских оружие, и надели на них наручники. Алладин быстро зашёл на самолёт и прошёл в кабину.

«Мы вылетаем прямо сейчас,» громко сказал он, «Давайте быстро!»

«Но самолёт ещё не готов. Я не проверил двигатели,» ответил Павел.

«Проверишь в воздухе! Взлетай быстро!» закричал араб.

«Ладно, взлетаем,» согласился Рост и стал заводить двигатели. Ангар наполнился дымом и рёвом.

«Открывайте двери!» закричал Алладин. Несколько человек вышли из самолёта и открыли двери ангара. Затем они зашли назад в самолёт и закрыли люк самолёта. Самолёт выехал из ангара, повернул на полосу и начал набирать скорость. К ангару подъехало несколько полицейских машин. Потом они повернули и поехали по полосе за самолётом.

«Взлетай! Взлетай!» закричал Алладин. Впереди появился другой самолёт, который взлетал по той же полосе, но в другом направлении. Рост немного поднял

piece of junk to Libya?" he said.

"To Libya? I'm sure I could, but I would be surprised if it doesn't fall apart during landing," Paul said.

"Let it fall apart on landing. This airplane is flying in only one way," the Arab said and laughed like a madman. When the Arab left the cab, Paul Rost exchanged glances with Ashur.

"We have lovely employers, Peter," Paul said.

"They pay good money. I don't care about the rest," said Ashur and looked outside. Two men in police uniforms entered the hanger. The Arab and the two other "consultants" came up to them and began to talk about something with emotion. Then the "consultants" took out guns and forced the policemen to lie on the ground. They took the policemen's weapons and handcuffed them. Aladdin quickly got on the plane and walked into the cabin.

"We are leaving right now," he said loudly, "Quickly, let's go!"

"But the plane isn't ready yet. I haven't checked the engines," Paul replied.

"You will check them in the air! Take off, quickly!" the Arab cried.

"Okay, let's take off," Rost agreed and started the engines. The hangar filled with smoke and roaring.

"Open the door!" Aladdin cried. Several people came out of the plane and opened the doors of the hangar. Then they got back into the plane and closed the hatch. The airplane drove out of the hangar, turned to the runway and began to pick up speed. Several police cars pulled up to the hangar. Then they turned and followed the airplane down the runway.

"Take off! Take off!" Aladdin cried. In front of them another airplane appeared. It was taking off from the same runway,

свой самолёт над землёй и начал вираж, чтобы изменить направление и уйти от удара. Другой самолёт тоже сделал вираж и, изменив направление, с рёвом пролетел рядом с ними. Люди на пляже услышали рёв и затем увидели, как самолёт, почти касаясь крылом моря в вираже, пытается взлететь выше. Рост посмотрел на испуганные лица Ашура и его отца. «Всё нормально. Продолжаем взлёт. Проверь шасси,» сказал он Ашуру. Самолёт с рёвом взлетал всё выше и выше. Павел грустно посмотрел вниз на берег моря. Там синие волны разбивались о белый песок. Затем он посмотрел на испуганного Ашура и его отца. Он мечтал совсем не о таком отдыхе. В кабину зашёл Алладин.
«Дай порулить, пилот,» улыбнулся он, «Поднимайся на пять тысяч метров и вперёд на Ливию!»

but in a different direction. Rost lifted the plane slightly off the ground, turned, and began changing direction to avoid a collision. The other aircraft also turned and, changing direction, passed them with a roar. People on the beach heard the roar and then saw that the plane's wing almost touched the sea as it turned, trying to fly higher. Rost saw the frightened look on the faces of Ashur and his father. "All is well. We are continuing the take-off. Check the landing gear," he told Ashur. With a roar, the plane flew higher and higher. Paul sadly looked down at the beach. There, blue waves broke on the white sand. Then he looked at Ashur and his father, both of whom looked frightened. This wasn't the vacation he had dreamed of. Aladdin walked into the cabin.
"Let me steer, pilot," he smiled, "Go up to five thousand meters and straight to Libya!"

# C

## Проверь Новые Слова
### 1
- Вы не знаете, сегодня воскресенье или понедельник?
- Кажется, сегодня воскресенье. Я точно не знаю.
- Вы не знаете, сколько сейчас время?
- Сейчас посмотрю на телефоне. Двадцать минут девятого.
- Спасибо. Кстати, на улице не жарко?
- На улице не жарко, но ветрено. Наверное, потом будет прохладно.
### 2
- Что это за **ангары**?
- Там самолёты.
- Гражданские или военные?

## New Vocabulary Review
### 1
- Could you tell me, is it Sunday or Monday today?
- I think it's Sunday today. I'm not sure.
- Do you know what time it is?
- I will check my phone. It's twenty minutes past eight.
- Thank you. By the way, is it hot outside?
- It isn't hot but it's windy. It will probably be cool later.
### 2
- What are these hangars?
- There are airplanes inside.
- Civilian or military?
- In general, military airplanes, but some

136

- Вообще военные, но есть и **грузовые**.
- Смотрите! Самолёт **взлетает** и делает **вираж**!

### 3

- Я хочу **изменить** что-то в своей жизни.
- Почему?
- Мне не нравится моя жизнь. Я устал.
- Что именно ты имеешь в виду? Свою работу? Свою личную жизнь?
- Я хочу **изменить** всё.
- Если ты всё **изменишь**, а лучше не будет. Что тогда?
- Не знаю.
- Тебе надо сходить к **консультанту** по проблемам в личной жизни.

### 4

- Раньше я **мечтал** поехать к Индийскому океану.
- Твоя **мечта** сбылась?
- Да. Сейчас я живу в Индии. Но я не хочу больше жить здесь.
- А что ты хочешь?
- Я хочу поехать домой и начать свой бизнес.
- У тебя **достаточно** денег для начала бизнеса?
- Да. У меня есть немного.

### 5

- Скажите, пожалуйста, в каком **направлении** мне нужно идти, чтобы попасть на станцию?
- **Обойдите** это здание справа и идите прямо по улице. Станция будет метров через сто.

### 6

- Где менеджер банка?
- Он **вышел наружу**.
- Но я был возле двери и не видел его.
- Он **вышел** через окно.
- Он что, **обычно** приходит и уходит через окно?
- Нет. **Обычно** через дверь.

of them are cargo planes.
- Look! A plane is taking off and making a turn in the air!

### 3

- I want to change something in my life.
- Why?
- I don't like my life. I'm tired.
- What exactly do you mean? Your work? Your personal life?
- I want to change everything.
- If you change everything, but it doesn't get better, what then?
- I don't know.
- You have to go to a consultant for problems in one's personal life.

### 4

- A while ago, I dreamed of going to the Indian Ocean.
- Did your dream come true?
- Yes. Now I live in India. But I don't want to live here anymore.
- And what do you want?
- I want to go home and start my own business.
- Do you have enough money to start a business?
- Yes. I have a little bit.

### 5

- Tell me please, which way should I go to get to the station?
- Go to the right around this building and walk straight down the street. The station will be a hundred meters away.

### 6

- Where is the bank manager?
- He went outside.
- But I was near the door and didn't see him.
- He left through the window.
- But does he usually come in and leave through a window?
- No. He usually uses the door.

## 7

- У нас **интернациональная** группа на работе.
- Правда? Откуда Ваши сотрудники?
- Они из Европы, Америки, Африки и Азии.

## 8

- Что будет, если самолёт коснётся **крылом** другого самолёта?
- Оба самолёта упадут и **разобьются**.

## 9

- Какой **пиджак** мне **надеть** сегодня? Я хочу **выглядеть** модно.
- Ты всегда **выглядишь** модно в **пиджаке**. **Надень любой пиджак** кроме красного.

## 10

- Скажите, пожалуйста, до моря далеко?
- До моря пятьсот километров.
- Какой большой **пляж**! Как он называется?
- Пустыня Сахара.

## 11

- Что это за **штука** у самолёта?
- Это **шасси**. Самолёт едет по **взлётной полосе** на **шасси**. Проходите на своё место, пассажир.
- Понятно. А это что за **штуки**?
- Это самолётные **приборы**. Пилот использует **приборы** во время полёта.
- Ясно. А кто это в **униформе**?
- Это **штурман**. Он сообщает пилоту, где находится аэропорт и самолёт, и куда нужно лететь. Садитесь, пассажир. Вот Ваше место.
- Ясно. Спасибо. Я, когда был маленький, тоже хотел стать **штурманом**.
- Почему **штурманом**?
- Слово красивое - **Штурман**!
- А кем Вы стали?
- Я стал военным инженером. Я делаю ракеты, которые сбивают военные самолёты.

## 7

- We have an international team at work.
- Really? Where are your co-workers from?
- They are from Europe, America, Africa, and Asia.

## 8

- What would happen if a plane's wing touched the wing of another plane?
- Both aircraft would crash.

## 9

- Which jacket should I wear today? I want to look fashionable.
- You always look fashionable in a jacket. You can wear any jacket except for the red one.

## 10

- Tell me, please, is the sea far from here?
- It is five hundred kilometers away.
- What a large beach! What is it called?
- The Sahara desert.

## 11

- What is this thing on the airplane?
- This is the landing gear. The plane drives down the runway on the landing gear. Go through and find your seat, passenger.
- I see. And what is this thing?
- Those are the instruments. The pilot uses the instruments during the flight.
- That's clear. And who is that, in the uniform?
- That's the navigator. He tells the pilot the locations of the airport and the airplane, and where he needs to fly. Take a seat, the passenger. Here is your seat.
- That's clear. Thank you. When I was little, I also wanted to become a navigator.
- Why a navigator?
- Such a beautiful word - navigator!
- And what did you become?
- I became a military engineer. I make missiles that shoot down military planes.
- So your profession is also related to

- Значит, Ваша профессия связана с самолётами тоже?
- Да. Можно сказать, что теперь я убиваю **штурманов.** И знаете, мне это тоже интересно!
- Если Вы ракетный инженер, то почему не знаете что такое **шасси**?
- Конечно, я знаю, что такое **шасси**, но… Вы не видели мою маленькую зелёную жабку?

- airplanes?
- Yes. You could say that now I kill navigators. And you know what? I find that interesting, too!
- If you're a rocket engineer, why don't you know what landing gear is?
- Of course I know what landing gear is, but... Have you seen my little green toad?

## Active Participle (Present)

Adjectives are used to describe certain qualities and features of objects: любимая вышивка *(favorite embroidery)*, свободное время *(free time)*. If you talk about a quality or a feature that depends on an action, you need to use participles: читающий студент *(a reading student)*, играющая девочка *(a playing girl)*. The participle is a special form of the verb that combines the qualities of verbs and adjectives. Participle has qualities of verb (tense, aspect, voice). Participle also has qualities of adjective (gender, number, case).
Participles have typical adjectival endings: - ущ, -ющ, -ащ,-ящ.
Писать - пишущий человек (to write - a writing man)
Думать - думающий студент (to think - a thinking student)
Кричать - кричащий ребёнок (to scream - a screaming child)
Любить - любящий муж (to love - a loving husband)
Я вижу играющего ребёнка. *I see a playing child.*
Там сидят читающие студенты. *There are some reading students sitting over there.*
Active participles have three genders:
Masculine: пишущий мальчик *(a writing boy)*
Feminine: пишущая девочка *(a writing girl)*
Neuter: играющее дитя *(a playing baby)*
Active participles have two numbers:
Singular: работающий человек *(a working person)*
Plural: работающие люди *(working people)*

# 18

## Небо в Бриллиантах
*A Sky in Diamonds*

 **A**

### Слова

1. автомат - machine gun, automatic weapon
2. батарея - battery; возле батареи *(gen)* - near the battery
3. верблюд - camel
4. верхний *(masc)* - top; на верхней части *(fem gen)* - on the top part
5. Верь! *(imp sng)* - Believe! / Trust! верить *(inf)* - to believe, to trust

6. вы́глядишь *(sec sng)* - (you) look; вы́глядеть *(inf)* - to look
7. вы́нес *(past masc)* - brought out; вы́нести *(inf)* - to bring out
8. выпры́гивать *(inf)* - to jump out
9. выса́живать *(inf)* - to send out, to have someone get out of a vehicle
10. жёлтый *(masc)* - yellow
11. же́нский *(fem)* - feminine, relating to women
12. забы́ли *(past plr)* - forgot; забы́ть *(inf)* - to forget
13. запуска́ть *(inf)* - to launch
14. зашёл *(past masc)* - came in; зайти́ *(inf)* - to come in
15. извини́ *(imp sng)* - excuse, forgive; извини́ть *(inf)* - to excuse, to forgive
16. иллюмина́тор - window (on an airplane)
17. кома́нда - command; дать кома́нду *(acc)* - give a command
18. костёр - a fire; во́зле костра́ *(gen)* - near a fire
19. ла́герь - a camp
20. неожи́данность - surprise, something unexpected; от неожи́данности *(gen)* - in surprise
21. непра́вильно *(adv)* - incorrectly
22. ни́зко *(adv)* - low
23. обня́л *(past masc)* - hugged; обня́ть *(inf)* - to hug
24. обра́довался *(past masc)* - was happy; обра́доваться *(inf)* - to be happy
25. опусти́лись *(past plr)* - got down; опусти́ться *(inf)* - to get down
26. откры́в *(past part)* - having opened; откры́ть *(inf)* - to open; откры́тый *(masc)* - open
27. отомсти́ть *(inf)* - to take revenge
28. пала́тка - tent
29. парашюти́ст - paratrooper, parachutist; парашюти́сты *(plr)* - paratroopers, parachutists; парашю́т - parachute; парашю́ты *(plr)* - parachutes
30. па́рень *(sng)* - guy; па́рни *(plr)* - guys
31. переключи́тся *(ftr thrd sng)* - will change; переключи́ться *(inf)* - to change
32. пересека́лась *(past fem)* - intersected; пересека́ться *(inf)* - to intersect
33. песча́ная *(fem)* - sandy
34. поверну́лись *(past plr)* - turned; поверну́ться *(inf)* - to turn
35. пово́зка - a cart
36. Поднима́йся! *(imp sng)* - Go up! / Get up! поднима́ться *(inf)* - to go up, to get up
37. подсказа́л *(past masc)* - suggested, gave a hint; подсказа́ть *(inf)* - to suggest, to give a hint
38. подхо́дишь *(sec sng)* - are suitable; подходи́ть *(inf)* - to be suitable
39. попа́л *(past masc)* - found himself; попа́сть *(inf)* - to find oneself (somewhere)
40. пора́ - it's time
41. поцелова́л *(past masc)* - kissed; поцелова́ть *(inf)* - to kiss
42. прибежа́л *(past masc)* - ran up; прибежа́ть *(inf)* - to run up
43. пригото́вил *(past masc)* - prepared; пригото́вить *(inf)* - to prepare
44. пригото́вился *(past masc)* - prepared, got ready; пригото́виться *(inf)* - to prepare, to get ready
45. присе́ли *(past plr)* - sat down,

crouched; прис_е_сть *(inf)* - to sit down, to crouch

46. пуск_а_й - let
47. пуст_ы_нны *(plr)* - deserted; пуст_ы_ня - a desert
48. пыль - a dust; из-за п_ы_ли *(gen)* - because of dust
49. работод_а_тель - employer; работод_а_тели *(plr)* - employers
50. разд_а_лся *(past masc)* - was heard; разд_а_ться *(inf)* - to be heard
51. р_а_зный *(masc)* - different; р_а_зные *(plr)* - different
52. р_е_дко *(adv)* - rarely
53. роль - role; р_о_ли *(gen)* - roles
54. саж_а_ть *(inf)* - to land (an airplane)
55. с_а_мый *(masc)* - the most; с_а_мого *(masc gen)* - the most
56. своб_о_ден *(adj masc)* - free
57. Скаж_и_те! *(imp plr)* - Tell! Say! сказ_а_ть *(inf)* - to tell, to say
58. скор_е_й *(adv)* - quickly
59. сл_е_ва *(adv)* - on the left
60. слез_а_ть *(inf)* - to climb down
61. с_о_лнечный свет *(adj masc)* - the sunshine; на с_о_лнечной _у_лице

*(adj fem gen)* - on the street lit by the sunshine

62. спланир_о_вал *(past masc)* - planned; спланир_о_вать *(inf)* - to plan
63. спр_я_таться *(inf)* - to hide
64. сред_и_ - among
65. столб - column
66. сын_о_к - sonny
67. Сядь! *(imp sng)* - Sit down! сесть *(inf)* - to sit down
68. тр_а_нспорт - transportation, traffic
69. уж_а_сный *(masc)* - terrible
70. усп_е_л *(past masc)* - did something just in time; усп_е_ть *(inf)* - to do something just in time
71. функцион_и_ровал *(past masc)* - worked, functioned; функцион_и_ровать *(inf)* - to work, to function
72. хвост - a tail
73. ч_е_тверо - four (for people); чет_ы_ре (for other things)
74. четыр_е_ста - four hundred
75. _э_ти - these; по _э_тим *(plr prep)* - along these

# В

## Н_е_бо в Бриллиа́нтах

Где́-то в пуст_ы_не был м_а_ленький л_а_герь. Н_е_сколько верблю́дов п_и_ли в_о_ду. Недалеко́ от них сто_я_ла м_а_ленькая пал_а_тка. Р_я_дом сид_е_л челов_е_к в_о_зле костра́. Неож_и_данно они услы́шали рёв. Челов_е_к посмотр_е_л в ту ст_о_рону. Самолёт на н_и_зкой высоте́ с уж_а_сным рёвом пролет_е_л над н_и_ми _о_чень н_и_зко. Верблю́ды побеж_а_ли в р_а_зные ст_о_роны. Из пал_а_тки, кот_о_рая сто_я_ла в_о_зле костра́, в_ы_бежал челов_е_к.
«Как_о_й _э_то самолёт?» спрос_и_л он.
«Он _о_чень больш_о_й!» закрич_а_л друг_о_й.

## *A Sky in Diamonds*

*Somewhere in the desert was a small camp. A few camels were drinking water. A small tent stood nearby. Next to the tent, a man was sitting near the fire. Suddenly they heard a roar. The man looked in that direction. An airplane passed very low overhead with a terrible roar. Camels ran in different directions. A man ran out of the tent by the fire.*
*"What kind of airplane is it?" he asked.*
*"It's very big!" another cried.*
*"Where is the missile?" the man cried*

«Где ракета?» спросил человек из палатки. Другой открыл один из ящиков, которые стояли на земле, взял ракету и передал её. Человек, который выбежал из палатки, положил её себе на плечо, закрыл один глаз и запустил ракету. Но он запустил её неправильно. Ракета вылетела с другой стороны и попала в ящики на земле. Большой взрыв поднял в воздух огромный столб огня и дыма.

Алладин приготовился сбивать ракету при помощи теплового патрона. Он стоял в большом открытом люке сзади самолёта. Когда он увидел взрыв на земле, то посмотрел на Ашура, который стоял рядом с таким же патроном.

«Он попал! Он попал!» закричал он и засмеялся. В этот момент другая ракета взлетела и почти попала в самолёт. Но Ашур быстро выпустил тепловой патрон, и ракета попала в него и взорвалась. Взрыв бросил араба на спину, но он быстро поднялся и приготовил свой тепловой патрон. Ещё две ракеты взлетели. Алладин и Ашур запустили тепловые патроны и ракеты взорвались опять. Ещё один человек стал в люке с тепловым патроном и стал им помогать.

Рост в кабине смотрел в иллюминатор. «Если увидите ракетный комплекс, то сразу скажите мне,» крикнул он папе Ашура. Старый человек стал тоже смотреть в иллюминатор. В это время Алладин быстро зашёл в кабину.

«Пора высаживать парашютистов! Поднимайся на четыреста метров!» приказал он.

Павел Рост повернулся и увидел, что люди в самолёте надевают парашюты и достают оружие из ящиков.

«Поднимаю на четыреста!» ответил он и стал поднимать самолёт.

Араб посмотрел в иллюминатор и дал

from the tent. The other one opened one of the boxes on the ground, picked up a missile and gave it to him. The man who ran out of the tent placed it on his shoulder, closed one eye, and launched it. But he launched it incorrectly. The rocket shot out of the other side and hit the boxes on the ground. A big explosion set off a huge column of fire and smoke into the air.

Aladdin got ready to shoot down the missile with a thermal shell. He stood in a large open hatch at the back of the airplane. When he saw the explosion on the ground, he looked at Ashur, who stood nearby with the same kind of shell.

"He hit it! He hit it!" he shouted and laughed. At that moment another missile took off and almost hit the plane. But Ashur quickly launched a thermal shell and the missile hit the shell and exploded. The explosion threw the Arab on his back, but he quickly got up and prepared another thermal missile. Two more missiles were shot. Aladdin and Ashur launched thermal shells and the missiles exploded again. One more person got in the hatch with a thermal shell and began helping them.

In the cabin, Rost looked out the window. "If you see a missile compound, tell me right away," he shouted to Ashur's father. The old man also began to look out the window. At that time, Aladdin quickly walked into the cabin.

"It's time to drop the paratroopers! Go up to four hundred meters!" he ordered.

Paul Rost turned and saw that the people on the plane were putting on parachutes and taking weapons out of the boxes.

"I'm going up to four hundred!" he said and began to raise the plane.

The Arab looked out the window and

парашютистам команду прыгать. Парашютисты начали выпрыгивать из самолёта. Но ракеты с земли летели снова. Ашур запускал тепловые патроны и не останавливался. Все парашютисты выпрыгнули. Остались только «консультанты по проблемам интернациональной экономики» и Алладин. Они были одеты в парашюты.

«Спасибо за работу, парни!» крикнул араб Ашуру, «А вот ваши деньги!» Он поднял автомат и начал стрелять. Ашур успел спрятаться за ящик. Араб закричал и выпрыгнул из самолёта. «Консультанты» прыгнули за ним. Ашур смотрел в открытый люк. Но появилась ракета, и он опять схватил тепловые патроны и начал запускать их. Его отец прибежал из кабины к нему.

«Что случилось Пётр? Где все? Кто стрелял?» спросил он.

«Это Алладин хотел заплатить мне за работу, но не попал,» ответил Пётр Ашур, «Бери тепловые патроны и пускай! Скорей!»

Его отец стал пускать тепловые патроны. Ашур забежал в кабину.

«Павел, надо сажать самолёт или подниматься вверх! По нам запускают очень много ракет!» закричал он.

«Мы будем садиться!» сказал Павел.

«Привет Ашур!» раздался женский голос. Ашур и Рост повернулись и увидели Лизу Пандору. Она стояла сзади них и держала пистолет.

«Сядь Ашур!» закричала Пандора. Ашур сел. Она направила пистолет ему в лицо. Было видно, что она очень хочет отомстить ему.

«Привет. Классно выглядишь, Лиза,» улыбнулся Ашур.

«Тебе привет от Ивана Веги,» сказала Пандора.

commanded the paratroopers to jump. The paratroopers began to jump out of the plane. But the ground missiles were being shot again. Ashur kept firing the thermal shells without stopping. All the paratroopers jumped out. Only the "consultants on international economics" and Aladdin were left on the plane. They wore parachutes.

"Thanks for your work!" the Arab shouted to Ashur, "And here's your money!" He raised his gun and began shooting. Ashur managed to hide behind a box. The Arab yelled and jumped out of the plane. The "consultants" jumped after him. Ashur looked into the open hatch. But another rocket appeared and he again grabbed the thermal shells and began launching them. His father ran out of the cab toward him.

"What happened, Peter? Where is everybody? Who was shooting?" he asked.

"It was Aladdin. He wanted to pay me for my work, but he missed," Peter Ashur said, "Take the thermal shells and launch them! Quickly!"

His father began launching the thermal shells. Ashur ran into the cabin.

"Paul, you have to land the plane or fly higher! They are shooting a lot of missiles at us!" he cried.

"We are going to land!" Paul said.

"Hi, Ashur!" they heard a female voice. Ashur and Rost turned and saw Lisa Pandora. She stood behind them, holding a gun.

"Sit down, Ashur!" Pandora cried. Ashur sat down. She pointed the gun in his face. It was obvious that she really wanted to have her revenge.

"Hi. You look great, Lisa," Ashur smiled.

"John Vega says hello," Pandora said.

«Вега… Я рад, что он..» начал Ашур, но Пандора перебила его.

«Павел, извини, что я так сделала. Ашур заставил меня это сделать,» указала она пистолетом на Ашура.

«Я?» удивился Ашур.

«Это всё спланировал Ашур,» продолжала Лиза, «И ограбление банка, и нашу с тобой поездку. Он даже твою мебель грузил, чтобы увидеть тебя ближе. И потом он сказал, что ты подходишь для этой роли.»

«Какая мебель? Павел не верь ей!» просил Ашур.

В этот момент ракета ударила в хвост самолёта.

«Папа!» закричал Ашур и выбежал из кабины.

Где-то в пустыне среди песка проходила дорога. Она пересекалась с другой дорогой. На этом перекрёстке был светофор. Транспорт по этим дорогам проезжал очень редко. Но светофор работал всегда. Он работал от солнечной батареи, поэтому он функционировал только днём. На перекрёстке стояла повозка, которую тянул верблюд. На повозке сидела семья. Папа, мама и четверо детей с интересом смотрели на светофор. Горел зелёный свет. Но папа, который управлял верблюдом, не знал точно на какой свет нужно ехать. Поэтому он ждал, когда светофор переключится на другой свет. В это время они услышали ужасный рёв. Слева большой самолёт приземлился прямо на другую дорогу. У него шёл дым из хвоста и левого крыла. Самолёт подъехал по дороге к перекрёстку и остановился. У самолёта не было хвоста и верхней части кабины. В кабине были видны люди. Они сидели и смотрели на повозку большими глазами. Светофор переключился на красный для повозки. Но

"Vega ... I'm glad that he ..." Ashur began, but Pandora interrupted.

"Paul, I'm sorry that I acted that way. Ashur made me do it," she pointed a gun at Ashur.

"Me?" Ashur said in surprise.

"Ashur planned it all," Lisa continued, "the bank robbery, and our trip together. He even loaded your furniture to get a closer look at you. Then he said that you were the right man for the job."

"What furniture? Paul, don't believe her!" Ashur asked.

At that moment, a missile hit the tail of the plane.

"Dad!" Ashur cried and ran out of the cabin.

Somewhere in the desert, a road passed through the sand. It intersected with another road. At this intersection was a traffic light. Vehicles very rarely drove down this road. But the traffic light always worked. Since it was powered by solar panels, it only worked during the day. A cart pulled by a camel stood at the intersection. A family sat in the cart. A father, a mother and four children looked at the traffic light with interest. The light was green, but the father, who held the camel's reigns, didn't know exactly which light meant you could go. So he waited for the light to change. At this time, they heard a terrible roar.

On the left a big plane landed on the other road. Smoke was rising from its tail and its left wing. The plane drove down the road up to the intersection and stopped. The plane was missing its tail and the top of the cabin. Some people were visible inside the cabin. They sat and watched the cart with wide eyes. The traffic light for the cart changed to red, but the father

папа не замечал этого. Он смотрел, открыв рот, на самолёт. Жена закричала ему что-то. Тогда он посмотрел на светофор, увидел красный и закричал на верблюда. Верблюд медленно поехал вперёд. Вся семья смотрела, как люди на самолёте, начали слезать на землю.

Повозка уехала. Ашур, его папа, Пандора и Павел Рост слезли с самолёта и посмотрели вокруг. Везде был жёлтый песок. Жёлтая песчаная пустыня была до самого горизонта. Обе дороги были совсем пустынны. Только повозка с семьёй медленно ехала от перекрёстка.

«Папа, теперь ты свободен!» обрадовался Ашур и обнял отца.

«Я ждал этого момента пять лет. Спасибо сынок,» старый человек заплакал и поцеловал сына.

«Я думаю, пора уходить,» сказал Ашур и побежал к самолёту. Он вынес чемоданы из самолёта. Лиза внимательно смотрела на Ашура.

«Я вижу, нам забыли заплатить, Пётр. Твои работодатели так быстро выпрыгнули из самолёта, что забыли дать нам деньги,» сказал Павел Петру.

«Никогда не знаешь, что тебя ждёт с этими…» Ашур хотел найти слово.

«..консультантами,» подсказал Рост, «Я сделал свою работу. Ты должен заплатить мне триста пятьдесят тысяч долларов.»

«Я бы рад заплатить, Павел, но…» Ашур посмотрел на Пандору потом на Роста. Неожиданно самолёт взорвался. Люди присели от неожиданности. Вверх из самолёта полетели несколько осветительных ракет и медленно опустились на землю.

«Небо в бриллиантах,» произнёс Павел медленно, «Как Алладин обещал.»

Отец Ашура поднял руку в сторону дороги. Далеко над жёлтой песчаной

*didn't notice this. He stared at the plane with his mouth wide open. The wife shouted something at him. Then he looked at the traffic light, he saw the red light, and shouted at the camel. The camel slowly rode forward. The whole family watched as the people on the plane began to climb down to the ground.*

*The cart drove away. Ashur, his dad, Pandora, and Paul Rost climbed down from the plane and looked around. All around there was yellow sand. The yellow sand-filled desert stretched to the horizon. Both roads were completely deserted. Only the cart with the family slowly rode away from the intersection.*

*"Dad, now you're free!" Ashur said happily and hugged his father.*

*"I have been waiting for this moment for five years. Thank you my son," the old man wept and kissed his son.*

*"I think it's time to leave," Ashur said, and ran to the plane. He took the suitcases out of the plane. Lisa closely looked at Ashur.*

*"I noticed that they forgot to pay you, Peter. Your employers jumped out of the plane so quickly that they forgot to give you the money," Paul said to Peter.*

*"You never know what to expect from these ..." Ashur searched for words.*

*"... consultants," Rost suggested, "I did my job. You have to pay me three hundred fifty thousand dollars."*

*"I would be happy to pay Paul, but ..." Ashur looked at Pandora then at Rost. Suddenly, the plane exploded. People crouched down in surprise. Several flares shot out of the plane and slowly descended to the ground.*

*"A sky made of diamonds," Paul said slowly, "As Aladdin promised."*

*Ashur's father raised his hand toward the road. Far away, above the yellow desert*

пустыней поднимался столб песка и пыли. «Кто это может быть?» нервно спросил Ашур. Но никто не ответил.

Ещё через минуту они видели не только столб песка и пыли, но и слышали рёв моторов. Несколько автомобилей ехали к ним на большой скорости прямо по песку.

*sand rose a column of sand and dust. "Who could it be?" Ashur said nervously. But no one answered.*

*A minute later they could not only see the column of sand and dust, but hear the roar of engines. Several cars drove toward them at high speed right through the sand.*

# C

## Проверь Новые Слова

### 1

- Вы не знаете, сегодня вторник или понедельник?

- Кажется, сегодня понедельник. Я точно не знаю.

- Вы не знаете, сколько сейчас время?

- Сейчас посмотрю на телефоне. Пол девятого.

- Спасибо. Кстати, на улице дождь не идёт?

- На улице дождя нет, но ветрено и облачно. Наверное, скоро будет дождь.

### 2

- Продавец, у Вас есть **батарейки** для телефона?

- Какой у Вас телефон?

- У меня Самсунг.

- Для Самсунга нет, но есть для Моторолы. Давать?

- А она **подходит** для Самсунга?

- Не знаю.

- Тогда не надо.

- Может дать **батарейки** для Сони, Нокиа или Вьюсоник?

- А они **подходят** для Самсунга?

- Я не знаю. Купите и попробуйте.

- Нет, спасибо.

### 3

- Продавец, скажите, пожалуйста, эти джинсы мужские или женские?

- Эти джинсы женские. А Вам какие

## New Vocabulary Review

### 1

- *Could you tell me, is it Tuesday or Monday today?*

- *I think it's Monday today. I'm not sure.*

- *Do you know what time it is?*

- *I will check my phone. It's eight thirty.*

- *Thank you. By the way, is it raining outside?*

- *It isn't raining, but it's windy and cloudy. It will probably rain soon.*

### 2

- *Salesman, do you have phone batteries?*

- *What kind of phone do you have?*

- *I have a Samsung.*

- *There are no Samsung batteries, but we have ones for Motorola. Would you like them?*

- *Will it work with a Samsung?*

- *I don't know.*

- *Then I don't want them.*

- *Maybe you would like Sony, Nokia or Viewsonic batteries?*

- *And will they work with a Samsung?*

- *I don't know. You should buy them and try.*

- *No, thank you.*

### 3

- *Salesman, could you please tell me: are these jeans for men or women?*

- *These are women's jeans. What kind do you need?*

147

нужны?
- Мне нужны мужские.
- Это женские джинсы, но они выглядят как мужские. Попробуйте одеть!
- Спасибо, не надо.

### 4

- Я вчера не пошёл не работу.
- Почему?
- Я позвонил своему **работодателю** и сказал, что очень заболел. Потом я пошёл в бар, чтобы выпить ликёра. Там я сидел весь день. Вечером **неожиданно** в бар зашёл мой **работодатель** и увидел меня!
- И что ты ему сказал?
- Я **обнял** его и поблагодарил за то, что он **зашёл** ко мне, когда мне трудно.
- Да? А он что?
- А он **извинился**, что не принёс мне цветы.
- Какой у тебя хороший **работодатель**! А что ты читаешь?
- Это газета. Я ищу новую работу. Меня уволили.

### 5

- **Подскажите**, пожалуйста, как **попасть** в центр города?
- **Поднимайтесь** по этой лестнице. **Слева** Вы увидите красивое **жёлтое** здание. Это отель. Возле отеля будет улица, но Вы туда не ходите.
- Понятно.
- Справа будет старое здание. Очень старое. Просто рухлядь! Но Вы туда тоже не ходите.
- Ясно. А куда идти?
- А куда Вам нужно **попасть**? **Скажите** ещё раз.
- Я уже понял, куда мне надо. Спасибо.

### 6

- **Повозка** - это **ужасный транспорт**!
- Да. Самолёт намного лучше, чем **повозка**.
- Это правда. И самолёт быстрее, чем

- I need men's jeans.
- These are women's jeans, but they look just like men's. Try them on!
- No, thank you.

### 4

- Yesterday I didn't go to work.
- Why?
- I called my employer and said that I was very ill. Then I went to a bar to drink some liqueur. I sat there all day. In the evening, my employer suddenly came in and saw me!
- And what did you tell him?
- I hugged him and thanked him for coming to visit me at a difficult time.
- Yes? And what did he say?
- He apologized for not having brought me flowers.
- What a good employer! What are you reading?
- This is a newspaper. I'm looking for a new job. I was fired.

### 5

- Could you please tell me how to get to the town center?
- Go up these stairs. On the left you will see a beautiful yellow building. That's a hotel. There will be a street near the hotel, but you shouldn't go there.
- I see.
- On the right you'll see an old building. It is very old. Simply a piece of junk! But don't go there either.
- That's clear. And where should I go?
- And where do you need to go? Tell me again.
- Now I already know where I need to go. Thank you.

### 6

- A cart is a terrible means of transportation!
- Yes. An airplane is much better than a cart.

пов**о**зка.
- Да-да. Но **пов**о**зка** т**и**ше, чем самолёт.
- Т**о**чно.
- И **пов**о**зке** не нужн**а** взлётная полос**а** для взлёта.
- **Э**то **я**сно. Но с**а**мое в**а**жное, что нас, **верблю́дов**, не заставл**я**ют тян**у**ть самолёты!
- **И**менно.

*- That's true. And the plane is much faster than a cart.*
*- Yes, yes. But the cart is quieter than the plane.*
*- Exactly.*
*- And the cart doesn't need a runway for take-off.*
*- That's clear. But the most important thing is that they don't make us camels pull airplanes!*
*- Exactly.*

 D

## Days of Week

Days of week are not capitalized in Russian, unless they occur in the beginning of a sentence.
Note: a Russian week starts with Monday and ends with Sunday.

Понед**е**льник *(Monday)* В понед**е**льник мы идём на н**о**вую раб**о**ту. *We go to new work on Monday.*
Вт**о**рник (Tuesday) Во вт**о**рник я куп**и**ла крас**и**вое пл**а**тье. *I bought a new dress on Tuesday.*
Ср**е**да (Wednesday) В ср**е**ду у нег**о** выходн**о**й. *He has a day off on Wednesday.*
Четв**е**рг (Thursday) В четв**е**рг он**а** раб**о**тает до шест**и** час**о**в. *She works till 6 o'clock on Thursday.*
П**я**тница (Friday) В п**я**тницу мы пьём п**и**во. *We drink beer on Friday.*
Субб**о**та (Saturday) К**а**ждую субб**о**ту он**и** **е**дут в Крым. *They go to Crimea every Saturday.*
Воскрес**е**нье (Sunday) В воскрес**е**нье мы смотр**е**ли н**о**вый ф**и**льм. *We watched a new film on Sunday.*

# 19

## Ашур Меняет Профессию
*Ashur Makes a Career Change*

## A

### Слова

1. автом<u>а</u>т - machine gun; с автом<u>а</u>тами *(plr inst)* - (with) machine guns
2. антил<u>о</u>па - antelope; антил<u>о</u>пы *(plr)* - antelopes
3. банд<u>а</u>ж - a bandage
4. быстр<u>е</u>й *(adv)* - fast
5. взгляд - a glance, a look; взгл<u>я</u>дом *(inst)* - with a glance, with a look
6. возьмёт *(ftr thrd sng)* - (he, she, it) will take; взять *(inf)* - to take
7. врач - a doctor
8. в<u>ы</u>бежать *(inf)* - to run out
9. в<u>ы</u>стрелил *(past masc)* - fired (a gun); в<u>ы</u>стрелить *(inf)* - to fire (a gun)
10. гран<u>и</u>ца - a border; без границ *(plr gen)* - without borders
11. жал<u>е</u>ю *(fst sng)* - (I) regret / feel sorry (for someone); жал<u>е</u>ть *(inf)* - to regret, to feel sorry (for someone)
12. зд<u>а</u>ние - building

13. зоолог - zoologist
14. Иди! *(imp sng)* - Walk! Go! идти / ходить *(inf)* - to walk, to go
15. изучал *(past masc)* - studied; изучать *(inf)* - to study
16. инструмент - equipment, instrument; инструменты *(plr)* - equipment, instruments
17. искать *(inf)* - to search, to look for
18. лекарство - medicine, drug; лекарства *(plr)* - medicine, drugs
19. медицинский - relating to medicine; несколько медицинских терминов *(plr gen)* - some medical terms
20. медсестра - a nurse
21. окружающий - surrounding; окружающие - people who are near somebody
22. опасен *(masc)* - dangerous
23. Останься! *(imp sng)* - Stay! остаться *(inf)* - to stay
24. отбежать *(inf)* - to run a short distance away from something
25. оттащили *(past plr)* - dragged a short distance away; оттащить *(inf)* - to drag a short distance away
26. перед тем как - before (doing smth)
27. плакать *(inf)* - to cry, to weep
28. погибнуть *(inf)* - to be killed, to die
29. полез *(past masc)* - climbed; полезть *(inf)* - to climb
30. полчаса - half an hour
31. Помоги! *(imp sng)* - Help! Помогите! *(imp plr)* - Help! помочь *(inf)* - to help
32. похож *(masc)* - similar, looks like
33. проговорила *(past fem)* - said; проговорить *(inf)* - to say
34. Прости! *(imp sng)* - Forgive! простил *(past masc)* - forgave; простить *(inf)* - to forgive
35. связать *(inf)* - to tie
36. связь - connection, phone reception; без связи *(gen)* - without phone reception
37. сердце - heart
38. сжала *(past fem)* - squeezed, pressed; сжать *(inf)* - to squeeze, to press
39. слышны *(past part plr)* - were heard
40. спрятать *(inf)* - to hide
41. срочная *(fem)* - urgent
42. стадо - a herd
43. стрельба - gun fire
44. термин - terms; несколько терминов *(plr gen)* - some terms
45. Уходи! *(imp sng)* - Leave! уходить *(inf)* - to leave
46. хуже *(adv)* - worse
47. часто *(adv)* - often

# B

## Ашур Меняет Профессию

Ашур начал искать место, чтобы спрятать чемоданы.

«Помогите мне! Надо спрятать чемоданы,» попросил он. Но никто не двигался. Было видно, что автомобили будут возле

## *Ashur Makes a Career Change*

*Ashour started looking for a place to hide his suitcases.*

*"Help me! We need to hide suitcases," he pleaded. But no one moved. It was obvious that the cars would reach the airplane in*

самолёта меньше, чем через минуту. Павел Рост посмотрел на свой телефон. Связи не было. Две машины подъехали к ним. Одна машина подъехала к повозке с семьёй. Несколько людей с автоматами спрыгнули с них и подбежали к повозке. Они что-то спросили у мужчины, а потом заставили его сесть в машину. Женщина и дети начали кричать. Мужчина побежал к ним. Один из людей выстрелил в него, и мужчина упал на землю. Женщина и дети продолжали кричать и плакать.

Ашуру, его отцу и Росту связали руки и посадили в машину. Павел Рост грустно посмотрел на самолёт. Дела идут всё хуже и хуже. Теперь это уже очень серьёзная проблема. Ещё и телефон не работает. Он посмотрел на раненого мужчину. Он был ранен в ногу и не мог встать. Два человека взяли его и положили в машину.

«Кто пилот этого самолёта?» спросил один из людей Павла Роста.

«Мы доктора. Мы можем вам помочь. У вас есть раненые?» громко проговорила Лиза Пандора.

«Я спрашиваю, кто пилот?» закричал человек и поднял автомат.

«Самолёт упал и взорвался. Все, кто были в самолёте, погибли,» ответила Пандора за Павла Роста.

«Кто вы? Что вы здесь делаете?» спросил другой человек.

«Мы доктора из организации «Врачи без границ». Мы должны помогать раненым людям. Наша машина стояла на этом светофоре, когда неожиданно упал этот самолёт. Самолёт упал прямо на нашу машину. Наш водитель и ещё пять врачей погибли во время взрыва. Я и ещё два врача успели отбежать от машины,» и Пандора показала на Роста и отца Ашура, «И этот больной тоже успел отбежать,» и Лиза показала на Петра Ашура, «У вас есть

less than a minute. Paul Rost looked at his phone. There was not reception. Two cars drove up to them. Another car drove up to the cart with the family. Several men with machine guns jumped off the cars and ran to the cart. They asked the man something and then forced him to get into the car. The woman and the children began to shout. The father ran toward them. One of the men shot him and the man fell to the ground. The woman and children continued to scream and cry. The men tied the hands of Ashur, his father, and Rost, and put them in the car. Paul Rost looked sadly at the plane. Things are getting worse and worse. Now they're in very serious trouble. And the phone isn't working. He looked at the wounded man. He was wounded in the leg and could not get up. Two men tied him up and put him in the car.

"Who is the pilot of this airplane?" one of the men asked Paul Rost.

"We are doctors. We can help you. Do you have any wounded?" Lisa Pandora said loudly.

"I'm asking you, who is the pilot?" shouted the man, and raised the machine gun.

"The plane crashed and exploded. Everyone on the plane was killed," Pandora answered for Paul Rost.

"Who are you? What are you doing here?" another man asked.

"We are doctors from the organization Doctors without Borders. We must help wounded people. Our car was stopped at this traffic light when suddenly that plane crashed. The plane fell right onto our car. Our driver and five other doctors were killed in the blast. I and two other doctors ran away from the car just in time," Pandora pointed to Rost and Ashur's father, "And this patient also managed to

раненые?» добавила она.

«Он не похож на больного,» заметил человек с автоматом.

«Он зоолог. На его глазах бомба убила стадо антилоп, которых он изучал два года,» сказала Пандора, посмотрев на Ашура, «Теперь он часто падает на землю и кричит «мои антилопы!» и она снова посмотрела на Ашура. Ашур сел на землю и закричал: «Мои антилопы!»

«Мы должны отвезти его в больницу или он может погибнуть от шока,» продолжала Пандора, «Ему также надо связать руки, потому что он может быть опасен для себя и окружающих,» закончила она.

Человек с автоматом посмотрел на самолёт, потом на повозку: «Вы поедете с нами в наш лагерь. У нас много больных. Им нужна срочная помощь,» он посмотрел на Ашура, «Зоологи нам не нужны. Он не поедет с нами,» добавил он.

«О-о мои антилопы! О-о мои антилопы!» быстро заговорил Ашур, «Мне нужен мой врач,» он схватил своего отца за руку и отец сел возле него, «О-о мои антилопы! О-о мои чемоданы,» показал Ашур рукой на чемоданы.

«Нет!» закричала Пандора, «В чемоданах лекарства и инструменты! Мы должны взять их с собой!» потребовала она.

Человек с автоматом взял чемоданы и положил их в машину.

«О-о мои антилопы!» закричал Ашур и полез в машину, «Мне надо срочно в больницу!»

Но люди оттащили его от машины и бросили на землю. Ашур посмотрел в глаза Пандоры. Но Пандора отвернулась и посмотрела на Павла Роста. Потом она села в машину возле раненого человека и начала делать бандаж ему на ногу. Все люди сели и машины поехали.

Примерно через полчаса машины

run out," Lisa pointed to Peter Ashur. "Do you have any wounded?" she added.

"He doesn't look like the patient," the man with the machine gun noted.

"He's a zoologist. A bomb killed a herd of antelopes that he had been studying for two years right in front of him," Pandora said, looking at Ashur, "Now, he often falls to the ground, shouting 'my antelopes', " she looked at Ashur again. Ashur sat on the ground and shouted, "My antelopes!"

"We have to take him to the hospital or he could die of shock," Pandora continued, "We also need to tie his hands because he poses a danger to himself and to others," she concluded.

The man with the gun looked at the plane, then at the cart: "You will go with us to our camp. We have many wounded people. They need urgent care," he looked at Ashur, "We don't need any zoologists. He won't go with us," the man added.

"Oh my antelopes! Oh my antelopes!" Ashor said quickly, "I need my doctor," he grabbed his father's hand and his father sat down beside him, "Oh my antelopes! Oh my suitcases," Ashur pointed to the bags.

"No," Pandora cried, "There is medicine and equipment in the suitcases. We must take them with us!" she demanded. The man with the machine gun took the bags and put them in the car.

"Oh my antelopes!" Ashur cried and climbed into the car, "I urgently need to go to the hospital!"

But the men dragged him away from the car and threw him to the ground. Ashur looked Pandora in the eye. But Pandora turned and looked at Paul Rost. Then she got in a car beside the wounded man and began to bandage his leg. All the people got into the cars and drove off.

остановились, и началась стрельба. Были слышны крики. Все люди легли на пол машины. Меньше, чем через минуту машина поехала снова и ещё минут через пять въехала в город. Машины остановились возле маленького здания. Павла Роста и Лизу Пандору завели в здание. Это была больница.

«Эй, доктор! Идите сюда! Быстро!» закричал человек с автоматом, «Здесь много раненых. Вы должны им помочь.»

«В наших чемоданах лекарства и инструменты,» сказала Пандора, «Пожалуйста, принесите их сюда.»

Чемоданы принесли и поставили в комнате. Лиза Пандора начала осматривать больных. Она сказала что-то медсестре и при этом использовала несколько медицинских терминов. Павел с удивлением посмотрел на неё. Она улыбнулась.

«Я врач по образованию, Павел,» она положила свою руку на его, «Ты ещё не простил меня? Моё сердце говорит мне, что ты ещё думаешь обо мне. Пожалуйста, прости меня! Я очень жалею, о том, что я сделала. Мне было очень хорошо с тобой,» Лиза сжала его руку и посмотрела Павлу в глаза.

«Доктор! Быстрей! У нас много раненых!» крикнула медсестра, и Лиза вышла за ней в коридор. Перед тем, как она вышла, она посмотрела грустным взглядом в глаза Павлу. Павел Рост тоже посмотрел на Лизу, потом в окно. На улице опять начали стрелять. Из коридора в комнату зашли несколько раненых. Лиза и медсестра начали их осматривать. Павел помогал им как мог. Неожиданно Лиза закричала: «Где чемоданы?»

Павел посмотрел и увидел, что чемоданов в комнате нет. Он посмотрел в окно и увидел, что один из раненых выбежал на

About half an hour later, the cars stopped and a shoot-out began. There were loud cries. Everyone lay down on the floor of the car. Less than a minute later the car drove off again and in another five minutes they drove into the city. The cars stopped near a small building. Paul Rost and Lisa Pandora were led into the building. It was a hospital.

"Hey, doctor! Come here! Quickly!" the man with the gun shouted, "There are many wounded here. You must help them."

"There is medicine and equipment in the suitcases," Pandora said, "Please bring them here."

They brought in the suitcases and put them in the room. Lisa Pandora began to examine the patients. She said something to the nurse, using several medical terms. Paul looked at her in surprised. She smiled.

"I have a medical education, Paul," she put her hand on his, "Haven't you forgiven me yet? My heart tells me that you are still thinking about me. Please forgive me! I am very sorry about what I did. I enjoyed spending time with you," Lisa squeezed his hand and looked into Paul's eyes.

"Doctor! Quick! We have many wounded!" the nurse cried, and Lisa followed her into the hallway. Before she left, she looked sadly into Paul's eyes. Paul Rost also looked at Lisa, and then out the window. On the street shooting broke out again. A few wounded entered the room from the hallway. Lisa and the nurse began to examine them. Paul helped them as best as he could. Suddenly Lisa cried, "Where are the suitcases?"

Paul looked up and saw that the suitcases weren't in the room. He looked out the window and saw that one of the wounded men ran into the street with the suitcases,

улицу с чемоданами, бросил их в одну из машин и сам быстро сел в неё. Перед тем, как он сел в машину, он посмотрел на них и улыбнулся. Это был, конечно, Ашур.
«Он украл лекарства и инструменты!» закричала Пандора. Она хотела выбежать из комнаты, но Павел схватил её за руки.
«Пожалуйста, Лиза, не уходи! Останься! Пусть Ашур возьмёт эти деньги!» попросил он.
«Никогда! Павел, милый, помоги мне получить деньги назад!» попросила она.
«Не ходи, Лиза. Останься, пожалуйста..» просил Павел Рост, но Лиза убежала. Она выбежала на улицу, села в одну из машин и поехала за Ашуром.

*threw them into one of the cars and quickly got into it. Before he got into his car, he looked at them and smiled. It was, of course, Ashur.*
*"He stole the medicine and equipment!" Pandora cried. She wanted to run out of room, but Paul grabbed her by the arm.*
*"Please, Lisa, don't! Stay here! Let Ashur take the money!" he asked.*
*"Never! Paul, darling, help me get the money back!" she asked.*
*"Do not go, Lisa. Please stay here ..." Paul Rost asked, but Lisa ran away. She ran outside, got into one of the cars and followed Ashur.*

# C

## Проверь Новые Слова

### 1

- Вы не знаете, сегодня вторник или среда?
- Кажется, сегодня вторник. Я точно не знаю.
- Вы не знаете, сколько сейчас время?
- Сейчас посмотрю на телефоне. Без пяти минут десять.
- Спасибо. Кстати, на улице ветрено?
- На улице не ветрено, но облачно. Наверное, скоро будет холодно.

### 2

- Может ли **врач** вылечить больного человека **взглядом**?
- Чепуха! Конечно, не может.
- Может! Вчера я не хотел идти в школу. Я сказал **врачу**, что у меня болит **хвост**. **Врач** на меня посмотрел таким **взглядом**, что я сразу **пошёл** в школу!
- Но у тебя нет **хвоста**!
- Ты об этом знаешь. Но как **врач** догадался?

## *New Vocabulary Review*

### 1

- *Could you tell me, is it Tuesday or Wednesday?*
- *I think it's Tuesday. I'm not sure.*
- *Do you know what time it is?*
- *I will check my phone. It's five minutes to ten.*
- *Thank you. By the way, is it windy outside?*
- *It isn't windy, but it's cloudy. It will probably get cold soon.*

### 2

- *Can a doctor cure a sick person with just look?*
- *Nonsense! Of course he can't.*
- *Yes he can! Yesterday I didn't want to go to school. I told the doctor that my tail hurts. The doctor gave me such a look that I immediately went to school!*
- *But you don't have a tail!*
- *You know that. But how did the doctor guess?*

### 3

- Я теперь **жалею**, что в школе не учился хорошо. Если бы я учился хорошо, **то** сейчас я был бы менеджером.
- А я не жалею! Если бы я учился хорошо, **то** сейчас работал бы на улице на холоде, а не сидел бы в чужой тёплой квартире и не пил кофе!
- Ну ладно, я уже все хорошие вещи украл. Допивай свой кофе и пошли, а то вдруг сейчас хозяин квартиры придёт.

### 4

- Кто **выстрелил**, сынок?
- Я **выстрелил**, папа.
- Зачем?
- Я хотел провести эксперимент.
- Какой эксперимент?
- Я хотел попасть в птицу, которая сидела возле нашего верблюда.
- Попал?
- Да.
- В птицу?
- Нет, в верблюда.
- Что теперь будем делать, сынок?
- Теперь я буду лечить его, папа.
- Нет. Хватит экспериментов! Лечить верблюда буду я. А ты будешь тянуть нашу повозку!

### 5

- Что **быстрее антилопа** или верблюд?
- Если сзади них будет человек, то **антилопа** будет **бежать быстрее**.
- А если возле человека будет ещё и тигр?
- Тогда человек **побежит быстрее**, чем верблюд и **антилопа**!

---

### 3

- I now regret that I didn't study well in school. If I'd studied well, I would be a manager now.
- And I don't regret that! If I'd studied well, I'd be working outside in the cold now instead of sitting in someone else's warm apartment and drinking coffee!
- Okay, I already stole all the good stuff. Finish drinking your coffee and let's go. The owner could be here at any moment.

### 4

- Who fired the shot, son?
- I fired it, Dad.
- Why?
- I wanted to conduct an experiment.
- What kind of experiment?
- I wanted to hit the bird that was sitting next to our camel.
- Did you hit it?
- Yes.
- The bird?
- No, the camel.
- What will we do now, my son?
- Now I'm going to treat it, Dad.
- No. No more experiments! I will treat the camel, and you'll pull our wagon!

### 5

- What's faster: an antelope or a camel?
- If a person is behind them, the antelope will run faster.
- And if there is also a tiger next to the person?
- Then the man will run faster than both the camel and the antelope!

---

 **D**

## Conjugation of the Verb Бежать

Infinitive: бежать *(run)*
Я бегу *(I run)*
Ты бежишь *(you run)*

Он, она, оно беж__и__т *(he, she, it runs)*
Мы беж__и__м *(we run)*
Вы/вы беж__и__те *(you run)*
Он__и__ бег__у__т *(they run)*
Наприм__е__р:
__А__нна беж__и__т дом__о__й, а её друзь__я__ бег__у__т в университ__е__т. *Anna runs home, but her friends run to the University.*

## Conjugation of the Verb Сид__е__ть

Infinitive: сид__е__ть *(sit)*
Я сиж__у__ *(I sit)*
Ты сид__и__шь *(you sit)*
Он, он__а__, он__о__ сид__и__т *(he, she, it sits)*
Мы сид__и__м *(we sit)*
Вы/вы сид__и__те *(you sit)*
Он__и__ сид__я__т *(they sit)*
Наприм__е__р:
Реб__ё__нок сид__и__т на м__а__леньком ст__у__ле. *A child sits on a small chair.*
Мы иногд__а__ сид__и__м здесь. *We sometimes sit here.*

## Conjugation of the Verb Есть

Infinitive: есть *(eat)*
Я ем *(I eat)*
Ты ешь *(you eat)*
Он, он__а__, он__о__ ест *(he, she, it eats)*
Мы ед__и__м *(we eat)*
Вы/вы ед__и__те *(you eat)*
Он__и__ ед__я__т *(they eat)*
Наприм__е__р:
Л__е__на ест об__ы__чно на к__у__хне. *Lena usually eats in the kitchen.*
Мы иногд__а__ ед__и__м в каф__е__. *We sometimes eat in the café.*

# 20

## В Двух Шагах от Судьбы
*A Stone's Throw from Fate*

### Слова

1. ассист<u>е</u>нт - assistant
2. Бег<u>и</u>! *(imp sng)* - Run! беж<u>а</u>ть *(inf)* - to run
3. бомб<u>и</u>те *(imp plr)* - (you) bomb; бомб<u>и</u>ть *(inf)* - to bomb
4. диктат<u>у</u>ра - dictatorship
5. капитал<u>и</u>зм - capitalism
6. власть - authority, rule
7. вождь - leader
8. возм<u>о</u>жность - possibility, opportunity; м<u>а</u>ло возм<u>о</u>жностей *(plr gen)* - few possibilities, opportunities
9. войн<u>а</u> - a war; он на войн<u>е</u> *(prep)* -

he is in the war

10. в<u>ы</u>садка - the act of letting someone out of a vehicle; в<u>ы</u>садки *(gen)* - the act of letting someone out of a vehicle

11. в<u>ы</u>стрел - a shot; в<u>ы</u>стрелы *(plr)* - shots

12. город<u>о</u>к - small town

13. госуд<u>а</u>рство - a country; <u>а</u>рмия госуд<u>а</u>рства *(gen)* - the army of the country

14. гот<u>о</u>виться *(inf)* - to prepare

15. д<u>е</u>лим *(fst sng)* - (we) divide; дел<u>и</u>ть *(inf)* - to divide

16. демократ<u>и</u>ческий - democratic; демократ<u>и</u>ческого *(masc gen)* - democratic

17. д<u>е</u>тский *(masc)* - related to children; д<u>е</u>тские игр<u>у</u>шки *(plr)* - children's toys

18. догов<u>о</u>р - agreement, pact

19. д<u>о</u>лжность - position

20. дь<u>я</u>вол - devil; дь<u>я</u>вольский *(masc)* - devilish, relating to the devil; дь<u>я</u>вольские с<u>и</u>лы *(plr)* - evil forces

21. жив *(masc)* - alive

22. заг<u>о</u>вор - conspiracy, plot

23. закл<u>а</u>дывать *(inf)* - to hide, to place

24. заключ<u>а</u>ется *(thrd sng)* - contained (in something); заключ<u>а</u>ться *(inf)* - to be contained (in something)

25. заключ<u>и</u>ла *(past fem)* - made a contract or a pact; заключ<u>и</u>ть догов<u>о</u>р *(inf)* - to make an agreement

26. зам<u>е</u>дленный *(masc)* - slowed down

27. заплан<u>и</u>ровали *(past plr)* - planned; заплан<u>и</u>ровать *(inf)* - to plan

28. зар<u>а</u>нее *(adv)* - ahead of time

29. захв<u>а</u>т - a capture, seizure; с ц<u>е</u>лью захв<u>а</u>та *(gen)* - to gain control; захват<u>и</u>ть *(inf)* - to capture, to gain control

30. здравоохран<u>е</u>ние - healthcare; без здравоохран<u>е</u>ния *(gen)* - without healthcare

31. знак - a sign, a signal

32. игр<u>а</u> - game

33. игр<u>у</u>шка - toy; игр<u>у</u>шки *(plr)* - toys

34. ин<u>а</u>че - otherwise

35. исл<u>а</u>м - Islam

36. кор<u>о</u>бка - a box; кор<u>о</u>бки *(plr)* - boxes

37. кор<u>о</u>ль - king

38. кр<u>о</u>ме - except

39. лив<u>и</u>йский - Libyan; без лив<u>и</u>йской н<u>е</u>фти *(fem gen)* - without Libyan oil

40. лив<u>и</u>ец - Libyan; н<u>е</u>сколько лив<u>и</u>йцев *(plr gen)* - some Libyans

41. л<u>и</u>дер - leader

42. междунар<u>о</u>дный *(masc)* - international

43. м<u>е</u>сяц - month; два м<u>е</u>сяца *(plr gen)* - two months

44. мин<u>и</u>стр - minister; мн<u>о</u>го мин<u>и</u>стров *(plr gen)* - a lot of ministers

45. науч<u>и</u>ться *(inf)* - to learn

46. неуд<u>а</u>чник - loser; неуд<u>а</u>чники *(plr)* - losers

47. нефть - oil; цена н<u>е</u>фти *(gen)* - price of oil

48. ни одног<u>о</u> - no-one, no; У мен<u>я</u> нет ни одног<u>о</u> знак<u>о</u>мого в <u>э</u>той стран<u>е</u>. - I have no acquaintance in this country.

49. н<u>о</u>вость - news; н<u>о</u>вости *(plr)* - news

50. обстрел<u>я</u>ли *(past plr)* - shot at; обстрел<u>я</u>ть *(inf)* - to shoot at

51. <u>о</u>бувь - shoes

52. осужд<u>е</u>ние - condemnation; без осужд<u>е</u>ния *(gen)* - without condemnation

53. Отключ<u>а</u>й! *(imp sng)* - Turn off! отключ<u>а</u>ть *(inf)* - turn off

54. перев<u>я</u>зана *(past part fem)* - bandaged

55. переключ<u>а</u>я *(pres part)* - switching;

переключать *(inf)* - to switch

56. планета - planet
57. планируются *(thrd plr)* - being planned; планироваться *(inf)* - to be planned
58. подготовились *(past plr)* - prepared; подготовиться *(inf)* - to prepare
59. поддержать *(inf)* - to support, to help
60. показывая *(pres part)* - showing, pointing at; показывать *(inf)* - to show, to point at
61. получение - the receiving, getting (of something); до получения *(gen)* - untill receiving / getting (something)
62. понеслась *(past fem)* - raced, sped; понестись *(inf)* - to race, to speed
63. пообедать *(inf)* - to have dinner
64. поровну - equally
65. портфель - government position, *literally* portfolio.
66. последний *(masc)* - last
67. посмотрим *(ftr fst plr)* - (we) will see, will look; посмотреть *(inf)* - to look
68. посреди - in the middle
69. правительство - government
70. президент - president
71. премьер-министр - prime minister; с премьер-министром *(inst)* - with the prime minister
72. пробегали *(past plr)* - ran through or past (something); пробегать *(inf)* - to run past or through (something)
73. провинция - province; в провинцию *(acc)* - to province
74. происходящее *(neut)* - happening
75. просила *(past fem)* - asked; просить *(inf)* - to ask
76. прошёл *(past masc)* - walked through; пройти *(inf)* - to walk through
77. пытающиеся *(pres part plr)* - trying
78. разрушено *(past part neut)* -

destroyed; разрушить *(inf)* - to destroy
79. ранило *(past neut)* - was wounded; ранить *(inf)* - to wound
80. революция - revolution; с революцией *(inst)* - with revolution
81. религия - religion
82. руководят *(thrd plr)* - rule; руководить *(inf)* - to rule
83. середина - middle; в середину *(acc)* - into the middle
84. следует *(thrd sng)* - should, follows; следовать *(inf)* - to follow
85. смерть - death
86. собственный - one's own; собственные вещи *(plr)* - one's own things
87. сопротивляться *(inf)* - to resist
88. соседняя *(fem)* - neighboring; в соседнюю страну *(fem acc)* - into the neighboring country
89. спутник - satellite; по спутнику *(dat)* - over a satellite
90. сражаться *(inf)* - to fight, to battle
91. страдание - suffering
92. существует *(thrd sng)* - exists; существовать *(inf)* - to exist
93. талантливый *(masc)* - talented; несколько талантливых людей *(gen plr)* - some talented people
94. убиваете *(sec plr)* - (you) kill; убивать - to kill
95. удивило *(past neut)* - surprised; удивить *(inf)* - to surprise
96. уничтожили *(past plr)* - killed, destroyed; уничтожить *(inf)* - to kill, destroy
97. уступить *(inf)* - to give in
98. учитель - teacher
99. фильм - a film, movie
100. халат - coat, robe (for home or work)
101. цель - goal; с целью *(inst)* - with

goal, aiming at smth
102.	шаг - a step

103.	шкаф - closet; шкафы *(plr)* - closets

# В

## В Двух Шагах от Судьбы

Лиза поехала за Петром Ашуром. На улице начали стрелять. Павел стоял и смотрел в окно. Всё происходящее казалось ему сном. Он неожиданно почувствовал, что остался один посреди Африки. Время остановилось, и он стоял и не двигался. Люди вокруг него лежали и смотрели на него. Врачи помогали им, но он не замечал никого. Он неожиданно спросил себя, что он делает здесь в маленьком городке посреди Сахары. В этот момент открылась дверь, и в комнату вошёл человек. Все сразу посмотрели на него. Муаммар Каддафи медленно прошёл в середину комнаты. У него была перевязана голова и рука. На его лице было видно страдание, но он не обращал на это внимания. В его взгляде были власть и сила. Человек, который больше сорока лет был лидером страны, был готов сражаться и теперь. Он внимательно посмотрел на людей в комнате и дал знак рукой своему ассистенту. Его ассистент подошел к нему и открыл коробку, которую держал в руках. Каддафи взял из коробки медаль и одел её на одного из врачей.
«Существует заговор с целью получения контроля над ливийской нефтью и захвата ливийской земли,» сказал он, глядя на врачей, «Женщины должны готовиться к войне в собственных домах. Женщины должны научиться закладывать бомбы в шкафы, сумки, обувь, детские игрушки,» он взял ещё одну медаль и одел её на другого врача, «Каддафи не простой

## *A Stone's Throw from Fate*

*Lisa drove after Peter Ashur. A shooting broke out on the street. Paul stood and looked out the window. Everything that happened seemed like a dream. Suddenly he felt that he was left alone in the middle of Africa. Time had stopped and he stood still. People around him lay and looked at him. Doctors were helping them, but he didn't notice anyone. He suddenly asked himself what he was doing there, in a small town in the middle of the Sahara. At this moment the door opened and a man walked in. Everyone immediately looked at him. Muammar Gaddafi walked slowly into the middle of the room. His head and arm were bandaged. His face showed suffering, but he didn't pay attention to it. In his gaze were authority and power. The man who ruled the country for more than forty years was still ready to fight. He looked at people in the room and signaled with his hand to his assistant. His assistant walked up to him and opened a box that he held in his hands. Gaddafi took a medal out of the box and put it on one of the doctors.*
*"There is a conspiracy to gain control over Libyan oil and to occupy Libyan land," he said, looking at the doctors, "Women should get ready for war in their own homes. Women must learn to place bombs in closets, bags, shoes, children's toys." He picked up another medal and put it on another doctor, "Gaddafi is not an ordinary president who could just leave - he is the leader of the revolution. I am an*

161

президент, чтобы уходить, он - вождь революции. Я международный лидер, учитель всех правителей Арабского мира и король королей Африки,» Муаммар Каддафи достал пистолет и поднял его над головой. Он подошёл к Павлу Росту, «Дьявол заключается в капитализме, в диктатуре. Всё это — дьявольские силы, пытающиеся взять человека под свой контроль,» в этот момент телефон Роста зазвонил. Рост машинально достал телефон, но Каддафи взял у него телефон и продолжил говорить в трубку: «На всей планете нет ни одного демократического государства, кроме Ливии. И есть только одна религия - ислам. Все кто верит в другое - просто неудачники,» Каддафи отдал телефон Росту и спрятал назад пистолет. Он взял из коробки медаль и одел её на Павла. Каддафи вышел в середину комнаты: «Четыре месяца, - четыре месяца! - вы бомбите нашу страну и убиваете ливийцев, и все боятся даже сказать слова осуждения,» он закрыл лицо руками и стоял так несколько секунд. Потом он опустил руки и подошёл к двери. Перед тем, как выйти он посмотрел на людей в комнате: «Если смерть - мужчина, то надо сопротивляться ему до конца, а если женщина, то следует в последний момент уступить ей,» сказал Муаммар Каддафи и вышел из комнаты. В этот момент раздался взрыв, и Рост упал на пол. Потом он медленно встал и вышел из здания. Здание было сильно разрушено взрывом. Он медленно пошёл по улице. По улице иногда пробегали люди, которые не смотрели на него. Кто-то рядом стрелял из автомата. Он слышал какой-то звук, но не мог понять что это. Дым иногда закрывал улицу и ничего не было видно. Звук был где-то рядом. Потом он повернул голову и увидел, что рядом остановилась машина.

international leader, the teacher of all the rulers of the Arab world, and the king of Africa's kings," Muammar Gaddafi took out a gun and raised it above his head. He went up to Paul Rost: "The Devil is in capitalism, in dictatorship. These are all evil forces, trying to take men under their control." At that moment, Rost's phone rang. Rost mechanically took out the phone, but Gaddafi took the phone from him and continued speaking into the receiver: "There isn't a single democratic state in the whole world except for Libya. And there is only one religion - Islam. All who believe otherwise - are just losers," Gaddafi gave the phone back to Rost and put the gun away. He took a medal out of the box and put it on Paul. Gaddafi walked to the middle of the room: "For four months - four months! - You have been bombing our country and killing Libyans, and everyone is too afraid to say even one word of condemnation," he covered his face with his hands and stood like that for a few seconds. Then he lowered his hands and walked to the door. Before leaving he looked at people in the room: "If death is a man, then we must resist to the end, but if it is a woman, we should give in to her at the last moment," said Muammar Gaddafi and left the room. At that moment there was an explosion, and Rost fell to the floor. Then he got up slowly and walked out of the building. The building was heavily damaged by the explosion. He walked slowly down the street. From time to time, people ran down the street without looking at him. Someone nearby was firing a machine gun. He heard some kind of sound, but couldn't understand what it was. Sometimes smoke covered the street and he couldn't see anything. The sound was somewhere nearby. Then he turned his

Из окна Лиза Пандора что-то кричала ему. Но всё было как в замедленном фильме, и он не мог понять, что она кричит ему. Лиза медленно вышла из машины и медленно побежала к нему. Она толкнула его, и они вместе упали на землю. С этой секунды всё пошло очень быстро. Лиза что-то кричала ему, рядом стреляли из автоматов, телефон в его кармане звонил не останавливаясь.

«Беги, Павел, беги! Быстрее!» просила Лиза, схватила его за руку и потащила к машине. Павел побежал за ней и сел в машину. Машина понеслась по улице. Телефон звонил и не останавливался.

«Павел, у тебя звонит телефон!» сказала Пандора.

Павел достал телефон и ответил. Это был Андрей.

«Павел! Ты где? Я слышу выстрелы! С тобой всё в порядке?» кричал Андрей на другом конце.

«Да, я жив,» ответил Павел.

«Спасибо за информацию о самолёте. Это была мафия. Они хотели захватить одну из провинций Ливии. Их почти всех уничтожили сразу после высадки. Ты меня слышишь, Павел?» продолжал Андрей.

«Да, я слышу,» ответил Павел.

«Не отключай телефон. Мы видим тебя по спутнику. Скоро наши ребята заберут тебя домой. Ты слышишь меня?» кричал Андрей.

«Да,» ответил Павел и в этот момент заметил на полу Ашура и его отца. Ашур был сильно ранен. Его отец помогал ему. Павел положил телефон в карман.

«Машину Ашура обстреляли. Я забрала их оттуда. Иначе они бы погибли,» посмотрела Лиза на Павла, «Кто это звонил?»

«Мама. Спросила когда я зайду пообедать,» ответил Рост.

Лиза положила свою руку на его.

head and saw that a car stopped next to him. Lisa Pandora shouted something to him through the window. But everything seemed to be in slow motion, and he couldn't understand what she said. Lisa slowly got out of the car and ran towards him. She pushed him, and they both fell to the ground. From that moment everything happened very quickly. Lisa shouted something to him, machine guns fired nearby, the phone in his pocket rang without stopping.

"Run, Paul, run! Faster!" Lisa asked, grabbed him by the arm and dragged him to the car. Paul ran after her and got into the car. The car raced down the street. The phone rang without stopping.

"Paul, your phone is ringing!" Pandora said.

Paul took out the phone and answered it. It was Andrew.

"Paul! Where are you? I hear shooting! Are you all right?" Andrew shouted at the other end.

"Yes, I'm alive," Paul said.

"Thanks for the info about the plane. It was the mob. They wanted to capture one of Libya's provinces. Almost all of them were killed immediately after landing. Can you hear me, Paul?" Andrew continued.

"Yes, I hear," Paul said.

"Don't disconnect the phone. We can see you on the satellite. Soon, our guys will take you home. Can you hear me?" Andrew shouted.

"Yes," Paul replied, and at that moment he noticed Ashur and his father on the floor. Ashur was badly injured. His father was helping him. Paul put the phone in his pocket.

"They fired on Ashur's car. I got them out of there. Otherwise they would have been killed," Lisa looked at Paul, "Who called?"

«Мне нравится, что ты можешь шутить даже сейчас,» улыбнулась она.

Их машина неслась по песку на большой скорости. Городок остался сзади.

«Куда мы едем?» спросил Павел.

«Мне всё равно куда. Я просто хочу быть с тобой,» сказала Пандора, «Сейчас мы едем в соседнюю провинцию. Я заключила с Ашуром договор. Мы делим деньги поровну и я получаю портфель премьер-министра,» ответила Пандора.

Павел посмотрел на неё. Его не удивило то, что она сказала. Он просто не мог понять, о чём она говорит.

«У Ашура в этой провинции есть несколько друзей. Они руководят революцией в этой провинции,» продолжала Пандора, «Они хотят, чтобы Ашур стал президентом новой страны.»

Павел был уверен, что ничто его уже не сможет удивить. Но этой новости он удивился очень сильно.

«Ашур будет президентом новой страны?» сказал он.

«Да, Ашур будет президентом новой страны,» ответила она ему, «Сейчас в Ливии есть много возможностей для талантливых людей!»

«Наверное, его сильно ранило, если он хочет быть президентом,» заметил Рост.

«Да, Ашур будет президентом,» сказала Лиза, переключая скорость автомобиля, «А я буду премьер-министром!» добавила она.

«Можно я буду министром здравоохранения в твоём кабинете министров?» улыбнулся Рост, показывая на свой медицинский халат.

«Возможно. Посмотрим,» сказала Лиза. Но она заметила улыбку в его глазах и сказала: «Иногда мы намного ближе к своей мечте, чем нам кажется.»

«Когда ты узнала, что твоя мечта - это стать премьер-министром? Думаю не

"My mom. She asked when I'm coming over for dinner," Rost replied.

Lisa put her hand on his.

"I like that you can joke even now," she smiled.

Their car raced across the sand at high speed. They left the town behind.

"Where are we going?" Paul asked.

"I don't care where. I just want to be with you," Pandora said, " Now we're driving to the neighboring province. I made an agreement with Ashur. We will divide the money equally, and I will be appointed as the prime minister," Pandora said.

Paul looked at her. He wasn't surprised by what she said. He just couldn't understand what she was talking about.

"Ashur has a few friends in this province. They are leading the revolution in this province," Pandora continued, "They want Ashur to be the president of the new country."

Paul was certain that nothing could surprise him. But he was greatly surprised by this news.

"Ashur will be the president of the new country?" he said.

"Yes, Ashur will be the president of the new country," she said to him. "Now Libya has many opportunities for talented people!"

"He was probably injured badly if he wants to be president," Rost noted.

"Yes, Ashur will be the president," Lisa said, switching the gears of the car, "And I will be the prime minister!" she added.

"Can I be the minister of healthcare in your cabinet?" Rost smiled, pointing to his doctor's coat.

"Possibly. We'll see," Lisa said. But she noticed the smile in his eyes and said, "Sometimes, we are much closer to our dreams than we think."

больше часа назад,» ответил Рост.
«Не всё так просто, Павел,» она посмотрела на него серьёзно, «Такие дела планируются заранее. Я знала об этом ещё когда мы ели пиццу у меня дома. И даже за три месяца до того. Иван Вега, Пётр Ашур и я запланировали это вместе. Мы взяли деньги в банке именно для того, чтобы заплатить солдатам. Солдаты должны поддержать нас в нашем новом государстве. Это большая игра и большие деньги, Павел. Здесь очень много нефти. И у этой нефти уже нет сильного хозяина.» сказала она.

«Ты с Ашуром и Вегой хорошо подготовились. А какую должность получит Иван Вега в твоём правительстве в этой новой стране?» спросил Павел. Пандора посмотрела на Павла, но ничего не ответила.

# С

## Проверь Новые Слова

### 1

- Вы не знаете, сегодня среда или четверг?
- Кажется, сегодня среда. Я точно не знаю.
- Вы не знаете, сколько сейчас время?
- Сейчас посмотрю на телефоне. Почти без пятнадцати три.
- Спасибо. Кстати, на улице жарко?
- На улице жарко, но облачно. Я надеюсь, скоро будет прохладно.

### 2

- Нашему **государству** не нужен **диктатор**!
- Я не **диктатор**. Я **вождь революции**!
- Но мы хотим другого **вождя.** И не одного, а десять или двадцать.
- Вы не понимаете, что **власть** должна быть сильной. Десять **вождей** будут драться друг против друга.

"When did you realize that your dream is to become a prime minister? I think that it was no more than an hour ago," Rost said.
"It isn't that simple, Paul," she looked at him seriously, "These kinds of things are planned in advance. I knew about it back when we ate pizza at my home. And even three months before that. John Vega, Peter Ashur and I planned it together. We took the money out of the bank in order to pay the soldiers. The soldiers have to support us in our new state. It's a big game with a lot of money, Paul. There is a lot of oil here. And this oil no longer has a strong master," she said.
"You, Ashur, and Vega were all well prepared. And what will be John Vega's post in your government in this new country?" Paul asked. Pandora looked at Paul, but answered nothing.

## New Vocabulary Review

### 1

- Could you tell me, is it Wednesday or Thursday today?
- I think it's Wednesday today. I'm not sure.
- Do you know what time it is?
- I will check my phone. It's almost fifteen minutes to three.
- Thank you. By the way, is it hot outside?
- It's hot but cloudy outside. I hope it will be cool soon.

### 2

- Our state doesn't need a dictator!
- I'm not a dictator. I am the leader of the revolution!
- But we want a different leader. And not just one, but ten or twenty.
- You don't understand that the rule must be strong. Ten leaders will fight one

- Мы хотим **демократии**!
- **Демократия** убивает всё хорошее! **Демократия** - это **дьявол**!
- Мы хотим свободу бизнеса!
- Бизнес - это **капитализм**. **Капитализм** - это **дьявольская** система! Посмотрите, у нас бесплатное **здравоохранение** и образование! Вы хотите платить за **здравоохранение** и образование?
- Мы хотим хорошее **здравоохранение** и образование!
- У нас очень хорошее **здравоохранение** и образование. Я **международный лидер**! Я **король королей**! Я приказываю арестовать всех **неудачников**, которые хотят **капитализма** и демократии.

### 3

- У меня есть **возможность получить должность** в **министерстве здравоохранения**.
- Я не знал, что у тебя диплом врача.
- У меня нет диплома врача. У меня есть друзья в **министерстве здравоохранения**.

### 4

- Папа, где мои **игрушки**?
- Я не знаю. **Посмотри** под столом.
- Мама, где мои **игрушки**?
- Я не знаю. **Посмотри** в ванной.
- Я нашёл их! Бойцы **сражаются** под столом, а самолёты **бомбят** в ванной.

### 5

- Вы любите **власть** над людьми?
- Нет, совсем не люблю. Кстати, Вы выполнили все мои приказы?

### 6

- **Высаживайте** бойцов на берег моря.
- Но там **бомбят** наши самолёты, господин генерал.
- Тогда пусть **захватят** аэродром.
- Но аэродром давно наш.
- Тогда пусть бойцы идут вперёд, **сражаются** и **убивают** всех, кого увидят! **Война** есть **война**.

---

another.
- *We want a democracy!*
- *Democracy kills all that's good! Democracy - it's the devil!*
- *We want freedom to do business!*
- *Business - that's capitalism. Capitalism - that's the devil's system! Look, we have free healthcare and education! Do you want to pay for healthcare and education?*
- *We want good healthcare and education!*
- *We have very good healthcare and education. I am an international leader! I am the king of kings! I order to arrest all of the losers who want capitalism and democracy.*

### 3

- *I have the opportunity to get a position in the Ministry of Healthcare.*
- *I didn't know that you have a medical degree.*
- *I don't have a medical degree. I have friends in the Ministry of Healthcare.*

### 4

- *Dad, where are my toys?*
- *I don't know. Look under the table.*
- *Mom, where are my toys?*
- *I don't know. Look in the bathroom.*
- *I found them! The soldiers are fighting under the table, and the planes are bombing in the bathroom.*

### 5

- *Do you like having power over others?*
- *No, I don't like it at all. By the way, have you fulfilled all of my orders?*

### 6

- *Let the soldiers out on the sea shore.*
- *But our planes are bombing there, Mr. General.*
- *Then let them seize the airfield.*
- *But the airfield has been ours for a long time.*
- *Then let the soldiers go forward, fight and kill everyone in sight! War is war.*

- Есть, господин генерал.

7

- В России в двадцатом веке у богатых конфисковали всё их имущество. Потом его разделили поровну среди бедных.
- Это была **демократия**?
- Нет, это был коммунизм. Потом всех богатых **убили** или посадили в тюрьму.
- Это была **диктатура**?
- Да, это был **военный** коммунизм. Потом взорвали церкви и **уничтожили религию**.
- Это было не справедливо.
- Да, это было убийственно для **государства** и людей.

8

- Наш **президент заключил договор** с **дьяволом**!
- Почему Вы так думаете?
- Потому что он **получает** всё, что захочет.
- Нет, он **заключил договор** с **премьер-министром**!

- Yes, Mr. General.

7

- *In Russia, in the twentieth century, they confiscated all the property of the rich. Then they divided it equally among the poor.*
- *Was it a democracy?*
- *No, it was communism. Then all the rich were killed or put in prison.*
- *It was a dictatorship?*
- *Yes, it was wartime communism. Then they blew up the churches and wiped out religion.*
- *That was unfair.*
- *Yes, it was deadly for the state and the people.*

8

- *Our president made a pact with the devil!*
- *Why do you think so?*
- *Because he gets everything he wants.*
- *No, he made a pact with the prime-minister!*

## Prepositions of Time

Preposition в is used with names of months, days of week and years to designate time or date answering the question Когда? (When?):

В этом году он работает на этой новой фирме. *This year he works at this new company.*
В мае у меня день рождения. *My birthday is in May.*
Preposition через indicates amount of time before the beginning of an action:
Через год мы едем в Россию. *We are going to Russia in a year.*
Через два часа придёт мой друг. *My friend is coming in two hours.*
Preposition назад means ago. It is always positioned after the noun:
Неделю назад он был в Москве. *He was in Moscow a week ago.*
Мы видели его год назад. *We saw him a year ago.*
The meaning of около (around) has meanings of near and approximately:
Мой завтрак длится около двадцати минут. *My breakfast usually lasts around twenty minutes.*
The preposition после means after:
После ужина я люблю смотреть телевизор. *I like watching TV after dinner.*
The preposition до means before or until. It can also mean by:

Каждое утро он делает зарядку до завтрака. *He takes exercises before breakfast every morning.*
Я работаю до пяти часов. *I work till five o'clock.*
Приходит Евгений домой к 7 часам вечера. *Yevgeny comes home by 7 o'clock in the evening.*
На протяжении (for/during) shows some period of time:
На протяжении вечера он играет на компьютере. *He plays computer games during the evening.*
С (since) is used when an action began in the past and continues till the present moment:
С сентября он ходит в школу. *He goes to school since September.*
С ... до ... (from... to...):
Он ужинает со своей семьёй с восьми до девяти часов. *He has dinner with his family from eight to nine o'clock.*

# 21

## Единственный Шанс
*Just One Chance*

### Слова

1. безбил**е**тный *(masc)* - ticketless
2. б**о**нус - bonus; б**о**нусов *(plr gen)* - bonuses
3. верёвка - a rope; верёвки *(plr)* - ropes
4. вост**о**к - east
5. д**а**льше *(adv)* - farther, further
6. двухэт**а**жное *(neut)* - two-story, with two floors
7. дерев**я**нная *(fem)* - wooden
8. дер**у**щийся *(masc)* - fighting; н**е**сколько дер**у**щихся люд**е**й *(plr gen)* - some fighting people
9. дес**я**ток - ten; н**е**сколько дес**я**тков *(plr gen)* - some tens (used like dozens)

169

10. еди́нственный *(masc)* - single, only one
11. жа́дно *(adv)* - greedily, eagerly
12. жи́тель - resident; не́сколько жи́телей *(plr gen)* - some residents
13. зага́р - a tan; мно́го зага́ра *(gen)* - a lot of tan
14. за́яц - stowaway (literally: hare); за́йца *(acc)* - stowaway (literally: hare)
15. закопа́л *(past masc)* - buried; закопа́ть *(inf)* - bury
16. заслу́живает *(thrd sng)* - deserves, earns; заслу́живать *(inf)* - to deserve, to earn
17. и́мя - a name; без и́мени *(gen)* - without a name
18. ко́жа - a skin; ко́жи *(gen)*
19. край - an edge
20. крем - cream, lotion; кре́мом *(inst)* - with a cream, lotion
21. крича́щий *(masc)* - shouting; мно́го крича́щих люде́й *(pres part plr gen)* - a lot of shouting people
22. листо́вка - leaflet; листо́вки *(plr)* - leaflets
23. маха́ли *(past plr)* - were waving; маха́ть *(inf)* - to wave
24. меша́ть *(inf)* - to get in one's way, to interfere
25. напра́вив *(past part)* - having directed; напра́вить *(inf)* - to direct
26. насыпа́я *(pres part)* - pouring (sand, flour, etc'); насыпа́ть *(inf)* - to pour (sand, flour, etc')
27. небольшо́й *(masc)* - small, not large
28. осмотре́лся *(past masc)* - looked around; осмотре́ться *(inf)* - to look around
29. останови́ла *(past fem)* - stopped; останови́ть *(inf)* - to stop
30. оштрафова́ть *(inf)* - to give a fine
31. па́мятник - monument, statue
32. пло́щадь - a square
33. подгото́вили *(past plr)* - prepared; подгото́вить *(inf)* - to prepare
34. подпры́гивать *(inf)* - to bounce, to jump up
35. получи́л *(past masc)* - received, got; получи́ть *(inf)* - to receive, to get
36. Помога́й! *(imp sng)* - Help! помога́ть *(inf)* - to help
37. понесли́ *(past plr)* - carried; понести́ *(inf)* - to carry
38. поскоре́й *(adv)* - quickly, quicker
39. по́яс - waist, belt
40. пра́вить *(inf)* - to rule
41. приве́тствуя *(pres part)* - greeting; приве́тствовать *(inf)* - to greet
42. привяза́ли *(past plr)* - tied; привяза́ть *(inf)* - to tie
43. пришлю́ *(ftr fst sng)* - (I) will send; присла́ть *(inf)* - to send
44. провали́лся *(past masc)* - fell through; провали́ться *(inf)* - to fall through
45. прое́зд - a travel, a trip
46. разрыва́ли *(past plr)* - tore, were tearing; разрыва́ть *(inf)* - to tear
47. рассерди́лся *(past masc)* - got angry, became angry; рассерди́ться *(inf)* - to become angry
48. ребёнок - child; у ребёнка *(gen)* - child has
49. родно́й *(masc)* - native, closely related; родно́й язы́к - native language
50. свали́ть *(inf)* - to topple
51. свя́заны *(past part plr)* - tied; связа́ть *(inf)* - to tie
52. се́вер - north
53. слома́лась *(past fem)* - broke; слома́ться *(inf)* - to break
54. сни́зу *(adv)* - below
55. спасти́ *(inf)* - to rescue
56. стра́х - a fear

57. стр**а**шно *(adv)* - afraid
58. такт - a beat, rhythm
59. текст - text
60. триб**у**на - platform, podium
61. флаг - a flag; фл**а**ги *(plr)* - flags
62. ф**о**рма - uniform
63. цвет - color; цв**е**том *(inst)* - with color
64. шанс - a chance
65. шла *(past fem)* - went; идт**и** *(inf)* - to go
66. штраф**у**ю *(fst sng)* - (I) fine; штраф**о**вать *(inf)* - to fine
67. энерг**е**тика - energy, power; чувствовать энерг**е**тику *(acc)* - feel energy, power
68. яз**ы**к - language, tongue

## Ед**и**нственный Шанс

П**а**вел Рост и Л**и**за Панд**о**ра **е**хали на больш**о**й ск**о**рости по Сах**а**ре. В маш**и**не сзад**и** леж**а**л р**а**неный Пётр Аш**у**р, а р**я**дом сид**е**л ег**о** от**е**ц. Отец Аш**у**ра стал **о**чень н**е**рвничать, когд**а** усл**ы**шал, что ег**о** сын собир**а**ется сд**е**лать.

«Ты не д**о**лжен **э**того д**е**лать, сын,» сказ**а**л он, гл**я**дя на своег**о** с**ы**на, «**Э**то сл**и**шком больш**а**я и оп**а**сная игр**а**. Ты уж**е** обман**у**л Ив**а**на В**е**гу и Л**и**зу, и он**и** не прост**я**т теб**е э**то.»

«Я дам Панд**о**ре намн**о**го б**о**льше, чем я взял у неё. А В**е**га пр**о**сто дур**а**к и заслуж**и**вает тог**о**, что получ**и**л!» сказ**а**л Аш**у**р, пот**о**м подн**я**лся и сел в**о**зле отц**а**, «Мо**и** друзь**я** уж**е** всё подгот**о**вили. Им н**у**жен теп**е**рь т**о**лько я и мой **о**пыт в междунар**о**дных дел**а**х!» Аш**у**р ув**и**дел улыбк**у** в глаз**а**х Р**о**ста и б**ы**стро встал на н**о**ги, «Да, мой **о**пыт. И м**о**жешь не улыб**а**ться, П**а**вел!» он указ**а**л п**а**льцем на П**а**вла, «Когд**а** я ст**а**ну побед**и**телем, ты не отк**а**жешься от тех д**е**нег и б**о**нусов, кот**о**рые я смог**у** дать теб**е** и всем сво**и**м друзь**я**м! Поэ**то**му ты д**о**лжен помог**а**ть мне сейч**а**с, когд**а** мне так нужн**а** твоя п**о**мощь и п**о**мощь всех мо**и**х друз**е**й! Это наш ед**и**нственный шанс! Ты, П**а**вел,

## *Just One Chance*

*Paul Rost and Lisa Pandora drove at high speed across the Sahara. The wounded Peter Ashur lay in the back of the car, and his father sat next to him. Ashur's father became very nervous when he heard what his son was planning to do.*

*"You shouldn't do this, son," he said, looking at his son, "This game is too big and too dangerous. You already cheated John Vega and Lisa, and they will not forgive you for it."*

*"I will give Pandora a lot more than I took from her. And Vega is a fool and deserves what he got!" Ashur said, then got up and sat next to his father, "My friends already prepared everything. All they need now is me and my experience in international affairs!" Ashur saw the smile in Rost's eyes quickly got to his feet, "Yes, my experience. And you shouldn't smile, Paul," he pointed his finger at Paul, "When I become the winner, you won't refuse the money and bonuses that I could give you and all my friends! That's why you have to help me now, when I need your and all my friends' help so much! It's our only chance! You, Paul, have to understand it!"*

*Paul Rost looked at Ashur very seriously,*

должен понять это!»

Павел Рост посмотрел на Ашура очень серьёзно, но ничего не сказал.

«Что это там?» спросила Пандора. Павел посмотрел и увидел что-то на земле. Оно двигалось. Когда они подъехали поближе, то поняли, что это было. Это были головы двух людей, которых закопали в землю. Люди не могли вылезти. Наверное, у них были связаны руки.

«Ашур! Пётр, помоги!» закричала одна голова и все узнали Алладина. Другой человек был одним из консультантов. Его глаза были закрыты и он не двигался.

Рост подошёл к ним, но Ашур закричал: «Нет, Павел, не помогай им! Они заслуживают того, что с ними сделали!» потом он переглянулся с Пандорой. Пандора вышла из машины и достала пистолет.

«Пётр, мы должны спасти их,» сказал отец Ашура своему сыну.

«Ладно, но не сейчас! У нас нет времени! Мы скажем людям в городе, и их арестуют!» ответил Ашур своему отцу.

Рост присел возле Алладина и тихо сказал: «Как дела, консультант? Кто-то, наверное, рассердился на тебя очень сильно, если закопал тебя здесь. Хочешь править страной и видеть небо в бриллиантах?» Алладин в страхе смотрел на них, «Кстати, ты не заплатил за проезд и проехал в Ливию зайцем,» сказал он, насыпая немного песка на голову Алладина, «Мы должны тебя теперь оштрафовать, заяц,» он посмотрел на Пандору, «Лиза, как оштрафовать этого зайца?»

«Кто сейчас держит власть в провинции?» спросила Пандора Алладина, направив пистолет на него.

«Человек по имени Мермет держит власть на севере и на востоке,» произнёс

but said nothing.

"What's that?" Pandora asked. Paul looked out and saw something on the ground. It was moving. When they got closer, they realized what it was. These were the heads of two people buried in the ground. The people couldn't get out. Their hands must have been tied.

"Ashur! Peter, help me!" one of the heads cried and everyone recognized Aladdin. The other man was one of the consultants. His eyes were closed and he wasn't moving.

Rost came up to them, but Ashur shouted: "No, Paul, don't help them! They deserve what was done to them!" Then he exchanged glances with Pandora. Pandora got out of the car and pulled out a gun.

"Peter, we have to rescue them," Ashur's father said to his son.

"Okay, but not right now! We don't have time! We'll tell the people in town, and they will be arrested!" Ashur said to his father.

Rost sat down near Aladdin and said quietly: "How are you, consultant? Someone probably got very angry at you, since they buried you here. Do you want to rule the country and see the sky in diamonds?" Aladdin looked at them fearfully, "By the way, you haven't paid the fare for the trip and traveled to Libya as a stowaway," he said, pouring a little sand on Aladdin's head, "Now we'll have to fine you, stowaway," he looked at Pandora, "Lisa, how do we fine this stowaway?"

"Who holds the power in the province?" Pandora asked Aladdin, pointing the gun at him.

"A man by the name of Mermet holds the power in the north and the east," Aladdin said.

"How many people does he have?" Ashur

Алладин. «Сколько у него людей?» продолжал спрашивать Ашур.

«Я не знаю. Помоги мне Пётр!» попросил Алладин.

«Конечно, Алладин. Ты помог мне и я помогу тебе. Я пришлю тебе девушку с минеральной водой и кремом для загара на днях,» сказал Ашур, «И скажи спасибо, что я не штрафую тебя за безбилетный проезд в Ливию,» добавил он и показал Алладину автомат, «Желаю тебе поскорей увидеть небо в бриллиантах!»

Рост и Пандора сели обратно в машину и поехали дальше. Они проехали ещё около двадцати километров, когда над ними низко пролетели два самолёта. В этот момент они увидели толпу людей.

Посреди Сахары стояло маленькое двухэтажное здание и несколько десятков маленьких домов вокруг него. Большая толпа людей стояла на площади перед двухэтажным зданием. Многие из них кричали и держали флаги. Посреди площади стояла трибуна. На ней несколько человек кричали что-то, и толпа повторяла их крики. Многие люди были в крови и некоторые из них были перевязаны. На некоторых людях была военная форма. Слева стоял какой-то памятник и несколько людей привязали к нему верёвки и тянули, чтобы свалить его. Несколько человек пытались им мешать, и началась драка. Женщины и дети бегали среди дерущихся и кричали. Люди на трибуне стали бросать листовки. Одни жадно хватали их, а другие разрывали их. Какая-то женщина в чёрной одежде схватила своего ребёнка и в страхе убежала с площади. Пандора остановила машину, когда увидела, что несколько человек бегут к ним и кричат. Она приготовила пистолет, но Ашур положил свою руку на её плечо.

continued.

"I don't know. Help me, Peter!" Aladdin asked.

"Of course, Aladdin. You helped me and I will help you. I'll send you a girl with mineral water and tanning lotion sometime soon," Ashur said, "And be thankful that I'm not fining you for traveling to Libya without a ticket," he said and showed Aladdin the machine gun, "I hope you see the sky in diamonds very soon!"

Rost and Pandora got back into the car and drove on. They drove about twenty kilometers when airplanes passed low overhead. At that moment they saw a crowd of people. In the middle of the Sahara desert stood a small two-story building and a few dozens of small houses around it. A large crowd of people stood in the square in front of the two-story building. Many of them were shouting and held flags. In the middle of the square was a platform. A few people on the platform were shouting something, and the crowd repeated what they shouted. Many of the people were covered in blood and some of them were bandaged. Some wore military uniforms. On the left stood a monument and several people tied to a rope to it tried to topple it. Several people tried to get in their way and a fight broke out. Women and children ran and shouted among those who were fighting. The people on the platform began to throw leaflets. Some grabbed them eagerly, while others tore them up. A woman in black grabbed her child and ran away from the square in fear. Pandora stopped the car when she saw a few people running toward them and shouting. She prepared the gun, but Ashur put his hand on her shoulder.

"These are friends, Lisa. They are very happy to see us," Ashur said and got out of

«Это друзья, Лиза, они очень рады видеть нас,» сказал Ашур и вышел из машины. Он поднял руки вверх, приветствуя людей, и пошёл к ним с улыбкой. Павел Рост вышел из машины и поднял одну листовку. На ней было лицо Петра Ашура и ещё какого-то человека и снизу небольшой текст на местном языке. Люди подбежали к Ашуру, подняли его на руки и понесли через толпу. Люди кричали и махали руками. Ашура подняли на трибуну, и он начал что-то кричать толпе на их родном языке. Толпа повторяла его слова за ним. Павел теперь заметил, что Ашур очень похож на местных жителей цветом кожи и волос. Ашур стал подпрыгивать в такт своим словам. И толпа начала подпрыгивать в такт Ашуру. Рост стоявший среди кричащих людей, вдруг почувствовал сильную энергетику, которая шла от толпы. Ему стало на секунду страшно, и он начал искать глазами Пандору в толпе. Ашур с криком подпрыгнул ещё раз, и деревянная трибуна под ним сломалась. Он провалился по пояс в трибуну, но другие люди на трибуне сразу вытащили его и поставили на ноги. Пандора стояла на краю площади и разговаривала с группой мужчин. У мужчин было оружие, и Рост сразу понял кто эти люди. Пандора и ещё несколько человек из группы зашли в здание. Павел Рост осмотрелся и пошёл за ними.

the car. He raised his hands, greeting the people, and walked toward them with a smile. Paul Rost got out of the car and picked up a leaflet. On it was Peter Ashur's face and some other person and at the bottom was a small piece of text in the local language. People ran up to Ashur, picked him up and carried him through the crowd. People shouted and waved their hands. They carried Ashur to the platform, and he began to shout something to the crowd in their native language. The crowd repeated Ashur's words. Paul now noticed that Ashur's hair and skin color resembled the locals'. Ashur began bouncing to the beat of his own words. And the crowd began bouncing in beat with Ashur. Stood among the shouting people, Rost suddenly felt the strong energy that came from the crowd. For a second he felt scared, and he began to look for Pandora in the crowd. Ashur shouted and jumped up one more time, and the wooden platform broke under his feet. He fell to his waist into the platform, but the other people immediately pulled him out and got him on his feet. Pandora stood on the edge of the square and spoke to a group of men. The men were armed, and Rost immediately realized who they were. Pandora and several other people from the group went into the building. Paul Rost looked around and followed them.

## Проверь Новые Слова
1
- Вы не знаете, сегодня четверг или пятница?
- Кажется, сегодня четверг. Я точно не знаю.

## *New Vocabulary Review*
*1*
*- Could you tell me, is it Thursday or Friday?*
*- I think it's Thursday. I'm not sure.*
*- Do you know what time it is?*

- Вы не знаете, сколько сейчас время?
- Сейчас посмотрю на телефоне. Ровно три часа.
- Спасибо. Кстати, на улице не холодно?
- На улице **идёт** снег и ветрено. Но я надеюсь, что скоро будет тепло.

## 2
- Сколько **штраф** за **безбилетный проезд** в автобусе?
- За **безбилетный проезд** в автобусе **штраф** десять долларов.

## 3
- Сколько **жителей** в этом **деревянном двухэтажном** доме?
- Около трёх **десятков** людей живут там. Это **единственный двухэтажный** дом в этом городе.

## 4
- Почему **дерутся** эти люди?
- Это водитель автобуса и пассажир. Водитель хочет **оштрафовать** пассажира за **безбилетный проезд**.
- Почему же **заяц** не платит **штраф**?
- Потому что он **жадный**.
- А где полиция?
- В этом маленьком городе нет полиции.

## 5
- Мужчина, **помогите** мне нанести **крем** для **загара**.
- Куда?
- Сюда и сюда.
- С удовольствием. Так хорошо?
- Да, хорошо. Только **крем** очень холодный. Ой! Женщина, зачем Вы бросаете в меня пиццу?
- Потому что это мой муж! Дорогой, **иди** ко мне!

## 6
- Кому этот **памятник**?
- Этот **памятник** Ленину, вождю коммунистической революции в России.
- Но коммунизма в России больше нет.
- А это не Россия. Это Куба.

- *I will check my phone. Exactly three o'clock.*
- *Thank you. By the way, is it cold outside?*
- *It is snowing and windy outside. But I hope that it will be warm soon.*

## 2
- *What is the fine for ticketless travel on the bus?*
- *The fine for ticketless travel on the bus is ten dollars.*

## 3
- *How many residents are there in this wooden two-story house?*
- *About thirty people live there. This is the only two-story house in this town.*

## 4
- *Why are these people fighting?*
- *This is a bus driver and a passenger. The driver wants to fine the passenger for ticketless travel.*
- *Why doesn't the stowaway pay the fine?*
- *Because he's greedy.*
- *Where is the police?*
- *There is no police in this small town .*

## 5
- *Mister, would you help me apply tanning lotion?*
- *Where?*
- *Here and here.*
- *With pleasure. Is this good?*
- *Yes, that's good. Only the lotion is very cold. Oh! Lady, why are you throwing pizza at me?*
- *Because it's my husband! Darling, come over here!*

## 6
- *What is this monument?*
- *This monument is for Lenin, the leader of the communist revolution in Russia.*
- *But there is no communism in Russia anymore.*
- *But this isn't Russia. This is Cuba.*

## 7

- Почему ты **рассердилась**, дорогая?
- А почему ты трогал её?
- Я просто **помогал** ей нанести **крем** для **загара**.
- Но ты наносил на неё не **крем**, а мороженое!

## 8

- На **площади** много людей **махало флагами**.
- Какими **флагами**? **Флагами** коммунистической или демократической партии?
- **Флагами** футбольного клуба.

## 9

- Дорогой, ты не будешь на меня **сердиться**?
- А что случилось, дорогая?
- Я курила в машине.
- Я не **сержусь**, дорогая.
- И меня **оштрафовала** полиция за разведение костров в городе.
- На сколько?
- На двадцать пять долларов.
- Это чепуха.
- Конечно чепуха, дорогой. Ты всё равно хотел купить новую машину.

## 10

- Какой твой **родной язык**?
- Мой **родной язык** английский.
- А какой твой **родной** город?
- Мой **родной** город Карлсбад.
- Карлсбад, который в Германии?
- Нет, Карлсбад, который в США.

## 11

- Мне **страшно**, дорогой.
- Почему тебе **страшно**, дорогая?
- Мне **страшно** подумать, сколько еды я ем каждый день.

## 12

- Давай **подпрыгивать** в такт!
- Давай!
- Классно?

## 7

- *Why did you get angry, my dear?*
- *And why did you touch her?*
- *I just helped her apply sun-tanning lotion.*
- *But you applied ice cream instead of lotion!*

## 8

- *A lot of people were waving flags in the square.*
- *What kind of flags? The flags of the Communist or the Democratic party?*
- *The flags of a football club.*

## 9

- *Darling, you won't be angry with me?*
- *What's wrong, dear?*
- *I have been smoking in the car.*
- *I'm not angry, dear.*
- *And I was fined by the police for lighting a camp-fire in the city.*
- *How much?*
- *Twenty-five dollars.*
- *This is nonsense.*
- *Of course it's nonsense, dear. You wanted to buy a new car anyway.*

## 10

- *What is your native language?*
- *My native language is English.*
- *What is your hometown?*
- *My hometown is Carlsbad.*
- *Carlsbad in Germany?*
- *No, Carlsbad, U.S.A.*

## 11

- *I'm afraid, dear.*
- *Why are you afraid, my dear?*
- *I'm afraid to think of how much food I eat every day.*

## 12

- *Let's bounce to the beat!*
- *Let's!*
- *Cool?*
- *Cool!*
- *Oh, the bed broke!*

- Классно!
- Ой, кровать **сломалась**!
- Не **страшно**. Это кровать моих папы и мамы. Теперь пойдём на кровать моего брата!

### 13
- Кто это говорит на **трибуне**?
- Это жена президента.
- А где сам президент?
- Он тоже на **трибуне**. Он стоит возле своей жены. Видите того маленького человека?
- Президент будет говорить сам?
- Конечно. Если сможет подойти к микрофону.

### 14
- Когда я пью этот чай, я чувствую на **языке** такую **энергетику**!
- Это потому что я ошибся и налил в чайник кока-колу вместо воды. Извини.

### 15
- Девушка, дайте мне **шанс** познакомиться с Вами.
- Хорошо, я дам Вам только один **шанс**. Только Вы потом не отказывайтесь, ладно?
- Теперь я уже не уверен.
- Не отказывайся от любви, мой дорогой.
- Помогите!

- Don't worry. This is my dad and mom's bed. Now let's go to my brother's bed!

### 13
- Who is speaking on the platform?
- This is the president's wife.
- Where's the president?
- He is also on the platform. He is standing next to his wife. Do you see that little guy?
- Will the president himself be speaking?
- Of course. If he can get to the microphone.

### 14
- When I drink this tea, I feel such energy on my tongue!
- That's because I poured Coca-Cola instead of water into the teapot by mistake. I'm sorry.

### 15
- Miss, give me a chance to get to know you.
- Okay, I'll give you only one chance. Just don't refuse it later, okay?
- Now I'm not sure.
- Don't say no to love, my dear.
- Help!

 **D**

## Prefixes of motion verbs

при- (towards smth or smb): Мы приезжаем сегодня вечером. *We come today evening.*
у- (away from smth or smb): Он уезжает в понедельник. *He leaves on Monday.*
пере- (move across smth): Он переходит дорогу с ребёнком. *He crosses the road with a child.*
в-, за- (into smth): Моя тётя въезжает/заезжает в гараж очень медленно. *My aunt drives into the garage very slowly.* Входите/заходите в комнату, пожалуйста. *Come into the room, please.*
вы- (out of smth): Мой дядя выезжает из гаража быстро. *My uncle drives out of the garage quickly.*

про- (along, over, past): Мы прох_о_дим ч_е_рез мост. *We go over a bridge.* Он_и_ прох_о_дят м_и_мо авт_о_бусной остан_о_вки. *They go past a bus stop.*
под- (up to smth): Ег_о_ сестр_а_ подх_о_дит к продукт_о_вому магаз_и_ну. *His sister goes up to the grocery shop.*
от- (away from smth): Он_и_ отх_о_дят от _о_фиса ч_е_рез пять мин_у_т. *They are going away from the office in five minutes.*
до- (reaching smth): Она до_е_дет до К_и_ева ч_е_рез час. *She is getting to Kiev in an hour.*
за- (call on the way): Ме за_е_дем к вам, когд_а_ б_у_дем _е_хать дом_о_й. *We will call you on the way home.*
с- (down from smth): Д_е_ти хот_я_т съ_е_хать с г_о_рки. *The children would like to go down from the ice-hill.*

# 22

## Жизнь Ошибок не Прощает
*Life Doesn't Forgive Mistakes*

 **A**

### Слова

1. абсол**ю**тно *(adv)* - absolutely, completely
2. автом**а**тчик - gunman, man with machine gun; автом**а**тчику *(dat)*
3. Арест**у**й! *(imp sng)* - Arrest!

   арестов**а**ть *(inf)* - to arrest
4. б**е**дный - poor, a poor person; б**е**дные *(plr)* - the poor, poor people
5. безраб**о**тный - unemployed; безраб**о**тные *(plr)* - unemployed

people

6. бесплатный - free; бесплатные *(plr)* - free

7. бой - a battle, a fight; без боя *(gen)* - without a battle / a fight

8. бросился *(past masc)* - fell, threw himself; броситься *(inf)* - to fall, to throw oneself

9. будущий *(adj masc)* - future

10. важность - importance

11. вёл себя *(past masc)* - acted; вести себя *(inf)* - to act, to behave

12. вертолёт - a helicopter

13. взволнованы *(past part plr)* - agitated; взволновать *(inf)* - to make someone agitated

14. вооружённые - armed; несколько вооружённых людей *(plr gen)* - some armed people

15. выборы *(plr)* - elections

16. выполняете *(thrd plr)* - fulfill; выполнять *(inf)* - to fulfill

17. выступали *(past plr)* - performed, spoke (in public); выступать *(inf)* - to perform, to speak (in public)

18. гарантируем *(fst plr)* - (we) guarantee; гарантировать *(inf)* - to guarantee

19. горизонт - horizon

20. гражданин - citizen; несколько граждан *(gen plr)* - some citizens

21. деревня - village; возле деревни *(gen)* - near a village

22. драться *(inf)* - to fight

23. дюна - dune; дюны *(plr)* - dunes

24. Европа - Europe; Евросоюз - European Union, the EU

25. зажгли *(past plr)* - lit, set on fire; зажечь *(inf)* - to light, to set on fire

26. зарплата - salary

27. захочет *(ftr thrd sng)* - will want ; захотеть *(inf)* - to want

28. звёздный *(masc)* - relating to stars;

звёздный час - shining moment

29. история *(inf)* - history; изменить историю *(acc)* - change the history

30. кольцо - a ring

31. комиссия - commission

32. круг - a circle

33. кругом *(adv)* - around, in a circle

34. морской - relating to the sea; морские *(plr)* - relating to the sea

35. народ - a people; много народа *(gen)* - a lot of people

36. наступил *(past masc)* - arrived, happened; наступить *(inf)* - to arrive, to happen

37. национальная *(fem)* - national

38. обещание - a promise; обещания *(plr)* - promises

39. ой - oh! (an exclamation)

40. освещали *(past plr)* - lit; освещать *(inf)* - to light

41. Отходи! *(imp sng)* - Move away! отходить *(inf)* - to move away

42. побрит *(past part masc)* - shaved; побрить *(inf)* - to shave

43. поднимая *(pres part)* - raising, pulled up; поднимать *(inf)* - to raise, to pull up; поднять *(inf)* - to raise, to pick up поднял *(past masc)* - raised, picked up

44. Подожди! *(imp sng)* - Wait! подождать *(inf)* - to wait

45. подписывает *(thrd sng)* - is signing; подписывать *(inf)* - to sign

46. Пойдём! *(ftr plr)* - Let's go! пойти *(inf)* - to go

47. поискал *(past masc)* - searched; поискать *(inf)* - to search

48. полторы - one and a half

49. попить *(inf)* - to have a drink

50. порт - port; порты *(acc plr)* - ports

51. постель - a bed

52. потрогал *(past masc)* - touched; потрогать *(inf)* - to touch

53. поцелуем *(inst)* - with a kiss; поцеловать *(inf)* - to kiss
54. прервалась *(past fem)* - interrupted, cut off; прерваться *(inf)* - to be interrupted, to be cut off
55. приближались *(past plr)* - came closer, approached; приближаться *(inf)* - to come closer, to approach
56. приоткрылась *(past fem)* - opened slightly; приоткрыться *(inf)* - to open slightly
57. причёсан *(past part masc)* - having a combed hair; причесать *(inf)* - to comb (hair)
58. пропустить *(inf)* - let through
59. прошептал *(past masc)* - whispered; прошептать *(inf)* - to whisper
60. прощает *(thrd sng)* - forgives; прощать *(inf)* - to forgive
61. разбудила *(past fem)* - woke up; разбудить *(inf)* - to wake up
62. раскрыты *(past part plr)* - open; раскрыть *(inf)* - to open
63. решающий *(masc)* - decisive
64. сбылась *(past fem)* - came true; сбыться *(inf)* - to come true
65. свобода - freedom; дать свободу *(acc)* - give freedom
66. символ - symbol
67. скомандовал *(past masc)* - commanded; скомандовать *(inf)* - to command
68. Снимай! *(imp sng)* - Take off! снимать *(inf)* - to take off

69. сошёл *(past masc)* - got off; сойти *(inf)* - to get off
70. Спаси! *(imp sng)* - Save! / Help! спасти *(inf)* - to save, to help
71. старик - old man
72. страстно *(adv)* - passionately; страстный - passionate; страстным *(inst masc)*
73. страшный *(masc)* - frightening, scary
74. суперзвезда - superstar
75. схватив *(past part)* - having grabbed; схватить *(inf)* - to grab
76. телохранитель - bodyguard; телохранители *(plr)* - bodyguard
77. толпа - a crowd
78. точка - a point, a dot
79. традиционная *(fem)* - traditional
80. тронула *(fem)* - touched; тронуть *(inf)* - to touch
81. трус - coward; трусы *(plr)* - cowards
82. тянется *(thrd sng)* - stretches; тянуться *(inf)* - to stretch
83. узнать *(inf)* - to recognize; to learn about, to find out
84. ум - a mind; ума *(gen)*
85. факт - fact; факту *(dat)*
86. холод - cold
87. худой *(masc)* - thin
88. церемонно *(adv)* - ceremonially
89. широко *(adv)* - wide
90. штаб - headquarters
91. щетина - stubble; щетину *(acc)* - stubble
92. юг - south

# В

## Жизнь Ошибок не Прощает

Павел Рост зашёл в здание. Человек с автоматом закрыл ему дорогу, но Лиза Пандора увидела это. Она сказала что-то

## *Life Doesn't Forgive Mistakes*

*Paul Rost entered the building. A man with a machine gun blocked his way, but Lisa Pandora saw him. She said*

одному из людей, и он скомандовал автоматчику пропустить Роста. Рост подошёл к комнате, в которую зашла Лиза Пандора. Дверь немного приоткрылась, и Рост увидел, что Пандора передаёт деньги и подписывает какие-то документы. Она увидела Павла и улыбнулась нервно: «Павел, подожди меня в коридоре,» сказала она. Люди, которые были с ней, посмотрели на Роста, и он почувствовал страшный холод в их глазах.

Вечером люди на площади зажгли костры. Они сидели вокруг костров, а на трибуне люди выступали один за другим. Все они говорили о Петре Ашуре, как о лидере их новой страны. Они говорили, что будут бесплатные школы и больницы, что зарплата будет как в Европе, и что бедные и безработные люди будут получать деньги от государства.

Рост стоял на краю площади, когда Лиза подошла к нему сзади и обняла его.

«Па-аве-ел,» прошептала она тихо, «Мы в Сахаре, но мне холодно. Пойдём в домик. Я приготовила тебе постель,» они зашли в маленький домик на краю городка, «Ты знаешь, что вокруг нас нет ни одного города и ни одной деревни на двести километров вокруг? А на юг Сахара тянется на полторы тысячи километров. И кругом только песчаные дюны. И совсем нет воды. Дай мне воды,» попросила она. Павел Рост поискал глазами бутылку с водой, но Лиза взяла его лицо руками и повернула к себе, «Нет, не смотри. Дай мне попить, Павел,» он опять хотел посмотреть, но она не дала ему, «Нет, не смотри. Дай мне попить, дай..» прошептала она страстно. Он поцеловал ее, и она тоже ответила ему страстным поцелуем. Луна и костры освещали городок, который был, как маленькая точка среди огромного океана песка.

something to one of the people, and he commanded the gunman to let Rost in. Rost came up to the room that Lisa Pandora had entered. The door opened slightly, and Rost saw that Pandora was handing over the money and signing some papers. She saw Paul and smiled nervously: "Paul, wait for me in the hallway," she said. The people with her looked at Rost and he felt the frightening coldness in their eyes.

In the evening, the people in the square lit bonfires. They sat around the fires while on the platform people spoke one after another. They all spoke about Peter Ashur as the leader of their new country. They said that there would be free schools and hospitals, that salaries will be as good as in Europe, and that poor and unemployed people will receive money from the state. Rost was standing at the edge of the square when Lisa came up behind him and hugged him.

"Pa-ul," she whispered softly, "We're in the Sahara, but I'm cold. Let us go into the house. I prepared a bed for you," they went to a small house on the edge of town, "Do you know that all around us there are no cities and no villages within two hundred kilometers? And to the south the Sahara stretches for fifteen hundred kilometers. And all around there is nothing but sand dunes. And there's no water at all. Give me some water," she said. Paul Rost looked around for the water bottle, but Lisa took his face in her hands and turned it toward her, "No, don't look. Give me a drink, Paul." He wanted to look around again, but she didn't let him, "No, do not look. Give me a drink, give me... " she whispered passionately. He kissed her, and she also gave him a passionate kiss. The moon and

Утром Лиза тронула рукой лицо Павла и разбудила его.

«Привет,» прошептала она.

«Привет,» прошептал он в ответ. Она показала ему маленькое кольцо. Потом поцеловала ему руку и надела кольцо на палец.

«Что это?» удивился он.

«Это символ того, что теперь между нами. Никогда не снимай его, хорошо?» прошептала она.

«Хорошо,» прошептал он в ответ. В этот момент раздались крики и выстрелы. Иван Вега вошёл в комнату с автоматом, «Госпожа премьер-министр, Ваш министр хочет получить свою зарплату,» Ивана Вегу трудно было теперь узнать. Он был очень худой. Его глаза были, как у безумца, широко раскрыты, «Ваш министр также хочет уволить Вас, Лиза Пандора! Потому что Вы не выполняете свои обещания!» продолжал кричать он. Иван Вега направил на Пандору свой автомат, но два выстрела остановили его и он упал. Сзади него стоял человек из группы Лизы Пандоры.

«Спасибо, Саид,» сказала Пандора и встала с постели, «Сегодня решающий день, Павел. Не отходи от меня, хорошо?» попросила она.

В комнату вошёл Ашур. Вместе с ним вошли ещё четыре человека с оружием и стали возле двери. Рост понял, что это были телохранители Ашура.

«Сегодня к нам приедет комиссия из Евросоюза,» сказал Ашур, «Госпожа Пандора, Вы, как будущий премьер-министр, должны показать комиссии, что мы гарантируем абсолютно демократические выборы на всей территории нашего молодого государства,» Пётр Ашур церемонно передал Пандоре документы. Рост

the bonfires lit the town, which was like a tiny dot in the vast ocean of sand.

In the morning Lisa touched Paul's face with her hand and woke him up.

"Hi," she whispered.

"Hi," he whispered back. She showed him a small ring. Then she kissed his hand, and put the ring on his finger.

"What is that?" he asked in surprise.

"It is a symbol of what is now between us. Don't ever take it off, okay?" she whispered.

"Okay," he whispered. At this moment, there were shouts and shots. John Vega entered the room with a machine gun, "Madam Prime Minister, your minister wants to get his salary," John Vega was difficult to recognize. He was very thin. His eyes were wide open like a madman's, "Your minister also wants to fire you, Lisa Pandora! Because you do not fulfill your promises!" he continued to shout. John Vega pointed his gun at Pandora, but two shots stopped him and he fell down. Behind him stood a man from Lisa Pandora's team.

"Thank you, Said," Pandora said, and got out of bed, "Today is a decisive day, Paul. Do not leave me, okay?" she said.

Ashur entered the room, and along with him entered four more people with guns and stood by the door. Rost realized that they were Ashur's bodyguards.

"Today, the European Union Commission will visit us," Ashur said, "Madam Pandora, you, as the future prime minister, have to show the commission that we guarantee absolutely democratic elections throughout our young nation."

Peter Ashur ceremoniously handed Pandora some documents. Rost was surprised by the fact that Ashur acted like a real president. He was well-groomed

удивился тому факту, что Ашур вёл себя как настоящий президент. Он был красиво причёсан и хорошо побрит. На нём была традиционная национальная одежда местного народа. Рост потрогал свою щетину и посмотрел на свою грязную одежду. Ашур подошёл к Росту.

«Наступил самый важный день, господин Рост. Сегодня мы начнём историю нового демократического государства,» Ашур поднял руки, чтобы показать важность момента и вышел из комнаты. За ним вышли его телохранители и Лиза. В комнате остался отец Петра Ашура. Он бросился в ноги Павла Роста и закричал: «Павел, спаси моего сына! Его ждёт большая беда! Ты один здесь, кто не сошёл с ума от денег!»

«Но что я могу сейчас сделать?» оправдывался Павел, поднимая старика на ноги, «Меня должны отсюда забрать наши люди и он сможет уйти тоже. Но только захочет ли он?»

«Арестуй его, Павел!» закричал старик и показал Росту наручники, «Вот наручники!»

«Сейчас это очень трудно сделать, когда вокруг него столько вооружённых людей,» ответил Павел, глядя в окно.

«Ой, беда, беда..» повторял старик, схватив свою голову руками.

На площади было ещё больше людей. Все кричали и были очень взволнованы.

«Ночью бомбили морские порты!» кричал Ашур на трибуне, «Старая власть не хочет отдавать нам свободу! Сегодня к нам приезжает комиссия из Евросоюза, которая будет контролировать демократические выборы в нашем новом государстве!»

Над городком опять пролетел самолёт и в этот момент в кармане у Роста зазвонил телефон.

«Да,» ответил Рост.

and cleanly shaved. He wore the traditional national dress of the local people. Rost touched his stubble and looked at his dirty clothes. Ashur went up to Rost.

"The most important day has arrived, Mr. Rost. Today we begin the history of a new democratic state," Ashur raised his hands to show the importance of the moment and left the room. His bodyguards and Lisa followed him out. Peter Ashur's father stayed in the room. He threw himself at Paul Rost's feet and shouted: "Paul, save my son! He is going to get into big trouble! You are the only one here who hasn't gone mad for money!"

"But what can I do now?" Paul justified himself, pulling the old man to his feet, "Our people are supposed to get me out of here, and he could go too. But will he want to go?"

"Arrest him, Paul!" the old man cried, and showed Rost a pair of handcuffs, "Here are the handcuffs!"

"That's very hard to do now, when he's surrounded by so many armed men," Paul said, looking out the window.

"Oh, what a disaster, what a disaster..." the old man repeated, clutching his head in his hands.

In the square there were even more people. All of them were screaming and were very agitated.

"At night, they bombed the sea ports!" Ashur shouted from the platform, "The old regime doesn't want to give us freedom! Today the European Union Commission will visit us; it will oversee the democratic elections in our new country!"

An airplane flew over the town again and at that moment Rost's phone rang in his pocket.

"Yes," Rost said.

«Павел, там сейчас опасно находиться! Наш штаб получил информацию, что этот город скоро будут бомбить! Тебя с минуты на минуту заберут наши ребята на вертолёте!» кричал Андрей в трубку, «Будь готов сразу убежать!»

«Что будет со всеми этими людьми?» спросил Павел, глядя на женщин и детей в толпе.

«Я не знаю, Павел! Никто не знает!» ответил Андрей.

В эту минуту связь прервалась, и Павел увидел справа несколько точек на небе. Они быстро приближались к городу. В этот момент из-за дюны вылетел вертолёт с голубым флагом на борту и приземлился возле площади. Никто не выходил из него, и никто не входил. Рост подбежал к вертолёту и открыл дверь. Два вооружённых человека и сидели в вертолёте.

«Павел Рост?» спросил один из них, «Садись быстро! У нас есть только одна минута! Сейчас это место начнут бомбить!»

«Мне надо взять с собой ещё людей!» крикнул Павел.

«Только ты один! Быстро!» настаивал человек в вертолёте.

«Они все из нашей страны! Вы не можете бросить граждан нашей страны здесь сейчас! Я быстро!» крикнул Павел и побежал на площадь к трибуне. Лиза Пандора и Пётр Ашур отказались лететь.

«Мы не трусы! Мы будем драться!» возмущался Ашур на трибуне.

«Садитесь в вертолёт быстро!» крикнул Рост отцу Ашура.

«Я не брошу его! Он мой сын! Я должен умереть вместе с ним,» ответил старик.

Пандора посмотрела на точки в небе. Теперь они были близко, и было видно, что это большие военные самолёты.

*"Paul, it is dangerous to be there now! Our headquarters have been informed that the city will soon be bombed! Our guys will take you away in a helicopter any moment now," Andrew shouted through the receiver, "Be ready to run away at once!"*

*"What will happen to all these people?" Paul asked, looking at the women and children in the crowd.*

*"I don't know, Paul! No one knows!" Andrew replied.*

*At that moment the connection was lost and Paul saw a few dots in the sky to the right. They were rapidly approaching the city. At that moment, a helicopter with a blue flag on the side flew from behind the dunes and landed near the square. Nobody comes out of it and no one went in. Rost ran to the helicopter and opened the door. Two armed men were sitting in the helicopter.*

*"Paul Rost?" One of them asked, "Get in quickly! We have only one minute! They will start bombing this place right now!"*

*"I need to take more people with me!" Paul cried.*

*"It's only you! Quickly!" The people in the helicopter insisted.*

*"They are all from our country! You can't leave our citizens here now! It will be fast!" Paul shouted and ran to the square toward the platform. Lisa Pandora and Peter Ashur refused to fly.*

*"We are not cowards! We will fight!" Ashur protested from the platform.*

*"Get in the helicopter quickly!" Paul shouted to Ashur's father.*

*"I won't abandon him! He's my son! I must die with him," the old man replied.*

*Pandora looked at the dots in the sky. Now they were close and one could see that they were large military airplanes.*

«Павел!» крикнула она, подбежала к нему и схватила его за руку. Они вместе побежали к вертолёту и сели в него. Вертолёт поднялся и сделал круг над городом. Первые бомбы начали падать на город. Когда вертолёт пролетал над площадью, Рост увидел, что Ашур стоит на трибуне и что-то кричит людям на площади. Первые бомбы упали на площадь и люди побежали в разные стороны. Но он не уходил. Это был его звёздный час. Ашур поднял руки над головой и страстно жестикулировал. Он был суперзвезда! Его мечта, наконец, сбылась! Он был готов умереть, но не хотел отдавать свою мечту без боя. Это было последнее, что Рост увидел из вертолёта. Город скрылся в дыму взрывов. И скоро только столб дыма на горизонте указывал на то место, где находился город.

*"Paul!" She shouted, ran to him, and grabbed his arm. Together, they ran to the helicopter and got in. The helicopter rose and circled over the city. The first bombs began to fall on the city. As the helicopter flew over the square, Rost saw that Ashur was standing on the platform and shouting something to people in the square. The first bombs fell on the square and people ran in different directions. But he did not leave. It was his shining moment. Ashur raised his hands above his head and gestured passionately. He was a superstar! His dream finally came true! He was ready to die, but did not want to give up his dream without a fight. It was the last thing Rost saw from the helicopter. The town disappeared in the smoke of the explosions. And soon only a pillar of smoke on the horizon pointed to the place where the town was.*

# C

## Проверь Новые Слова
### 1
- Вы не знаете, сегодня ещё **январь** или уже **февраль**?
- Кажется, сегодня ещё **январь**. Я точно не знаю.
- Вы не знаете, сколько сейчас время?
- Сейчас посмотрю на телефоне. Ровно пять часов.
- Спасибо. Кстати, на улице дождь не идёт?
- На улице идёт не дождь, а снег и очень холодно.
### 2
- В этой стране много **бедных** и **безработных**.
- **Безработные** получают денежную поддержку от государства?

## *New Vocabulary Review*
### *1*
- *Could you tell me, is today still January or is it February already?*
- *I think that today is still January. I'm not sure.*
- *Could you tell me, what time is it?*
- *Let me look at my phone. Exactly five o'clock.*
- *Thank you. By the way, isn't it raining outside?*
- *It isn't raining but snowing outside and it's very cold.*
### *2*
- *In this country, there are many poor and unemployed people.*
- *Do unemployed people receive financial support from the state?*

- Да, государство поддерживает **бедных** людей деньгами. Но они платят очень маленькую сумму.
- Государство выдаёт им **бесплатную** еду и одежду?
- Да, выдаёт немного инвалидам и семьям, в которых много маленьких детей.

### 3

- Где работает твой **будущий** муж?
- Мой **будущий** муж работает в женской тюрьме, мама. А раньше работал менеджером в банке.
- Почему он поменял работу и ушёл в тюрьму, да ещё женскую?
- Он украл в банке деньги, а его бывшая жена сказала, что это сделала она. И её посадили в тюрьму. Теперь он видит её почти каждый день.
- И тебя этот факт не волнует?
- Нет. Во-первых, потому что я трачу деньги, за которые она сидит. И, во-вторых, потому что мы скоро украдём в тюрьме много еды.
- Я боюсь, что его следующая жена будет есть еду, которую ты собираешься украсть.

### 4

- Папа, что лучше **вертолёт** или самолёт?
- Их нельзя сравнивать, сынок.
- Почему?
- **Вертолёт** летает вертикально. Его можно сравнить с лифтом. А самолёт летает горизонтально. Его можно сравнить с верблюдом.
- Тогда чем легче управлять самолётом или верблюдом, папа?

### 5

- Если я стану президентом, то **гарантирую** всем **гражданам** нашей страны свободу и работу.
- А если не станете?
- Тогда я **гарантирую** всем **гражданам**

---

- Yes, the state supports poor people by giving them money. But they pay a very small amount.
- Does the state give them free food and clothing?
- Yes, it gives a little to the disabled and families with many small children.

### 3

- Where does your future husband work?
- My future husband works in a women's prison, mom. And earlier he worked as a manager at a bank.
- Why did he changed jobs and went to prison, particularly a women's prison?
- He stole money from the bank, and his ex-wife said that she had done it. And they put her in jail. Now he sees her almost every day.
- And this fact doesn't bother you?
- No. First, because I am spending the money for which she is doing time. And, secondly, because we will soon steal a lot of food from the prison.
- I am afraid that his next wife will be eating the food that you're planning to steal.

### 4

- Dad, what better a helicopter or plane?
- They cannot be compared, son.
- Why not?
- The helicopter flies vertically. It is like an elevator. A plane flies horizontally. It can be compared to a camel.
- Then, what is easier to steer, an airplane or a camel, dad?

### 5

- If I become president, I guarantee that there will be freedom and work for all the citizens of our country.
- And if you don't become president?
- Then I guarantee that all the citizens of our country will be in prison and under a militar dictatorship!
- That's too bad. Again, nothing will

нашей страны тюрьму и военную диктатуру!
- Жаль. Опять ничего не изменится.

### 6

- Турция в **Европе** или в Азии?
- Географически Турция в Азии, а не в **Европе**. Но политически Турция может войти в **Евросоюз**.
- Это значит, турки станут европейцами?
- Да, звучит невероятно. Но возможно это так и будет.

### 7

- Где **зарплата** выше в **Европе** или в Азии?
- Так нельзя сравнивать. В разных странах разная **зарплата** у разных профессий.

### 8

- Здравствуйте. Где Ваш менеджер?
- Это я.
- Очень приятно. Как у Вас дела?
- Отлично! Чем я могу Вам помочь?
- Я из **комиссии** по проверке банков.
- Я больной!
- Что? Вам плохо?
- Да. Вызовите врача! Мне надо в больницу!

### 9

- Господин президент, **народ хочет** знать **историю** своей страны.
- Это не проблема. Дайте им **историю** нашей страны.
- А какой вариант **истории** давать, который был до президентских **выборов** или который стал после?
- Тот вариант, в котором я **суперзвезда** и **символ** нашего государства!

### 10

- Господин президент, **граждане** страны **взволнованы**. Нет ни работы, ни еды!
- Тогда **выступите** на радио. Дайте гражданам **традиционную** надежду и **традиционные гарантии**! Вы премьер-

*change.*

### 6

- *Is Turkey in Europe or in Asia?*
- *Geographically Turkey is in Asia, not Europe. But politically Turkey could enter the European Union.*
- *It means the Turks will become Europeans?*
- *Yes, it sounds incredible. But it might happen.*

### 7

- *Where are the salaries higher, in Europe or Asia?*
- *You can't compare it like that. In different countries there are different salaries for different professions.*

### 8

- *Hello. Where is your manager?*
- *It's me.*
- *Nice to meet you. How are you?*
- *Excellent! How may I help you?*
- *I'm with the commission for bank inspection.*
- *I'm sick!*
- *What? Are you ill?*
- *Yes. Call a doctor! I need a hospital!*

### 9

- *Mr. President, the people want to know the history of their country.*
- *No problem. Give them the history of our country.*
- *But what version of the history should I give, the one we had before the presidential election, or the one we had after them?*
- *The version in which I am a superstar and the symbol of our state!*

### 10

- *Mr President, the citizens are agitated. There is no work and no food!*
- *Then speak on the radio. Give the citizens traditional hope and traditional guarantees! You are the prime minister. You have to know how to make promises!*

министр. Вы должны знать, как делать **обещания**!
- Но **народ** не хочет **обещаний**. Он хочет реформ. **Полторы** тысячи **граждан** стоят на площади.
- Тогда **арестуйте** их! И больше не беспокойте меня с такой чепухой!

### 11

- Господин президент, **граждане** страны идут сюда!
- Ладно, я поговорю с ними. Я хорошо **причёсан** и **побрит**?
- Но они **вооружены**!
- Тогда вызовите моих **телохранителей**! А где министры?
- Ваши **телохранители** убежали вместе с министрами!
- **Трусы**! Тогда мне пора убегать тоже. Где мой **вертолёт**?
- **Толпа** на площади зажгла **вертолёт**!
- Когда **толпа** войдёт, скажите им, что я повар. Ладно, премьер-министр?
- Слушаюсь, господин президент.

### 12

- Премьер-министр, посмотрите на глобусе, граница на севере или на **юге**?
- Минутку, господин президент.
- Быстрее! **Толпа** догоняет нас.
- На **глобусе** только наша страна. Здесь нет границы, господин президент.
- У Вас **глобус** мира?
- Нет, это национальный **глобус** нашей страны. Ваше личное **изобретение**, господин президент.

- But the people don't want promises. They want reforms. Fifteen hundred people are standing in the square.
- Then arrest them! And don't bother me with such nonsense anymore!

### 11

- Mr. President, our citizens are coming here!
- Okay, I'll talk to them. Am I well-groomed and shaved?
- But they are armed!
- Then call my bodyguards! Where are the ministers?
- Your bodyguards ran away together with the ministers!
- Cowards! Then it's time for me to run away too. Where's my helicopter?
- The crowd in the square set the helicopter on fire!
- When the crowd comes in, tell them I'm a cook. Okay, Prime Minister?
- Yes, sir, Mr. President.

### 12

- Prime Minister, look at the globe, is the border in the north or the south?
- One moment, Mr. President.
- Faster! The crowd is catching up with us.
- The globe only shows our country. There is no border, Mr. President.
- Do you have the globe of the world?
- No, it is our country's national Globe. It's your personal invention, Mr. President.

 **D**

To convey an attitude to an action or event you can use рад *(glad)*, уверен *(sure)*, должен *(have to)*, готов *(ready)*, надо / нужно *(need)*, мочь *(can)*. The words рад, уверен, готов are short forms of adjectives and they agree with nouns or pronouns in gender and numeral.

Он рад *(he is glad)*: Он рад тебя видеть. *He is glad to see you.*

Она рада *(she is glad)*: Она всегда рада хорошим новостям. *She is always glad to hear good news.*
Они рады *(they are glad)* Они рады получить новую работу. *They are glad to get a new job.*
Он должен *(he has to)*: Он должен купить хлеб. *He has to buy some bread.*
Она должна *(she has to)* Она должна пойти в магазин сегодня. *She has to go to a shop today.*
Они должны *(they have to)* Они должны отправить письма. *They have to send letters.*
Он готов *(he is ready)*: Он готов прийти в понедельник. *He is ready to come on Monday.*
Она готова *(she is ready)* Она готова работать на выходных. *She is ready to work on weekends.*
Они готовы *(they are ready)* Они готовы читать новую книгу. *They are ready to read a new book.*
Он уверен *(he is sure)*: Он уверен, что знает этот город хорошо. *He is sure that he knows this town well.*
Она уверена *(she is sure)* Она уверена, что детям нравится это кафе. *She is sure, that the children like this café.*
Они уверены *(they are sure)* Они уверены, что Евгений заходит в магазин каждое утро. *They are sure that Yevgeny stops at the store every morning.*
Note: Dative + надо/нужно + Infinitive, for example:
Мне нужно сесть на автобус номер пять. *I have to get on the bus number five.*
Тебе нужно спать больше. *You should sleep more.*
Вам нужно выпить чашку горячего чая. *You should drink a cup of hot tea.*

# 23

## Преступление и Наказание
*Crime and Punishment*

### Слова

1. борода - a beard
2. ванильное - vanilla; много ванильного мороженого *(neut gen)* - a lot of vanilla ice cream
3. ведь - after all, since
4. вытирает *(thrd sng)* - wipes; вытирать *(inf)* - to wipe
5. глядела *(past fem)* - looked, stared; глядеть *(inf)* - to look, to stare
6. дверца - door; открыть дверцу *(acc)* - to open a door
7. девочка - girl; мама девочки *(gen)* - girl's mom
8. держа *(pres part)* - holding; держать

*(inf)* - to hold

9. Забудь! *(imp sng)* - Forget! забыть *(inf)* - to forget
10. засунула *(past fem)* - put in; засунуть *(inf)* - to put in
11. защищал *(past masc)* - defended, shielded; защищать *(inf)* - to defend, to shield
12. зря - in vain, for nothing
13. из-под - from under
14. изумление - amazement; с изумлением *(inst)* - (with) amazement
15. кто - who; с кем *(inst)* - with whom
16. классификация - classification
17. кража - theft; кражу *(acc)* - theft
18. максимум - no more than, maximum, at most
19. мальчик - a boy; мальчика *(gen)*
20. медаль - medal; медалью *(inst)*
21. мир - world
22. молча *(adv)* - in silence
23. мороженое - ice cream
24. море - sea; возле моря *(gen)* - near the sea
25. навсегда *(adv)* - forever
26. наградили *(past plr)* - awarded; наградить *(inf)* - to award
27. надеюсь *(fst sng)* - (I) hope; надеяться *(inf)* - to hope
28. настал *(past masc)* - came, began; настать *(inf)* - to come, to begin
29. недружелюбно *(adv)* - unfriendly
30. нежно *(adv)* - gently, tender
31. неловко *(adv)* - awkwardly
32. никакое - no, none; никакого *(neut gen)*
33. нужный - necessary, needed; нужные *(plr)* - necessary, needed
34. одел *(past masc)* - put on; одеть *(inf)* - to put on
35. оказалось *(past neut)* - ended up; оказаться *(inf)* - to end up

36. в основном - mainly
37. отблагодарил *(past masc)* - thanked; отблагодарить *(inf)* - to thank
38. очки - glasses
39. пара - a pair; пару *(acc)*
40. пахнет *(thrd sng)* - smells ; пахнуть *(inf)* - to smell
41. плохое - bad; плохого *(gen neut)*
42. подлец - scoundrel, despicable person
43. подобрать *(inf)* - to pick up
44. посередине - in the middle
45. проезжающий - driving by, passing; проезжающего *(gen masc)*
46. расслабился *(past masc)* - relaxed; расслабиться *(inf)* - to relax
47. ровно *(adv)* - exactly
48. сердито *(adv)* - angrily; сердитая - angry; сердитой *(gen fem)*
49. сесть *(inf)* - to sit down, to go to jail
50. сиденье - a seat; сиденья *(gen)*
51. сидеть *(inf)* - to sit
52. скучал *(past masc)* - missed (someone), was bored; скучать *(inf)* - to miss (someone), to be bored
53. скучно *(adv)* - boring, bored
54. Сними! *(imp sng)* - Take off ! снял *(past masc)* - took off; снять *(inf)* - to take off
55. совершенно *(adv)* - completely
56. справедливость - justice, fairness; Я требую справедливости! *(acc)* - I demand justice!
57. средиземное - Mediterranean; средиземного *(gen neut)*
58. стыдно *(adv)* - shameful, ashamed; Мне стыдно. - I am ashamed.
59. судили *(past plr)* - tried (someone in court); судить *(inf)* - to try (someone in court)
60. сумасшедшая *(fem)* - crazy
61. считаю *(fst sng)* - (I) think, (I) consider; считать *(inf)* - to think, to

consider
62. удивилась *(past fem)* - was surprised; удивиться *(inf)* - to be surprised
63. упустил *(past masc)* - missed; упустить *(inf)* - to miss
64. успокаивал *(past masc)* - soothed, calmed; успокаивать *(inf)* - to sooth, to calm
65. фрукт - fruit; фрукты *(plr)*
66. шоколадное *(neut)* - chocolate
67. электрический *(masc)* - electric

## Преступление и Наказание

Вертолёт летел над Сахарой. Рост и Пандора сидели в вертолёте и молчали. Потом она положила свою руку на его и улыбнулась ему. Лиза достала из-под сиденья сумку, которую взяла с собой в вертолёт и открыла её. В сумке были деньги. Она улыбнулась и подмигнула Павлу.
«Это маленький сюрприз для моего мальчика,» сказала она.
Павел достал из кармана наручники. Он показал наручники Лизе, улыбнулся и подмигнул ей.
«Что это?» удивилась Лиза.
«Это маленький сюрприз для моей девочки. Посидишь пару месяцев в тюрьме. Поймёшь свои ошибки и выйдешь другим человеком,» сказал Павел и надел наручники на Лизу.
«Что? Павел Рост, ты подлец! Сними это сейчас же!» сердито закричала Лиза Пандора.
«Не переживай. Я обещаю, тебе дадут пару месяцев и не больше,» пообещал Павел.
«Я не хочу в тюрьму! Иди в тюрьму сам! Подлец!» сердито кричала Лиза. Но Павел только смеялся.
«Не переживай, я буду приносить тебе фрукты и мороженое,» успокаивал он Пандору.
«Я не хочу тебя больше знать!»

## Crime and Punishment

The helicopter was flying over the Sahara. Rost and Pandora sat in the helicopter in silence. Then she put her hand on his and smiled at him. Lisa pulled out a bag which she took with her to the helicopter from under the seat and opened it. There was money inside the bag. She smiled and winked at Paul.
"It's a little surprise for my boy," she said.
Paul took a pair of handcuffs out of his pocket. He showed Lisa the handcuffs, smiled and winked at her.
"What is it?" Lisa said in surprise.
"It's a little surprise for my girl. You will sit in jail for a few months, understand your mistakes and come out a different person," Paul said, and put the handcuffs on Lisa.
"What? Paul Rost, you're a scoundrel! Take them off immediately!" Lisa Pandora cried angrily.
"Don't worry. I promise that they'll give you no more than a couple of months," Paul promised.
"I don't want to go to jail! You go to jail! Scoundrel!" Lisa screamed angrily. But Paul just laughed.
"Don't worry, I'll bring you fruit and ice cream," he soothed Pandora.
"I don't want to know you anymore!" she protested.

возмущалась она.

Прошло несколько недель. Павел Рост вернулся к своей работе. Его наградили медалью. Лизу Пандору судили. Павел защищал её, и ей дали только четыре месяца тюрьмы. Но когда он пришёл к ней в тюрьму и принёс ей фрукты и мороженое, то мороженое оказалось и него на голове, а фрукты летали по всему коридору. Павел ушёл из тюрьмы весь в мороженом и фруктах. Но он не сердился на Лизу. И через неделю опять принёс ей фрукты и мороженое. В этот раз Лиза встретила его с улыбкой.

«Как дела, Павел Рост?» спросила она, взяв его за руку. Павел расслабился и улыбнулся ей.

«Всё хорошо, Лиза. Я по тебе скучал,» сказал он, нежно держа её руку двумя руками. Она засунула руку в его сумку, и опять мороженое оказалось и него на голове. Охранник, стоявший в комнате, закрыл своим телом Павла от сердитой Лизы, и фрукты оказались у него на голове. Охранник упал на пол, а Рост быстро выбежал из комнаты. Когда он шёл по коридору тюрьмы к выходу, крики Лизы Пандоры было слышно по всему коридору. Охранник и заключённый, которого он вёл, остановились и с изумлением смотрели, как Павел вытирает с лица мороженое. Павел неловко улыбнулся им и сказал:

«Сумасшедшая, вместо ванильного мороженого захотела шоколадное.»

В конце концов, он пришёл без мороженого и фруктов. Лиза Пандора сидела и молча глядела на него.

«Если ты не отказываешься от встреч, то я надеюсь, что..» он пытался подобрать нужные слова, «Лиза, я считаю, что я сделал всё правильно. Я хочу, чтобы ты поняла..» Павел взволнованно

*A few weeks passed. Paul Rost returned to work. He was awarded a medal. Lisa Pandora was tried. Paul defended her, and she was given only four months in prison. But when he came to visit her in prison and brought her fruit and ice cream, the ice cream ended up on his head, and the fruit went flying down the hall. Paul left the prison all covered in ice cream and fruit. But he wasn't angry at Lisa, and a week later, he brought her fruit and ice cream again. This time, Lisa greeted him with a smile.*

*"How are you, Paul Rost?" she said, taking his hand. Paul relaxed and smiled at her.*

*"All is well, Lisa. I've missed you," he said, gently holding her hand with both his hands. She put her hand in his bag, and the ice cream ended up on his head again. The guard, who was standing in the room, shielded Paul from the angry Lisa with his body, and the fruit ended up on his head. The guard fell to the floor and Rost quickly ran out of room. As he walked down the hall to the prison door, Lisa Pandora's screams could be heard throughout the hall. A guard and a prisoner he was leading stopped and watched in amazement as Paul wiped ice cream off his face. Paul smiled awkwardly and said to them: "Crazy woman. Instead of vanilla ice cream, she wanted chocolate."*

*Finally, he came without the ice cream and fruit. Lisa Pandora sat and looked at him in silence.*

*"If you do not refuse the meetings, I hope ..." he was trying to find the right words, "Lisa, I think that I did the right thing. I want you to understand..." Paul gestured in agitation, but Lisa said nothing and*

жестикулировал, но Лиза молчала и только глядела на него.

«Я не отказываюсь от встреч только потому, что сидеть в камере скучно,» холодно ответила она ему.

«Лиза, я хорошо понимаю, почему ты сердишься..» начал он, но она перебила его.

«Павел Рост, ты не понимаешь многих вещей. Я говорю тебе, но ты как глухой далматин ничего не слышишь. Мы с тобой живём в разных мирах. У нас с тобой совершенно разные интересы и цели,» продолжала она, «Я дала тебе шанс начать новую интересную жизнь. И что ты сделал? Как ты меня отблагодарил, Павел Рост? Ты забрал всё, что у меня было, и посадил меня в тюрьму. Зачем ты приходишь ко мне теперь? Ты мне не нужен. Забудь обо мне навсегда и больше никогда не приходи!» закончила Пандора, встала и ушла. Павлу вдруг стало очень стыдно. Он не мог понять, почему ему было стыдно и перед кем. Ведь он не сделал ничего плохого. Он всё сделал правильно! Павел тронул рукой своё красное лицо. Посмотрел вокруг себя в комнате. Охранники и несколько заключённых, у которых тоже были встречи, перестали разговаривать и смотрели на него. Потом все продолжили свои дела, а Павел Рост медленно встал и пошёл к выходу.

Прошло ещё два месяца. Павел больше не ходил в тюрьму. Он в основном сидел дома и ничего не делал. Наконец настал день, когда Лиза Пандора выходит из тюрьмы. Павел Рост подъехал к тюремной двери на своей машине и остановился. Шёл дождь. На улице совсем не было людей. Только ещё одна машина стояла недалеко от тюремной двери. Какой-то человек вышел из машины и посмотрел в сторону Роста. Он стоял и смотрел на машину Павла Роста

just stared at him.

"I don't refuse the meetings only because it's boring to sit in a cell," she said to him coldly.

"Lisa, I understand why you are angry..." he began, but she interrupted him.

"Paul Rost, you don't understand many things. I tell you, but you don't hear anything, just like a deaf Dalmatian. You and I live in different worlds. You and I have very different interests and goals," she continued, "I gave you a chance to start a new and interesting life. What did you do? How did you thank me, Paul Rost? You took everything I had, and put me in jail. Why do you come to see me now? I don't need you. Forget about me forever, and never come here again!" Pandora finished, got up and left. Paul suddenly felt ashamed. He couldn't understand why he felt ashamed and in front of whom. After all, he didn't do anything wrong. He did all the right things! Paul touched his red face with his hand. He looked around the room. Some security guards and several inmates, who also had meetings, stopped talking and looked at him. Then they all went on with their business, and Paul Rost slowly stood up and walked toward the exit.

Another two months went by. Paul never went back to the prison. He mainly stayed at home and did nothing. Finally the day came when Lisa Pandora got out of prison. Paul Rost drove up to the prison doors in his own car and stopped. It was raining. The street was empty of people. Only one more car stood not far from the prison door. A man got out of the car and looked in Rost's direction. He stood in the rain and looked at Paul Rost's car. Rost looked closely at the man. The man had a

под дождём. Рост посмотрел внимательно на этого человека. У человека была борода и длинные волосы. Он закурил и снял очки. Это был Ашур! Рост вышел из машины. Они оба стояли под дождём и смотрели друг на друга. В этот момент дверь открылась, и Лиза Пандора вышла на улицу. Она увидела Роста и Ашура. Лиза прошла и остановилась ровно посередине между ними. Затем она закурила и посмотрела внимательно сначала на Роста, потом на Ашура. Она бросила сигарету и пошла к Росту. Лиза подошла к Росту и остановилась.

«Привет,» сказал Рост. Он не улыбался ей и смотрел на неё очень серьёзно.

«Ты зря приехал. Ты упустил шанс, который я дала тебе,» сказала Лиза, улыбнулась и пошла к машине Ашура. Ашур открыл дверцу машины перед ней и закрыл, когда она села. Машина поехала, но Павел вытащил пистолет и вышел на середину дороги. Он направил пистолет на Ашура. Ашур остановил машину.

«В чём дело? Хочешь арестовать меня за кражу мебели из твоего дома?» Ашур надел очки и продолжил, «По твоей классификации справедливости я должен или сесть на электрический стул или всю жизнь поливать песок Сахары водой из Средиземного моря. Но в этой стране я не сделал никакого серьёзного преступления. За твою мебель мне дадут максимум год тюрьмы. А это ведь не то, чего ты хочешь?» улыбнулся Ашур и посмотрел на Пандору, «Ты знаешь, как пахнет его мебель? Это словами не передать.» добавил он.

Павел Рост опустил пистолет и отошел с дороги.

«Не грусти, Павел! Наш друг, возможно, придёт к тебе и тогда твоя жизнь больше не будет грустная,» крикнул Ашур из окна проезжающего автомобиля и

beard and long hair. He lit a cigarette and took off his glasses. This was Ashur! Rost got out of the car. They both stood in the rain and looked at each other. At that moment the door opened and Lisa Pandora walked outside. She saw Rost and Ashur. Lisa walked and then stopped right in the middle between them. Then she lit a cigarette and looked carefully first at Rost, then at Ashur. She threw down the cigarette and walked toward Rost. Lisa went up to Rost and stopped.

"Hi," Rost said. He didn't smiled at her and looked at her very seriously.

"You came in vain. You missed the chance I gave you," Lisa said, smiled and walked to Ashur's car. Ashur opened the car door for her, and closed it when she was inside. The car began to move, but Paul pulled out a gun and went out to the middle of the road. He pointed the gun at Ashur. Ashur stopped the car.

"What the matter? Do you want to arrest me for stealing furniture out of your house?" Ashur put on his glasses and continued, "According to your classification of fairness, I should either go to the electric chair or spend my life pouring water from the Mediterranean Sea on the sand of the Sahara desert. But in this country, I haven't committed any serious crime. For your furniture, they will give me no more than a year in prison. And this isn't what you want, right?" Ashur smiled and looked at Pandora, "Do you know what his furniture smells like? It's indescribable," he added.

Paul Rost lowered the gun and walked off the road.

"Don't be sad, Paul! Our friend might come to you and then your life won't be sad anymore," Ashur shouted from the

недружелюбно махнул ему рукой.

window of the moving car waved to him in an unfriendly way.

# C

## Проверь Новые Слова

**1**

- Вы не знаете, сегодня ещё февраль или уже **март**?
- Сегодня двадцать восьмое февраля. Завтра первое марта.
- Вы не знаете, сколько сейчас время?
- Сейчас посмотрю на телефоне. Сейчас пол седьмого.
- Спасибо. Кстати, на улице снег идёт?
- Снег шёл, наверное, всю ночь. А сейчас снег не идёт, но очень холодно.

**2**

- Когда я гуляю со своей собакой, она меня **защищает** от хулиганов.
- Твоя собака большая?
- Очень большая и **сердитая**. Настоящий убийца!
- А дома она себя спокойно ведёт?
- Нормально. Дома я защищаю от неё холодильник и кошку.

**3**

- У Вас на **бороде мороженое**, господин президент.
- Это **ванильное**, моё любимое.
- Вам **вытереть бороду**?
- Нет! Теперь меня никто не узнает.
- Гениально, господин президент!

**4**

- Эй, **девочка**, как зовут твою собаку?
- Её зовут Барона.
- Какая большая.
- Ой, дядя, моя собака хочет бежать к Вам!
- **Держи** её!
- Барона, ко мне!
- **Держи** её, **девочка**!
- Я не могу **удержать**!

## *New Vocabulary Review*

**1**

- *Could you tell me, is today still February or is it March already?*
- *Today is the twenty-eighth of February. Tomorrow is March first.*
- *Could you tell me, what time is it?*
- *Let me look at my phone. It is six thirty.*
- *Thank you. By the way, is it snowing outside?*
- *It probably snowed all night. It isn't snowing now, but it's very cold.*

**2**

- *When I walk with my dog, it protects me from hooligans.*
- *Is your dog big?*
- *It's very large and angry. A real killer!*
- *And, at home, does it behave calmly?*
- *It's OK. At home, I defend the refrigerator and the cat from it.*

**3**

- *You have ice cream on your beard, Mr. President.*
- *It's vanilla ice cream, my favorite.*
- *Should I wipe your beard?*
- *No! Now no one will recognize me.*
- *Brilliant, Mr. President!*

**4**

- *Hey girl, what is your dog's name?*
- *Her name is Barona.*
- *What a big dog.*
- *Oh, mister, my dog wants to run to you!*
- *Hold her!*
- *Barona, come here!*
- *Hold her, girl!*

- Помогите!

### 5

- Можно задать Вам один вопрос?
- Один? Ну, задавай.
- Вы знаете, как **классифицировать** преступления?
- Конечно. Те преступления, которые ты сам совершаешь, - это несерьёзные. А те преступления, которые совершают другие люди, - это серьёзные и опасные.
- Ясно. А часто Вы совершаете преступления?
- Да нет. Только когда у меня **плохое** настроение.
- А когда у Вас **плохое** настроение?
- Что?
- Я говорю, когда у Вас **плохое** настроение?
- У меня **плохое** настроение, когда мне задают идиотские вопросы!
- Понятно. Я больше вопросов не имею.
- Что, твои **изумительные** вопросы уже кончились?!
- Да. Спасибо. Я ухожу.
- И тебе больше не интересно, как я веду себя с теми, кто задаёт изумительные вопросы?
- Нет! Отпустите! Помогите!

### 6

- Мужчина, как Вы относитесь к **кражам**?
- Кто? Я?
- Да, Вы.
- Нормально отношусь.
- Значит, это нормально, что Вы взяли мою сумку?
- Это Ваша сумка? Я не знал. Я думал это сумка той женщины. Извините. Возьмите обратно Вашу сумку, там всё равно ничего нет.

### 7

- Эй, **мальчик**, не бросай с балкона **фрукты** в людей!
- Вот Вам банан!
- Ай! Тебе не **стыдно**?

- I can't stop her!
- Help!

### 5

- Can I ask you one question?
- Just one? Well, ask.
- Do you know how to classify crimes?
- Of course. The crimes that you commit yourself— those aren't serious. But the crimes committed by other people— these are serious and dangerous.
- Clear. And do you commit crimes often?
- Well, no. Only when I'm in a bad mood.
- And when are you in a bad mood?
- What?
- I said, when are you in a bad mood?
- I'm in a bad mood when I get asked stupid questions!
- I understand. I have no more questions.
- What, your wonderful questions have already run out?
- Yes. Thank you. I'm leaving.
- And are you no longer interested in how I conduct myself with those who ask such wonderful questions?
- No! Let go! Help!

### 6

- Mister, how do you feel about thefts?
- Who? Me?
- Yes, you.
- I feel OK about them.
- So, you think it's OK that you took my bag?
- This is your bag? I didn't know. I thought it was that woman's bag. Sorry. You can take back your bag, there is nothing in it anyway.

### 7

- Hey, boy, don't throw fruit at people from the balcony!
- Here's a banana for you!

- Нет, я ещё маленький. Вот Вам **шоколадное мороженое**!
- Ай! Я всё расскажу твоим родителям. И это не **шоколадное**, а **ванильное мороженое**!
- Извините, пожалуйста. Я ошибся. Вот Вам **шоколадное мороженое**!
- **Стыда** у тебя нет, мальчик!

8

- Я **считаю**, что наш президент **сумасшедший**.
- Вы меня **удивляете**! Почему же он **сумасшедший**?
- Потому что он ворует **сумасшедшие** деньги из бюджета.
- А я люблю нашего президента. Он **справедливый**! Он берёт только деньги, которые лично никому не принадлежат.
- Но он упустил единственный шанс вступить в Евросоюз!
- И не надо туда вступать! Пусть сначала Евросоюз выделит нам деньги, если они хотят чтобы мы туда вступили! Да-да!
- Деньги на что?
- А на всё!

- Ouch! Aren't you ashamed?
- No, I'm still a little. Here's some chocolate ice cream for you!
- Ouch! I'll tell your parents everything. And this ice cream is not chocolate, but vanilla!
- Excuse me, please. I was wrong. Here's some chocolate ice cream for you!
- You have no shame, boy!

8

- I think that our president is a madman.
- You surprise me! Why is he mad?
- Because he steals crazy amounts of money from the budget.
- But I love our president. He is just! He only takes money that doesn't personally belong to anyone.
- But he missed his only chance to join the European Union!
- And we shouldn't join it! Let the European Union give us some money first, if they want us to join! Yes, yes!
- Money for what?
- Oh, for everything!

D

## Perfective and Imperfective Verbs of Motion

Идти (perfective), ходить (imperfective) - *to go on foot*
Он идёт в библиотеку. *He is going to the library.*
Он ходит каждые выходные в театр. *He goes to the theatre every weekend.*
Ехать (perf), ездить (imperf) - *to go by a vehicle*
Они едут в лес. *They are going to the forest.*
Они редко ездят в деревню к своей бабушке. *They seldom go to the village to their granny.*
Лететь (perf), летать (imperf) - *to fly*
Он сейчас летит в Москву. *He is flying to Moscow now.*
Он летает в Китай каждый год. *He flies to China every year.*
Плыть (perf), плавать (imperf) - *to swim*
Она плывёт ко мне очень быстро. *She swims towards me very quickly.*
Она иногда плавает в нашем бассейне. *She sometimes swims in our swimming pool.*

Бежать (perf), бегать (imperf) - *run, jog*
Я бегу домой. *I am running home.*
Я бегаю по утрам. *I go jogging in the mornings.*
Мой ребёнок бегает с друзьями каждый день. *My child runs with friends every day.*
Нести (perf), носить (imperf) - *carry in hands*
Он несёт багаж в номер. *He is carrying luggage to the room.*
Вы носите ноутбук на работу? *Do you carry the notebook to work?*
Вести (perf), водить (imperf) - *lead, take*
Мы ведём нашего ребёнка в театр. *We are taking our child to the theatre.*
Мы водим нашего сына в сад каждое утро. *We take our son to the garden every morning.*
Везти (perf), возить (imperf) - *carry in a vehicle*
Вы везёте эти картины домой? *Are you carrying these pictures home?*
Вы возите картины в машине? *Do you carry pictures in a car?*

# 24

## Дорожный Патруль
*Highway Patrol*

 **A**

### Слова

1. антенна - antenna
2. бензобак - gas tank
3. вернулся *(past masc)* - returned; вернуться *(inf)* - to return
4. висел *(past masc)* - was hanging; висеть *(inf)* - to hang
5. включил *(past masc)* - turned on, started; включить *(inf)* - to turn on, to start
6. вон *(colloq.)* - (over) there

7. вправду *(adv)* - really, in truth

8. врезался *(past masc)* - crashed, hit (something); врезаться *(inf)* - to crash, to hit (something)

9. высадить *(inf)* - to drop off

10. выход - an exit; идти к выходу *(gen)* - go to an exit

11. где-нибудь / где-то - anywhere, somewhere

12. дежурил *(past masc)* - was on duty; дежурить *(inf)* - to be on duty

13. догнал *(past masc)* - caught up; догнать *(inf)* - to catch up

14. дядя - mister, man

15. женат *(past part masc)* - married; женишься *(ftr sec sng)* - will get married; жениться *(inf)* - to get married

16. заболел *(past masc)* - got sick; заболеть *(inf)* - to get sick

17. забывайте *(imp plr)* - forget; забывать *(inf)* - to forget

18. закуривая *(pres part)* - lighting a cigarette; закуривать *(inf)* - to light a cigarette

19. Запомни! *(imp sng)* - Remember! запомнить *(inf)* - to remember

20. затормозил *(past masc)* - braked, hit the brakes; затормозить *(inf)* - to brake, to hit the brakes

21. знакомый *(masc)* - acquaintance

22. значит *(thrd sng)* - so, meaning; значить *(inf)* - to mean

23. играла *(past fem)* - played; играть *(inf)* - to play

24. интересно *(adv)* - interesting

25. клянусь *(fst sng)* - (I) swear; клянуться *(inf)* - to swear

26. кончено *(past part neut)* - over, finished; кончить *(inf)* - to finish

27. крыша - roof; на крышу *(acc)* - on the roof

28. мигалка - flashing light; мигалку *(acc)*

29. модель - a model; модели *(gen)*

30. нарисованы *(past part plr)* - drawn, painted; нарисовать *(inf)* - to draw, to paint

31. нарушила *(past fem)* - violated, broke (an agreement); нарушить *(inf)* - to violate, to break (an agreement)

32. началось *(past neut)* - started, began; начаться *(inf)* - to begin

33. начальник - boss, chief

34. невозможно *(adv)* - impossible

35. немедленно *(adv)* - immediately

36. непрерывно *(adv)* - constantly, incessantly

37. непростая *(fem)* - not simple

38. неуверенно *(adv)* - uncertainly

39. однажды - once

40. ожидает *(thrd sng)* - waiting for, awaits; ожидать *(inf)* - to wait for, to await

41. операция - operation, surgery; операцию *(acc)* - operation, surgery

42. опуская *(pres part)* - lowering, putting down; опускать *(inf)* - to lower, to put down

43. остались *(past plr)* - stayed; остаться *(inf)* - to stay

44. Отойди! *(imp sng)* Отойдите! *(imp plr)* - Move away! отойти *(inf)* - to move away

45. отрывая *(pres part)* - tearing; отрывать *(inf)* - to tear

46. отчёт - a report

47. офицер - an officer

48. патруль - a patrol

49. пели *(past plr)* - sang; петь *(inf)* - to sing

50. перевернулся *(past masc)* - turned over; перевернуться *(inf)* - to turn over

51. перекрыли *(past plr)* - blocked; перекрыть *(inf)* - to block

52. переспросил *(past masc)* - asked again; переспросить *(inf)* - to ask again

53. писали *(past plr)* - wrote; писать *(inf)* - to write
54. плачущие *(pres part plr)* - weeping, crying; плакать *(inf)* - to weep, to cry
55. повреждена *(past part fem)* - damaged; повредить *(inf)* - to damage
56. погоня - a chase
57. подарить *(inf)* - to give as a present or as a gift
58. поддельный *(masc)* - fake
59. пожизненно *(adv)* - life sentence
60. покупатель - customer, buyer ; мало покупателей *(gen plr)* - few customers / buyers
61. полка - shelf
62. Положите! *(imp plr)* - Put! положить *(inf)* - to put
63. пользуетесь *(sec plr)* - use; пользоваться *(inf)* - to use
64. помолчал *(past masc)* - was silent; помолчать *(inf)* - to be silent
65. понравится *(ftr thrd sng)* - will like; понравиться *(inf)* - to like
66. пост - lookout post, station; постам *(dat plr)*
67. преступник - criminal; несколько преступников *(gen plr)* - some criminals
68. принцип - principle; принципа *(gen)*
69. прицел - crosshairs
70. продавец - sales clerk, salesman
71. происшествие - incident; происшествия *(gen)*
72. протянул *(past masc)* - held out; протянуть *(inf)* - to hold out
73. птица - bird; птицы *(plr)* - birds
74. рассматривал *(past masc)* - looked closely; рассматривать *(inf)* - to look closely
75. расстояние - a distance
76. Рекомендую! *(fst sng)* - I recommend! рекомендовать *(inf)* - to recommend
77. рисковать *(inf)* - to take a risk
78. сбежавших *(past part plr gen)* - who have run away; сбежали *(past plr)* - ran away; сбежать *(inf)* - to run away
79. сверху *(adv)* - from above
80. скрылся *(past masc)* - disappeared, hid; скрыться *(inf)* - to disappear, to hide
81. снег - snow
82. соединяла *(past fem)* - connected; соединять *(inf)* - to connect
83. стреляя *(pres part)* - shooting; стрелять *(inf)* - to shoot
84. темнеть *(inf)* - to get dark
85. тут - here
86. условие - terms, conditions; условия *(plr acc)* - terms, conditions
87. фонарный *(masc)* - related to a lamp; фонарный столб - lamppost
88. фотография - photo, picture; фотографии *(plr acc)*
89. на ходу - on the move
90. целая *(fem)* - whole
91. шея - a neck

## Дорожный Патруль

Прошёл ещё месяц. Павел Рост вернулся к своим обычным делам. Полиция иногда просила его помочь, когда у них не хватало людей. Однажды он дежурил на дороге,

## *Highway Patrol*

*Another month passed. Paul Rost returned to his usual business. The Police asked for his help sometimes, when they didn't have enough people. Once he was on duty on*

которая соединяла город с военным аэродромом. Был вечер и уже начало темнеть. Машин на дороге почти не было. Где-то пели птицы. На небе начали появляться первые звёзды. Неожиданно пошёл снег. Павел вышел из машины и закурил. Он посмотрел на кольцо, которое подарила ему Лиза. Он стоял и курил, а снег медленно падал на его волосы. Радио в машине заговорило: «Внимание всем постам! Белый автомобиль врезался в фонарный столб и скрылся с места происшествия.»

Через некоторое время мимо Павла проехала белая машина. В машине очень громко играла музыка. Павел успел заметить, что машина была сильно повреждена, и на ней что-то лежало. Он сел в свою машину, поставил на крышу мигалку и поехал за белой машиной. Он догнал и остановил белый автомобиль. Из белого автомобиля вышел мужчина. Он стоял на ногах неуверенно и Рост понял, что мужчина пьяный. Мужчина, улыбаясь, протянул Росту документы.

«Как дела, офицер?» спросил он. Павел посмотрел на автомобиль и не поверил своим глазам. Сверху на автомобиле лежал фонарный столб.

«Спасибо. Я в порядке,» ответил Павел, «Что это сверху на машине?» Рост показал рукой на фонарный столб.

Мужчина долго смотрел на столб, потом заговорил: «Это было здесь, когда я купил этот автомобиль. Клянусь,» он посмотрел на Роста, «Мне кажется это антенна для GPS. Вы пользуетесь GPS, офицер? Отличная вещь. Очень рекомендую». Он держался рукой за автомобиль, чтобы не упасть. Павел Рост отвёз мужчину в полицию.

В полиции Роста попросили помочь группе полицейских, которые искали двух людей,

the road that connected the city with a military airfield. It was evening and already started to get dark. There were almost no cars on the road. Somewhere birds sang. The first stars began to appear in the sky. Suddenly it began to snow. Paul got out of the car and lit a cigarette. He looked at the ring that Lisa gave him. He stood there and smoke and the snow fell slowly on his hair.

The radio in the car began to speak: "Attention all stations! A white car crashed into a lamppost and fled the scene."

After some time, a white car drove by. Very loud music played in the car. Paul had time to notice that the car was badly damaged, and that something lay on top of it. He got into his car, put a flashing light on the roof and drove after the white car. He caught up with the white car and stopped it. A man came out of the white car. He stood uncertainly and Rost realized that the man was drunk. The man smiled and handed Rost his documents.

"How are you, officer?" he asked. Paul looked at the car and could not believe his eyes. On top of the car lay a lamppost.

"Thank you. I'm fine," Paul said, "What is that on top of the car?" Rost pointed to the lamppost.

The man stared at the post for a long time, and then said: "It was there when I bought this car. I swear," he looked at Rost, "I think it's an antenna for GPS. Do you use GPS, officer? Great thing. I highly recommend it," he held on to the car with his hand to keep from falling. Paul Rost took the man to the police station.

At the police station, they asked Rost to help a group of policemen who were looking for two men who had escaped from prison. The alarm went off in one of the stores, and Rost went there with one of the

которые сбежали из тюрьмы. В одном из магазинов сработала сигнализация, и Рост поехал туда с одним из полицейских. Когда они приехали в магазин, там было несколько покупателей и продавец. Продавцом был Бруно, знакомый Павла Роста.

«Добрый день. У вас сработала сигнализация,» сказал полицейский.

«Добрый день. Сигнализация сработала? У нас?» переспросил продавец.

«Да, у вас,» ответил полицейский.

«Да нет, это ошибка какая-то,» посмотрел Бруно на Роста, «У нас всё в порядке. Павел, я хочу тебе подарить подарок, который я тебе обещал. Мой друг, возьми вон ту синюю коробку на полке,» попросил Бруно.

«Что это, Бруно?» удивился Павел.

«А ты открой. Я думаю, тебе понравится,» улыбнулся продавец. Павел подошёл к полке и взял синюю коробку. На коробке были нарисованы жёлтые цветы. Павел посмотрел удивлённо на Бруно. Бруно смотрел на него молча. Павел открыл коробку и достал из неё женское платье. Платье было синее с жёлтыми цветами.

«Что это?» опять удивился Павел.

«Это женское платье, мой друг,» ответил продавец, «Для твоей жены,» улыбнулся Бруно.

«Но я не женат,» не понимал Павел.

«Ну, сегодня не женат, а завтра, может, женишься,» сказал Бруно серьёзно, «Жизнь - непростая вещь. Мне, например, сейчас хорошо, а через пять минут, может быть будет плохо,» добавил продавец.

«Я потом возьму. Спасибо,» Павел положил коробку с платьем обратно на полку и вышел из магазина. Полицейский вышел вместе с Павлом. Они сели в машину и поехали назад в полицейский участок. Рост рассматривал фотографии

police officers. When they arrived at the store, there were a few customers there and a sales clerk. The sales clerk was Bruno, Paul Rost's acquaintance.

"Good afternoon. Your alarm went off," the policeman said.

"Good afternoon. An alarm went off? At our place?" the sales clerk asked.

"Yes, at your place," the policeman replied.

"No, this is some kind of mistake," Bruno looked at Rost, "Everything is alright here. Paul, I want to give you the gift that I promised you. My friend, take that blue box on the shelf," Bruno asked.

"What is it, Bruno?" Paul said in surprise.

"Go ahead, open it. I think you'll like it," the sales clerk smiled. Paul went to the shelf and took the blue box. Yellow flowers were painted on the box. Paul looked at Bruno in surprise. Bruno looked at him in silence. Paul opened the box and took out a woman's dress. The dress was blue with yellow flowers.

"What is that?" Paul was surprised again.

"This is a woman's dress, my friend," the salesman replied, "For your wife," Bruno smiled.

"But I'm not married," Paul did not understand.

"Well, today you're not married, and the next day, you might get married," Bruno said seriously, "Life - it's not a simple thing. For example, now I'm well, and in five minutes, something bad might happen," the sales clerk said.

"I'll take it later. Thank you," Paul put the box with the dress back on the shelf and left the store. The policeman went out with Paul. They got into the car and drove back to the police station. Rost looked closely at photos of the escaped criminals. They were driving on the road that passes by the

сбежавших преступников. Они в это время ехали по дороге, которая проходила мимо аэродрома.

«Они сбежали из тюрьмы, которая находится на расстоянии триста километров отсюда. Почему их ищут здесь?» спросил Рост.

«У одного из них здесь жена и сын. Его зовут Артур Стравинский. Они сбежали из тюрьмы неделю назад, а три дня назад исчезли жена и ребёнок,» ответил полицейский.

«За что они сидят?» спросил Рост.

«Артур Стравинский сидит за вооружённое ограбление банка. Да с ним была целая история. Даже в газетах писали,» продолжал полицейский, «Его ребёнку надо было сделать дорогую операцию. Он ограбил банк, чтобы заплатить за эту операцию. Потом была погоня. А во время погони один из полицейских автомобилей перевернулся. Погиб полицейский,» полицейский посмотрел на Роста,

«Конечно, ему дали пожизненно. Вот такая история.» закончил он.

«Значит, мы ищем целую семью,» заметил Павел. Он помолчал, потом добавил, «Послушай, мне надо сегодня ещё к врачу успеть. Можешь высадить меня здесь где-нибудь?» попросил Рост.

«Ну вот, началось. К врачу.. заболел.. А ты думаешь, мне хочется его искать?» посмотрел полицейский на Павла. Павел не успел ответить, потому что полицейский резко затормозил.

«Там стоит синий Форд,» сказал полицейский, «У его жены синий Форд этой модели. Надо проверить. Пошли со мной!» посмотрел полицейский на Роста. Они вышли из машины и подошли к синему Форду. В машине никого не было. Полицейский проверил номер автомобиля по радио. Номер был поддельный.

airfield.

"They escaped from a prison that's located three hundred kilometers away from here. Why are they looking for them here?" Rost asked.

"One of them has a wife and a son here. His name is Arthur Stravinsky. They escaped from prison last week, and three days ago the wife and child disappeared," the policeman said.

"Why are they doing time?" Rost asked.

"Arthur Stravinsky is doing time for an armed bank robbery. It was a long story. Even the papers reported it," the policeman continued, "His child needed to have an expensive operation. He robbed the bank to pay for the operation. Then there was a chase. And during the chase one of the police cars overturned. The policeman was killed." the policeman looked at Rost, "Of course, they gave him a life sentence. That's the story," he concluded.

"So we're looking for the whole family," Paul said. He paused, then added, "Look, I need to make it to the doctor today. Can you drop me off around here somewhere?" Rost asked.

"Oh come on. That's how it starts. Going to the doctor... Getting sick.. And you think that I want to look for him?" the policeman looked at Paul. Paul didn't have time to answer because the policeman abruptly hit the brakes.

"There is a blue Ford over there," the policeman said, "His wife has a blue Ford with this model. We need to check it. Come with me!" the policeman looked at Rost. They got out of the car and walked to a blue Ford. The car was empty. The police officer checked the license plate number on the radio. The number was a fake. The policeman called for reinforcement.

Полицейский вызвал поддержку.
«Они могут быть там,» показал полицейский в сторону большого ангара. Они зашли в ангар. Там стояло несколько маленьких самолётов. В одном из них были люди. Полицейский показал Росту рукой на тот самолёт, вытащил пистолет и пошёл в ту сторону. Рост тоже достал пистолет и пошёл к самолёту с людьми с другой стороны. Но тут он заметил в окне другого самолёта лицо мальчика. Рост медленно подошёл к самолёту и открыл дверь. Там сидели Артур Стравинский, его жена и ребёнок. Мужчина пытался завести самолёт, но поднял руки, когда увидел в руке у Роста пистолет. Рост внимательно и долго смотрел на них. Потом он посмотрел на приборы и включил двигатель самолёта. «Не теряй время,» сказал он мужчине. Мужчина медленно положил руки на приборы самолёта. Затем самолёт поехал к выходу из ангара. Полицейский бросился к самолёту, стреляя на ходу. Павел Рост бросился на полицейского и упал вместе с ним на землю.
«Ты можешь убить их всех, если попадёшь в бензобак!» закричал Павел полицейскому. Полицейский направил свой пистолет в лицо Росту и выстрелил.. Всё кончено..
«Руки вверх и выйти из самолёта!» услышал Рост голос полицейского, «Павел, отойди от самолёта и держи его на прицеле!»
Павел Рост всё ещё стоял возле самолёта, направив пистолет на мужчину в самолёте, а сзади к нему подошёл полицейский. Павел не отходил от самолёта. Он стоял и смотрел на ребёнка и его отца. Мальчик подошёл к отцу и обнял его за шею, глядя на Роста.
«Папа, что этот дядя хочет?» спросил он отца. Артур Стравинский смотрел на

*"They may be in there," the policeman pointed to a big hangar. They went into the hangar. There were several small planes there. There were people in one of them. The policeman pointed out the plane to Rost, pulled out a gun and went to the other side. Rost also took out a gun and walked from the other side to the airplane with the people inside. But then he saw a boy's face in the window of another aircraft. Rost slowly walked up to the plane and opened the door. Arthur Stravinsky sat there, along with his wife and child. The man was trying to start the plane, but he raised his hands when he saw that Rost was holding a gun. Rost looked at them carefully for a long time. Then he looked at the dashboard and started the plane's engine.*
*"Don't waste time," he told the man. The man slowly put his hands on the plane's dashboard. Then the airplane began to move toward the door of the hangar. The policeman rushed to the plane, shooting on the move. Paul Rost threw himself on the policeman and fell with him to the ground.*
*"You can kill them all, if you hit the gas tank!" Paul cried to the policeman. The policeman pointed his gun to Rost's face and shot.. It's all over...*
*"Put your hands up and get off the plane!" Rost heard the voice of the policeman, "Paul, get away from the plane and keep it in your crosshairs!"*
*Paul Rost was still standing by the plane, pointing his gun at the man in the airplane, when the policeman came up behind him. Paul didn't move away from the plane. He stood and looked at the child and his father. The boy went up to his father and put his arm around his neck, staring at Rost.*
*"Dad, what does this man want?" he asked*

Роста, не опуская рук. Он не мог выйти из самолёта, потому что Рост стоял возле самой двери.

«Рост, немедленно отойди от самолёта!» закричал полицейский.

«Папа, что этот дядя хочет?» спросил мальчик снова. Мужчина смотрел на Роста и полицейского, не опуская рук. Было видно, что он боялся, что полицейский начнёт стрелять. Он хотел выйти, но Рост стоял возле самой двери и не отходил.

«Рост, немедленно отойди от самолёта!» повторил полицейский.

Рост посмотрел на приборы и включил двигатель самолёта.

«Детектив Павел Рост, положите пистолет и отойдите от самолёта!» крикнул полицейский и выстрелил в воздух.

«Не теряй время!» крикнул Рост и закрыл дверь самолёта. Он бросил свой пистолет на землю, повернулся к полицейскому и поднял руки.

«Хочешь арестовать меня? Давай,» сказал Рост полицейскому. Самолёт поехал к выходу из ангара. Но в этот момент на выходе появилась большая группа полицейских на машинах. Они перекрыли дорогу самолёту. Мужчина остановил самолёт, чтобы не рисковать жизнью своего ребёнка и жены. Он вышел из самолёта, но ребёнок висел у него на шее. Его жена подошла к нему и начала снимать ребёнка с шеи. Ребёнок стал плакать. Павел отвернулся, чтобы не видеть и не слышать всего этого. Он вышел из ангара. К Росту подошёл начальник полиции.

«Что, детектив Рост, нервы не в порядке? Ты знаешь, что я должен арестовать тебя за помощь преступнику?» посмотрел он на Павла, «Завтра утром придёшь ко мне и сделаешь отчёт,» сказал он и отошёл от Павла.

Артура Стравинского вывели из ангара,

his father. Arthur Stravinsky looked at Rost without lowering hands. He couldn't get off the plane, because Rost was standing right next to the door.

"Rost, get away from the plane immediately!" the policeman shouted.

"Dad, what does this man want?" the boy asked again. The man looked at Rost and the policeman without dropping his hands. It was evident that he was afraid that the policeman would shoot. He wanted to get out, but Rost was standing right next to the door and didn't move away.

"Rost, get away from the plane immediately!" the officer repeated.

Rost looked at the dashboard and started the airplane's engine.

"Detective Paul Rost, put the gun down and step away from the plane!" the policeman shouted and shot into the air.

"Don't waste time!" Rost shouted and shut the plane door. He dropped his gun on the ground, turned to the policeman and raised his hands.

"You want to arrest me? Go ahead," Rost said to the policeman. The plane drove toward the door of the hangar. But at that point, a large group of police officers in police cars appeared near the exit. They blocked the way of the airplane. The man stopped the airplane, so as not to risk the life of his child and wife. He got off the plane, but the child was hanging onto his neck. His wife went up to him and began to take the child off his neck. The child began to cry. Paul turned away, so as not to see or hear it all. He walked out of the hangar. The police chief walked up to Rost.

"So, detective Rost, is there something wrong with your nerves? You know that I have to arrest you for helping a criminal?" he looked at Paul, "Tomorrow morning you will come in and give a report," he

чтобы посадить в полицейскую машину. Он увидел жену и сына, которые стояли недалеко от ангара. Неожиданно он понял, что никогда их больше не увидит. Он смотрел на них, не отрывая глаз. Его глаза были похожи на глаза безумца. Потом он начал кричать: «Запомни меня! Запомни меня!» кричал он им, «Сынок, запомни меня! Запомни меня, сын! И ты, Мария, запомни меня! Запомни меня, какой я сейчас! Не забывайте меня! Не забывайте никогда!» Полицейские посадили его в машину. А он всё кричал как безумец. Павел Рост смотрел непрерывно на мужчину. Машина поехала, а сзади остались плачущие женщина и мальчик. Рост поехал домой. Когда он подошёл к своему дому, то увидел в одной из машин Петра Ашура.

«Как дела, Павел?» спросил Ашур, когда Рост подошёл к нему. Рост остановился и посмотрел на Ашура.

«Я подумал, что тебе будет интересно узнать,» продолжил Ашур, закуривая сигарету, «Лиза Пандора сидит в тюрьме Меззех в Сирии. Она ожидает казни,» Ашур посмотрел в глаза Павлу.

«Почему ты не с ней?» спросил Павел.

«Она, как обычно, нарушила условия нашего договора. А я, как ты знаешь, человек принципа. Я дал ей свободу делать то, что она хочет,» Ашур снова посмотрел на Роста, «Ты знаешь не хуже меня, что если она что-то решила, то её остановить невозможно.»

«Сколько ещё есть времени?» спросил Рост.

«Может день, а может месяц. Кто знает,» сказал Ашур и поехал дальше.

*said and walked away from Paul.*
*They took Arthur Stravinsky out of the hangar in order to put him in the police car. He saw his wife and son, who stood near the hangar. Suddenly he realized that he will never see them again. He looked at them and couldn't take his eyes off them. His eyes were like the eyes of a madman. Then he began to shout: "Remember me! Remember me," he shouted to them, "Son, remember me! Remember me, son! And you, Mary, remember me! Remember me, the way I am now! Do not forget me! Never forget me!" The policemen put him in the car, but he continued to scream like a madman. Paul Rost constantly looked at the man. The car drove away, and the weeping woman and boy were left behind. Rost drove home. When he walked up to his house, he saw Peter Ashur in one of the cars.*

*"How are you, Paul?" Ashur said when Rost came up to him. Rost stopped and looked at Ashur.*

*"I thought you'd be interested to know," Ashur continued, lighting a cigarette, "that Lisa Pandora is in Mezzeh prison in Syria. She is waiting for her execution," Ashur looked Paul in the eyes.*

*"Why aren't you with her?" Paul asked.*

*"As usual, she has violated the terms of our agreement. And, as you know, I am a man of principle. I gave her the freedom to do what she wants," Ashur looked back at Rost, "You know as well as I do that if she decides something, it's impossible to stop her."*

*"How long does she have?" Rost asked.*

*"Maybe a day, and maybe a month. Who knows," Ashur said and drove on.*

# C

## Проверь Новые Слова

**1**

- Вы не знаете, сегодня ещё март или уже апрель?
- Сегодня тридцать первое марта. Завтра первое апреля.
- Вы не знаете, сколько сейчас время?
- Сейчас посмотрю на телефоне. Сейчас пол-одиннадцатого.
- Спасибо. Кстати, на улице холодно?
- Там туманно, но не очень холодно.

**2**

- **Подари** мне машину.
- Нет.
- Ты сегодня странный, дорогой!
- Да нет, я сегодня нормальный, дорогая. Но денег на новую машину тебе не дам!
- Для меня новая машина очень важна! **Подари!**
- Для меня это совсем не важно. Не **подарю**.
- Ты знаешь, твоя **антенна** не ловит все каналы, дорогой.
- А у тебя не хватает пары кнопок на пульте управления, дорогая!

**3**

- **Бензобак** моей машины пустой.
- Куда ты хочешь ехать, дорогая?
- В салон красоты, дорогой.
- Ты и так очень красивая.
- Я не была там с прошлого воскресенья!
- Но сегодня только вторник!
- Я никогда не должна ездить в салон красоты?
- Ладно, езжай на автобусе.
- Ты женился на мне, чтобы я ездила на автобусе?
- Я женился на тебе, потому что ты очень **понравилась** мне.
- Значит, сейчас я уже тебе не нравлюсь?!

## New Vocabulary Review

*1*

- *Could you tell me, is today still March or is it April already?*
- *Today is March thirty-first. Tomorrow is April first.*
- *Could you tell me, what time is it?*
- *Let me look at my phone. It is ten thirty.*
- *Thank you. By the way, is it cold outside?*
- *It is foggy out there, but not very cold.*

*2*

- *Give me a car as a present.*
- *No.*
- *You're strange today, dear!*
- *No, I'm normal today, dear. But I won't give you money for a new car!*
- *A new car is very important for me! Give it to me as a present!*
- *It isn't important for me at all. I won't give it to you.*
- *You know, your antenna doesn't get all the channels, dear.*
- *And you are missing a few buttons on the control panel, my dear!*

*3*

- *My car's gas tank is empty.*
- *Where do you want to go, dear?*
- *To the beauty parlor, darling.*
- *You are very beautiful as you are.*
- *I haven't been there since last Sunday!*
- *But today is only Tuesday!*
- *Should I never go to the beauty salon?*
- *All right, you can take the bus.*
- *Did you marry me so I'd take the bus?*
- *I married you because I liked you a lot.*
- *So, now you don't like me anymore?*
- *Take the money and go wherever you want.*
- *Thank you, darling.*

- Бери деньги и езжай куда хочешь.
- Спасибо, дорогой.

### 4

- Не **включай** свет! Не надо **рисковать**. С улицы могут заметить, что кто-то есть в банке.
- Смотри, машина с **мигалками** **затормозила** возле банка.
- Это полицейский **патруль**. Тихо! **Отойди** от окна, а то тебя заметят.
- Два **офицера** вышли из машины.
- Куда они идут?
- Они подошли к нашей машине и **рассматривают** её.
- Ты правильно припарковал её?
- Конечно. Я не **нарушил** правила. Правда, **фонарный** столб упал на другую машину. - Странно, я почти не ударил его. **Клянусь**.
- Я полез на **крышу**, а ты иди к ним!
- Зачем?
- **Пиши отчёт** о **происшествии**, идиот!

### 5

- Водитель автобуса **высадил** пассажиров, перед тем, как заправлять **бензобак**.
- Почему пассажиры **остались**, а автобус **вернулся** на автостанцию без них?
- Водитель забыл впустить их после того, как заправил **бензобак**.
- Пусть **вернётся**! Пассажиры **ожидают** его.

### 6

- Ваш автомобиль **врезался** в мой!
- Это потому что Вы быстро **затормозили**!
- Нет. Это потому что Вы были невнимательны!
- Но сразу **затормозить невозможно**! Вы понимаете?
- Напишите это в **отчёте** о **происшествии**.

### 7

- Почему полицейский **пост перекрыл**

### 4

- Don't turn on the light! No need to take a risk. They could see from the street that there is someone at the bank.
- Look, a car with flashing lights hit the brakes next to the bank.
- This is a police patrol. Quiet! Get away from the window, or they'll notice you.
- Two police officers got out of the car.
- Where are they going?
- They came up to our car and are looking at it closely.
- Did you park it correctly?
- Of course. I didn't break the rules. Although it's true: the lamppost fell on another car. - Strange. I barely hit it, I swear.
- I'll climb on the roof, and you go to them!
- Why?
- Write a report about the incident, you idiot!

### 5

- The bus driver dropped off the passengers before filling up the gas tank.
- Why did the passengers stay behind and the bus return to the bus station without them?
- The driver forgot to let them back on after filling up the gas tank.
- He should go back! The passengers are waiting for him.

### 6

- Your car crashed into mine!
- That's because you hit the brakes quickly!
- No. It's because you weren't paying attention!
- But it's impossible to brake right away! Do you understand?
- Write it in a report about the incident.

### 7

- Why did the police lookout post block

дорогу?
- Они ищут грабителей, которые ограбили банк.
- Сколько денег украли **преступники**?
- Говорят, что деньги они не украли. Но когда уходили от **погони**, то **повредили** несколько машин на автопарковке.

## 8

- **Запомни**, дорогая, на зелёный свет нужно ехать, а на красный **тормозить**. Поняла?
- Конечно, поняла, дорогой. Ну как, я хорошо еду?
- Да. Молодец.
- Видишь, дорогой, я у тебя молодец.
- **Тормози**!!
- Ой!
- Ты **врезалась** в машину!
- Почему красный не переключился на зелёный? Я же не **тормозила**!
- Сядь на пассажирское место!
- А учиться водить машину, дорогой?
- **Забудь!** Дорогая.

## 9

- Я сегодня буду **дежурить** в тюрьме до ночи, дорогая.
- Значит мы сможем украсть сегодня тюремную еду?
- Именно. Будь у тюремного **выхода** в двенадцать часов. **Запомни**!
- **Запомнила**, дорогой. А что будем красть?
- Три тонны хлеба и тонну соли!
- Ого! Это много!
- Сегодня ты увидишь небо в бриллиантах, дорогая! **Клянусь**!

## 10

- **Начальник** сказал, что мы должны **немедленно** отнести этот красный ящик туда к **выходу**.
- Но этот ящик зелёный, а не красный. И **выход** тут, а не там.
- В нашей компании **начальник** всегда

the road?
- *They are looking for thieves who robbed a bank.*
- *How much money did the criminals steal?*
- *They say they didn't steal the money, but they damaged several cars in the parking lot during the chase.*

## 8

- *Remember, dear, you should drive when the light is green and brake when it's red. Understand?*
- *Of course, I understand, my dear. Well, am I driving well?*
- *Yes. Great job.*
- *You see, dear, you have a great girl.*
- *Break!*
- *Oh!*
- *You crashed into a car!*
- *Why didn't the red light turn green? After all, I didn't hit the brakes!*
- *Sit in the passenger seat!*
- *What about learning to drive the car, my dear?*
- *Forget it! Dear.*

## 9

- *Today I will be on duty in the prison until nighttime, my dear.*
- *So today we could steal prison food?*
- *Exactly. Be at the prison exit at twelve o'clock. Remember!*
- *I remember, dear. What will we steal?*
- *Three tons of bread and a ton of salt!*
- *Wow! That's a lot!*
- *Today you will see the sky in diamonds, dear! I swear!*

## 10

- *The boss said that we should carry this red box back to the exit immediately.*
- *But this box is green and not red. And the exit is here, and not there.*
- *In our company the boss is always right. Remember that! And it is better to never*

прав. **Запомни** это! И лучше его никогда не переспрашивать.

## 11

- **Продавец**, дайте мне, пожалуйста, соль.
- Возьмите.
- Спасибо.
- **Покупатель**, Вы дали мне **поддельные** банкноты!
- Этого не может быть!
- Посмотрите, краска **остаётся** на руках.
- Наверное, **ксерокс** у нас в оффисе плохо работает.
- Вот этот **офицер** полиции отправит Вас на пятилетние курсы по работе с **ксероксами**. После этого Вы будете знать как, и главное, что можно печатать на **ксероксе**.

## 12

- Ты умеешь пользоваться компьютером?
- Конечно.
- Научи меня, пожалуйста.
- Всегда нужно использовать эти четыре кнопки со стрелками или эту большую кнопку.
- А если что-то неправильно?
- Тогда используй эту кнопку в углу.
- Спасибо.

## 13

- Вам подходят **условия** нашего сотрудничества?
- Да, все **условия** подходят кроме одного.
- Кроме какого именно?
- Мне не подходит то, что я должна всё сделать аккуратно и вовремя.
- А как Вы хотите?
- У меня могут быть ошибки. И мне нужно больше времени.
- Сколько времени Вы хотите?
- **Чем** больше, **тем** лучше!

ask twice.

## 11

- Sales clerk, please give me some salt.
- Here, take it.
- Thank you.
- Customer, you gave me fake bills!
- That can't be!
- Look, the paint is coming off on my hands.
- The Xerox machine in our office is probably not working well.
- The police officer over here will send you to a five-year course on how to work with a Xerox machine. After that, you will know how and, more importantly, what you can print on a Xerox machine.

## 12

- Do you know how to use a computer?
- Of course.
- Teach me, please.
- You always have to use these four arrow keys, or this big button.
- And if something is incorrect?
- Then use this button in the corner.
- Thank you.

## 13

- Are the terms of our cooperation suitable for you?
- Yes, all except one of the terms is suitable.
- Except which of the terms exactly?
- It doesn't suit me that I have to do everything carefully and on time.
- And how do you want to do it?
- I could make mistakes. And I need more time.
- How much time do you want?
- The more, the better!

# D

## Telling time

There are several ways to ask time:

Сколько времени? *(What time is it?)*

Который час? *(What time is it?)*

Скажите, пожалуйста, сколько времени? *Could you tell the time, please?*

Извините, Вы не скажете который час? *Excuse me, could you tell me what time it is?*

Сейчас час. *It's one o'clock.*

Сейчас два часа. *It's two o'clock.*

Сейчас три часа. *It's three o'clock.*

Сейчас четыре часа. *It's four o'clock.*

Сейчас пять часов. *It's five o'clock.*

Сейчас шесть часов. *It's six o'clock.*

Сейчас семь часов. *It's seven o'clock.*

Сейчас восемь часов. *It's eight o'clock.*

Сейчас девять часов. *It's nine o'clock.*

Сейчас десять часов. *It's ten o'clock.*

Сейчас одиннадцать часов. *It's eleven o'clock.*

Сейчас двенадцать часов. *It's twelve o'clock.*

Например:

Анна придёт в семь часов. *Ann is coming at seven o'clock.*

Евгений встаёт в четыре часа. *Yevgeny gets up at four o'clock.*

Минуты:

одна минута *(one minute)*

две минуты *(two minutes)*

три минуты *(three minutes)*

четыре минуты *(four minutes)*

пять минут *(five minutes)*

шесть минут *(six minutes)*

десять минут *(ten minutes)*

пятнадцать минут *(fifteen minutes)*

двадцать минут *(twenty minutes)*

Сейчас пять часов десять минут. *It's ten past five.*

Мой рабочий день начинается в шесть часов пятнадцать минут. *My working day starts at quarter past six.*

When less than half an hour remains till the beginning of a certain hour, you say без + the number of minutes remained + минуты/минут + the hour that will come. You can leave минуты/минут out:

Сейчас без десяти (минут) восемь. *It is ten to eight.*

Сейчас без пятнадцати (минут) одиннадцать. *It is fifteen to eleven.*

In the first half of an hour you say the number of minutes passed + мин<u>у</u>ты/мин<u>у</u>т + the next hour. You cannot leave мин<u>у</u>ты/мин<u>у</u>т out:

Сейч<u>а</u>с пять мин<u>у</u>т п<u>е</u>рвого. *It is five past twelve.*

Сейч<u>а</u>с дв<u>а</u>дцать три мин<u>у</u>ты п<u>я</u>того. *It is twenty three minutes past four.*

Instead of тр<u>и</u>дцать мин<u>у</u>т you can use полов<u>и</u>на or пол- + час<u>а</u> - *half an hour*. Instead of пятн<u>а</u>дцать мин<u>у</u>т you can use ч<u>е</u>тверть - *quarter*:

Сейч<u>а</u>с полов<u>и</u>на втор<u>о</u>го. *It is half past one.*

Сейч<u>а</u>с пол-седьм<u>о</u>го. *It is half past six.*

Сейч<u>а</u>с без ч<u>е</u>тверти д<u>е</u>сять. *It is quarter to ten.*

Сейч<u>а</u>с ч<u>е</u>тверть п<u>я</u>того. *It is quarter past four.*

# 25

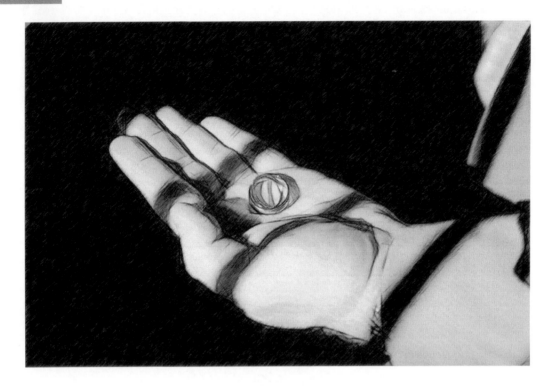

## Арест
*The Arrest*

 **А**

### Слова

1. ар<u>е</u>ст - an arrest
2. <u>а</u>рмия - army, military
3. вр<u>е</u>менно *(adv)* - temporarily; вр<u>е</u>менный *(masc)* - temporary
4. вчер<u>а</u>шний *(masc)* - yesterday's, of yesterday
5. выбир<u>а</u>ю *(fst sng)* - (I) choose; выбир<u>а</u>ть *(inf)* - to choose
6. в<u>ы</u>бросить *(inf)* - to throw out
7. гер<u>о</u>й - hero
8. давн<u>о</u> *(adv)* - long ago; for a long time
9. детект<u>и</u>вный - detective; детект<u>и</u>вную *(fem gen)*
10. де<u>я</u>тельность - activity, work
11. д<u>о</u>лгий - long; д<u>о</u>лгим *(masc inst)*
12. жив<u>о</u>т - stomach, belly
13. Закр<u>о</u>й! *(imp sng)* - Close! закр<u>ы</u>ть

*(inf)* - to close
14. запрет - a ban; запретить *(inf)* - to forbid, to ban
15. значение - meaning; значения *(gen)*
16. значок - badge
17. изменилось *(past neut)* - changed; измениться *(inf)* - to change
18. клиент - client, customer ; мало клиентов *(plr gen)* - few clients
19. лист - page, leaf; начало листа *(gen)* - the beginning of the page
20. любовь - a love
21. намёк - a hint
22. наставил *(past masc)* - put, aimed ; наставить *(inf)* - to put, to aim
23. недостаточно *(adv)* - not enough
24. ненависть - a hate
25. ненадолго *(adv)* - not for long
26. обращаясь *(pres part)* - addressing, turning to; обращаться *(inf)* - to address, to turn to
27. объяснил *(past masc)* - explained; объяснить *(inf)* - to explain
28. подождать *(inf)* - to wait
29. подумала *(past fem)* - thought, considered; подумать *(inf)* - to think, to consider
30. полутёмный *(masc)* - dimly lit, darkened
31. Посади! *(imp sng)* - Put! (someone on a chair or in preason); посадить *(inf)* - to put
32. постоянный - permanent; постоянным *(masc inst)*

33. предназначение - a purpose
34. предыдущий - last, previous; предыдущего *(masc gen)*
35. приехал *(past masc)* - arrived, came; приехать *(inf)* - to arrive, to come
36. прилавок - counter (in a shop)
37. прожила *(past fem)* - lived; прожить *(inf)* - to live
38. протокол - a report, a protocol
39. рот - mouth
40. Сделайте! *(imp plr)* - Do! сделать *(inf)* - to do
41. ситуация - situation; контролировать ситуацию *(acc)* - to control the situation
42. следующий *(masc)* - next, following
43. событие - incident, event; события *(plr)* - incidents, events
44. совершение - committing, conclusion, fulfilment
45. Составь! *(imp sng)* - Draw up! (a report); составить *(inf)* - to draw up (a report)
46. терпеть *(inf)* - to tolerate, to put up
47. тикали *(past plr)* - ticked; тикать *(inf)* - to tick
48. уверенно *(adv)* - confidently
49. удостоверение - a certificate
50. часы - a clock, a watch
51. чувствует *(thrd sng)* - feels, senses; чувствовать *(inf)* - to feel, to sense
52. чуть-чуть - a little
53. штаны - pants

## В

### Арест

Когда Павел пришёл домой уже начало темнеть. Дома Роста ждала его мама. Они сели в полутёмном зале. Павел снял кольцо с пальца.

### *The Arrest*

*When Paul came home it was already getting dark. At home, Rost's mother was waiting for him. They sat down in a dimly lit room. Paul took the ring off his finger.*

«Это кольцо Лизы?» спросила мать.

«Да,» ответил Павел.

«Когда твой отец бросил нас, я тоже сначала сняла кольцо, которое он мне подарил, и даже хотела его выбросить. Но потом я подумала, что это уже не его кольцо. Это уже моё кольцо. Оно уже стало частью моей жизни. Я не захотела выбрасывать часть моей жизни. Я не могла забыть всё. И я не смогла начать всё с чистого листа,» она посмотрела на Павла, «Сынок, но я прожила с ним десять лет, а сколько ты знаешь Лизу?»

«Я сам не знаю.. не знаю, что я.. что я в ней нашёл. Мне просто было с ней интересно,» Павел помолчал минуту, «Я уверен, что она любит меня.. любила.. я уверен, что она тоже думает обо мне,» сказал сын тихо.

«Может быть, она любила тебя. Может быть, у неё это было сильное чувство,» ответила его мать, «Но сейчас всё изменилось. Ты должен это понять. Сильные чувства быстро не уходят. Но они могут изменяться на что-то совсем другое,» она посмотрела на сына, «Её чувство ещё может быть сильное. Но это, наверное, уже не любовь.. она чувствует ненависть,» мать и сын сидели и молчали. Было очень тихо. Только тикали часы на столе.

«Но сейчас это не имеет никакого значения,» наконец продолжил он, «Мама, как ты думаешь, у каждого человека есть своё предназначение?» спросил он.

«Предназначение? Что ты имеешь в виду?» поинтересовалась его мать.

«Я думаю, что каждый человек может сделать что-то очень важное. Это его предназначение, его роль в игре,» уверенно сказал Павел.

«О предназначении говорят, когда начинают войну,» ответила мать, «Какую роль тебе опять выбрали? И в какой игре, Паша? Ведь ты давно не в армии.»

"Is that Lisa's ring?" his mother asked.

"Yes," Paul replied.

"When your father left us, I also removed the ring that he gave me at first, and even wanted to throw it away. But then I thought that it was no longer his ring. It was my ring now. It had become part of my life. I didn't want to throw away a part of my life. I couldn't forget it. And I couldn't just turn over a new leaf," she looked at Paul, "But I lived with him for ten years, son, and for how long have you known Lisa?"

"I don't know myself... I do not know what I... I saw in her. It was just interesting to be with her," Paul paused for a moment, "I'm certain that she loves me... Loved... I'm certain that she also thinks about me," the son said quietly.

"Maybe she did love you. Maybe it was a strong feeling," his mother said, "But now things have changed. You have to understand that. Strong feelings don't go away quickly. But they can change into something else," she looked at her son, "Her feeling could still be strong, but it is probably not love... she feels hatred." Mother and son sat in silence. It was very quiet. Only the clock ticked on the table.

"But now it doesn't matter," he said finally, "Mom, do you think that every person has a purpose?" he asked.

"A purpose? What do you mean? " his mother asked.

"I think that everyone can do something very important. That's his purpose, his role in the game," Paul said confidently.

"They speak of a purpose when they are about to start a war," she replied, "What role have they chosen for you again? And in what kind of game, Paul? After all, you haven't been in the army for a long time."

"No one has chosen for me. I choose my

«Никто не выбрал. Я сам выбираю своё предназначение. Я должен уехать, мама,» ответил он.

«Куда на этот раз? Разве того раза в Сахаре было недостаточно, Паша?» спросила она.

«Это ненадолго, мама,» ответил он, «Через пару месяцев я вернусь. Я хочу выполнить своё предназначение,» закончил он.

На следующий день утром детектив Рост приехал в полицейский участок, чтобы сделать отчёт начальнику полиции.

«Павел Рост, в управлении полиции решили временно запретить Вам детективную деятельность. Положите удостоверение и значок на стол,» сказал начальник полиции, «Сейчас пройдите к детективу Шмидту и сделайте отчёт о вчерашних событиях,» закончил он. Павел Рост выходил из кабинета, когда тот добавил: «Да, Рост, я надеюсь, что этот временный запрет станет постоянным. Я не буду терпеть в своём полицейском участке такого как ты! Понятно?»

Рост посмотрел на начальника долгим взглядом. Он ничего не ответил, а только чуть-чуть улыбнулся и вышел. Он пришёл к детективу Шмидту и стал делать отчёт о событиях предыдущего дня. В этот момент в полицейский участок зашёл Бруно. Он увидел Роста и начал нервно жестикулировать.

«Я подарил твоей жене платье!» сказал он, обращаясь к Росту, «Жене, которой у тебя нет!» он недружелюбно засмеялся, «Это разве не понятно? Это разве не намёк?» возмущался Бруно, «Мне сейчас хорошо, а через пять минут будет плохо! А это разве не намёк?! Это разве не понятно? Павел Рост, где были твои глаза?» он посмотрел на полицейских, которые стояли рядом, «О чём он только думает?» возмущался Бруно.

«У него под прилавком сидел второй

own purpose. I have to leave, Mom," he replied.

"Where are you going this time? Wasn't that trip to the Sahara enough, Paul?" she asked.

"It won't be for long, Mom," he replied, "I'll be back in a couple of months. I want to fulfill my purpose," he concluded.

The next morning, Detective Rost came to the police station to make a report to the chief of police.

"Paul Rost, the police headquarters decided to temporarily forbid you to work as a detective. Put the certificate and the badge on the table," the police chief said, "Now go through to Detective Schmidt and make a report on yesterday's events," he concluded. As Paul Rost was leaving the office, the chief added: "And, Rost, I hope this temporary ban becomes permanent. I will not tolerate someone like you in my police station! Got it?" Rost gave the chief a long look. He said nothing, just smiled a little and left. He came to detective Schmidt and began to report on the events of the previous day. At this point Bruno entered the police station. He saw Rost and began to gesticulate nervously.

"I gave your wife a dress!" he said, turning to Rost, "A wife that you don't have!" he laughed in an unfriendly way, "Isn't it obvious? Isn't that a hint?" Bruno resented, "Now I'm well, and in five minutes, something bad might happen. And isn't that a hint? Is it not clear? Paul Rost, were you blind?" he looked at the police officers who were standing nearby, "What was he thinking?" Bruno resented. "The second fugitive was sitting under his counter," Schmidt explained the whole situation to Rost, "Bruno's cash register

сбежавший,» объяснил Шмидт всю ситуацию Росту, «В кассе у Бруно почти не было денег, поэтому он решил подождать, чтобы пришли несколько клиентов и заплатили. Он наставил Бруно в живот пачку сигарет как пистолет и сказал, чтобы тот деньги клиентов давал ему под прилавок. А Бруно помочился в штаны и стал делать тебе намёки, когда вы приехали из-за сигнализации,» закончил детектив Шмидт.
«А кто включил сигнализацию?» поинтересовался Рост.
«Я, а кто же ещё?» возмущенно закричал Бруно, «Что, платье не подошло?»
«Оно тебе как раз подойдёт,» ответил Рост.
«Рост, закрой рот и делай отчёт,» сказал начальник полиции, который как раз зашёл в комнату, «Ты, наверное, думаешь, что ты герой? Может быть, в Сахаре ты и был герой, но здесь закон есть закон. Против тебя открыли дело за помощь в совершении преступления,» продолжал начальник, «Иван Шмидт, составь протокол об аресте и посади его в камеру,» закончил начальник полиции.

# C

## Проверь Новые Слова
### 1

- Вы не знаете, сегодня ещё апрель или уже май?
- Сегодня тридцатое апреля. Завтра первое мая.
- Вы не знаете, где находится станция?
- Идите в эту сторону. Это занимает примерно пять минут пешком.
- Спасибо. Кстати, а транспортом туда можно доехать?
- Садитесь на автобус номер семь. Вам нужно выйти на второй остановке.
- Благодарю Вас.
- Не за что.

was almost empty, so he decided to wait for a few customers to come in and pay. He aimed a pack of cigarettes at Bruno's stomach like a gun and told him to pass the customer's money to him under the counter. And Bruno wet his pants and began to give you hints when you came because of the alarm," Detective Schmidt finished.
"And who turned on the alarm?" Rost inquired.
"I did, who else?" Bruno cried indignantly, "What, the dress didn't fit?"
"It will fit you just fine," Rost said.
"Rost, shut up and make the report," the police chief, who had just entered the room, said, "You probably think that you're a hero? Maybe in the Sahara you were a hero, but here the law is the law. They opened a case against you for helping to commit a crime," the chief continued, "John Schmidt, draw up a report of the arrest and put him in a cell," the police chief concluded.

## *New Vocabulary Review*
### *1*

- *Could you tell me, is today still April or is it already May?*
- *Today is April thirtieth. Tomorrow is May first.*
- *Could you tell me, where is the station?*
- *Walk this way. It takes about five minutes on foot.*
- *Thank you. By the way, could I get there by public transportation?*
- *Take the number seven bus. You need to get off at the second stop.*
- *Thank you.*
- *You're welcome.*

## 2

- В вашей стране **армия** обязательна для всех?
- В нашей стране **армия** обязательна для всех мужчин в возрасте от восемнадцати до двадцати семи лет. А у вас мужчины должны обязательно идти в **армию** тоже?
- Не обязательно. У нас **армия** контрактная. Тот, кто идёт в **армию**, получает за это зарплату.
- Много они получают?
- Достаточно.

## 3

- Я ищу **временную** работу. Вы не подскажете, где можно найти такую?
- Попробуйте в **армии**. Им нужны были **временные** рабочие в прошлом месяце.
- В **армии временным** рабочим **недостаточно** платят.
- Тогда **подумайте** о **постоянной** работе.

## 4

- В этой стране трудная **ситуация**. Но это **временно**.
- С какого времени там трудная **ситуация**?
- С прошлого века. Точнее с тысяча девятьсот девяносто третьего года.
- Это уже больше двадцати лет!
- Именно. Но они всё равно говорят, что это **временно**!

## 5

- Мы можем поехать в Париж или в Рим. Что ты выбираешь, дорогая?
- Я **выбираю** Токио и кольцо с синим бриллиантом!
- Но это слишком дорого! У меня **недостаточно** денег!
- Не переживай, дорогой. Это **временная ситуация**. Потом можно поехать в Париж или в Рим.

## 6

- Моя подруга говорит, что у меня большой **живот**. А ты как думаешь?
- Конечно, твой **живот** не большой, дорогая.

## 2

- *Is military service mandatory for everyone in your country?*
- *In our country, military service is mandatory for all men between the ages of eighteen and twenty-seven. And in your country, do men have to serve in the army, too?*
- *It isn't mandatory. Our army is based on contract. Those who serve in the army get a salary.*
- *Are they paid a lot?*
- *Enough.*

## 3

- *I'm looking for temporary work. Could you tell me where to find it?*
- *Try the army. They needed temporary workers last month.*
- *The army doesn't pay temporary workers enough.*
- *Then you should consider a permanent position.*

## 4

- *The situation in this country is difficult. But that is temporary.*
- *Since when did they have this difficult situation?*
- *Since the last century. More precisely since nineteen ninety-three.*
- *That's more than twenty years now!*
- *Exactly. But they still say it's temporary!*

## 5

- *We can go to Paris or Rome. What do you choose, my dear?*
- *I choose Tokyo and a ring with a blue diamond!*
- *But it's too expensive! I don't have enough money!*
- *Do not worry, dear. This is a temporary situation. Then we can go to Paris or Rome.*

## 6

- *My friend says that I have a big stomach.*

- Ты не по́нял **намёк**, дорого́й.
- Ла́дно, скажу́ так - моя́ **любо́вь** к тебе́ намно́го бо́льше, чем твой **живо́т**.
- Ты опя́ть не по́нял мой просто́й **намёк**.
- Тогда́ подожди́, дай поду́мать… Тебе́ нужны́ де́ньги на сало́н красоты́?
- Э́то уже́ бли́же, ми́лый. Ду́май ещё.
- Подожди́.. ты хо́чешь, что́бы я **запрети́л** тебе́ съеда́ть ка́ждый день три сте́йка?
- Э́то **недоста́точно** у́мно. Но то́же бли́зко. Ещё ду́май.
- Мо́жет быть дие́та?
- Молоде́ц! Пра́вильно! Я бу́ду есть ка́ждый **час** то́лько оди́н фрукт.
- Я куплю́ тебе́ бана́ны и ки́ви, дорога́я.
- Мне та́кже нужны́ но́вые швейца́рские **часы́**. Я должна́ есть по вре́мени.

### 7

- Я **терпе́ть** не могу́ э́тих верблю́дов.
- Почему́, дорога́я?
- Они́ всё вре́мя что́-то жую́т.
- А ты зна́ешь, что они́ мо́гут **прожи́ть** без воды́ две неде́ли?
- Я э́того не зна́ла, дорого́й.
- А без еды́ мо́гут **прожи́ть** це́лый ме́сяц!
- На что ты намека́ешь?
- Что?
- Ты на что намека́ешь? Ты хо́чешь сказа́ть, что я ем бо́льше чем верблю́д?
- Совсе́м нет!
- Ты намека́ешь, что я то́лстая! Тогда́ иди́, живи́ с верблю́дом!

### 8

- Вы мо́жете мне **объясни́ть**, как пра́вильно **соста́вить протоко́л** о происше́ствии?
- Вам ну́жно **обрати́ться** в поли́цию. С таки́ми вопро́сами лю́ди обы́чно должны́ **обраща́ться** и́менно туда́.

### 9

- Де́вушка, извини́те, к Вам мо́жно **обрати́ться** с одни́м вопро́сом?
- Коне́чно, бу́ду ра́да Вам помо́чь, мужчи́на.
- Объясни́те мне, пожа́луйста, как прое́хать в

*What do you think?*
- *Of course, your stomach is not big, dear.*
- *You can't get the hint, dear.*
- *Okay, I'll say this: my love for you is much bigger than your stomach.*
- *You still don't understand my simple hint.*
- *Then wait a minute, let me think... you need money for the beauty parlor?*
- *You're getting closer, darling. Think again.*
- *Wait... You want me to forbid you from eating three steaks each day?*
- *This isn't smart enough, but also close. Think some more.*
- *Could it be a diet?*
- *Well done! Right! I'll eat just one piece of fruit every hour.*
- *I'll buy you bananas and kiwi, dear.*
- *I also need a new Swiss watch. I have to eat on time.*

### 7

- *I can't stand these camels.*
- *Why, my dear?*
- *They are chewing something all the time.*
- *Do you know that they can live without water for two weeks?*
- *I didn't know that, dear.*
- *And they can live without food for a whole month!*
- *What are you hinting at?*
- *What?*
- *What are you hinting at? You mean to say that I eat more than a camel?*
- *Not at all!*
- *You are hinting that I'm fat! Then go and live with a camel!*

### 8

- *Can you explain to me how to draw an incident report correctly?*
- *You need to go to the police. That's where people usually go with such questions.*

### 9

- *Excuse me miss, can I address one*

222

полицию.
- Садитесь на трамвай номер десять и выходите через пять остановок.
- Спасибо.
- Не за что. Кстати, меня зовут Анна.

question to you?
- Of course, I'd be happy to help you, sir.
- Please tell me how to get to the police.
- Take tram number ten and get off after five stops.
- Thank you.
- You're welcome. By the way, my name is Anna.

# 26

## Не Оглядываясь
*Don't Look Back*

 **A**

### Слова

1. азиатская *(fem)* - Asian
2. арестованный *(masc)* - arrested, detained
3. бензин - gasoline, gas
4. ближайший - closest; ближайшие *(plr)*
5. бронежилет - bulletproof vest
6. вагон - a railway car; между вагонами *(plr inst)* - between railway cars
7. вдали *(adv)* - in the distance
8. взаимный - mutual; взаимные *(plr)*
9. Возьми! *(imp sng)* - Take! взять *(inf)* - to take

10. вой - wailing
11. воровство - theft, robbery
12. восемь - eight
13. вспомнил *(past masc)* - remembered; вспомнить *(inf)* - to remember
14. вспышка - a flash; вспышки *(plr)* - flashes
15. вызвать *(inf)* - to call
16. выстрел - a shot
17. Вытащи! *(imp sng)* - Pull out! вытащить *(inf)* - to pull out
18. вытекал *(past masc)* - flowed out; вытекать *(inf)* - to flow out
19. вытер *(past masc)* - wiped; вытереть *(inf)* - to wipe
20. Выходите! *(imp plr)* - Get out! выходить *(inf)* - to get out, to get off
21. горячий - hot, passionate; горячие *(plr)*
22. горящий - burning; горящая *(fem)*
23. гроза - a thunder
24. грохот - a noise, a din
25. губа - lip; к губам *(plr dat)* - to the lips
26. движение - movement, motion; без движения *(gen)* - without movement / motion
27. двинулся *(past masc)* - moved; двинуться *(inf)* - to move
28. долг- debt
29. дубинка - baton, club; ударить дубинкой *(inst)* - hit with a baton / club
30. заглянул *(past masc)* - looked in; заглянуть *(inf)* - to look in
31. загорелась *(past fem)* - caught fire; загореться *(inf)* - to catch fire
32. закрыт *(past part masc)* - closed ; закрыть *(inf)* - to close
33. защититься *(inf)* - to protect oneself, to shield oneself
34. испытывают (чувства) *(thrd plr)* - feeling, experiencing; испытывать (чувства) *(inf)* - to feel, to experience

35. коснулась *(past fem)* - touched; коснуться *(inf)* - to touch
36. лай - barking
37. лес - forest, woods
38. ливень - downpour
39. манера - manner; манеры *(plr)* - manners
40. молния - lightning
41. мошенник - a crook, swindler
42. научу *(ftr fst sng)* - (I) will teach; научить *(inf)* - to teach
43. недобро *(adv)* - unkindly
44. непогода - bad weather; непогоду *(acc)*
45. оглушил *(past masc)* - stunned, deafened; оглушить *(inf)* - to stun, to deafen
46. останусь *(ftr fst sng)* - (I) will stay; остаться *(inf)* - to stay
47. отрываясь *(pres part)* - tearing oneself away; отрываться *(inf)* - to tear oneself away
48. пассажирский *(masc)* - passenger
49. перевёрнутый - overturned; перевёрнутую *(fem acc)*
50. перевозка - a transport; перевозки *(gen)*
51. перевозят *(thrd plr)* - moving, transporting; перевозить *(inf)* - to move, to transport
52. переезд - a move
53. переждать *(inf)* - to wait out
54. перешёл *(inf)* - turned into, crossed; перейти *(inf)* - to turn into, to cross
55. подчиняться / подчиниться *(inf)* - to obey
56. поезд - a train
57. поживать *(inf)* - to live; как поживаете? - how are you?
58. познакомился *(past masc)* - met; познакомиться *(inf)* - to meet
59. поисковая - search; поисковых *(gen plr)*

60. помах_а_л *(past masc)* - waved ; помах_а_ть *(inf)* - to wave
61. постеп_е_нно *(adv)* - gradually
62. преврат_и_лся *(past masc)* - became, turned into; преврат_и_ться *(inf)* - to become, to turn into
63. прик_а_з - an order; подчин_я_ться прик_а_зам *(plr dat)* - to obey orders
64. пришёл в себ_я_ - regained consciousness, recovered
65. провёл *(past masc)* - led; провест_и_ *(inf)* - to lead
66. продолж_а_лись *(past plr)* - continued; продолж_а_ться *(inf)* - to continue
67. прозвуч_а_л *(past masc)* - was heard, rang out; прозвуч_а_ть *(inf)* - to be heard, to ring out
68. пут_и_ *(acc plr)* - ways
69. раск_а_иваюсь *(fst sng)* - (I) regret; раск_а_иваться *(inf)* - to regret
70. р_а_ция - radio; включ_и_ть р_а_цию *(acc)* - to turn on the radio

71. рез_и_новая - rubber; рез_и_новую *(fem acc)*
72. решётка - bars; решётку *(acc)*
73. сарк_а_зм - sarcasm
74. сильн_е_й *(adv)* - more strongly
75. сир_е_на - siren; сир_е_ны *(plr)* - sirens
76. скв_о_зь - through
77. смешн_о_ *(adv)* - ridiculous, funny
78. с_о_бственно *(adv)* - actually
79. станов_и_лись *(past plr)* - became; станов_и_ться *(inf)* - to become
80. стекл_о_ - glass, window
81. Стой! *(imp sng)* - Stop! сто_я_ть *(inf)* - come to a standstill
82. Стрел_я_й! *(imp sng)* - Shoot! стрел_я_ть *(inf)* - to shoot
83. сч_а_стлив(ый) *(masc)* - happy
84. съ_е_хала *(past fem)* - went down; съ_е_хать *(inf)* - to go down from smth
85. т_у_ча - cloud; т_у_чи *(plr)* - clouds
86. х_о_чется - want

## Не Огл_я_дываясь

П_а_вла Р_о_ста арестов_а_ли и посад_и_ли в к_а_меру в полиц_е_йском уч_а_стке. Рост зашёл в к_а_меру и не пов_е_рил сво_и_м глаз_а_м. Там сид_е_л Ив_а_н В_е_га. Ив_а_н В_е_га откр_ы_л рот от удивл_е_ния.
«Детект_и_в Рост?» спрос_и_л он, «Вот Вас я не ожид_а_л ув_и_деть здесь. Как пожив_а_ете?»
«Господ_и_н Ив_а_н В_е_га?» отв_е_тил Рост, «Как у Вас дел_а_? Когда план_и_руете н_о_вое воровств_о_ в своём б_а_нке, господ_и_н мен_е_джер?» спрос_и_л Рост с сарк_а_змом.
«Ваш сарк_а_зм сейч_а_с выглядит смешн_о_, П_а_вел. Вы ведь т_о_же здесь. Вы т_о_же прест_у_пник, П_а_вел Рост,» отв_е_тил В_е_га.
«Кст_а_ти, в Вас стрел_я_ли, а Вы жив_ы_,»

## Don't Look Back

*Paul Rost was arrested and put into a cell at the police station. Rost entered the cell and could not believe his eyes. Sitting there was John Vega. John Vega opened his mouth in surprise.*
*"Detective Rost?" he said, "I never expected to see you here. How are you?"*
*"Mr. John Vega?" Rost said, "How are you? When do you plan a new robbery at your own bank, Mr. Manager?" Rost asked sarcastically.*
*"Your sarcasm looks ridiculous, Paul. After all, you are also here. You're also a criminal, Paul Rost," Vega replied.*
*"By the way, you were shot, but you are*

заметил Рост.

«Ашур или Пандора испытывают такие горячие чувства ко мне, что я теперь всегда надеваю бронежилет, когда иду на встречу с ними,» улыбнулся бывший менеджер банка.

«Мне кажется, Вы испытываете к ним взаимные чувства, Иван, не так ли?» спросил Рост.

«О да, Вы правы. Кстати, Вы не знаете где они?» поинтересовался Вега.

«Вы и дня не можете прожить без своих старых друзей,» ответил Рост.

«Да, очень хочется их увидеть,» недобро улыбнулся Иван Вега.

«Не думаю, что у Вас будет возможность их увидеть в ближайшие пять лет,» сказал Рост.

«Пять лет намного лучше, чем пожизненно в Азиатской тюрьме!» засмеялся Вега, «К тому же, я раскаиваюсь в том, что сделал! Поэтому я надеюсь, что мне дадут не больше, чем три года,» Вега был почти счастлив. Рост заметил, что Вега из респектабельного менеджера банка превратился совсем в другого человека. Его внешность и манеры стали как у мошенника. Собственно, он и был мошенник, конечно. Рост посмотрел на решётку на окне и вспомнил свою первую встречу с ним в банке. Тогда же он познакомился с Лизой. В это время охранник открыл дверь и заглянул в камеру.

«Иван Вега и Павел Рост, вас перевозят в центральную тюрьму. Выходите из камеры!» приказал он. Охранник провёл Вегу и Роста к выходу из полицейского участка. Их посадили в машину для перевозки заключённых. Там уже сидел один заключённый. Это был Артур Стравинский. Он увидел Роста, но его лицо не изменилось. Казалось, он даже не удивился.

alive," Rost noted.

"Ashur or Pandora have such passionate feelings for me that I always wear a bulletproof vest when I go to meet them," the former bank manager smiled.

"I think that these feelings are mutual, John, isn't it so?" Rost said.

"Oh yes, you are right. By the way, do you know where they are?" Vega inquired.

"You can't spend a day without seeing your old friends," Rost replied.

"Yes, I really want to see them," John Vega smiled unkindly.

"I don't think that you'll have a chance to see them in the next five years," Rost said.

"Five years is much better than a life sentence in an Asian prison!" Vega laughed, "Besides, I'm sorry for what I did! So I hope that I will get no more than three years," Vega was almost happy. Rost noticed that Vega changed from a respectable bank manager into a completely different person. His appearance and manners were like those of a crook. Actually, he was a crook, of course. Rost looked at the bars on the window and remembered his first meeting with him at the bank. He met Lisa for the first time then too. At this point the guard opened the door and looked into the cell.

"John Vega and Paul Rost, you are being moved to the central prison. Get out of the cell!" he ordered. The guard led Vega and Rost toward the exit of the police station. They were put into a van for transporting prisoners. One prisoner was already inside. It was Arthur Stravinsky. He saw Rost, but his expression didn't change. It seemed that he wasn't even surprised.

"Thank you for giving me a chance," he looked at Rost, "I won't stay in your debt."

"Shut your mouth, Stravinsky!" the guard shouted at him.

«Спасибо, что дал мне шанс,» он посмотрел на Роста, «Я в долгу не останусь.»

«Закрой рот, Стравинский!» закричал на него охранник.

Машина с тремя заключёнными поехала по улице. Над городом висели чёрные тучи. На горизонте были видны вспышки молнии. Они выехали из города и поехали по направлению к центральной тюрьме, которая находилась примерно в тридцати километрах от города. Вспышки молнии становились всё ближе и ближе. Начался дождь и гроза. Дождь постепенно перешёл в сильный ливень. Вода с шумом била по стеклу и по крыше. Молнии били всё ближе и ближе.

«Нам лучше остановиться и переждать непогоду!» предложил охранник водителю.

«Нет времени!» ответил тот, «Я должен ещё успеть в два места до пяти часов!»

Они ехали мимо аэродрома, когда молния ударила в высокое дерево возле дороги. Машина как раз проезжала рядом возле дерева, и молния коснулась машины тоже. Адский грохот и электрический шок оглушил всех, кто был в машине. Машина загорелась, съехала с дороги и перевернулась. Артур Стравинский первый пришёл в себя и посмотрел вокруг. Машина горела всё сильней. Остальные люди лежали без движения. Он протянул руку сквозь решётку и достал ключ у охранника в кармане. Потом открыл наручники и решётку и вылез наружу. Он взял у одного из охранников пистолет и положил его себе в карман. Дождь и молния продолжались. Вокруг не было других машин. Стравинский отбежал от машины, но потом остановился и посмотрел назад. Бензин вытекал из машины, и машина горела всё сильней. Он быстро вернулся к машине и стал вытаскивать Роста. Вега и один охранник пришли в себя и стали вылезать

*The van with the three prisoners drove down the street. Black clouds hung above the town. Flashes of lightning appeared on the horizon. They left the city and drove toward the central prison, which was located about thirty kilometers from the city. The lightning flashes were getting closer and closer. It started to rain and thunder. The rain gradually turned into a heavy downpour. The water beat loudly on the windows and on the roof. The lightning struck closer and closer. "We'd better stop and wait out the bad weather!" the guard suggested to the driver.*

*"There's no time!" he replied, "I have to make it to two places before five o'clock!" They were driving past the airfield when lightning struck a large tree near the road. The van just then passed by the tree and the lightning hit the van also. The infernal din and electric shock stunned everyone in the van. The van caught fire, slipped off the road and overturned. Arthur Stravinsky regained consciousness first and looked around. The fire in the van burned stronger and stronger. The other people lay motionless. He extended his hand through the bars and took the key from the guard's pocket. Then he unlocked the handcuffs and the bars and climbed out. He took a gun from one of the guards and put it in his pocket. The rain and lightning continued. There were no other cars around. Stravinsky ran away from the van, but then stopped and looked back. Gasoline flowed out of the van, and the fire in the van burned even stronger. He quickly returned to the car and began to pull Rost out. Vega and another guard regained consciousness and began to get out of the car. Vega got out and immediately fled into the forest*

из машины. Вега вылез и сразу убежал в лес, который был возле дороги.

«Вытащи его из машины,» приказал охранник Стравинскому и показал на другого охранника, который ещё лежал в горящей машине. Стравинский вытащил охранника и положил его на землю. Охранник не двигался. Потом Стравинский вытащил и положил Роста на землю. Охранник взял рацию, чтобы вызвать помощь, но Стравинский направил на него пистолет.

«Положи рацию на землю!» закричал он. Рост открыл глаза и посмотрел на Стравинского.

«Стравинский, не стреляй,» тихо сказал он. Он был ранен и не мог встать.

«Он не выстрелит,» спокойно сказал охранник, «Он хороший мальчик. Правда, Стравинский?» Охранник подошёл к Стравинскому, взял у него из руки пистолет и ударил им Стравинского в лицо. Заключённый упал на землю. Охранник медленно поднёс рацию к лицу и вызвал помощь, глядя на Стравинского. Потом он вытащил резиновую палку и стал бить Стравинского.

«Никогда не делай так!» кричал он и продолжал бить, «Никогда не делай так! Когда ты приедешь назад в тюрьму, я научу тебя, как вести себя!»

«Стой! Ты убьёшь его!» закричал Рост. Охранник остановился и посмотрел на Роста. Затем он подошёл к нему и вытер своё лицо рукой.

«Рост, ты кто такой, чтобы приказывать?» спросил он, «Ты арестованный и должен подчиняться моим приказам! Арестованный Рост, встать!» приказал он. Рост молча смотрел на охранника. Он не мог встать, потому что был ранен. Охранник улыбнулся и стал бить Роста дубинкой. Рост закрыл голову руками и начал залезать

near the road.

"Pull him out of the van," the guard ordered to Stravinsky and pointed to another guard who was still lying in the burning van. Stravinsky pulled the guard out and put him on the ground. The guard did not move. Then Stravinsky pulled Rost out and put him on the ground. The guard picked up the radio to call for help, but Stravinsky pointed the gun at him.

"Put the radio on the ground!" he shouted. Rost opened his eyes and looked at Stravinsky.

"Stravinsky, don't shoot," he said quietly. He was injured and could not get up.

"He won't shoot," the guard said quietly, "He's a good boy. Right, Stravinsky?" the guard came up to Stravinsky, took the gun from his hand and hit Stravinsky in the face with the gun. The prisoner fell to the ground. The guard slowly raised the radio to his face and called for help, looking at Stravinsky. Then he pulled out a rubber baton and began to beat Stravinsky.

"Don't ever do that!" he shouted, and continued to beat him, "Don't ever do that! When you go back to prison, I'll teach you how to behave!"

"Stop! You'll kill him!" Rost cried. The guard stopped and looked at Rost. Then he went over and wiped his face with his hand.

"Rost, who are you to give orders?" he asked, "You're under arrest and must obey my orders! Detainee Rost, stand up!" he ordered. Rost silently looked at the guard. He couldn't get up because he was injured. The guard smiled and began to beat Rost with the baton. Rost covered his head with his hands and started to crawl under the overturned car to protect himself from the attacks. At that moment a shot rang out. The guard stopped and

под перевёрнутую машину, чтобы защититься от ударов. В это время прозвучал выстрел. Охранник остановился и посмотрел на Стравинского. Стравинский держал в руке пистолет, который он взял у другого охранника.

«Отойди от него!» закричал он охраннику.

«Стравинский, ты не увидишь свою тюрьму уже никогда,» сказал охранник и быстро вытащил пистолет, но Стравинский выстрелил в него и охранник упал. Стравинский поднял Роста: «Павел, я должен уходить. Извини,» сказал он.

«Помоги мне. Я должен закончить одно дело. Возьми рацию и пошли!» сказал он. Вдали были слышны полицейские сирены. Павел Рост не мог быстро идти с раненой ногой. Поэтому Стравинский повёл Роста в лес. Когда они отошли немного от дороги и посмотрели вокруг, чтобы выбрать направление, прозвучал выстрел и Стравинский упал. Охранник, который стрелял из-за дерева, ранил его в плечо. Рост помог ему подняться, и они пошли дальше. Стравинский и Рост прошли ещё немного и увидели впереди железнодорожные пути. На путях стоял поезд. Они залезли на один из вагонов. Они надеялись, что поезд скоро поедет. Но время шло, а поезд не двигался. Далеко они слышали вой сирен и лай поисковых собак. Наконец поезд двинулся вперёд.

На расстоянии около пяти километров от того места, где Стравинский и Рост залезли на поезд, был железнодорожный переезд. На переезде стояло несколько машин. Переезд был закрыт, и машины ждали пока проедет поезд. Поезд остановился на переезде. В одной из машин сидела семья - мама, папа и маленький сын. Сыну было лет семь или восемь. Мама и папа о чём-то говорили, а мальчик смотрел на поезд.

«А люди ездят на этом поезде?» спросил

looked at Stravinsky. Stravinsky was holding a gun that he had taken from the other guard.

"Get away from him!" he shouted at the guard.

"Stravinsky, now you'll never see your prison," the guard said and quickly pulled out a gun, but Stravinsky shot him and the guard fell. Stravinsky picked up Rost: "Paul, I have to go. I'm sorry," he said.

"Help me. I have to finish one business. Take the radio and let's go," he said. Police sirens were heard in the distance. Paul Rost couldn't walk fast with a wounded leg, so Stravinsky led Rost into the forest. When they walked a short distance away from the road and looked around to choose the direction, a shot was heard and Stravinsky fell. The guard, who shot from behind a tree, wounded him in the shoulder. Rost helped him get up and they went on. Stravinsky and Rost walked a little farther and saw railway tracks. A train was on the tracks. They climbed onto one of the cars. They hoped that the train would go soon. But time passed and the train did not move. Far away they heard the wailing of sirens and the barking of search dogs. At last the train began to move forward.

About five kilometers away from the place where Stravinsky and Rost had climbed on the train there was a railway crossing. Several cars were at the crossing. The crossing was closed and the cars waited for the train to pass. The train stopped at the crossing. In one of the cars there was a family—a mother, a father and a small son. The son was seven or eight. The mother and father were talking about something and the boy looked at the train.

"Do people ride this train?" the son asked.

сын.

«Нет, сынок, люди должны ездить на пассажирском поезде. А это грузовой поезд. Людям нельзя ездить на грузовом поезде,» ответил папа. Мальчик опять посмотрел на поезд. Между вагонами сидели два человека и смотрели на него. Мальчик поднял руку и немного помахал им. Люди на поезде не отрываясь смотрели на него. Потом один из людей поднёс палец к губам. Мальчик понял, что это были плохие люди, потому что они делали то, что нельзя. Поезд поехал, и мальчик помахал рукой плохим людям.

*"No, son, people have to ride the passenger train. This is a freight train. People are not allowed to ride a freight train," the father replied. The boy looked at the train again. Two people sat between the cars and looked at him. The boy raised his hand and waved to them a little. The people on the train kept looking at him. Then one of the men pressed a finger to his lips. The boy understood that these were bad people because they did something they weren't allowed to do. The train began to move and the boy waved to the bad people.*

# C

## Проверь Новые Слова

### 1

- Вы не знаете, сегодня ещё май или уже июнь?
- Сегодня тридцать первое мая. Завтра первое июня.
- Вы не подскажете, где находится **ближайшая** больница?
- Идите в ту сторону. Идти примерно десять минут пешком.
- Спасибо. Кстати, а транспортом туда можно доехать?
- Садитесь на трамвай номер пятнадцать. Вам нужно выйти на четвёртой остановке.
- Благодарю Вас.
- Не за что.

### 2

- Вот этот мужчина с **азиатской** внешностью арестован за воровство.
- Что он воровал?
- Он воровал бензин из **вагонов**. Люди из **ближайших** домов увидели это и **вызвали** полицию.

### 3

- Хотите **горячий** кофе?

## *New Vocabulary Review*

### *1*

- *Could you tell me, is today still May or is it June already?*
- *Today is May thirty-first. Tomorrow is June first.*
- *Could you tell me, where is the closest hospital?*
- *Walk that way. Walk for about ten minutes and you'll be there.*
- *Thank you. By the way, could I get there by public transportation?*
- *Take tram number fifteen. You need to get off at the fourth stop.*
- *Thank you.*
- *You're welcome.*

### *2*

- *That man with an Asian appearance was arrested for theft.*
- *What did he steal?*
- *He stole gasoline from railway cars. People from nearby houses saw it and called the police.*

### *3*

- *Do you want some hot coffee?*

- С удовольствием.
- Извините, кофе закончился. Хотите **горячий** чай?
- Да, пожалуйста.
- Извините, чай также закончился. Хотите **горячие** бутерброды?
- Да.
- К сожалению, нет хлеба. Хотите послушать радио?
- Спасибо, не надо.

### 4

- **Научите** нашего сына хорошим **манерам**, пожалуйста.
- А у него плохие **манеры**?
- Да. Он курит.
- Часто?
- Когда выпьет.
- А выпивает часто?
- Когда много денег в казино проигрывает.

### 5

- Ты слышал о происшествии на железнодорожном **переезде**?
- Нет. А что там случилось?
- Грузовая машина сломалась и остановилась прямо на **переезде**. В это время шёл **пассажирский поезд**. Он врезался прямо в эту машину. Один **пассажирский вагон** перевернулся. Есть раненые.
- А водитель машины живой?
- Он вовремя выпрыгнул из машины и убежал. Полиция ищет его.

### 6

- Здравствуйте. Как **поживаете**?
- Спасибо, ничего. А Вы как?
- Тоже ничего, спасибо. Вы слышали, что случилось с президентом?
- Что с ним случилось?
- Его арестовали в соседней стране и привезли назад. Теперь он сидит в тюрьме и **раскаивается**.
- В чём **раскаивается**?

- With pleasure.
- Sorry, there is no more coffee. Do you want some hot tea?
- Yes, please.
- Sorry, there is also no more tea. Do you want some hot sandwiches?
- Yes.
- Unfortunately, there is no bread. Do you want to listen to the radio?
- No, thank you.

### 4

- Please teach our son some good manners.
- Does he have bad manners?
- Yes. He smokes.
- Often?
- When he drinks.
- And does he drink often?
- When he loses a lot of money at the casino.

### 5

- Have you heard about the incident at the railway crossing?
- No. What happened there?
- A cargo van broke down and stopped right at the crossing. At that time a passenger train was passing. It hit the van. One passenger car overturned. People were injured.
- And is the van's driver still alive?
- He jumped out of the van just in time and ran away. The police are looking for him.

### 6

- Hello. How are you?
- Not bad, thank you. And how about you?
- Not bad either, thank you. Have you heard what happened to the president?
- What happened to him?
- He was arrested in a neighboring country and they brought him back. Now he is in prison and regrets it.
- What does he regret?
- He regrets that he ordered the prison

- В том, что приказал охранникам тюрем бить заключённых **резиновыми** палками.

7

- Почему ты такой грустный?
- Я **раскаиваюсь** во многих делах, что я сделал.
- Это **смешно**! Все рано или поздно начинают в чём-то **раскаиваться**. Но зачем так сильно грустить?
- Это не **смешно**. Жизнь проходит быстро, как песок **сквозь** пальцы. А я ещё там, где давно начал свой **путь**.
- Это значит, что у тебя ещё всё впереди. Будь **счастлив**, что это так!

*guards to beat prisoners with rubber batons.*

7

- *Why are you so sad?*
- *I regret many things that I have done.*
- *That's ridiculous! Everyone begins to regret something sooner or later. But why be so sad?*
- *It's not ridiculous. Life goes by fast, like sand through one's fingers. And I'm still at the point where I began my journey long ago.*
- *It means that everything is still ahead of you. Be happy that it is so!*

# 27

## Чёрное и Белое (Часть 1)
*Black and White (Part 1)*

 **A**

### Слова

1. авария - accident; во время аварии *(gen)* - during the accidents
2. аптека - pharmacy
3. более - more
4. виден *(masc)* - seen, visible; видеть *(inf)* - to see
5. видеокамера - video camera; несколько видеокамер *(gen plr)* - some video cameras
6. вход - an entrance; возле входа *(gen*

plr) - at the entrance

7. выраж_е_ние - expression; с п_о_мощью выраж_е_ния *(gen)* - with help of the expression

8. граб_и_тель - robber; граб_и_тельский *(masc)* - relating to robbery

9. Дав_а_й! *(imp sng)* - Bye! (informal, should be used with caution) Give!

10. д_о_за - a dose; пять доз *(gen plr)* - five doses

11. дотр_о_нулся *(past masc)* - touched; дотр_о_нуться *(inf)* - to touch

12. замолч_а_л *(past masc)* - fell silent; замолч_а_ть *(inf)* - to fall silent

13. з_е_ркало - a mirror

14. инвал_и_д - handicapped; инвал_и_дное кр_е_сло - a wheelchair

15. исп_у_ганно *(adv)* - fearfully, in a frightened way

16. Исч_е_зните! *(imp plr)* - Disappear! / Get lost! исч_е_знуть *(inf)* - to disappear

17. кат_и_л *(past masc)* - rolled; кат_и_ть *(inf)* - to roll

18. кол_е_но - a knee; кол_е_ни *(plr acc)* - knees

19. комп_а_ния - company

20. кор_и_чневый - brown; кор_и_чневым т_у_флем *(fem inst)* - with brown shoe

21. к_у_ртка - jacket; од_е_ть к_у_ртку *(acc)* - to put on a jacket

22. лом_а_ть *(inf)* - to break

23. микроф_о_н - microphone

24. монит_о_р - monitor, screen; монит_о_ры *(plr)* - monitors, screens

25. М_о_чись! *(imp sng)* - Urinate! Pee! моч_и_ться *(inf)* - to urinate, to pee

26. нагн_у_лся *(past masc)* - bent down; нагн_у_ться *(inf)* - to bend down

27. налож_и_л *(past masc)* - put, applied (something); налож_и_ть *(inf)* - to put, to apply (something)

28. наслажд_а_лся *(past masc)* - enjoyed; наслажд_а_ться *(inf)* - to enjoy

29. натян_у_л *(past masc)* - pulled (over smth); натян_у_ть *(inf)* - to pull (over smth)

30. нож - knife

31. обезб_о_ливающее *(noun acc)* - painkillers

32. одея_ло - blanket

33. окруж_и_ли *(past plr)* - surrounded; окруж_и_ть *(inf)* - to surround

34. Опл_а_тите! *(imp plr)* - Pay! опл_а_тить *(inf)* - to pay

35. орг_а_зм - orgasm

36. освобод_и_ть *(inf)* - to free

37. оставл_я_ете *(sec plr)* - leave; оставл_я_ть *(inf)* - to leave

38. останов_и_лись *(past plr)* - stopped; останов_и_ться *(inf)* - to stop

39. охр_а_на - guards; подкуп_и_ть охр_а_ну *(acc)* - bribe guards

40. пак_е_т - bag, package

41. Перев_я_жите! *(imp plr)* - Bandage! перев_я_зал *(past masc)* - bandaged; перев_я_зать *(inf)* - to bandage

42. переу_лок - alley, side street; в_о_зле переу_лка *(gen)* - near the alley

43. пл_а_стиковый *(masc)* - plastic

44. поб_е_г - escape (from prison)

45. пов_я_зка - bandage; налож_и_ть пов_я_зку *(acc)* - to put a bandage

46. подр_о_сток - teenager; подр_о_стки *(plr)* - teenagers

47. подход_я_ *(pres part)* - coming up to, approaching; подход_и_ть *(inf)* - to come up to, to approach

48. позв_о_лю *(ftr fst sng)* - (I) will allow; позв_о_лить *(inf)* - to allow

49. покат_и_л *(past masc)* - rolled; покат_и_ть *(inf)* - to roll

50. п_о_лностью *(adv)* - completely

51. получ_и_те *(imp plr)* - (you) will get ; получ_и_ть *(inf)* - to get

52. помещ_е_ние - room

53. помоч_и_лся *(past masc)* - urinated;

помочи́ться *(inf)* - to urinate
54. помо́чь - to help
55. попра́вил *(past masc)* - adjusted; попра́вить *(inf)* - to adjust
56. пресле́дуете *(sec plr)* - (you) follow; пресле́довать *(inf)* - to follow
57. приложи́л *(past masc)* - press to smth; приложи́ть *(inf)* - to press to smth
58. приходи́ть / прийти́ *(inf)* - to come
59. причи́на - a reason; не́сколько причи́н *(gen plr)* - some reasons
60. прохо́жий - passer-by; прохо́жие *(plr)* - passers-by
61. проце́нт - percent
62. пятимину́тный *(adj masc)* - five minute
63. пятно́ - a stain; пя́тна *(plr)* - stains
64. ра́ди - for, for the sake of
65. ра́дость - happiness; с ра́достью *(inst)* - gladly
66. ра́на - a wound
67. сбор - gathering; в сбо́ре - gathered together
68. Свяжи́! *(imp sng)* - Tie! связа́ть *(inf)* - to tie
69. сдам *(ftr fst sng)* - (I) will turn in; сдать *(inf)* - to turn in
70. скотч - Scotch tape; связа́ть ско́тчем *(inst)* - to tie with Scotch tape
71. слома́л *(past masc)* - broke; слома́ть *(inf)* - to break
72. служе́бное *(neut)* - service
73. Соглаша́йтесь! *(imp plr)* - agree; соглаша́ться *(inf)* - to agree
74. сопротивле́ние - resistance
75. со́тня - hundred; со́тни ты́сяч *(plr acc)* - hundreds of thousands
76. ссо́ра - a fight; устро́ить ссо́ру *(acc)* - to get into a fight
77. Стань! *(imp sng)* - Stand! Get! стать *(inf)* - to stand, to get
78. счита́я *(pres part)* - counting; счита́ть *(inf)* - to count
79. ту́фель - shoe; ту́флем *(inst)* - with a shoe
80. урони́л *(past masc)* - dropped; урони́ть *(inf)* - to drop
81. устро́ила *(past fem)* - got into, created (a situation); устро́ить *(inf)* - to get into, to create (a situation)
82. Учи́сь! *(imp sng)* - Learn! учи́ться *(inf)* - to learn
83. чуть - barely
84. эмо́ция - emotion; эмо́ции *(plr)* - emotions

## Чёрное и Бе́лое (Часть 1)

В одно́м ма́леньком переу́лке гру́ппа подро́стков устро́ила пья́ную ссо́ру с прохо́жим. Прохо́жий не хоте́л отдава́ть им свою́ су́мку с едо́й. Подро́стки окружи́ли прохо́жего. Они́ смея́лись и крича́ли. Оди́н из подро́стков доста́л нож. Прохо́жий сра́зу отда́л им свою́ су́мку. Пья́ные подро́стки на́чали есть еду́ из су́мки. Они́ не заме́тили, что к ним сза́ди подошёл полице́йский. Прохо́жий убежа́л. Полице́йский доста́л

## *Black and White (Part 1)*

*In a small alley, a group of teenagers got into a drunken fight with a passerby. The passerby didn't want to give them his bag of food. The teenagers surrounded the passerby. They were laughing and shouting. One of the teenagers took out a knife. The passerby immediately gave them the bag. The drunk teenagers began eating the food from the bag. They didn't notice that a policeman came up behind them. The*

пистолет.

«Приятного аппетита,» сказал полицейский, «Оплатите обед,» добавил он и направил пистолет на подростков. Подростки испуганно смотрели на полицейского, «У тебя десять секунд, чтобы оплатить обед,» сказал он подростку с ножом.

«У меня нет денег,» ответил подросток и спрятал нож.

«Также у тебя нет ума, хоть и есть нож,» ответил полицейский и улыбнулся, «Стань на колени,» сказал он подростку. Полицейскому нравилась эта ситуация. Он умел с помощью голоса и выражения лица ломать сопротивление людей, «Считаю до трёх и стреляю между глаз! Три!» подросток упал на колени, «Мочись на него,» приказал полицейский другому подростку тихо. Подросток помочился на того, который стоял на коленях. Полицейский внимательно смотрел на лица подростков, как хозяин смотрит на своих боевых собак. Он сломал их сопротивление, и они полностью подчинялись ему. Он наслаждался их эмоциями, их страхом. Он был уверен, что они теперь готовы полностью ему подчиниться и выполнить любой его приказ, «Исчезните,» сказал он чуть слышно и спрятал пистолет. Подростки быстро исчезли. Все кроме одного. Этот подросток подошёл к полицейскому и протянул ему деньги.

«Сколько?» поинтересовался полицейский.

«Я продал двенадцать доз,» ответил подросток.

«Почему так мало, Кент?» возмутился полицейский, считая деньги, «Учись работать быстрее. Давай,» сказал он подростку и тот быстро ушёл. Полицейский вышел из переулка и сел в свою машину. Он проехал один квартал и

*passerby fled. The policeman took out his gun.*

*"Bon Appetit," the policeman said, "Now pay for the lunch," he added, and pointed the gun at the teenagers. The teenagers looked fearfully at the policeman.*

*"You have ten seconds to pay for the lunch," he told the teenager with the knife.*

*"I have no money," the teenager replied and hid the knife.*

*"You also don't have any brains, even though you have a knife," the policeman said and smiled, "Get down on your knees," he said to the teenager. The policeman liked this situation. He knew how to break people's resistance with his voice and facial expressions. "I'll count to three and shoot you between the eyes! Three!" the teenager fell to his knees, "Urinate on him," the police officer told another teenager quietly. The teenager urinated on the one who was on his knees. The policeman looked attentively at the teenagers' faces, the way a master looks at his fighting dogs. He broke their resistance, and they obeyed him completely. He enjoyed their emotions, their fear. He was sure that they were now ready to fully obey him and follow any of his orders. "Get lost," he said so quietly one could barely hear, and hid the gun. The teenagers quickly disappeared. All except one. That teenager went up to the policeman, and handed him some money.*

*"How much?" the policeman asked.*

*"I sold twelve doses," the teenager replied.*

*"Why so little, Kent?" the policeman protested, counting the money, "Learn to work faster. Bye," he told the teenager and the teenager quickly left. The policeman walked out of the alley and got into his car. He drove one block and stopped at the intersection.*

*On the other side, Stravinsky was rolling a*

остановился на перекрёстке.

С другой стороны Стравинский катил инвалидное кресло по тротуару. В кресле сидел Рост. Они остановились на светофоре и ждали зелёный свет. Стравинский посмотрел в сторону и заметил полицейскую машину, стоящую на перекрёстке. Полицейский смотрел на них. Стравинский нагнулся к Росту и поправил ему одеяло на ногах. Загорелся зелёный свет, и полицейская машина медленно проехала через перекрёсток и уехала. Стравинский покатил инвалидное кресло через перекрёсток и дальше по тротуару. Прохожие не обращали на них внимания. Но если бы кто-то из прохожих посмотрел внимательно на тротуар, то увидел бы пятна крови, которые они оставляли после себя. Один водитель был более внимательный. Он вышел из машины и прошёл на тротуар. Он дотронулся до капель крови своим коричневым туфлем и посмотрел вслед этим двум людям. Затем сел в свою машину и поехал вперёд. Настала ночь. В одной аптеке продавец лежал на полу. Но он не спал, а смотрел на человека, который сидел на стуле. Руки продавца были связаны за спиной скотчем. Стравинский сидел на стуле и рассматривал в зеркале свою рану на плече. Рана была лёгкая. Рост наложил ему повязку.

«Мне нужно найти деньги,» сказал Стравинский, «Моему сыну нужна дорогая операция. А что насчёт твоего дела? Какое дело, Павел, стоит наказания за побег? Я хочу помочь тебе с твоим делом, если смогу,» предложил Росту Стравинский.

«Мой друг сидит в тюрьме. Я хочу освободить её,» ответил Павел.

«Это женщина?» поинтересовался Стравинский.

«Да. Она сидит в тюрьме Меззех. Это

*wheelchair down the sidewalk. Rost sat in the chair. They stopped at a traffic light and waited for the green light. Stravinsky looked to one side and saw the police car stopped at the intersection. The policeman looked at them. Stravinsky bent down to Rost and adjusted the blanket over his legs. The light turned green, and the police car moved slowly through the intersection and drove away. Stravinsky rolled the wheelchair through the intersection and further down the sidewalk. The passersby didn't pay any attention to them. But if one of the passersby had looked closely at the pavement, he would have seen the blood spots that they had left behind. One driver was more attentive. He got out of the car and walked to the sidewalk. He touched the blood drops with his brown shoe and looked after these two people. Then he got into his car and drove on.*

*Night fell. In one pharmacy, the sales clerk lay on the floor. But he wasn't asleep; he was looking at a man who was sitting in a chair. The sales clerk's hands were tied behind his back with scotch tape.*

*Stravinsky sat on a chair and examined the wound on his shoulder in a mirror. The wound was slight. Rost put a bandage over it.*

*"I need to find some money," Stravinsky said, "My son needs an expensive operation. What about your business? What kind of business is worth the punishment for an escape, Paul? I want to help you with your business, if I can," Stravinsky offered to Rost.*

*"My friend is in jail. I want to free her," Paul replied.*

*"Is it a woman?" Stravinsky inquired.*

*"Yes. She is in the Mezzeh prison. It's very far away, in Syria," Rost said.*

*"I want to help you, Paul. But... How are*

238

очень далеко, в Сирии,» сказал Рост.

«Я хочу помочь тебе, Павел. Но.. как ты собираешься сделать это?» не понимал Стравинский.

«При помощи денег. Можно подкупить охрану..» сказал Рост.

«У тебя есть деньги?» спросил Стравинский.

«Нет. Но я думаю, что смогу взять несколько миллионов в одном банке,» объяснил Рост.

«Ты собираешься ограбить банк?» сказал Стравинский.

«Я знаю одного человека, который с радостью это сделает,» ответил Рост, «Посмотри сюда,» добавил он.

Стравинский встал и подошёл к Росту. Он посмотрел на мониторы видеокамер, которые показывали оба входа в аптеку. На одной из камер был виден человек. Он натянул на голову куртку и поднял руку. Потом опустил куртку вниз и опять натянул её на голову и поднял руку снова.

«Что это он делает?» спросил Стравинский, «Я уже где-то его видел. Кто это?»

«Это Иван Вега. Он тренируется. Хочет ограбить эту аптеку,» объяснил Павел, «Здесь есть микрофон,» сказал он и нажал кнопку микрофона. Человек опять натянул на голову куртку и поднял руку: «Это ограбление! Деньги в сумку!» кричал он.

«Сейчас зайдёт. Стань за прилавок,» сказал Рост Стравинскому.

Дверь аптеки открылась, и человек зашёл. Он увидел, что в аптеке нет покупателей. Тогда он натянул на голову куртку и поднял руку с пистолетом.

«Это ограбление! Деньги в сумку!» закричал он, подошёл к прилавку и бросил на него пластиковый пакет. Стравинский поднял голову и посмотрел на грабителя. Тот узнал Стравинского и от

you going to do this?" Stravinsky could not understand.

"With the help of some money. I could bribe the guards..." Rost replied.

"Do you have money?" Stravinsky asked.

"No. But I think I could get a few million from one bank," Rost explained.

"Are you planning to rob a bank?" Stravinsky inquired.

"I know one person who would be happy to do it," Rost said, "Look over here," he added.

Stravinsky got up and walked up to Rost. He looked at the camera monitors that showed both entrances to the pharmacy. A man was visible on one of the cameras. He pulled his jacket over his head and raised his hand. Then he dropped his jacket down and pulled it back over his head and raised his hand again.

"What is he doing?" Stravinsky asked, "I've even seen him somewhere. Who is it?"

"This is John Vega. He is practicing. He wants to rob this pharmacy," Paul explained, "There is a microphone here," he said and pressed the microphone button. The man pulled his jacket over his head again and raised his hand: "This is a robbery! Put the money in the bag!" he shouted.

"He's coming in. Stand behind the counter," Rost said to Stravinsky.

The pharmacy door opened and a man came in. He saw that there were no customers in the pharmacy. Then he pulled his jacket over his head and raised a hand with a gun.

"This is a robbery! Put the money in the bag!" he shouted, walked up to the counter and threw down a plastic bag. Stravinsky raised his head and looked at the robber. The robber recognized Stravinsky and took a few steps back in surprise.

неожиданности сделал несколько шагов назад.

«Извините, господин менеджер,» услышал грабитель и повернул голову. Павел Рост стоял, направив пистолет ему в голову: «Вы не подскажете, какие эмоции чувствует человек, когда грабит банк, которым он управляет?» спросил Рост и опустил куртку с головы грабителя. Иван Вега с удивлением смотрел на Роста. Рост добавил: «Я уверен, что пятиминутный оргазм - это одна из причин, ради которой Вы грабите банк, которым управляете, не так ли Иван?»

«Рост? Зачем Вы всё время преследуете меня? Что Вам от меня нужно?» Вега сел на пол, «Пожалуйста, перевяжите мне руку и у меня очень болит здесь,» добавил он и показал на свой живот. Только сейчас Рост заметил, что Вега был тоже ранен. Вега лёг на пол, и они поняли, что он был сильно ранен во время аварии. Стравинский перевязал руку Веге и дал ему обезболивающее. Рост сел рядом на пол.

«Как Ваш сын?» спросил Рост Стравинского.

«Ему сделали маленькую операцию. Но она не помогла,» ответил Стравинский, «Большая операция стоит сотни тысяч,» он поправил свою одежду, «Врачи дали три месяца. У меня есть три месяца, чтобы найти деньги,» сказал Стравинский и замолчал. Вега стал медленно приходить в себя. Он открыл глаза и посмотрел вокруг.

«Рост? Зачем Вы преследуете меня?» спросил Вега, «Что Вам от меня нужно?»

«Нам нужно чтобы Вы ограбили свой банк ещё раз. Вы два раза уже его грабили. Третий раз будет для Вас просто детская игра. Получите тридцать процентов,» предложил Рост.

«Я получу пятьдесят процентов! Потому что это мой банк!» возмутился Вега.

*"Excuse me, Mr. Manager," the robber heard and turned his head. Paul Rost stood pointing a gun at his head, "Could you tell me, what emotions does a person feel when he robs a bank that he himself manages?" Rost asked and lowered his hand from the robber's head. John Vega looked at Rost in surprise. Rost added: "I'm sure that the five-minute orgasm is one of the reasons for robbing a bank that you manage. Isn't it so, John?"*

*"Rost? Why are you always following me? What do you want from me?" Vega sat down on the floor, "Please bandage my hand, and it hurts very badly here," he added, pointing to his stomach. Only then Rost noticed that Vega was also wounded. Vega lay down on the floor, and they realized that he had been badly injured during the accident. Stravinsky bandaged Vega's hand and gave him painkillers. Rost sat down next to him on the floor.*

*"How is your son?" Rost asked Stravinsky. "He had a small operation, but it didn't help," Stravinsky replied, "A big operation costs hundreds of thousands," he straightened his clothes, "The doctors gave him three months. I have three months to find the money," Stravinsky said and fell silent. Vega recovered slowly. He opened his eyes and looked around:*

*"Rost? Why are you following me?" Vega said, "What do you want from me?"*

*"We need you to rob your bank again. You robbed it twice already. The third time will be simply child's play for you. You'll get thirty percent," Rost suggested.*

*"I'll get fifty percent! Because it's my bank!" Vega protested.*

*"It was yours," Rost looked at Stravinsky for support, "Okay, thirty-five percent. Agree to it or I'll turn you in to the police for an armed robbery of a pharmacy!" he*

«Был Ваш,» Рост посмотрел на Стравинского для поддержки, «Ладно, тридцать пять процентов. Соглашайтесь или я сейчас сдам Вас в полицию за вооружённое ограбление аптеки!» потребовал он.

«Это грабительский процент! И я не позволю грабить банк, которым я управляю!» Вега посмотрел на них, «Вы не оставляете мне выбора!» он положил голову на пол, «Я согласен.»

В этот момент дверь аптеки открылась, и в аптеку зашёл полицейский, который утром видел Роста и Стравинского на перекрёстке. Стравинский стал к прилавку. Вега и Рост тихо спрятались в служебной комнате. Полицейский медленно прошёл к прилавку. Он внимательно смотрел вокруг.

«Добрый вечер. Желаете что-нибудь?» спросил Стравинский.

Полицейский не ответил. Он внимательно всё осматривал. Затем приложил палец к губам, достал пистолет и направил его на Стравинского.

«Дай мне таблетки от головы,» ответил полицейский, тихо подходя к двери в служебное помещение. Он ударом ноги открыл дверь и Рост, который стоял возле двери, упал на пол и уронил пистолет.

«На колени!» закричал полицейский. Рост и Вега стали на колени. Полицейский направил пистолет на Стравинского, «Стань сюда! На колени!» Тот тоже стал на колени. Полицейский поднял с пола пистолет Роста.

«Вся компания в сборе,» полицейский внимательно посмотрел каждому в глаза, «Ты!» он указал на Вегу, «Свяжи им обоим руки,» потребовал он.

Вега сделал то, что потребовал полицейский. Затем полицейский связал руки Веге.

demanded.

"This percentage is sheer robbery! And I won't allow you to rob a bank that I manage!" Vega looked at them, "You leave me no choice!" he laid his head on the floor, "I agree."

At that moment the door of the pharmacy opened and the policeman who saw Rost and Stravinsky that morning at the intersection came in. Stravinsky stood at the counter. Vega and Rost quietly hid in the service room. The policeman slowly walked toward the counter. He looked around attentively.

"Good evening. Would you like something?" Stravinsky asked.

The policeman did not answer. He examined everything attentively. Then he pressed a finger to his lips, took out a gun and pointed it at Stravinsky.

"Give me some headache pills," the policeman replied, quietly walking to the door of the service room. He kicked open the door and Rost, who was standing near the door, fell to the ground and dropped his gun.

"On your knees!" the policeman shouted. Rost and Vega got on their knees. The policeman pointed the gun at Stravinsky, "Stand over there! On your knees!" He also got on his knees. The policeman picked up Rost's gun.

"The whole company is gathered together," the policeman looked each of them in the eye, "You!" he pointed to Vega, "Tie both of their hands," he demanded.

Vega did what the policeman had demanded. Then the policeman tied Vega's hands.

# C

## Проверь Новые Слова

### 1

- Вы не знаете, сегодня ещё июнь или уже июль?
- Сегодня тридцатое июня. Завтра первое июля.
- Вы не подскажете, где находится ближайшая автобусная остановка?
- Идите туда. Идти примерно две минуты пешком.
- Спасибо.
- Не за что.

### 2

- На прошлой неделе возле **аптеки** произошла **авария**. Легковой автомобиль врезался в аптекарскую машину прямо возле входа в **аптеку**.
- Есть раненые?
- Раненых нет, но из аптекарской машины исчезли **пакеты**. Говорят, в **пакетах** наркотики.

### 3

- Вчера два **грабителя** ограбили банк на центральной улице.
- Их арестовали?
- Ограбление было записано на **видеокамеру**. И полиция узнала в одном из **грабителей** работника этого банка.
- Они были не в масках?
- В масках. Но этот захотел **помочиться** на менеджера банка. И когда он это делал, маска упала у него с головы.
- Его арестовали?
- Ещё нет. Говорят, что он и другой **грабитель** исчез.
- Много денег они взяли?
- Быстро приехала **охрана** и начала стрелять. Они не взяли ничего. Но оба ранены.

## New Vocabulary Review

### 1

- Could you tell me, is today still June or is it July already?
- Today is June thirtieth. Tomorrow is July first.
- Could you tell me, where is the closest bus stop?
- Walk that way. Walk for about two minutes and you'll be there.
- Thank you.
- You're welcome.

### 2

- Last week, there was an accident near the pharmacy. A car crashed into a pharmacy van right next to the pharmacy entrance.
- Was anyone injured?
- There were no injured, but some packages disappeared from the pharmacy van. They say that there were drugs in the packages.

### 3

- Yesterday, two robbers robbed a bank on the main street.
- Were they arrested?
- The robbery was recorded by a video camera. The police recognized one of the bank robbers as a bank employee.
- They weren't wearing masks?
- They wore masks. But that one wanted to urinate on the bank manager. And when he did that, the mask fell off his head.
- Was he arrested?
- Not yet. They say that he and the other robber disappeared.
- Did they take a lot of money?
- The guards arrived quickly and started shooting. They didn't take anything, but both of them were injured.

### 4

- That man has a frightened expression.

242

## 4

- У этого человека **испуганное выражение** лица.
- Конечно. Его жена родила ему тройню.
- Тогда он должен радоваться.
- В такой ситуации вначале любой мужчина испугается. Радоваться он будет потом.

## 5

- Говорят, если **дотронуться** до **зеркала** в двенадцать часов ночи, то можно увидеть в **зеркале** вампира.
- Неправда! Я **дотрагивался** и увидел только какую-то странную обезьяну.
- **Дотрагиваться** и смотреть в **зеркало** нужно сзади. А ты с какой стороны смотрел - сзади или спереди?
- Я спереди. Интересно, что это значит, если увидел обезьяну в **зеркале**?
- У женщины это значит, что скоро она пойдёт в салон красоты. А у мужчины это ничего не значит. Для них это нормально.

## 6

- Дорогой, ты закрыл входную дверь на ключ, когда мы уходили из дома?
- Не помню. Не мешай мне **наслаждаться** кино, дорогая.
- Ты **наслаждаешься**, а я волнуюсь. Я, по-моему, не выключила утюг.
- Ты уверена?
- Да, и оставила окно открытым.
- Надо идти домой.
- Пошли быстрее, дорогой. Чтобы не было проблем.

## 7

- Чей этот **пластиковый пакет**?
- Не мой. Может Ваш?
- Нет, не мой. Может там бомба?
- Сейчас посмотрю. Бомбы тут нет. Тут **микрофон** и скрытая **видеокамера**.

## 8

- Смотри, дорогой, окна закрыты, и дым не идёт. Значит, я выключила утюг и закрыла окно.

- *Of course. His wife gave birth to triplets.*
- *In that case, he should be happy.*
- *In that situation, any man would be frightened at first. He will be happy later.*

## 5

- *They say that if you touch a mirror at midnight, you can see a vampire in the mirror.*
- *Not true! I touched it and saw only some kind of a strange monkey.*
- *You have to touch and look in the mirror from the back. Which side did you look from—the back or the front?*
- *I looked from the front. I wonder, what does it mean if I saw a monkey in the mirror?*
- *For a woman it means that she will go to a beauty parlor soon. And for a man, it means nothing. For them it's normal.*

## 6

- *Darling, did you lock the front door when we left the house?*
- *I don't remember. Don't bother me and let me enjoy the movie, dear.*
- *You're enjoying it, and I worry. I think that I didn't shut off the iron.*
- *Are you sure?*
- *Yes, and I left the window open.*
- *We have to go home.*
- *Come quickly, dear. So we won't have any problems.*

## 7

- *Whose plastic bag is this?*
- *Not mine. Could it be yours?*
- *No, it isn't mine. Maybe there is a bomb inside?*
- *I'll take a look. There is no bomb here. There is a microphone and a hidden video camera.*

## 8

- *Look, dear, the windows are closed, and there is no smoke coming out. It means that I turned off the iron and closed the window.*

- И входная дверь закрыта на ключ. Зря приехали. Можно было **наслаждаться** фильмом.
- А что там шумит на кухне?
- Пошли, посмотрим.
- Смотри. Здесь воды по **колено**. Я забыла закрыть воду!

9

- Смотри! Здесь произошла **авария**!
- У человека в машине сильно идёт кровь. Надо достать его оттуда и **наложить повязку**.
- Надо дать ему **обезболивающее**. У нас в автомобильной аптечке есть.
- Я дам. Быстро вызывай скорую помощь и полицию.

- *And the front door is locked. We came for no nothing. We could have enjoyed the film.*
- *And what about the noise in the kitchen?*
- *Come on, let's see.*
- *Look. There is water up to our knees. I forgot to turn off the water!*

9

- *Look! There was an accident here!*
- *The man in the car is bleeding heavily. We must get him out of there and put a bandage on his wounds.*
- *We have to give him painkillers. We have them in the first aid kit in the car.*
- *I'll give them to him. Quickly, call an ambulance and the police.*

# 28

## Чёрное и Белое (Часть 2)
*Black and White (Part 2)*

 **A**

### Слова

1. бедн**я**к - poor person; помог**а**ть бедняк**а**м *(plr dat)* - to help poor people
2. безоп**а**сность - safety
3. бес**е**да - conversation; бес**е**ду *(acc)*
4. бок - a side (of a person)
5. встреч**а**лись *(past plr)* - met; встреч**а**ться *(inf)* - to meet
6. в**ы**брали *(past plr)* - chose; в**ы**брать *(inf)* - to choose
7. в**ы**ключил *(past masc)* - turned off; в**ы**ключить *(inf)* - to turn off
8. ж**а**дный - greedy; ж**а**дные *(plr)* - greedy
9. жел**е**зный - iron; от жел**е**зной дор**о**ги *(gen fem)* - from railway
10. застон**а**л *(past masc)* - began to groan; застон**а**ть *(inf)* - to begin to groan
11. извин**и**те *(imp plr)* - excuse me;

извинить *(inf)* - to excuse, to forgive

12. люб**и**мая - favorite; люб**и**мую *(acc fem)*
13. местоположение - location
14. наёмный - hired; несколько наёмных солдат / наёмников *(acc plr)* - some mercenaries
15. нарк**о**тик - drug; нарк**о**тики *(plr)* - drugs
16. неприятный - unpleasant; с неприятной улыбкой *(inst fem)* - with an unpleasant smile
17. обд**у**мывал *(past masc)* - thought about; обд**у**мывать *(inf)* - to think about
18. опуст**и** *(imp sng)* - put down; опуст**и**ть *(inf)* - to put down
19. остан**а**вливаясь *(pres part)* - stopping; остан**а**вливаться *(inf)* - to stop
20. отраб**о**тал *(past masc)* - worked off; отраб**о**тать *(inf)* - to work off
21. отруб**и**ли *(past plr)* - chopped off; отруб**и**ть *(inf)* - to chop off; отруб**и**ть голову - to behead
22. офис - office
23. очередь - a line
24. Подним**и**! *(imp sng)* - Raise! подн**я**ть *(inf)* - to raise
25. Полож**и**! *(imp sng)* - Put down! полож**и**ть *(inf)* - to put down
26. Послушайте! *(imp plr)* - Listen! послушать *(inf)* - to listen
27. посл**ы**шался *(past masc)* - was heard; посл**ы**шаться *(inf)* - to be heard
28. простон**а**л *(past masc)* - groaned; простон**а**ть *(inf)* - to groan
29. развяз**а**л *(past masc)* - untied; развяз**а**ть *(inf)* - to untie
30. разд**а**ли *(past plr)* - distributed; разд**а**ть *(inf)* - to distribute
31. расстегн**у**л *(past masc)* - unbuttoned; расстегн**у**ть *(inf)* - to unbutton
32. рискн**у**ть *(inf)* - to risk, to take a risk
33. с**и**дя *(pres part)* - sitting; сид**е**ть *(inf)* - to sit
34. специ**а**льный *(masc)* - special
35. ст**и**хло *(past neut)* - grew quiet; ст**и**хнуть *(inf)* - to grow quiet
36. странно *(adv)* - strange
37. тер**я**ть *(inf)* - to lose
38. уп**ё**рся *(past masc)* - came up against ; упер**е**ться *(inf)* - to come up against
39. управл**я**ющий *(masc)* - manager, the head of
40. успок**о**иться *(inf)* - to calm down
41. уч**а**ствовать *(inf)* - to participate

# B

## Чёрное и Б**е**лое (Часть 2)

Пот**о**м полицейский сел и закур**и**л. Он сид**е**л, смотр**е**л на них и кур**и**л. Зат**е**м он улыбн**у**лся неприятной ул**ы**бкой. Он что-то обд**у**мывал.

«Где продав**е**ц?» поинтересов**а**лся полицейский п**о**сле п**а**узы. Под прил**а**вком посл**ы**шался как**о**й-то звук. Полицейский загл**я**нул под прил**а**вок и оп**я**ть улыбн**у**лся. Он снял продавц**у** апт**е**ки скотч со рта.

## *Black and White (Part 2)*

*Then the policeman sat down and lit a cigarette. He was sitting, looking at them, and smoking. Then he smiled an unpleasant smile. He was thinking about something.*

*"Where is the sales clerk?" the policeman inquired after a pause. There was a sound under the counter. The policeman looked under the counter and smiled again. He*

«Где наркотики?» спросил он продавца.
«В этой аптеке нет наркотиков,» ответил продавец, «Наркотики есть только в специальных аптеках.»
«Кто стрелял в продавца?» спросил полицейский.
«В него никто не стрелял,» ответил Стравинский. Полицейский взял какой-то пакет, приложил его к продавцу и выстрелил сквозь него из пистолета, который Стравинский забрал у полицейского в перевёрнутой машине. Продавец застонал.
«Ящик десять в коричневом шкафу,» простонал продавец, «Не убивайте меня.»
«Это они выбрали тебя, а не я,» полицейский достал свой телефон, «Кент, я в аптеке, которая возле автостоянки. Давай сюда, быстро! Даю тебе две минуты,» затем он подошёл к коричневому шкафу, нашёл ящик номер десять и стал доставать оттуда пакеты.
«Таблетки от головы не в этом ящике,» сказал человек в коричневых туфлях, который тихо подошёл к нему сзади, «В моём пистолете семь таблеток для твоей головы. Они помогут сразу.»
Полицейский остановился и медленно повернул голову. Человек в коричневых туфлях направил на него пистолет:
«Хочешь попробовать?» предложил он.
«Ашур?» удивился Рост, «Как ты нас нашёл?»
«Ваша кровь по всему тротуару от железной дороги до аптеки. Странно, что полиция ещё не здесь,» объяснил Ашур.
«А этот полицейский?» сказал Вега.
«У этого здесь свой собственный интерес,» ответил Ашур, «Правда? Ты же плохой полицейский?» спросил Ашур полицейского.
«Через пять минут здесь будет вся полиция города,» сказал полицейский, «Опусти

took the Scotch tape off the pharmacy sales clerk's mouth.
"Where are the drugs?" he asked the sales clerk.
"There are no drugs in this pharmacy," the sales clerk said, "There are drugs only in special pharmacies."
"Who shot the sales clerk?" the policeman asked.
"No one shot him," Stravinsky said. The policeman took some kind of bag, pressed it to the sales clerk and shot through it with the gun that Stravinsky took from policeman in the overturned car. The sales clerk began to groan.
"Box number ten in the brown closet," the sales clerk groaned, "Don't kill me."
"They were the ones who chose you. Not me," the policeman took out his phone, "Kent, I'm at the pharmacy near the parking lot. Come here, quickly! I give you two minutes." Then he went to the brown closet, found box number ten and began to take out packages.
"The headache pills are not in this box," said a man in brown shoes who walked up quietly behind him, "In my gun, there are seven headache pills. They will help right away."
A policeman stopped and turned his head slowly. The man in the brown shoes pointed the gun at him: "Want to try them?" he offered.
"Ashur?" Rost was surprised, "How did you find us?"
"Your blood is all over the sidewalk from the railroad to the pharmacy. It's strange that the police aren't here yet," Ashur explained.
"What about this policeman?" Vega said.
"This one has his own interests here," Ashur replied, "Right? You're a bad policeman, aren't you?" Ashur asked the

пистолет и отдай его мне,» добавил он и протянул руку, «Тогда у тебя не будет никаких проблем.»

«Подними руки и стань на колени!» закричал Ашур, «Или сейчас получишь пару таблеток!»

«Ты очень нервничаешь,» спокойно произнёс полицейский, «Ты должен успокоиться. Я тебя знаю. Мы уже встречались, правда? Твоё сопротивление тебе не поможет. Здесь я закон. Сейчас я власть,» он посмотрел на каждого человека в аптеке по очереди, «Плохой или хороший, я гарантирую вам всем безопасность. Положи пистолет и отойди на три шага назад. Тогда у тебя будет только маленькая проблема,» полицейский говорил тихо, не останавливаясь, и подходил ближе и ближе к Ашуру, «Если ты этого не сделаешь, то у тебя будут большие проблемы. У всех, кто мне сопротивлялся, были большие проблемы.»

«Подними руки и стань на колени!» повторил Ашур тихо.

«Не надо сопротивляться. Просто отдай мне пистолет и всё кончится хорошо для всех,» всё время повторял полицейский. Ашур отходил назад пока не упёрся спиной в стену. Полицейский подходил ближе и ближе и говорил спокойно и медленно. Ашур немного опустил пистолет. В этот момент дверь аптеки открылась, и в аптеку вошёл Кент. Ашур посмотрел на подростка. Полицейский одной рукой быстро схватил свой пистолет, а другой выключил свет. Полицейский и Ашур начали стрелять друг в друга. В темноте только грохот и вспышки от выстрелов указывали их местоположение и направление, в котором они стреляли. Через четыре или пять секунд всё стихло. Вега включил свет. Полицейский и Ашур оба лежали на полу и

policeman.

"In five minutes, the city's entire police force will be here," the policeman said, "Put the gun down and give it to me," he added and reached out his hand, "Then you won't have any problems."

"Raise your hands and get down on your knees!" Ashur shouted, "Or you'll get a couple of pills right now!"

"You are very nervous," the policeman said quietly, "You have to calm down. I know you. We have already met, right? Your resistance won't help you. I am the law here. Now I am the power," he looked at each person in the pharmacy one after another, "Good or bad, I guarantee safety to all of you. Put down the gun and move three steps back. Then you will have only a small problem." The policeman spoke quietly, without stopping, and came closer and closer to Ashur, "If you don't do that, you will have big problems. Everyone who had resisted me had big problems."

"Raise your hands and get down to your knees!" Ashur repeated quietly.

"Don't resist. Just give me the gun, and all will end well for everyone," the policeman kept repeating.

Ashur kept moving back until his back came up against the wall. A policeman came closer and closer and spoke calmly and slowly. Ashur slightly lowered the gun. Just then the door of the pharmacy opened and Kent entered the pharmacy. Ashur looked at the teenager. The policeman quickly grabbed his gun with one hand and turned off the lights with the other. The policeman and Ashur started shooting at each other. In the dark, only the din and the flashes of the shots pointed to their location and the direction in which they were fired. After four or five seconds everything grew quiet. Vega turned on the

не двигались. Под каждым их них была кровь на полу. Кента не было в аптеке. Вега подошёл к полицейскому на полу и внимательно посмотрел на него. Потом он развязал руки Росту и Стравинскому. Рост подошёл к Ашуру и расстегнул ему одежду. Под одеждой был бронежилет. Ашур начал приходить в себя. Он был ранен в руку. Он повернулся на бок и сел на полу. Стравинский наложил ему повязку.

«Знаешь, Павел,» посмотрел Ашур на Роста, «Мой отец заставил меня помочь тебе. Но ты создаёшь всё больше и больше проблем себе и всем вокруг. Если бы я знал раньше, что ты не контролируешь ситуацию, я бы не стал говорить тебе о Пандоре,» сказал Ашур, и положил свой пистолет в карман, «Я думаю, у нас не больше пяти минут, чтобы уйти отсюда до приезда полиции. Моя машина на улице.»

Они не стали терять времени и быстро уехали. Иван Вега, сидя в машине, долго смотрел на Ашура. Наконец он заговорил.

«Пётр Ашур, можно задать тебе один маленький вопрос?» наконец сказал он.

«Иван, ты хочешь задать мне маленький вопрос о больших деньгах?» ответил Ашур вопросом на вопрос.

«Именно! Где мои четыре миллиона долларов, которые я взял из собственного банка?!» закричал Вега, «Четыре миллиона долларов, из-за которых мне чуть не отрубили руку в Азии! Из-за которых в меня стреляли в Ливии солдаты Пандоры, которых она наняла на мои деньги! Деньги, из-за которых меня посадили в тюрьму! И из-за которых я потерял свою любимую работу, Ашур!!»

Ашур остановил машину недалеко от банка Империал. Он посмотрел на Вегу долгим взглядом.

«Мне очень жаль, Иван, что ты потерял

light. The policeman and Ashur both lay on the floor and didn't move. There was blood on the floor under each of them. Kent wasn't in the pharmacy. Vega went up to the policeman on the floor and carefully looked at him. Then he untied Rost's and Stravinsky's hands. Rost came up to Ashur and unbuttoned his clothes. A bulletproof vest was under his clothes. Ashur began to recover. His arm was wounded. He rolled to his side and sat up on the floor. Stravinsky put a bandage over his wound.

"You know, Paul," Ashur looked at Rost, "My father made me help you, but you are creating more and more problems for yourself and everyone around you. If I had known earlier that you are not in control of the situation, I wouldn't have told you about Pandora," Ashur said and put his gun in his pocket, "I think that we have no more than five minutes to get out of here before the police arrive. My car is outside."

They lost no time and left quickly. Sitting in the car, John Vega looked at Ashur for a long time. Eventually he began to speak.

"Peter Ashur, can I ask you one small question?" he finally said.

"John, do you want to ask me a small question about big money?" Ashur replied with a question.

"Exactly! Where are my four million dollars, that I took from my own bank?" Vega shouted, "Four million dollars, because of which my hand was nearly cut off in Asia! Because of which I was shot at in the Libya by Pandora's soldiers, whom she hired with my money! The money because of which I was put in jail! And because of which I lost my favorite job, Ashur!"

Ashur stopped the car near the Imperial Bank. He gave Vega a long look.

свою работу. Мы эти деньги раздали беднякам Ливии, которым мы хотели дать свободу,» объяснил Ашур.

«Наёмных солдат ты называешь бедняками Ливии?» возмутился Вега, «Но ведь я тоже хотел в этом участвовать! Я тоже хотел дать свободу беднякам Ливии! Я респектабельный управляющий банком согласился рискнуть всем из-за бедняков Ливии! Но ты и Пандора обманули меня! Вы захотели взять себе всё! Ты и Пандора оба жадные и мерзкие негодяи, Пётр Ашур!»

«Извините, что я перебиваю Вашу беседу, господин менеджер» сказал Рост, «Но мы уже возле Вашего банка. Время заходить в банк.»

«Никуда я не пойду!» закричал Вега, «Пусть Ашур вернёт мне мои деньги!»

«Послушайте, Вега,» снова обратился к нему Ашур, «Я вытащил вас из аптеки. Тот полицейский убил бы вас всех ради наркотиков! Ваша жизнь стоит четырёх миллионов долларов?» он посмотрел на Вегу, «Я отработал эти деньги, не так ли?» Вега ничего не ответил. Он сидел и смотрел в окно автомобиля.

«Иван, время идёт. Через пол часа большую часть денег увезут из банка в центральный офис,» сказал Рост. Но Вега ничего ему не ответил.

"I'm sorry, John, that you lost your job. We have distributed the money among the poor of Libya, to whom we wanted to give freedom," Ashur explained.

"You call hired soldiers the poor of Libya?" Vega protested, "But I also wanted to participate in it! I also wanted to give freedom to the poor of Libya! I, a respectable bank manager, agreed to risk everything for the poor of Libya! But you and Pandora cheated me! You wanted to take everything for yourself! You and Pandora are both greedy and disgusting scoundrels, Peter Ashur!"

"I'm sorry to interrupt your conversation, Mr. Manager," Rost said, "But we are already near your bank. Time to go into the bank."

"I'm not going anywhere!" Vega shouted, "Ashur should give me back my money!"

"Listen, Vega," Ashur turned to him again, "I got you out of the pharmacy. That policeman would have killed you all for the drugs! Is your life worth four million dollars?" he looked at Vega, "I worked off that money, didn't I?"

Vega didn't reply. He sat and looked out the car window.

"John, the clock is ticking. In half an hour, they will take away most of the money from the bank to the central office," Rost said. But Vega did not reply.

# C

## Проверь Новые Слова

### 1

- Премьер-министр, Вы не знаете, сейчас июнь или июль?
- Сегодня уже первое августа, господин президент. Мы сидим в тюрьме уже неделю.
- Время летит. Скоро **лето** закончится и

## New Vocabulary Review

### 1

- Prime Minister, could you tell me, is it June or July?
- Today is already August first, Mr. President. We've been in prison for a week already.

начнётся **осень**. Кстати, Вы не подскажете, что сегодня будет на завтрак?

- Завтрак в тюрьме дают только по воскресеньям. Вы забыли?

- Да нет, не забыл. И какой идиот придумал это правило?

- Это Ваша идея, господин президент.

### 2

- Почему люди такие **жадные**? Особенно **бедняки**.

- Не знаю, господин президент. Почему Вы спрашиваете?

- **Бедняки** всегда что-то требуют. Они требуют школы, больницы, большую зарплату.

- Да-да, **бедняки** очень **жадные**, господин президент.

- Например, я никогда и ничего не требую. Кстати, премьер-министр, Вы лежите на матрасе уже пол-часа. А у нас в камере только один матрас. Дайте мне тоже полежать!

### 3

- **Извините**, господин президент, здесь **очередь** на обед. Вы тоже должны стать в **очередь**.

- Послушай, заключённый, вот это - премьер-министр. Он станет в **очередь** вместо меня. Я пойду без **очереди**, потому что сегодня **раздают** мою **любимую** еду - рыбу!

- Я не заключённый. Я охранник. И у меня есть моя резиновая палка! Это **специальный** предмет чтобы **успокаивать** слишком умных заключённых.

- **Извините**, господин охранник. Я просто пошутил. Кто последний за рыбой?

### 4

- Какая армия более эффективная - обязательная или **наёмная**? Премьер-министр, как Вы думаете?

- Если против другой страны, то любая, господин президент. А если против своего

- *Time flies. Soon summer will be over and fall will start. By the way, could you tell me, what will we have for breakfast today?*

- *In prison, they give you breakfast only on Sundays. Have you forgotten?*

- *No, I haven't forgotten. What kind of an idiot would come up with such a rule?*

- *It's your idea, Mr. President.*

### 2

- *Why are people so greedy? Especially the poor.*

- *I don't know, Mr. President. Why do you ask?*

- *The poor always demand something. They demand schools, hospitals, a big salary.*

- *Yes, the poor are very greedy, Mr. President.*

- *I, for example, never demand anything. By the way, Prime Minister, you have been lying on the mattress for half an hour. We have only one mattress in our cell. Let me lie on it too!*

### 3

- *Excuse me, Mr. President, there is a line here for dinner. You also have to stand in line.*

- *Listen, prisoner, this is the Prime Minister. He will stand in line for me. I'll go without waiting in line because today they are giving out my favorite food—fish!*

- *I'm not a prisoner. I'm a guard. And I have my rubber baton! It's a special object for calming down prisoners who are too smart .*

- *Excuse me, Mr. guard. I was just joking. Who is the last in line for the fish?*

### 4

- *What kind of army is more effective: a mandatory or a hired one? Prime*

собственного народа, то наёмники будут намного эффективнее. Особенно наёмники из других стран.

## 5

- Наш охранник - очень **неприятный** человек. Вы так не думаете, премьер-министр?
- Наш охранник? Вообще-то он казнит заключённых. А почему Вы спросили, господин президент?
- Он на меня сегодня очень странно посмотрел.
- Говорят, что его папа и дедушка тоже работали в этой тюрьме. И тоже казнили заключённых.
- Правда? Казнить заключённых - это тоже была моя идея?
- Нет. Казнили заключённых в нашей стране всегда. Но он может сразу **отрубить** головы трём заключённым одним ударом. Поэтому Вы должны **успокоиться**, господин президент. Он отличный профессионал.
- Но **отрубить** голову - это не современно.
- Именно поэтому мы заказали из Америки новый электрический стул пол-года назад, господин президент. Помните?
- Опять моя идея?
- Нет, в тот раз это была моя идея. Вы же знаете, что я люблю всё американское - фильмы, автомобили, электрические стулья. Помните, неделю назад нам давали обед?
- Конечно, помню. Ноги жареного верблюда. Кстати, зачем они поджарили верблюда? Это не наша национальная кухня.
- Его казнили! Этот верблюд нелегально помочился на территории Вашего дворца, господин президент. Наш охранник тренировался казнить на электрическом стуле и для этого использовал этого верблюда.
- Я думаю, что надо **рискнуть** и убежать из этой тюрьмы поскорее.

*Minister, what do you think?*
*- If it is fighting against another country, then any kind, Mr. President. And if it is fighting its own people, hired soldiers are much more effective. Especially hired soldiers from other countries.*

## 5

*- Our guard is a very unpleasant person. Don't you think so, Prime Minister?*
*- Our guard? Usually he executes prisoners. Why do you ask, Mr. President?*
*- He gave me a very strange look today.*
*- They say that his father and grandfather also worked in this prison. And they also executed prisoners.*
*- Really? To execute prisoners—was that also my idea?*
*- No. Prisoners have always been executed in our country. But he can behead three prisoners with one stroke. So you should calm down, Mr. President. He's a great professional.*
*- But to behead is not modern.*
*- That's exactly why you ordered a new electric chair from America half a year ago, Mr. President. Remember?*
*- Also my idea?*
*- No, that time it was my idea. You know that I love everything American: movies, cars, electric chairs. Remember, a week ago, when we were given our lunch?*
*- Of course, I remember. Roasted camel legs. By the way, why did they roast a camel? That isn't our national cuisine.*
*- He was executed! This camel illegally urinated on your palace grounds, Mr. President. Our guard practiced executing with the electric chair and used the camel for this.*
*- I think we should take a risk and run away from this prison as soon as possible.*

# 29

## Решай Сам, Парень
*You Decide, Man*

### Слова

1. бесполезность - uselessness
2. бесстыжий *(masc)* - shameless
3. билет - a ticket
4. бомбардировщик - bomber (plane)
5. в течение - during
6. включается *(thrd sng)* - turns on; включаться *(inf)* - to turn on
7. вопросительно *(adv)* - questioningly, in a questioning way
8. выбросите *(ftr scn plr)* - (you will) throw out; выбросить *(inf)* - to throw out
9. Говори! *(imp sng)* - Speak! / Say!

Говорите! *(imp plr)* - Speak! / Say! говорить *(inf)* - to speak, to say
10. долетит *(ftr thrd sng)* - will fly to; долететь *(inf)* - to fly to
11. Доставай! *(imp sng)* - Take out! доставать *(inf)* - to take out
12. животное - animal
13. задумчиво *(adv)* - thoughtfully
14. замер *(past masc)* - froze; замереть *(inf)* - to freeze
15. занят *(past part masc)* - busy
16. запуск - a launch; был занят

253

запуском *(inst)* - was busy launching
17. зн**а**ет *(thrd sng)* - knows; знать *(inf)* - to know
18. избеж**а**ть *(inf)* - to avoid
19. казн**я**т *(ftr thrd plr)* - (they will) execute; казн**и**ть *(inf)* - to execute
20. контин**е**нт - continent
21. к**о**фе - coffee
22. лет**я**щий - flying ; дым лет**я**щих рак**е**т *(pres part plr gen)* - smoke of flying rockets
23. Лож**и**! *(imp sng)* - Put! лож**и**ть *(inf)* - to put
24. мать - mother; с м**а**терью *(inst)* - with the mother
25. мор**а**льное *(neut)* - moral
26. напряж**е**ние - tension, stress; без напряж**е**ния *(gen)* - without tension / stress
27. негр**о**мко *(adv)* - quietly
28. н**е**рвный - nervous; н**е**рвного *(neut gen)*
29. нр**а**виться - to like
30. оберн**у**лся *(past masc)* - turned around; оберн**у**ться *(inf)* - to turn around
31. обмен**я**л *(past masc)* - exchanged; обмен**я**ть *(inf)* - to exchange
32. Перед**а**й! *(imp sng)* - Tell! (someone something); перед**а**ть *(inf)* - to tell (someone something)
33. перел**е**зли *(past plr)* - climbed over; перел**е**зть *(inf)* - to climb over
34. план - a plan; без пл**а**на *(gen)* - without a plan
35. пол-Дам**а**ска - half of Damascus
36. получ**и**лась *(past fem)* - turned out; получ**и**ться *(inf)* - to turn out
37. послед**о**вал *(past masc)* - followed; послед**о**вать *(inf)* - to follow
38. пр**а**во - right
39. предст**а**вил *(past masc)* - introduced; предст**а**вить *(inf)* - to introduce
40. Продолж**а**йте! *(imp plr)* - Continue! / Go on! продолж**а**ть *(inf)* - to continue, to go on
41. Проход**и**те! *(imp plr)* - Come in! проход**и**ть *(inf)* - to come in
42. проц**е**сс - a process
43. разм**е**шивал *(past masc)* - stirred; разм**е**шивать *(inf)* - to stir
44. с**а**хар - sugar
45. сл**е**дствие - investigation
46. сопровожд**а**л *(past masc)* - accompanied; сопровожд**а**ть *(inf)* - to accompany
47. ср**е**дство - means
48. Ставь! *(imp sng)* - Put! ст**а**вить *(inf)* - to put
49. убив**а**ть *(inf)* - to kill; Не убив**а**йте! *(imp plr)* - Do not kill!
50. ук**а**зывая *(pres part)* - pointing; ук**а**зывать на *(inf)* - to point at
51. **у**хо - ear; **у**ши *(acc plr)* - ears
52. форс**а**ж - afterburner
53. хот**я** - though; хот**я** бы - at least
54. ч**а**шка - cup, mug

## Решай Сам, Парень

Охранник банка Георгий Тит**а**н совс**е**м не удив**и**лся, когда ув**и**дел б**ы**вшего м**е**неджера б**а**нка Ив**а**на В**е**гу, кот**о**рого сопровожд**а**л детект**и**в П**а**вел Рост.

## *You Decide, Man*

*The bank guard George Titan was not surprised at all when he saw the former bank manager John Vega, accompanied by Detective Paul Rost.*

«Доброе утро, Георгий,» обратился к нему Рост, «Я провожу следствие по ограблению вашего банка. Сейчас я сопровождаю Ивана Вегу для следственного эксперимента.»

«Всё понятно. Проходите, пожалуйста,» сказал Титан, «Добрый день, господин менеджер. Как у Вас дела?» спросил охранник менеджера, как хорошего друга.

«Спасибо, Георгий,» ответил бывший менеджер банка Иван Вега, «Хорошо или плохо, но дела идут.»

Рост и Вега прошли в банк и увидели, что сейф закрыт. Тогда они попросили охранника провести их к новому менеджеру банка. Они прошли в комнату менеджера. Титан представил Роста и Вегу новому менеджеру. Новым управляющим банка была женщина лет сорока пяти. Её имя было Анна Фуртада. Госпожа Фуртада удивилась, когда Рост попросил её открыть сейф для следственного эксперимента. Но она прошла с ними к сейфу и открыла его.

«Почему следственный эксперимент проводит частный детектив, а не полиция?» спросила госпожа Фуртада.

«Меня попросили в полиции сделать эту часть следствия,» объяснил Рост, «Потому что я проводил следствие по первому делу, когда Иван Вега ограбил свой банк на десять тысяч долларов.»

«Это тот случай, когда он обменял эти деньги на поддельные?» спросила госпожа Фуртада.

«Да. На поддельных деньгах было написано «Мы Любим Капусту» вместо «Мы Верим в Бога,» объяснял Рост, «Что? Любишь капусту?» обратился Рост к Веге, «Теперь стыдно? Давай показывай, как ты взял эти деньги. Заходи в сейф!» крикнул Рост. Вега зашёл в сейф и посмотрел на Роста.

«Доставай сумку, открывай её и ложи туда

"Good morning, George," Rost said to him, "I'm conducting an investigation about the robbery in your bank. I am now accompanying John Vega for an investigative experiment."

"I understand. Come in, please," Titan said, "Good day, Mr. Manager. How is it going?" the guard asked the manager as if he were a good friend.

"Thank you, George," former bank manager John Vega said, "Well or badly, but it is going."

Rost and Vega went into the bank and saw that the safe was closed. Then they asked the guard to lead them to the new bank manager. They walked into the manager's room. Titan introduced Rost and Vega to the new manager. The new bank manager was a forty-five year old woman. Her name was Anna Furtada. Ms. Furtada was surprised when Rost asked her to open the safe for the investigative experiment. But she went with them to the safe and opened it.

"Why is a private detective and not the police conducting the investigative experiment?" Ms. Furtada asked.

"The police asked me to do this part of the investigation," Rost explained, "Because I'd conducted the investigation on the first case, when John Vega robbed ten thousand dollars from his own bank."

"Was this the incident where he exchanged the money for fake bills?" Ms. Furtada asked.

"Yes. The fake money said 'We Love Cabbage' instead of 'In God We Trust'," Rost explained, "What? You like cabbage?" Rost turned to Vega, "Are you ashamed now? Come show me how you took that money. Come into the safe!" Rost shouted. Vega went into the safe and looked at Rost.

255

деньги! И говори, всё что делаешь!» приказал Рост. Он включил видеокамеру и стал снимать всё, что делал Вега.

«Я открыл сумку,» сказал Вега и открыл сумку, «Потом я поставил её сюда и начал ложить в неё деньги,» продолжил Вега и начал ложить деньги в сумку.

«Продолжай,» приказал Рост.

«Я ложил деньги.. ложил деньги в сумку..» продолжал Вега, «Когда сумка была полная, я поставил её туда,» показал Вега рукой на дверь.

«Ставь сумку туда,» приказал Рост. Вега быстро поставил полную сумку возле двери. Госпожа Фуртада внимательно наблюдала за всем, что происходило.

«Потом я достал вторую сумку и начал ложить деньги в неё,» продолжил Вега и начал ложить деньги в сумку. Рост заметил, что Веге этот процесс начинает нравиться. Госпожа Фуртада смотрела на Вегу, как на безумца.

«Я ложил деньги! Ложил деньги! Ложил деньги!» быстро говорил Вега, «Когда сумка была полная, я тоже поставил её туда,» и он быстро поставил вторую сумку возле первой.

«Стой!» крикнул Рост и Вега замер. Потом Рост посмотрел на госпожу Фуртаду, «Пожалуйста, никому не говорите о том, что я сейчас скажу ему,» попросил её Рост и обратился к Веге, «Послушай, ты, бесстыжий негодяй. Когда мне сказали, что ты два раза ограбил банк, которым управлял, то я не поверил этому. Теперь, когда я смотрю на тебя, то понимаю, почему люди говорят, что ты жадное животное,» сказал Рост негромко. Вега опустил глаза и отвернулся. Рост посмотрел на госпожу Фуртада, «Извините, госпожа Фуртада. Продолжаем, следственный эксперимент,» приказал Рост. Вега достал третью сумку и стал

*"Take out the bag, open it, and put the money in it! And tell me everything that you're doing!" Rost ordered. He turned on the video camera and began to film everything that Vega was doing.*

*"I opened the bag," Vega said, and opened the bag, "Then I put it here, and began to put the money in it," Vega continued and began to put the money into the bag.*

*"Go on," Rost ordered.*

*"I was putting the money... putting the money in the bag..." Vega continued, "When the bag was full, I put it there," Vega pointed to the door.*

*"Put the bag there," Rost ordered. Vega quickly put the full bag by the door. Ms. Furtada carefully watched everything that was happening.*

*"Then I took out a second bag and began putting the money in it," Vega continued and began to put the money in the bag. Rost noticed that Vega was beginning to like this process. Ms. Furtada looked at Vega as if he were a madman.*

*"I was putting in the money! Putting in the money! Putting in the money!" Vega was saying quickly. "When the bag was full, I also put it over there," and he quickly put the second bag next to the first one.*

*"Stop!" Rost cried and Vega froze. Then Rost looked at Ms. Furtada, "Please don't tell anyone about what I am about to tell him," Rost asked her and turned to Vega, "Listen, you are a shameless scoundrel. When I was told that you robbed your own bank twice, I didn't believe it. Now, when I look at you, I can understand why people say that you are a greedy animal," Rost said quietly. Vega lowered his eyes and turned away. Rost looked at Ms. Furtada, "Excuse me, Ms. Furtada. Continue the investigative experiment,"*

быстро ложить в неё деньги.

«Добрый день, госпожа Фуртада,» услышал Рост и посмотрел на человека, который сказал эти слова. Андрей стоял возле госпожи Фуртада и смотрел на Роста. Их глаза встретились. Они смотрели друг на друга. Вега перестал ложить деньги в сумку и замер. Павел и Андрей продолжали смотреть друг на друга. Андрей, конечно, знает, что Павел сбежал. Павел подумал, что Андрей не даст ему уйти. Он должен это сделать как офицер полиции. Он также имеет полное моральное право арестовать его. У него четверо детей. Если он потеряет работу или сядет в тюрьму из-за Павла, что тогда будет с его детьми? Госпожа Фуртада заметила эту длинную паузу и посмотрела вопросительно на Андрея.

«Привет, Андрей,» сказал Павел и опустил глаза.

«Госпожа Фуртада, можно Вас на минуту?» попросил Андрей. Госпожа Фуртада отошла с полицейским в сторону. Вега вопросительно посмотрел на Павла Роста.

«Сколько в тех двух сумках?» спросил Рост.

«Примерно полтора миллиона,» ответил Вега.

«Пошли,» приказал Рост. Он быстро помог Веге поднять обе сумки, и они пошли к выходу из банка.

«Павел Рост!» услышал Рост сзади. Он остановился и медленно обернулся. Андрей, Госпожа Фуртада и Георгий Титан быстро шли к ним.

«Вы уже заканчиваете следственный эксперимент? Так быстро?» спросил Андрей Павла.

«Да,» ответил Рост, понимая всю бесполезность своего плана, «Ему осталось только положить деньги в машину. И всё,»

Rost ordered. Vega took out a third bag and began quickly putting in the money.

"Good afternoon, Ms. Furtada," Rost heard and looked at the person who said these words. Andrew stood next to Ms. Furtada and looked at Rost. Their eyes met. They looked at each other. Vega stopped putting the money in a bag and froze. Paul and Andrew kept looking at each other. Andrew, of course, knows that Paul escaped from prison. Paul thought that Andrew wouldn't let him leave. As a police officer, he must do it. He also has the full moral right to arrest him. He has four children. If he loses his job or goes to jail because of Paul, what would happen to his children? Ms. Furtada noticed this long pause and gave Andrew a questioning look.

"Hi, Andrew," Paul said, and lowered his eyes.

"Ms. Furtada, may I speak to you for a moment?" Andrew asked. Ms. Furtada walked to the side with the police officer. Vega gave Paul Rost a questioning look.

"How much is in those two bags?" Rost asked.

"About a million and a half," Vega replied.

"Let's go," Rost ordered. He quickly helped Vega lift both bags, and they walked to the bank exit.

"Paul Rost!" Rost heard a voice behind him. He stopped and turned around slowly. Andrew, Ms. Furtada, and George Titan were quickly walking toward them.

"Are you finishing the investigative experiment already? So quickly?" Andrew asked Paul.

"Yes," Rost replied, realizing the uselessness of his plan, "He just needs to put the money into the van. That's it." He looked up at Andrew. They looked at each

он поднял глаза на Андрея. Они опять посмотрели друг на друга. И опять получилась длинная пауза.

«Кто Вам разрешил проводить следственный эксперимент?» спросил Андрей.

«Начальник полиции,» ответил Павел и добавил, «Если ты должен сделать своё дело, то давай..» Рост был готов к тому, чтобы Андрей арестовал его.

«Да, я сделаю то, что должен сделать. Обычно два офицера полиции проводят следственные эксперименты,» объяснял Андрей, «Так как Вы один, то я должен выполнить роль второго офицера. Продолжайте,» сказал Андрей. Рост махнул рукой Веге и тот понёс сумки с деньгами дальше к выходу. Андрей последовал за Ростом и Вегой.

«Я разговаривал с твоей матерью,» сказал Андрей, когда они вышли из банка и пошли к машине, «Если я правильно понимаю, ты собираешься в Дамаск?»

«Да, мне нужно помочь одному человеку,» ответил Павел.

«Если ты говоришь о Лизе Пандоре, то её казнят за совершение преступления против государства,» объяснял Андрей, посмотрев назад на вход в банк, «В Ливии она и Ашур смогли избежать суда. Но в Сирии Ашур не стал рисковать. А Пандора не остановилась. Я на твоём месте не стал бы ей доверять,» посоветовал Андрей.

«Я не собираюсь ей доверять,» посмотрел Павел на Андрея, «Я просто не хочу, чтобы её убили.»

«Я надеюсь, ты знаешь, что делаешь,» сказал Андрей и пошёл назад в банк. Вега и Рост сели в машину. Ашур повёл машину вперёд.

«Быстрее. У нас не больше десяти минут,» приказал Рост. Машина ехала очень быстро мимо военного аэродрома. Когда

other again, and once again there was a long pause.

"Who gave you permission to conduct an investigative experiment?" Andrew asked.

"The chief of police," Paul said, and added: "If you have to do your job, then come on..." Rost was prepared to be arrested by Andrew.

"Yes, I will do what I must do. Usually, two police officers conduct investigative experiments," Andrew explained, "Because you are alone, then I have to fulfill the role of the second officer. Continue," Andrew said. Rost waved to Vega and he carried the bags of money further toward the door. Andrew followed Rost and Vega.

"I talked to your mother," Andrew said when they'd left the bank and were walking toward the car, "If I understand correctly, you are planning to go to Damascus?"

"Yes, I need to help one person," Paul replied.

"If you're talking about Lisa Pandora, then she is going to be executed for crimes against the state," Andrew explained, looking back at the bank entrance, "In Libya, she and Ashur were able to avoid the trial. But in Syria Ashur decided not to risk it. But Pandora didn't stop. I wouldn't trust her if I were you," Andrew suggested.

"I'm not going to trust her," Paul looked at Andrew, "I just don't want them to kill her."

"I hope that you know what you're doing," Andrew said, and went back to the bank. Vega and Rost got into the van. Ashur began to drive.

"Faster. We have no more than ten minutes," Rost ordered. The van was driving very fast past the military airfield.

они подъехали к лесу, Ашур остановил машину. Рост, Вега и Стравинский вышли из машины.

«Передай привет папе,» сказал Рост Ашуру.

«Павел, не доверяй Пандоре,» посоветовал Ашур, посмотрел на Роста долгим взглядом и уехал. Рост, Вега и Стравинский перелезли через стену и побежали к самолётным ангарам.

«Вот этот долетит до Сирии и взорвёт пол-Дамаска,» сказал Рост, указывая рукой на огромный бомбардировщик. Вега подбежал к бомбардировщику и начал залезать в него.

«Подождите, господин менеджер. Этот бомбардировщик легко догнать и сбить,» добавил Рост, и Вега сразу вернулся, «А вот этот самолёт догнать сможет только ракета,» указал Павел на маленький самолёт, «Но от ракет у нас есть очень хорошее средство,» сказал он, залезая в самолёт.

«Какое средство?» спросил Вега с интересом и тоже полез в самолёт.

«Это Вы, Иван. Вы и деньги в сумках. В нужный момент по моей команде Вы выбросите деньги из самолёта. Они создадут облако, и ракеты будут видеть только это облако.»

«Я не буду выбрасывать деньги!» закричал Вега, «Давайте выбросим..» Вега посмотрел вокруг, «Стравинского!» сказал он.

Но Рост был занят запуском самолёта и не ответил Веге. Стравинский занял место второго пилота, а Вега сел у него между ногами.

«Стравинский, Вы не знаете, где включается Ваша катапульта?» поинтересовался Вега, но Стравинский положил сверху на Вегу сумки с деньгами и закрыл дверь кабины. Самолёт медленно

When they reached the forest, Ashur stopped the van. Rost, Vega and Stravinsky got out of the van.

"Say hello to your father," Rost said to Ashur.

"Paul, don't trust Pandora," Ashur advised, gave Rost a long look, and drove away. Rost, Vega and Stravinsky climbed over the wall and ran to the airplane hangar.

"This one will fly all the way to Syria and blow up half of Damascus," Rost said, pointing to the huge bomber. Vega ran to the bomber and started to climb into it.

"Wait, Mr. Manager. It is easy to catch up to and knock down this bomber," Rost added, and Vega immediately returned, "But only a missile could catch up to this plane," Paul said about a small plane,

"But we have a very good means against missiles," he said, getting in plane.

"What means?" Vega said with interest, and also climbed into the airplane.

"It is you, John. You and the money in the bags. At the right time, on my command, you will throw the money out of the plane. It will create a cloud, and the missile will only see a cloud."

"I won't throw out the money!" Vega shouted, "Let's throw out..." Vega looked around, "Stravinsky!" he said.

But Rost was busy launching the plane and didn't answer Vega. Stravinsky took the co-pilot's seat, and Vega sat between his legs.

"Stravinsky, do you know where to turn on your catapult?" Vega inquired, but Stravinsky put the money bags on top of Vega and closed the cabin door. The plane slowly drove out of the hangar. Several people saw that a plane was leaving without permission and ran after it out of the hangar. But Rost turned on

поехал из ангара. Несколько человек увидели, что без разрешения выезжает один из самолётов и выбежали за ним из ангара. Но Рост включил форсаж, и боевая машина на огромной скорости пошла на взлёт. Рост вёл самолёт низко над землёй, чтобы радары не смогли заметить его. От нервного напряжения Стравинский начал кричать:

«Сирия! Мы летим в Сирию! Сирия!» кричал Стравинский, не останавливаясь. Вега смотрел на него широко открытыми глазами, потом закрыл уши руками и опустил голову вниз.

В это время Андрей был в полицейском управлении. Он задумчиво размешивал сахар в чашке с кофе. Зазвонил телефон и он ответил. Говорил офицер из министерства обороны.

«Андрей, это твой друг опять свои трюки показывает?» возмущённо спросил офицер из министерства.

«Я думаю, что это он,» ответил Андрей, «У него есть дело в Сирии.»

«Так пусть купит туда билет на обычный самолёт, а не показывает свои трюки!» закричал офицер, «Если он не посадит самолёт в течение трёх минут, мы запустим по нему ракеты!»

«В прошлый раз за его трюки Вы наградили его медалью,» сказал Андрей, «В этот раз хотя бы не убивайте его. Не убивайте его, если Вам еще нужны герои!» попросил Андрей и бросил телефон. Он встал, вышел из здания и пошёл по улице. Он знал, что уже не сможет помочь тем, кто кричал.

Самолёт летел над морем. Континент остался сзади и уже не был виден. Только дым от летящих к самолёту ракет указывал на то место, где осталась земля.

(Продолжение следует)

the afterburner and the fighter plane took off at an enormous speed. Rost flew the plane close to the ground, so that the radars couldn't see it. Stravinsky began to shout out of nervous tension:
"Syria! We are flying to Syria! Syria!" Stravinsky shouted without stopping. Vega looked at him wide-eyed, then covered his ears with his hands and put his head down.

At that time Andrew was in the police headquarters. He thoughtfully stirred the sugar in a cup of coffee. The phone rang and he answered it. It was an officer from the Ministry of Defense.
"Andrew, is your friend showing off his stunts again?" the officer from the ministry asked indignantly.
"I think it's him," Andrew said, "He has some business in Syria."
"So he should buy a ticket for a regular plane instead of showing off his stunts!" the officer cried, "If he doesn't land the plane in three minutes, we will launch a missile at it!"
"Last time you awarded him a medal for his stunts," Andrew said, "At least don't kill him this time. Don't kill him, if you still need heroes!" Andrew asked and hung up. He got up, left the building and walked down the street. He knew that he would not be able to help those who shouted.

The plane flew over the sea. The continent was left behind and was no longer visible. Only the smoke from the missiles, flying toward the airplane, pointed to the place where the land was.

(To be continued)

# C

| Проверь Новые Слова | *New Vocabulary Review* |

- Садитесь, господин президент.
- Спасибо, господин судья. Кстати, я Вас не помню. Вы давно работаете в суде?
- Три дня. Но **говорить** мы будем не обо мне. Вы приказывали **бомбардировщикам** бомбить города нашей страны?
- Тогда скажите, пожалуйста, а этот судебный **процесс**, проходит за закрытыми дверями?
- Нет. В зале суда находятся репортёры из газет и телевидения.
- Тогда, не я. Это были приказы премьер-министра! Он приказывал бомбить!
- Неправда, господин судья! Президент всё приказывал! Он **бесстыжее животное**! Я не приказывал! Он виноват!
- Молчать всем! **Говорить** только по моему разрешению!
- Конечно, господин судья.
- Господин президент, во время ареста у Вас нашли государственный паспорт Панамы на Ваше имя. Как Вы можете объяснить это?
- Я могу это объяснить. Когда премьер-министр летал в Колумбию на симпозиум ботаников, он купил не только разные удивительные растения и продукты сделанные из них. Он также купил несколько паспортов разных стран на моё и на своё имя. С этими паспортами очень удобно путешествовать по миру. Вы слышали о бывшем украинском премьер-министре Лазаренко, господин судья?
- Нет, не слышал. **Продолжайте.**
- Он прекрасно путешествовал по всему

*- Sit down, Mr. President.*
*- Thank you, Mr. Judge. By the way, I don't remember you. How long have you worked in court?*
*- Three days. But we are not going to talk about me. Did you order bombers to bomb cities in our country?*
*- Then tell me, please, is this trial taking place behind closed doors?*
*- No. There are reporters from newspapers and television stations in the courtroom.*
*- In that case, it wasn't me. These were the orders of the Prime Minister! He ordered the bombing!*
*- Not true, Mr. Judge! The President ordered everything! He is a shameless animal! I didn't order it! He is guilty!*
*- Silence, everybody! You can speak only with my permission!*
*- Of course, Mr. Judge.*
*- Mr. President, at the time of the arrest, they found in your possession a Panama state passport in your name. How can you explain this?*
*- I can explain it. When the Prime Minister flew to Colombia for a botanists' symposium, he bought not only various amazing plants and products made from them. He also bought several passports from different countries in my own name and in his name. It is very convenient to travel around the world with these passports. Have you heard of the former Ukrainian Prime Minister Lazarenko, Mr. Judge?*
*- No, I have not. Go on.*
*- He had a wonderful time traveling around the world with a Ukrainian and a*

свету и с украинским и с панамским паспортом одновременно. Очень удобно если везёшь с собой много наличных денег в чемоданах. Он и посоветовал это мне и моему премьер-министру.
- Вы приказывали стрелять в людей на демонстрации?
- У меня есть **право** молчать?
- Отвечайте на вопрос!
- Тогда я требую **чашку кофе** и пистолет с одним патроном! **Кофе** для меня, а пистолет для премьер-министра.

*Panamanian passport at the same time. It's very convenient if you're carrying a lot of cash in your suitcases. He advised it to me and my Prime Minister.*
*- Did you order to shoot at people during a demonstration?*
*- Do I have the right to remain silent?*
*- Answer the question!*
*- Then I demand a cup of coffee and a gun with one bullet! The coffee is for me, and the pistol for the Prime Minister.*

# Appendix 1 Cases of singular nouns and adjectives

### Masculine

*Case / Questions*

Именительный/Nominative / Кто? Что? / Этот **человек** хороший. *This man is good.*

Родительный/Genitive / Кого? Чего? Чей? / Вот паспорт этого хорошего **человека**. *Here is the passport of this good man.*

Дательный/Dative / Кому? Чему? / Дайте воды этому хорошему **человеку**. *Give some water to this good man.*

Винительный/Accusative / Кого? Что? / Я знаю этого хорошего **человека**. *I know this good man.*

Творительный/Instrumental / (С) кем? (С) чем? / Я знаком с этим хорошим **человеком**. *I am acquainted with this good man.*

Предложный/Prepositional / О ком? О чём? / Я слышал об этом хорошем **человеке**. *I have heard about this good man.*

### Feminine

*Case / Questions*

Именительный/Nominative / Кто? Что? / Эта **женщина** хорошая. *This woman is good.*

Родительный/Genitive / Кого? Чего? Чей? / Вот паспорт этой хорошей **женщины**. *Here is the passport of this good woman.*

Дательный/Dative / Кому? Чему? / Дайте воды этой хорошей **женщине**. *Give some water to this good woman.*

Винительный/Accusative / Кого? Что? / Я знаю эту хорошую **женщину**. *I know this good woman.*

Творительный/Instrumental / (С) кем? (С) чем? / Я знаком с этой хорошей **женщиной**. *I am acquainted with this good woman.*

Предложный/Prepositional / О ком? О чём? / Я слышал об этой хорошей **женщине**. *I have heard about this good woman.*

### Neuter

*Case / Questions*

Именительный/Nominative / Кто? Что? / Это **письмо** важное. *This letter is important.*

Родительный/Genitive / Кого? Чего? Чей? / Вот адрес этого важного **письма**. *Here is the address of this important letter.*

Дательный/Dative / Кому? Чему? / Уделите внимание этому важному **письму**. *Pay attention to this important letter.*

Винительный/Accusative / Кого? Что? / Я прочитал это важное **письмо**. *I have read this important letter.*

Творительный/Instrumental / (С) кем? (С) чем? / Я знаком с этим важным **письмом**. *I am acquainted with this important letter.*

Предложный/Prepositional / О ком? О чём? / Я знаю об этом важном **письме**. *I know about this important letter.*

## Appendix 2 Demonstrative pronoun этот - this

*Gender: Masculine / Feminine / Neuter / Plural*
Nominative Case: Этот / Эта / Это / Эти
Accusative Case *animate:* Этого / Эту / Это / Этих
Accusative Case *inanimate:* Этот / Эту / Это / Эти
Genitive Case: Этого / Этой / Этого / Этих
Dative Case: Этому / Этой / Этому / Этим
Instrumental Case: Этим / Этой / Этим / Этими
Prepositional Case: Этом / Этой / Этом / Этих

## Appendix 3 Cases of plural nouns and adjectives

### Masculine

*Case / Questions*
Именительный/Nominative / Кто? Что? / Эти **студенты** хорошие. These students are good.
Родительный/Genitive / Кого? Чего? Чей? / Вот паспорта этих хороших **студентов**. Here are these good students' passports.
Дательный/Dative / Кому? Чему? / Дайте воды этим хорошим **студентам**. Give some water to these good students.
Винительный/Accusative / Кого? Что? / Я знаю этих хороших **студентов**. I know these good students.
Творительный/Instrumental / (С) кем? (С) чем? / Я знаком с этими хорошими **студентами**. I am acquainted with these good students.
Предложный/Prepositional / О ком? О чём? / Я слышал об этих хороших **студентах**. I have heard about these good students.

### Feminine

*Case / Questions*
Именительный/Nominative / Кто? Что? / Эти **женщины** хорошие. *These women are good.*
Родительный/Genitive / Кого? Чего? Чей? / Вот паспорта этих хороших **женщин**. *Here are these good women's passports.*
Дательный/Dative / Кому? Чему? / Дайте воды этим хорошим **женщинам**. *Give some water to these good women.*
Винительный/Accusative / Кого? Что? / Я знаю этих хороших **женщин**. *I know these good women.*
Творительный/Instrumental / (С) кем? (С) чем? / Я знаком с этими хорошими **женщинами**. *I am acquainted with these good women.*
Предложный/Prepositional / О ком? О чём? / Я слышал об этих хороших **женщинах**. *I have heard about these good women.*

**Neuter**

*Case / Questions*

Именительный/Nominative / Кто? Что? / Эти **письма** важные. *These letters are important.*

Родительный/Genitive / Кого? Чего? Чей? / Вот адреса этих важных **писем**. *Here are addresses of these important letters.*

Дательный/Dative / Кому? Чему? / Уделите внимание этим важным **письмам**. *Pay attention to these important letters.*

Винительный/Accusative / Кого? Что? / Я прочитал эти важные **письма**. *I have read these important letters.*

Творительный/Instrumental / (С) кем? (С) чем? / Я знаком с этими важными **письмами**. *I am acquainted with these important letters.*

Предложный/Prepositional / О ком? О чём? / Я знаю об этих важных **письмах**. *I know about these important letters.*

## Appendix 4 Demonstrative pronoun тот - that

*Gender: Masculine / Feminine / Neuter / Plural*
Nominative Case: Тот / Та / То / Те
Accusative Case *animate:* Того / Ту / То / Тех
Accusative Case *inanimate:* Тот / Ту / То / Те
Genitive Case: Того / Той / Того / Тех
Dative Case: Тому / Той / Тому / Тем
Instrumental Case: Тем / Той / Тем / Теми
Prepositional Case: Том / Той / Том / Тех

## Appendix 5 Past Tense

The Past Tense in Russian is really quite easy to form. Using the past tense will allow you to tell stories in Russian, which is useful for explaining a little about yourself to people you meet.

In English there are quite a number of different past tenses, but in Russian there is simply one. Instead Russian uses the concept of aspects to indicate whether an action is completed or not.

In the past tense you have to look at the gender of the subject. You need to take the stem of the verb and add one of the following endings:

Masculine: -л : работал *(worked)* Я работал вчера. *I worked yesterday*

Feminine: -ла : работала *(worked)* Она работала в пятницу. *She worked on Friday.*

Neuter: -ло : работало *(worked)* Кафе не работало на выходных. *Café didn't work on weekend.*

Plural: -ли : работали *(worked)*. Мы работали в России в прошлом году. *We worked in Russia last year.*

Notice: The verb endings match with the different forms of the pronoun он *(he)*. This should help you remember how to form the verbs. When using pronouns such as я *(I)*, ты *(you)*, and Вы *(you)* it will depend on the gender of the actual person concerned:

Он говорил *(he said)*

Она говорила *(she said)*

Оно говорило *(it said)*

Они говорили *(he said)*

Мы говорили *(we said)*

Я говорил *(I said)* - a male speaking

Я говорила *(I said)* - a female speaking

Ты говорил *(you said)* - speaking to a male

Ты говорила *(you said)* - speaking to a female

Евгений говорил *(Yevgeny said )*

Продавец говорил *(a salesman said)*

Анна говорила *(Ann said)*

Дочь говорила *(daughter said)*

## Appendix 6 Prefixed verbs of motion

*Imperfective / Perfective*

входить / войти *to go in, to enter*

выходить / выйти *to go out, to leave, to exit*

всходить / взойти *to go up, to ascend*

доходить / дойти *to get to, to get as far as, to reach*

заходить / зайти *to drop in, to stop by*

обходить / обойти *to walk around, to bypass*

отходить / отойти *to walk away*

переходить / перейти *to go across, to turn*

подходить / подойти *to approach*

приходить / прийти *to arrive, to come*

проходить / пройти *to go by, to go past*

сходить / сойти *to go down, descend*

уходить / уйти *to go from, to leave, depart*

## Appendix 7 Conjugated Verbs

*Imperfective / Perfective / Translation*

Бегать / Побежать / *run*

Бродить / Побрести / *stroll*

Быть / Побыть / *be (is, are, will, was)*

Видеть / Увидеть / *see*

Водить / Повести / *drive, lead*

Возить / Повезти / *transport, carry (by vehicle)*

Говорить / Сказать / *speak, talk, say*

Гонять / Погнать / *drive*

Давать / Дать / *give*

Делать / Сделать / *do, make*

266

Думать / Подумать / *think*
Ездить / Поехать / *go (by vehicle)*
Есть / Съесть / *eat*
Жить / Прожить / *live*
Знать / Узнать / *know*
Изучать / Изучить / *study*
Иметь / *have*
Лазить / Полезть / *climb*
Летать / Полететь / *fly*
Любить / Полюбить / *love*
Мочь / Смочь / *can, able (to be able)*
Носить / Понести / *carry, wear*
Плавать / Поплыть / *swim*
Ползать / Поползти / *crawl*
Понимать / Понять / *understand*

Работать / Поработать / *work*
Сидеть / Посидеть / *sit*
Слушать(-ся) / Послушать(-ся) /
*listen (to somebody)*
Смотреть(-ся) / Посмотреть(-ся) /
*watch, look at*
Спрашивать / Спросить / *ask*
Становиться / Стать / *become, begin*
Стоять / Постоять / *stand*
Таскать / Потащить / *pull, drag*
Ходить / Пойти / *go (on foot)*
Хотеть(-ся) / Захотеть(-ся) / *want, feel like*
Читать / Прочитать / *read*

## Appendix 8 Personal pronouns

**Singular**

*1st person / 2nd person / 3rd person (masc.) / 3rd person (fem.) / 3rd person (neut.)*
English: I, Me / You / He, Him / She, Her / It
Nominative Case: Я / Ты / Он / Она / Оно
Accusative Case: Меня / Тебя / Его / Её / Его
Genitive Case: Меня / Тебя / Его / Её / Его
Dative Case: Мне / Тебе / Ему / Ей / Ему
Instrumental Case: Мной / Тобой / Им / Ей / Им
Prepositional Case: Мне / Тебе / Нём / Ней / Нём

**Plural**

*1st person / 2nd person / 3rd person*
English: We, Us / You / They, Them
Nominative Case: Мы / Вы / Они
Accusative Case: Нас / Вас / Их
Genitive Case: Нас / Вас / Их
Dative Case: Нам / Вам / Им
Instrumental Case: Нами / Вами / Ими
Prepositional Case: Нас / Вас / Них

## Appendix 9 Possessive pronouns
*English: My, Mine*
**1st Person**

*Masc. / Fem. / Neut. / Plural*
Nominative Case: Мой / Моя / Моё / Мои

Accusative Case *animate*: Моего / Мою / Моё / Моих
Accusative Case *inanimate*: Мой / Мою / Моё / Мои
Genitive Case: Моего / Моей / Моего / Моих
Dative Case: Моему / Моей / Моему / Моим
Instrumental Case: Моим / Моей / Моим / Моими
Prepositional Case: Моём / Моей / Моём / Моих

## English: Your, Yours
### 2nd Person

*Masc. / Fem. / Neut. / Plural*
Nominative Case: Твой / Твоя / Твоё / Твои
Accusative Case *animate*: Твоего / Твою / Твоё / Твоих
Accusative Case *inanimate*: Твой / Твою / Твоё / Твои
Genitive Case: Твоего / Твоей / Твоего / Твоих
Dative Case: Твоему / Твоей / Твоему / Твоим
Instrumental Case: Твоим / Твоей / Твоим / Твоими
Prepositional Case: Твоём / Твоей / Твоём / Твоих

## English: Our
### 1st Person

*Masc. / Fem. / Neut. / Plural*
Nominative Case: Наш / Наша / Наше / Наши
Accusative Case *animate*: Нашего / Нашу / Наше / Наших
Accusative Case *inanimate*: Наш / Нашу / Наше / Наши
Genitive Case: Нашего / Нашей / Нашего / Наших
Dative Case: Нашему / Нашей / Нашему / Нашим
Instrumental Case: Нашим / Нашей / Нашим / Нашими
Prepositional Case: Нашем / Нашей / Нашем / Наших

## English: Your, Yours
### 2nd Person

*Masc. / Fem. / Neut. / Plural*
Nominative Case: Ваш / Ваша / Ваше / Ваши
Accusative Case *animate*: Вашего / Вашу / Ваше / Ваших
Accusative Case *inanimate*: Ваш / Вашу / Ваше / Ваши
Genitive Case: Вашего / Вашей / Вашего / Ваших
Dative Case: Вашему / Вашей / Вашему / Вашим
Instrumental Case: Вашим / Вашей / Вашим / Вашими
Prepositional Case: Вашем / Вашей / Вашем / Ваших

## Appendix 10 The 3rd person possessive pronouns

The 3rd person possessive pronouns (ег*о* - his, её - her, ег*о* - its, их - their) take the gender and the quantity of the possessing person/object:
Её кн*и*га. *Her book.*
Ег*о* кн*и*га. *His book.*
Их кн*и*ги. *Their books.*

## Appendix 11 Personal reflexive pronoun себ*я* (-self)

*English: Myself, himself, herself*
Nominative Case: --
Accusative Case: Себ*я*
Genitive Case: Себ*я*
Dative Case: Себ*е*
Instrumental Case: Соб*ой*
Prepositional Case: Себ*е*

## Appendix 12 Reflexive possessive pronoun свой

*English: My own, his own, her own*
*Masc. / Fem. / Neut. / Plural*
Nominative Case: Свой / Сво*я* / Своё / Сво*и*
Accusative Case *animate*: Своег*о* / Сво*ю* / Своё / Сво*и*х
Accusative Case *inanimate*: Свой / Сво*ю* / Своё / Сво*и*
Genitive Case: Своег*о* / Сво*ей* / Своег*о* / Сво*и*х
Dative Case: Своем*у* / Сво*ей* / Своем*у* / Сво*и*м
Instrumental Case: Сво*и*м / Сво*ей* / Сво*и*м / Сво*и*ми
Prepositional Case: Своём / Сво*ей* / Своём / Сво*и*х

## Appendix 13 Pronoun сам

*English: Myself, himself, herself*
*Masc. / Fem. / Neut. / Plural*
Nominative Case: Сам / Сам*а* / Сам*о* / Сам*и*
Accusative Case *animate*: Самог*о* / Сам*у* / Сам*о* / Сам*и*х
Accusative Case *inanimate*: Сам / Сам*у* / Сам*о* / Сам*и*
Genitive Case: Самог*о* / Сам*ой* / Самог*о* / Сам*и*х
Dative Case: Самом*у* / Сам*ой* / Самом*у* / Сам*и*м
Instrumental Case: Сам*и*м / Сам*ой* / Сам*и*м / Сам*и*ми
Prepositional Case: Сам*о*м / Сам*ой* / Сам*о*м / Сам*и*х

## Appendix 14 Pronoun весь

*English: All, the whole*
*Masc. / Fem. / Neut. / Plural*
Nominative Case: Весь / Вся / Всё / Все
Accusative Case *animate*: Всего / Всю / Всё / Всех
Accusative Case *inanimate*: Весь / Всю / Всё / Все
Genitive Case: Всего / Всей / Всего / Всех
Dative Case: Всему / Всей / Всему / Всем
Instrumental Case: Всем / Всей / Всем / Всеми
Prepositional Case: Всём / Всей / Всём / Всех

## Appendix 15 Common adjectives

alive - живой
attentive - внимательный
bad - плохой
beautiful - красивый
big - большой
boring - скучный
bright - яркий
cheap - дешёвый
clean - чистый
cold - холодный
comfortable - удобный
dark - тёмный
dear, expensive - дорогой
dense, thick - густой
different - разный
difficult - трудный
dirty - грязный
dry - сухой
easy - лёгкий
empty - пустой
far - далёкий
fast - быстрый
fat - толстый
favorite - любимый
first - первый
frequent - частый
frightening - страшный
full - полный
good, nice - хороший

great - великий
happy - счастливый
hard, firm - твёрдый
heavy - тяжёлый
hot - жаркий
huge - огромный
important - важный
interesting - интересный
kind - добрый
last - последний
loud - громкий
main - главный
necessary - необходимый
new - новый
old - старый
only, unique - единственный
peaceful - спокойный
personal - личный
pleasant - приятный
powerful - сильный
prepared, ready - готовый
private - частный
rapid, quick - быстрый
respected - уважаемый
sad - грустный
sharp - острый
similar, alike - подобный
simple - простой
slow - медленный

small - маленький
soft - мягкий
strange - странный
strict - строгий
strong - крепкий

sweet - сладкий
tall, high - высокий
usual - обычный
warm - тёплый
young - молодой

# Русско-Английский Словарь

## Аа

a - and, but

абсолютно *(adv)* - absolutely, completely

авария - accident; во время аварии *(gen)* - during the accidents

авиация - aviation; самолёт военной авиации *(gen)* - airplane of the air force

автобусный *(adj masc sng)* - bus; автобусная станция - a bus station; много автобусных остановок *(plr gen)* - a lot of bus stops

автодорога - road, motorway

автомат - machine gun, automatic weapon; с автоматами *(plr inst)* - (with) machine guns

автоматчик - gunman, man with machine gun; автоматчику *(dat)*

автомобиль - a car

автостоянка - parking lot; возле автостоянки *(gen)* - near the parking lot

адрес - an address

азиатская *(fem)* - Asian

аккуратно *(adv)* - carefully, neatly

алло *(on the phone only)* - hello

ангар - hangar

антенна - antenna

антилопа - antelope; антилопы *(plr)* - antelopes

аппетит - appetite

аптека - pharmacy

араб - Arab; арабская *(adj fem)* - Arab

арест - an arrest

арестовали *(past plr)* - arrested; Арестуйте! *(imp plr)* Арестуй! *(imp sng)* - Arrest! арестовать *(inf)* - to arrest

арестованный *(masc)* - arrested, detained

армия - army, military

ас - an ace *(pilot)*

ассистент - assistant

атаковать *(inf)* - to attack

аэродром - an airfield

аэропорт - airport /

## Бб

бакалавр - a bachelor's degree; диплом бакалавра *(gen)* - bachelor degree

балет - ballet; театр балета *(gen)* - a ballet theatre

бандаж - a bandage

банк - a bank

банкнота *(sng)* - a bill; банкноты *(plr)* - bills

банковская карта *(fem)* - bank card, credit or debit card

бар - bar, pub

батарея - battery; возле батареи *(gen)* - near the battery

бегать *(inf)* - to run

бежать *(inf)* - to run; Беги! *(imp sng)* - Run!

беда - misfortune

бедный - poor, a poor person; бедные *(plr)* - the poor, poor people

бедняк - poor person; помогать беднякам *(plr dat)* - to help poor people

без - without

безбилетный *(masc)* - ticketless

безопасность - safety

безработный - unemployed; безработные *(plr)* - unemployed people

безумец - madman

безумная *(fem)* - mad, out of her mind

белый *(masc)* - white

бельё - underwear, linen

бензин - gasoline, gas

бензобак - gas tank

берег - shore

берёт *(thrd sng)* - takes; брать *(inf)* - to take

беседа - conversation; беседу (acc)
бесплатный - free; бесплатные (plr) - free
бесполезность - uselessness
бесстыжий (masc) - shameless
била (past fem) - hit, beat; бить (inf) - to hit, to beat
билет - a ticket
благодарить (inf) - to thank; Благодари! (imp sng) - Thank!
бледное (neut) - pale /
блестят (thrd plr) - glitter; блестеть (inf) - to glitter
ближайший - closest; ближайшие (plr)
ближе (adv) - closer
близко (adv) - close, nearby
бог - god; Я верю в бога. (gen) - I believe in god.
боевой (masc) - fighter, relating to combat
боец - fighter, soldier; Я знаю этого бойца (gen) - I know this soldier.
бой - a battle, a fight (sng); бои (plr) - battles; без боя (gen) - without a battle / a fight
бок - a side (of a person)
более - more
болела (past fem) - hurt; болеть (inf) - to hurt
боль - pain, ache; без боли (gen) - without pain
больница - a hospital
больно (adv) - painful
больной (masc) - ill
больше - more; bigger
большой (masc) - big
бомба - a bomb
бомбардировщик - bomber (plane)
бомбите (imp plr) - (you) bomb;
бомбить (inf) - to bomb
бонус - bonus; бонусов (plr gen) - bonuses
борода - a beard

борт - side (of a ship or a boat)
бочка - a barrel; много бочек (plr gen) - a lot of barrels
боюсь (fst sng) - (I'm) afraid; бояться (inf) - to be afraid
брат - a brother
брать (inf) - to take
бриз - a breeze
бриллиант (sng) - diamond; бриллианты (plr) - diamonds
бродяга - a vagabond, a bum, a tramp
бронежилет - bulletproof vest
бросает (thrd sng) - throws, drops; бросать (inf) - to throw, to drop
бросился (past masc) - fell, threw himself; броситься (inf) - to fall, to throw oneself
будешь (ftr sec sng) - (you) will; быть (inf) - to be
буду (ftr fst sng) - I will; быть (inf) - to be
будущий (adj masc) - future
бумага - paper, document
бумажник - wallet
бутылка - a bottle; Он даёт бутылку. (acc) - He gives a bottle.
бы - *the particle is used with Conditional Mood;* Я бы пошёл в кино, если бы у меня было больше времени. - I would go to the cinema if I had more time.
бывший (masc) - former
был (past masc), была (fem), было (neut) - was; были - were; быть (inf) - to be; Я был в театре. - I was at the theatre.
быстрей (adv) - fast
быстро (adv) - quickly
быстрый (masc) - quick, rapid
быть (inf) - to be

## Вв

в - in
в основном - mainly

в пол пятого - at half past four
в течение - during
вагон - a railway car; между вагонами
*(plr inst)* - between railway cars
важная - important; Я имею важную
информацию. *(fem acc)* - I have some
important information.
важно *(adv)* - important
важность - importance
вам *(dat)* - to you
ванильное - vanilla; много ванильного
мороженого *(neut gen)* - a lot of vanilla
ice cream
ванная - a bathroom
Вас *(acc)* - you; Я знаю Вас. - I know
you.
ваш *(masc)*; ваша *(fem)*; ваше *(neut)*;
ваши *(plr)* - your
вверх *(adv)* - up *(direction)*; вверху
*(adv)* - above *(location)*
вдали *(adv)* - in the distance
вдруг *(adv)* - suddenly
ведёт *(thrd sng)* - takes (somewhere);
(от)вести *(inf)* - to take (somewhere)
ведь - after all, since
вежливая *(fem)* - polite
вежливо *(adv)* - politely
везде *(adv)* - everywhere
везёт *(thrd sng)* - drives (someone or
something by transport); везти *(inf)* - to
drive (someone or something by
transport)
вёл себя *(past masc)* - acted; вести себя
*(inf)* - to act, to behave
вентиляция - ventilation; шахта
вентиляции *(gen)* - a ventilation shaft
верблюд - camel
верёвка - a rope; верёвки *(plr)* - ropes
верит *(thrd sng)* - believes; верить *(inf)* -
believe
вернули *(thrd plr)* - gave back, returned;
вернуть *(inf)* - to give back, to return
вернулся *(past masc)* - returned;

вернуться *(inf)* - to return
вертикально *(adv)* - vertically
вертолёт - a helicopter
верхний *(masc)* - top; на верхней части
*(fem gen)* - on the top part
верить *(inf)* - to believe, to trust; Верь!
*(imp sng)* - Believe! / Trust!
веселей *(adv)* - more fun, more exciting
вести *(inf)* - to drive (a car, a train), to fly
(an airplane)
весь *(masc)* - entire, whole
ветер - wind
вечер - evening; вечером *(adv)* - in the
evening
вещь *(sng)* - thing; вещи *(plr)* - things,
stuff
взаимный - mutual; взаимные *(plr)*
взволнованно *(adv)* - in agitation,
excitedly, nervously
взволнованы *(past part plr)* - agitated;
взволновать *(inf)* - to make someone
agitated
взгляд - a glance, a gaze, a look;
взглядом *(inst)* - with a glance, with a
look
взлёт - take off; Взлетай! *(imp sng)* -
Take off! взлетать *(inf)* / взлететь *(inf)* -
to take off
взорвать *(inf)* - to blow up
взрыв - an explosion
взял *(past sng)* - took; взять *(inf)* - to
take
вибрирует *(thrd sng)* - vibrates;
вибрировать *(inf)* - to vibrate
вид - a view
виден *(masc)*, видно *(past part neut)* -
seen, visible; видеть *(inf)* - to see
видеокамера - video camera; несколько
видеокамер *(gen plr)* - some video
cameras
видит *(thrd sng)* - sees; видят *(thrd plr)* -
(they) see; видел *(past masc)* - saw;
видеть *(inf)* - to see

вина - fault
вино - wine
вираж - a turn in the air
висел *(past masc)* - was hanging; висеть *(inf)* - to hang
включается *(thrd sng)* - turns on;
включаться *(inf)* - to turn on
включил *(past masc)* - turned on, started;
включить *(inf)* - to turn on, to start
вкусно (adv) - tasty
власть - authority, rule
вместе *(adv)* - together
вместо - instead
внёс *(past masc)* - brought in; внести *(inf)* - to bring in
внешность - appearance
вниз *(adv)* - down *(direction)*; внизу *(adv)* - below *(location)*
внимание - attention
внимательно *(adv)* - carefully, attentively
внимательный *(masc)* - attentive
внутри - inside *(location)*
внутрь - inside *(direction)*
вода *(noun)* - water ; много воды *(gen)* - a lot of water
водил *(past masc)* - flew, drove; водить *(inf)* - to fly, to drive
водитель - driver
водяная *(adj fem)* - water, made out of water
военная - military; аэродром военной авиации *(gen fem)* - the air force airfield
вождь - leader
возвращается *(thrd sng)* - returns;
возвращаться *(inf)* - to return
воздух - air
возле - near
возможно (adv) - possibly
возможность - possibility, opportunity; мало возможностей *(plr gen)* - few possibilities, opportunities

возмущается - protests, is indignant;
возмущаться *(inf)* - to protest, to be indignant; возмущённо *(adv)* - resentfully, indignantly
возьмёт *(ftr thrd sng)* - (he, she, it) will take; взять *(inf)* - to take; Возьми! *(imp sng)* - Take!
вой - wailing
война - a war; он на войне *(prep)* - he is in the war
вокруг - around
волна *(sng)* - a wave; волны *(plr)* - waves
волнуется *(thrd sng)* - worries;
волноваться *(inf)* - to worry
волосы *(plr)* - hair
вон *(colloq.)* - (over) there
вонючий *(masc)* - smelly, stinking;
вонючка - stinker
воняет *(thrd sng)* - (it) stinks; вонять *(inf)* - to stink
вообще - in general
вооружённые - armed; несколько вооружённых людей *(plr gen)* - some armed people
вопрос - a question
вопросительно *(adv)* - questioningly, in a questioning way
вор - a thief
воровство - theft, robbery
ворота - gates; перед воротами *(inst plr)* - in front of gates
восемь - eight
воскресенье - Sunday
восток - east
вот - here is
вошла *(past fem)* - came in; войти *(inf)* - to come in
вперёд *(adv)* - (straight) ahead
впереди *(adv)* - ahead, in front
вправду *(adv)* - really, in truth
вправо *(adv)* - to the right

враг - an enemy; вражеский *(adj)* - enemy; мн<u>о</u>го вр<u>а</u>жеских самолётов *(plr gen)* - a lot of enemy planes

врач - a doctor

вращ<u>а</u>ть *(inf)* - to rotate; вращ<u>е</u>ние - a rotation

вр<u>е</u>зался *(past masc)* - crashed, hit (something); вр<u>е</u>заться *(inf)* - to crash, to hit (something)

вр<u>е</u>менно *(adv)* - temporarily; вр<u>е</u>менный *(masc)* - temporary

вр<u>е</u>мя - time

все - all, everybody; всем *(dat)* - to all, to everybody

всё - all, everything

всегд<u>а</u> - always

вслед *(adv)* - after, following

всп<u>о</u>мнил *(past masc)* - remembered; всп<u>о</u>мнить *(inf)* - to remember

всп<u>ы</u>шка - a flash; всп<u>ы</u>шки *(plr)* - flashes

Встав<u>а</u>й! *(imp sng)* - Get up! встав<u>а</u>ть *(inf)* - to get up

вста<u>ё</u>т *(thrd sng)* - stands up, gets up; встав<u>а</u>ть *(inf)* - to stand up, to get up

встр<u>е</u>тились *(past plr)* - met; встр<u>е</u>титься *(inf)* - to meet

встр<u>е</u>тить *(inf)* - to meet

встр<u>е</u>ча - a meeting

встреч<u>а</u>ет *(thrd sng)* - meets; встреч<u>а</u>ть *(inf)* - to meet

встреч<u>а</u>лись *(past plr)* - met; встреч<u>а</u>ться *(inf)* - to meet

всю *(fem acc)* - all, whole

вт<u>о</u>рник - Tuesday

втор<u>о</u>й *(masc)* - second

вход - an entrance; в<u>о</u>зле вх<u>о</u>да *(gen plr)* - at the entrance

Вход<u>и</u>! *(imp sng)* - Go in! / Come in!

вх<u>о</u>дит *(thrd sng)* - enters; вход<u>и</u>ть *(inf)* - to go in, to come in

вчер<u>а</u>шний *(masc)* - yesterday's, of yesterday

въезд - an entrance (for transport);

въ<u>е</u>хать *(inf)* - to enter (by vehicle)

вы *(plr)*, Вы *(sng polite)* - you

выбег<u>а</u>ть *(inf)* - to run out

в<u>ы</u>бежать *(inf)* - to run out

выбир<u>а</u>ю *(fst sng)* - (I) choose; выбир<u>а</u>ть *(inf)* - to choose

в<u>ы</u>боры *(plr)* - elections

в<u>ы</u>брали *(past plr)* - chose; в<u>ы</u>брать *(inf)* - to choose

в<u>ы</u>бросила *(past fem)* - threw out/away; в<u>ы</u>бросите *(ftr scn plr)* - (you will) throw out; в<u>ы</u>бросить *(inf)* - to throw out/away

в<u>ы</u>везти *(inf)* - to take out, to smuggle

выв<u>е</u>шивают *(thrd plr)* - hang out; выв<u>е</u>шивать *(inf)* - to hang out

выгл<u>я</u>дишь *(sec sng)* - (you) look; выгл<u>я</u>деть *(inf)* - to look

в<u>ы</u>глянул *(past masc)* - looked out; в<u>ы</u>глянуть *(inf)* - to look out

в<u>ы</u>ехал *(past masc)* - drove out; в<u>ы</u>ехать *(inf)* - to drive out

в<u>ы</u>звать *(inf)*, вызыв<u>а</u>ть *(inf)* - to call; вызыв<u>а</u>ет *(thrd sng)* - calls;

в<u>ы</u>играла *(past fem)* - won; в<u>ы</u>играть *(inf)* - to win

В<u>ы</u>йдите! *(imp plr)* - leave, come out; в<u>ы</u>йти *(inf)* - to leave, to come out, to get out

в<u>ы</u>ключил *(past masc)* - turned off; в<u>ы</u>ключить *(inf)* - to turn off

в<u>ы</u>лезти *(inf)* - to get out by crawling; он вылез<u>а</u>ет *(thrd sng)* - he gets out by crawling

вылет<u>а</u>ем *(sec plr)* - (we are) taking off; вылет<u>а</u>ть *(inf)* - to take off

в<u>ы</u>нес *(past masc)* - brought out; в<u>ы</u>нести *(inf)* - to bring out

в<u>ы</u>пей *(imp sng)* - have a drink; в<u>ы</u>пили *(past plr)* - drank; в<u>ы</u>пить *(inf)* - to have a drink, to drink

выполн<u>я</u>ете *(thrd plr)* - fulfill; выполн<u>я</u>ть *(inf)* - to fulfill

выпрыгивать (inf) - to jump out
выпустят (ftr thrd plr) - will launch, will shoot; выпустить (inf) - to launch, to shoot
выражение - expression; с помощью выражения (gen) - with help of the expression
выращивает (thrd sng) - grows smth; выращивать (inf) - to grow smth
высадить (inf) - to drop off
высадка - the act of letting someone out of a vehicle; высадки (gen) - the act of letting someone out of a vehicle
высаживать (inf) - to send out, to have someone get out of a vehicle
выскочил (past masc) - jumped out, got out; выскочить (inf) - to jump out, get out
высокий (masc) - tall
высоко (adv) - high; высота - height
выстрел - a shot; выстрелы (plr) - shots
выстрелил (past masc) - fired (a gun); выстрелить (inf) - to fire (a gun)
выступали (past plr) - performed, spoke (in public); выступать (inf) - to perform, to speak (in public)
Вытащи! (imp sng) - Pull out! вытащить (inf) - to pull out
вытащил (past masc) - took out, dragged out; вытащить (inf) - to take out, to drag out
вытекал (past masc) - flowed out; вытекать (inf) - to flow out
вытер (past masc) - wiped; вытирает (thrd sng) - wipes; вытереть (inf), вытирать (inf) - to wipe
выход - an exit; идти к выходу (gen) - go to an exit
Выходи! (imp sng) - Go out! выходить (inf) - to go out, to leave
Выходите! (imp plr) - Get out!
выходить (inf) - to get out, to get off

выходят (thrd plr) - (they) come/go out;
выходить (inf) - to come/go out
выше (adv) - higher
вышел (past masc) - left, went outside;
выйти (inf) - to leave, to go outside

## Гг

газ - a gas
газета - a newspaper
гараж - a garage
гарантируем (fst plr) - (we) guarantee;
гарантировать (inf) - to guarantee
где - where (location)
где-нибудь / где-то - anywhere, somewhere
герой - hero
главарь - the head (of a criminal organization)
гладит (thrd sng) - pets (a dog or a cat);
гладить (inf) - to pet
глаз (sng) - an eye; глаза (plr) - eyes
глупый (masc) - stupid; несколько глупых людей (plr gen) - some stupid people
глухой (masc) - deaf
глядела (past fem) - looked, stared;
глядя (part 1) - looking; глядеть (inf) - to look, to stare
Говори! (imp sng) - Speak! / Say!
Говорите! (imp plr) - Speak! / Say!
говорит (thrd sng) - says; говорить (inf) - to speak, to say
год - a year
голова - a head
голодный (masc) - hungry
голос - a voice
горизонт - horizon
горит (thrd sng) - burns; гореть (inf) - to burn
город - a city
городок - small town
горячий - hot, passionate; горячие (plr)

горящий - burning; горящая *(fem)*
господин - mister; госпожа - miss, missis, madam
гостиница - hotel; Я знаю эту гостиницу. *(acc)* - I know this hotel.
гость *( sng)* - guest; гости *(plr)* - guests
государство - a country; армия государства *(gen)* - the army of the country
готов *(past part masc)* - ready, prepared
готовить *(inf)* - to prepare, to cook
готовиться *(inf)* - to prepare
грабитель - robber; грабительский *(masc)* - relating to robbery
грабить *(inf)* - to rob
гражданин - citizen; несколько граждан *(gen plr)* - some citizens
граница - a border; без границ *(plr gen)* - without borders
гроза - a thunder
громкий *(masc)* - loud; громким голосом *(inst masc)* - with loud voice
громко *(adv)* - loudly
грохот - a noise, a din
грудь - chest
грузить *(inf)* - to load
грузовик - a truck
грузовой *(adj masc)* - relating to cargo; грузовые *(adj plr)* - relating to cargo
грузчик - a mover, a loader; грузят *(thrd plr)* - (they) load; грузить *(inf)* - to load
группа - a group, a team; войти в группу *(acc)* - join a group/team
грустить *(inf)* - to be sad
грустно *(adv)* - sad
грустный *(masc)* - sad
грязная *(fem)* - dirty
губа - lip; к губам *(plr dat)* - to the lips

## Дд

да - yes
Давай! *(imp sng)* - Bye! *(informal,*
*should be used with caution)* 2. Give!, давать *(inf)* - to give; 3. Come on! *(is used to make smb to do smth)*
давайте *(imp plr)* - bye, give, let's;
давать *(inf)* - to give, to let
давить *(inf)* - to shove, to crush
давно *(adv)* - long ago; for a long time
даёт *(thrd sng)* - gives; давать *(inf)* - to give
даже - even (used to express emphasis)
Дай! *(imp sng)* - Give! дать *(inf)* - to give
далеко *(adv)* - far (away)
далматин - Dalmatian
дальше *(adv)* - farther, further
дать *(inf)* - to give; дам *(ftr fst)* - (I) will give; дали *(past plr)* - gave
два *(masc)*, две *(fem)* - two
двадцать - twenty
двенадцать - twelve
дверца - door; открыть дверцу *(acc)* - to open a door
дверь - a door
двести - two hundred
двигался *(past masc)* - moved; двигаться *(inf)* - to move
двигатель - engine; двигатели *(plr)* - engines
движение - movement, motion; без движения *(gen)* - without movement / motion
двинулся *(past masc)* - moved; двинуться *(inf)* - to move
двое - two (for people); Я знаю этих двоих. *(gen)* - I know these two (people).
Два - two (for other things)
двойная *(fem)* - double
двор - yard
двухэтажное *(neut)* - two-story, with two floors
девочка - girl; мама девочки *(gen)* - girl's mom
девушка - a girl
девять - nine

дежурил *(past masc)* - was on duty;
дежурить *(inf)* - to be on duty
действие *(sng)* - an action; действия
*(plr)* - actions
действует *(thrd sng)* - acts; действовать
*(inf)* - to act
делать *(inf)* - to do, to make
делим *(fst sng)* - (we) divide; делить
*(inf)* - to divide
дело - a job, work, business
демократический - democratic;
демократического *(masc gen)* -
democratic
день - a day
деньги - money
деревня - village; возле деревни *(gen)* -
near a village
дерево - a tree; много деревьев *(plr acc)*
- a lot of trees
деревянная *(fem)* - wooden
держа *(pres part)* - holding; держал
*(past masc)* - held; держать *(inf)* - to hold
Держись! *(imp sng)* - Hold on! Hang in
there! держаться *(inf)* - to hold on
дерущийся *(masc)* - fighting; несколько
дерущихся людей *(plr gen)* - some
fighting people
десяток - ten; несколько десятков *(plr
gen)* - some tens (used like dozens)
десятый *(masc)* - tenth, the tenth
десять - ten
детектив - a detective
детективный - detective; детективную
*(fem gen)*
дети *(plr)* - children
детский *(masc)*- related to children;
детские игрушки *(plr)* - children's toys
деятельность - activity, work
джин - genie
джинсовая - denim; Он одет в
джинсовую рубашку. *(fem acc)* - He is
wearing a denim shirt.
джинсы *(plr)* - jeans

диван *(acc)* - a couch, a sofa
диктатура - dictatorship
диктофон - a dictaphone
диплом - a degree, a diploma
длинная - long; Я вижу длинную стену.
*(acc fem)* - I see a long wall.
для - for (something or someone)
днём *(adv)* - during the day, by day
до - before, until
до того как - before (doing something)
добавляет *(thrd sng)* - adds; добавлять
*(inf)* - to add
доброе (утро) *(neut)* - good (morning)
доверяю *(fst sng)* - (I) trust; доверять
*(inf)* - to trust
довести *(inf)* - to drive or fly up to (a
place)
догадаться *(inf)* - to guess
догнал *(past masc)* - caught up; догнать
*(inf)* - to catch up
договор - agreement, pact
дождь - rain
доза - a dose; пять доз *(gen plr)* - five
doses
Дойди! *(imp sng)* - Walk up! (to
something); дошёл *(past masc)* - walked
up (to something); дойти *(inf)* - to walk
up (to something)
доказать *(inf)* - to prove
доктор - a doctor
документ - a document; документы
*(plr)* - documents
долг- debt
долгий - long; долгим *(masc inst)*
долго *(adv)* - for a long time
долетит *(ftr thrd sng)* - will fly to;
долететь *(inf)* - to fly to
должен *(sng)* - have to, must
должность - position
доллар - a dollar; пять долларов *(gen
plr)* - five dollars
дом - a house
дома - at home

домой - home (direction)
дорога - road
дорогой (masc) - dear, expensive
дорожная - relating to the road;
дорожную (acc fem) - relating to the road
Доставай! (imp sng) - Take out!
доставать (inf) - to take out
достаёт (thrd sng) - pulls out, takes out;
доставать (inf) - to pull out, to produce
достал (past masc) - took out; достать (inf) - to take out
достаточно (adv) - enough
дотронулся (past masc) - touched;
дотронуться (inf) - to touch
драка - a fight
драматический (masc) - dramatic
драться (inf) - to fight
друг - a friend
другие (plr) - other
дубинка - baton, club; ударить
дубинкой (inst) - hit with a baton / club
дует (thrd sng) - blows, дуть (inf) - to blow
думает (thrd sng) - thinks; думать (inf) - to think
дурак - a fool
душ - shower
дым - smoke
дьявол - devil; дьявольский (masc) - devilish, relating to the devil;
дьявольские силы (plr) - evil forces
дюна - dune; дюны (plr) - dunes
дядя - mister, man

### Ее

Европа - Europe; Евросоюз - European Union, the EU
европейская (fem) - European
еда - food; Я люблю эту еду. (acc) - I like this food.
единственный (masc) - single, only one

едут (thrd plr) - (they) ride; ехать (inf) - to ride;
её - her; Я знаю её. (acc) - I know her.
Это её деньги. (gen) - It is her money.
ездил (past masc) - drove, went; ездить (inf) - to drive, to go
ел (past masc) - ate; едят (thrd plr) - (they) eat; есть (inf) - to eat
ему (dat) - to him
если - if
есть - have; У меня (есть) кроссворд - I have a crossword.
ехать (inf) - to ride, to go (somewhere in a vehicle)
ещё - more, else
ещё раз - once more

### Жж

жаба - toad; взять жабу (acc) - to take a toad
жадно (adv) - greedily, eagerly
жадный - greedy; жадные (plr) - greedy
жалею (fst sng) - (I) regret / feel sorry (for someone); жалеть (inf) - to regret, to feel sorry (for someone)
жаль - pity
жарко (adv) - hot
ждёт (thrd sng) - waits; Ждите! (imp plr) - Wait! ждать (inf) - to wait
же - an interjection used to accentuate smth
желают (thrd plr) - (they) wish; желать (inf) - to wish
железнодорожные станции (plr) - railway stations
железный - iron; от железной дороги (gen fem) - from railway
жёлтый (masc) - yellow
жена - a wife
женат (past part masc) - married;
женишься (ftr sec sng) - will get married; жениться (inf) - to get married

женский (fem) - feminine, relating to women

женщина - a woman

жестикулировать (inf) - to gesticulate

жив (masc) - alive

живёт (thrd sng) - lives; живут (thrd plr) - they live; жить (inf) - to live

живот - stomach, belly

животное - animal

жизнь - life

житель - resident; несколько жителей (plr gen) - some residents

жопка - butt; лизнуть жопку (acc) - to lick a butt

## Зз

за - at, behind

забежал (past masc) - ran into (a place); забежать (inf) - to run into (a place)

заболел (past masc) - got sick; заболеть (inf) - to get sick

забрали (thrd plr) - (they) took away; забрать (inf) - to take away

Забудь! (imp sng) - Forget! забыть (inf) - to forget

забывайте (imp plr) - forget; забывать (inf) - to forget

забыли (past plr) - forgot; забыть (inf) - to forget

завёл (past masc) - started (an engine); завести (inf) - to start (an engine)

заводить (inf) - to start (an engine etc.)

завтра - tomorrow

загар - a tan; много загара (gen) - a lot of tan

заглянул (past masc) - looked in; заглянуть (inf) - to look in

заговор - conspiracy, plot

заговорил (past masc) - started talking; заговорить (inf) - to start talking

загорелась (past fem) - caught fire; загореться (inf) - to catch fire

задавать (вопросы) (inf) - to ask (questions)

задание - a task

задать вопрос (inf) - to ask a question

задумчиво (adv) - thoughtfully

заехать (inf) - to stop by

зажгли (past plr) - lit, set on fire; зажечь (inf) - to light, to set on fire

зазвонил (past masc) - rang; зазвонить (inf) - to ring

зайти (inf) - to come in

заказ - an order

заказал (past masc) - ordered; заказать (inf) - to order

Заканчивайте! (imp plr) - finish!; заканчивать (inf) - to finish

закладывать (inf) - to hide, to place

заключается (thrd sng) - contained (in something); заключаться (inf) - to be contained (in something)

заключённый (masc) - convict, prisoner; заключённые (plr) - convicts, prisoners

заключила (past fem) - made a contract or a pact; заключить договор (inf) - to make an agreement

закон - law; конфликтовать с законом (inst) - be in trouble with the law

закончил (past masc) - finished; закончить (inf) - to finish

закопал (past masc) - buried; закопать (inf) - bury

закричал (past masc) - shouted, yelled; закричать (inf) - to shout, to yell

Закрой! (imp sng) - Close! закрыть (inf) - to close

закрывать (inf) - to close

закрыт (past part masc) - closed; закрыть (inf) - to close

закрытый (masc) - closed; закрытыми (plr inst) - closed

закуривает (thrd sng) - lights up (a cigarette); закуривать (inf) - to light up (a cigarette)

закуривая *(pres part)* - lighting a cigarette; закуривать *(inf)* - to light a cigarette

зал - a hall

залезть *(inf)* - to get in by crawling; залез *(past masc)* - got in; залезли *(past plr)* - got in

замедленный *(masc)* - slowed down

замер *(past masc)* - froze; замереть *(inf)* - to freeze

замечает *(thrd sng)* - notes, notices; замечать *(inf)* - to note, to notice

замок *(sng)* - a lock; замки *(plr acc)* - locks

замолчал *(past masc)* - fell silent; замолчать *(inf)* - to fall silent

замужем *(adv)* - married *(for women)*; женатый *(adv)* - married *(for men)*

занимает *(thrd sng)* - takes or takes up (some space or time); занимать *(inf)* - to take

занят *(past part masc)* - busy

заняться *(inf)* - to take care (of something), to deal (with something)

запасная *(fem)* - spare

запах - a smell

заперта *(past part fem)* - locked

записка - a note

запланировали *(past plr)* - planned; запланировать *(inf)* - to plan

заплачу *(ftr fst sng)* - (I) will pay; заплатить *(inf)* - to pay

Запомни! *(imp sng)* - Remember!

запомнить *(inf)* - to remember

запрет - a ban; запретить *(inf)* - to forbid, to ban

запуск - a launch; был занят запуском *(inst)* - was busy launching

запускать *(inf)* - to launch

заработать *(inf)* - to earn, to make (money)

заранее *(adv)* - ahead of time

зарегистрированы *(past part plr)* - registered

зарплата - salary

заслуживает *(thrd sng)* - deserves, earns; заслуживать *(inf)* - to deserve, to earn

засмеялся *(inf masc)* - started laughing; засмеяться *(inf)* - to start laughing

заставил *(past masc)* - made, forced; заставить *(inf)* - to make, to force

застонал *(past masc)* - began to groan; застонать *(inf)* - to begin to groan

застрял *(past masc)* - got stuck; застрять *(inf)* - to get stuck

засунула *(past fem)* - put in; засунуть *(inf)* - to put in

затем *(adv)* - after that, then

заткнись *(imp sng)* - shut up; заткнуться *(inf)* - to shut up

затормозил *(past masc)* - braked, hit the brakes; затормозить *(inf)* - to brake, to hit the brakes

захват - a capture, seizure; с целью захвата *(gen)* - to gain control; захватить *(inf)* - to capture, to gain control

Заходи! *(imp sng)* - Come in! заходить *(inf)* - to come in

заходит *(thrd sng)* - enters; заходить *(inf)* - to enter

захочет *(ftr thrd sng)* - will want; захотеть *(inf)* - to want

зачем - why, what for

зашёл *(past masc)* - came in; зайти *(inf)* - to come in

защита - defense

защититься *(inf)* - to protect oneself, to shield oneself

защитник - defender, defending counsel

защищал *(past masc)* - defended, shielded; защищать *(inf)* - to defend, to shield

заяц - stowaway (literally: hare); зайца *(acc)* - stowaway (literally: hare)

звезда *(sng)* - a star; звёзды *(plr)* - stars

звёздный *(masc)* - relating to stars;

звёздный час - shining moment

звонит *(thrd plr)* - calls; звонить *(inf)* - to call, to telephone

звонок - phone-call, ring (the sound of the telephone)

звук *(sng)* - a sound, a noise; звуки *(plr)* - sounds, noises

здание - building

здесь *(adv)* - here *(location)*

здоровается *(thrd sng)* - says hello, greets; здороваться *(inf)* - to say hello, to greet

здравоохранение - healthcare; без здравоохранения *(gen)* - without healthcare

здравствуйте - hello

зевнул *(past masc)* - yawned; зевнуть *(inf)* - to yawn

зелёный *(masc)* - green; зелёныс *(plr)* - green

земля - the ground, the earth

земля-воздух - ground to air

зеркало - a mirror

злое *(neut)* - evil

знает *(thrd sng)* - knows; знать *(inf)* - to know

знаешь *(sec sng)* - (you) know

знак - a sign, a signal

знакомый *(masc)* - acquaintance

знакомьтесь *(imp plr)* - meet, make (someone's) acquaintance; знакомиться *(inf)* - to meet, to make (someone's) acquaintance

значение - meaning; значения *(gen)*

значит *(thrd sng)* - so, meaning; значить *(inf)* - to mean

значок - badge

знаю *(fst sng)* - (I) know; знать *(inf)* - to know

зовут *(thrd plr)* - call; звать *(inf)* - to call; Его зовут Александр. - They call him Alexander, his name is Alexander.

зоолог - zoologist

зря - in vain, for nothing

## Ии

и - and

игра - game

играла *(past fem)* - played; играть *(inf)* - to play

игрушка - toy; игрушки *(plr)* - toys

Иди! *(imp sng)* - Walk! Go! идти / ходить *(inf)* - to walk, to go

идиот - an idiot

идти *(inf)* - to go/come; идёте *(sec plr)* - you go/come; идёт *(thrd sng)* - goes/comes; идут *(thrd plr)* - they go/come; Иди! *(imp sng)* - Go!/Come!

из - from

избежать *(inf)* - to avoid

извини *(imp sng)* - excuse, forgive; извинить *(inf)* - to excuse, to forgive

извините *(imp plr)* - excuse me; извинить *(inf)* - to excuse, to forgive

из-за - because of

изменив *(past part)* - having changed; изменить *(inf)* - to change

изменилось *(past neut)* - changed; измениться *(inf)* - to change

из-под - from under

изумление - amazement; с изумлением *(inst)* - (with) amazement

изучал *(past masc)* - studied; изучать *(inf)* - to study

или - or

иллюминатор - window (on an airplane)

имеет *(thrd sng)* - has; иметь *(inf)* - to have

именно - exactly

иметь в виду - to mean smth

имущество - property; мало имущества *(gen)* - little property

имя - a name (of a person); без имени *(gen)* - without a name

иначе - otherwise

инвалид - handicapped; инвалидное кресло - a wheelchair
индийский - Indian; индийского (masc gen) - Indian
иногда - sometimes
инструмент - equipment, instrument; инструменты (plr) - equipment, instruments
интересно (adv) - interesting
интересный (masc) - interesting
интересуют (thrd plr) - interest; интересовать (inf) - to interest
интернациональный (masc) - international; интернациональной (gen fem) - international
информация - information
искать (inf) - to search, to look for
ислам - Islam
использовать (inf) - to use
используя (pres part) - using
испуганно (adv) - fearfully, in a frightened way
испуганный (masc) - frightened; испуганные (plr) - frightened
испытывают (чувства) (thrd plr) - feeling, experiencing; испытывать (чувства) (inf) - to feel, to experience
история (inf) - history; изменить историю (acc) - change the history
истребитель - fighter plane; за истребителем (inst) - behind the fighter plane
исчез (past masc) - disappeared; исчезнуть (inf) - to disappear Исчезните! (imp plr) - Disappear! / Get lost! исчезнуть (inf) - to disappear
итак - well, so
итальянская (fem) - Italian
ищет (thrd sng) - searches, looks for; искать (inf) - to search, to look for

## Кк

к - to
кабина - driver's cab, cabin; кабины (plr) - driver's cabs, cabins
кабинет - an office room
каждый (masc) - every, each
кажется - apparently, it looks like, it seems; казаться (inf) - to appear, to seem
казнь - execution (punishment)
казнят (ftr thrd plr) - (they will) execute; казнить (inf) - to execute
как - how; Как дела? - How are you? How is it going?
какая (fem) - what, which
какие-то (plr) - some
какой (masc) - what, which
камера - (prison) cell
капитализм - capitalism
капля - a drop; капли (plr) - drops
капуста - cabbage; Я люблю капусту. (acc) - I like cabbage.
карман - a pocket
карта - a card, a map
касаясь (pres part) - touching; касаться (inf) - to touch
касса - a cash register
кассир - a teller
катапульта - a catapult
катил (past masc) - rolled; катить (inf) - to roll
кафе - a cafe
качество - quality
квартал - street block, neighborhood; три квартала (gen) - three street blocks
километр - kilometer; несколько километров (gen plr) - some kilometers
кладовая - a pantry
класс/классно - cool, great
классификация - classification
классно (adv) - colloquial expression meaning cool or great
клетка - a cage

284

клиент - client, customer; мало
клиентов *(plr gen)* - few clients
ключ - a key
клянусь *(fst sng)* - (I) swear; клянуться
*(inf)* - to swear
кнопка - a button; нажимать кнопку
*(acc)* - to press a button
когда - when
кожа - a skin; кожи *(gen)*
колено - a knee; колени *(plr acc)* - knees
коллега - a colleague
кольцо - a ring
команда - command; дать команду
*(acc)* - give a command
комиссия - commission
комната - a room
компания - company
комплекс - compound; комплексы *(plr)*
- compounds
конверт - envelope
конец - an end; до конца *(gen)* - till the
end
конечно - sure, of course
консультант - consultant; консультанта
*(gen)* - consultant
континент - continent
контролировать *(inf)* - to supervise, to
control
контроль *(noun)* - control
конфискация - confiscation
конфликтуют *(thrd plr)* - in conflict, in
trouble
кончается *(thrd sng)* - ends; кончаться
*(inf)* - to end
кончено *(past part neut)* - over, finished;
кончить *(inf)* - to finish
координируют *(thrd plr)* - coordinate;
координировать *(inf)* - to coordinate
коридор - corridor
коричневый - brown; коричневым
туфлем *(fem inst)* - with brown shoe
кормят *(thrd plr)* - (they) feed; кормить
*(inf)* - to feed

коробка - a box; коробки *(plr)* - boxes
король - king
коснулась *(past fem)* - touched;
коснуться *(inf)* - to touch
костёр - a fire; возле костра *(gen)* - near
a fire
котельная - a boiler room
которая *(fem)* - which, that
кофе - coffee
крадёт *(thrd sng)* - (he/she/it) steals;
красть *(inf)* - to steal
кража - theft; кражу *(acc)* - theft
край - an edge
красивая *(fem)* - beautiful
красиво *(adv)* - nicely
красить *(inf)* - to paint
краска - a paint, a color; мало краски
*(gen)* - little paint
красно *(adv)* - red; красный *(masc)* - red
крем - cream, lotion; кремом *(inst)* -
with a cream, lotion
крепко *(adv)* - tight
кресло - an armchair
крик *(sng)* - a scream; крики *(plr)* -
screams; кричит *(thrd sng)* - screams,
shouts; кричать *(inf)* - to shout, to scream
крикнул *(past masc)* - shouted, yelled;
крикнуть *(inf)* - to shout, to yell
кричащий *(masc)* - shouting; много
кричащих людей *(pres part plr gen)* - a
lot of shouting people
кровать - a bed
кровь - blood
кролик - rabbit
кроме - except
кроссворд - a crossword puzzle
круг - a circle
кругом *(adv)* - around, in a circle
кружиться *(inf)* - to spin
крыло - a wing; крылом *(inst)* - with a
wing
крыльцо - a porch
крыша - roof; на крышу *(acc)* - on the

roof

крышка - a lid; открыть крышку *(acc)* - to open a lid

кстати - by the way

кто - who; с кем *(inst)* - with whom; Кого ты знаешь здесь? *(gen)* - Whom do you know here?

кто-то - somebody, someone

куда - where *(direction)*

купил *(past masc)* - bought; купить *(inf)* - to buy

курил *(past masc)* - smoked; курить *(inf)* - to smoke

куртка - jacket; одеть куртку *(acc)* - to put on a jacket

кухня - a kitchen

## Лл

лагерь - a camp

ладно *(adv)* - okay

лай - barking

лампа - a lamp

левая - left; левой рукой *(fem gen)* - with the left hand

лёгкий *(masc)* - light

легко *(adv)* - easily

лежит *(thrd sng)* - lies; лежать *(inf)* - to lie

лекарство - medicine, drug; лекарства *(plr)* - medicine, drugs

лес - forest, woods

лестница - stairs

лет *(gen plr)* - years; год *(sng nom)* - a year; много лет - many years

летит *(thrd sng)* - flies; лететь *(inf)* - to fly

летящий - flying; дым летящих ракет *(pres part plr gen)* - smoke of flying rockets

лжец - a liar

ли - whether, if

ливень - downpour

ливиец - Libyan; несколько ливийцев *(plr gen)* - some Libyans

ливийский - Libyan; без ливийской нефти *(fem gen)* - without Libyan oil

лидер - leader

лизать, полизать *(inf)* - to lick; Лижи! *(imp sng)* - Lick! лизнул *(past masc)* - licked

ликёр - liqueur; ликёрную *(fem acc)* - liqueur

лист - page, leaf; начало листа *(gen)* - the beginning of the page

листовка - leaflet; листовки *(plr)* - leaflets

лифт - an elevator

лицо - a face

личная *(fem)* - personal, private

логично *(adv)* - logically, reasonably

Ложи! *(imp sng)* - Put! ложит *(thrd sng)* - puts; ложить *(inf)* - to put

ломать *(inf)* - to break

лото - lottery

луна - the moon

лучшая - the best; Дайте мне лучшую пиццу, пожалуйста. *(fem acc)* - Give me the best pizza, please.

лучше *(adv)* - better

любим *(fst plr)* - (we) love; любить *(inf)* - to love

любимая - favorite; любимую *(acc fem)*

любовь - a love

любой - any; любого *(masc gen)* - any

люди - people ; наблюдать за людьми *(plr inst)* - to watch people

люк - a hatch

## Мм

магазин - a shop; много магазинов *(plr gen)* - a lot of shops

максимум - no more than, maximum, at most

маленький *(masc)* - small

мало *(adv)* - not enough, too little

мальчик - a boy; мальчика *(gen)*

мама - mom, mother; Иди к маме! *(dat)* - Go to the mom!

манера - manner; манеры *(plr)* - manners

маньяк - maniac

масса - a mass, weight

мать - mother; с матерью *(inst)* - with the mother

мафия - the mob

махали *(past plr)* - were waving; махать *(inf)* - to wave

машина - a car, a truck, a van

мебель - furniture

мебельный *(adj masc)* - furniture; мебельный магазин - a furniture store

медаль - medal; медалью *(inst)*

медицинский - relating to medicine; несколько медицинских терминов *(plr gen)* - some medical terms

медленно *(adv)* - slowly

медсестра - a nurse

между - between

международный *(masc)* - international

менеджер - a manager

меньше *(adv)* - less

меню - menu

меня *(gen)* - me; Меня зовут Лиза. - They call me Lisa.

менял *(past masc)* - exchanged; менять *(inf)* - to exchange

мерзкий *(masc)* - disgusting

местный *(masc)* - local; Я знаю одного местного человека. *(gen)* - I know a local man.

место - a place, a location

местоположение - location

месяц - a month; два месяца *(plr gen)* - two months

метр - a meter

мечта - a dream; мечтал *(past masc)* - dreamed; мечтать *(inf)* - to dream

мешать *(inf)* - to get in one's way, to interfere

мешок - a bag

миг - moment

мигалка - flashing light; мигалку *(acc)*

микрофон - microphone

миллион - million; два миллиона *(gen)* - two millions

миллионер - a millionaire

милый - dear, lovely; милые *(plr)* - dear, lovely

мимо *(adv)* - past

минеральная *(fem)* - mineral

министерство - ministry, department

министр - minister; много министров *(plr gen)* - a lot of ministers

минута - a minute

мир - world

мне всё равно - I don't care

многие *(plr)* - many

много - many, much, a lot

могу я *(fst sng)* - I can; мы можем *(fst plr)* - we can; ты можешь *(sec sng)* - you can; вы можете *(sec plr)* - you can; он/она/оно может *(thrd sng)* - he/she/it can; они могут *(thrd plr)* - they can

модель - a model; модели *(gen)*

моего друга *(masc gen)* - my friend's

можно - can; Можно садиться? - Can I sit down?

мой *(masc)*; моя *(fem)*; моё *(neut)*; мои *(plr)* - my

молния - lightning

молодая *(fem)* - young

молодец - *a term of praise, meaning a great guy or someone who did something well*

молча *(adv)* - in silence

молчит *(thrd sng)* - is silent; молчать *(inf)* - to be/keep silent

момент - a moment

монитор - monitor, screen; мониторы *(plr)* - monitors, screens

моральное *(neut)* - moral

море - sea; возле моря *(gen)* - near the sea

мороженое - ice cream

морской *(masc)* - relating to the sea; морские *(plr)* - relating to the sea

мотор - engine

Мочись! *(imp sng)* - Urinate! Pee!

мочиться *(inf)* - to urinate, to pee

мошенник - a crook, swindler

мужской *(masc)* - male

мужчина - a man

музыка - music; Я часто слушаю музыку. *(acc)* - I often listen to music.

мусор - rubbish

мы - we; нам *(dat)* - to us

## Нн

на - on

на свете - in the world

на ходу - on the move

На! *(informal) (sng)* / Нате! *(plr)* - Take! Here! *(imp)*

набирает номер *(thrd sng)* - dials a number; набирать номер *(inf)* - to dial a number

наблюдать *(inf)* - to watch, to observe

наверное *(adv)* - probably, maybe

навсегда *(adv)* - forever

нагнулся *(past masc)* - bent down; нагнуться *(inf)* - to bend down

наградили *(past plr)* - awarded; наградить *(inf)* - to award

над - above, over

надавил *(past masc)* - pressed, pushed; надавить *(inf)* - to press, to push

надевает наручники *(thrd sng)* - put on handcuffs; надевать наручники *(inf)* - to put on handcuffs

надели *(past plr)* - put on, wore; надеть *(inf)* - to put on, to wear

надеюсь *(fst sng)* - (I) hope; надеяться

*(inf)* - to hope

надо - must, need, should

наёмный - hired; несколько наёмных солдат / наёмников *(acc plr)* - some mercenaries

нажимает *(thrd sng)* - presses; нажимать *(inf)* - to press

назад - ago, back

название *(for inanimate things)* - a name;

называется *(thrd sng)* - is called;

называться *(inf)* - to be called

наивный *(masc)* - naive

найти *(inf)* - to find

наказание - punishment

наказать *(inf)* - to punish

наконец *(adv)* - finally, at last

налево *(adv)* - to the left

наливает *(thrd sng)* - pours; наливать *(inf)* - to pour

наложил *(past masc)* - put, applied (something); наложить *(inf)* - to put, to apply (something)

намёк - a hint

намного *(adv)* - much more

нанять *(inf)* - to hire

напали *(past plr)* - attacked; напасть *(inf)* - to attack

написано *(past part neut)* - written; Это слово написано неправильно. - This word is written incorrectly.

напиток *(sng)* - a drink; напитки *(plr)* - drinks

наполнился *(past masc)* - filled up; наполниться *(inf)* - to be filled up

направив *(past part)* - having directed; направить *(inf)* - to direct

направление - direction

направляет *(thrd sng)* - sends, points; направлять *(inf)* - to send, to point

направо *(adv)* - to the right

например - for example

напротив *(adv)* - across the street, in front of

напряжение - tension, stress; без напряжения (gen) - without tension / stress

нарисованы (past part plr) - drawn, painted; нарисовать (inf) - to draw, to paint

наркотик - drug; наркотики (plr) - drugs

народ - a people; много народа (gen) - a lot of people

наружу (adv) - outside (direction)

наручники (plr) - handcuffs

нарушила (past fem) - violated, broke (an agreement); нарушить (inf) - to violate, to break (an agreement)

наслаждался (past masc) - enjoyed; наслаждаться (inf) - to enjoy

наставил (past masc) - put, aimed; наставить (inf) - to put, to aim

настаивает (thrd sng) - insists; настаивать (inf) - to insist

настал (past masc) - came, began; настать (inf) - to come, to begin

настоящий (masc) - real

наступил (past masc) - arrived, happened; наступить (inf) - to arrive, to happen

насчёт (adv) - about, regarding

насыпая (pres part) - pouring (sand, flour, etc'); насыпать (inf) - to pour (sand, flour, etc')

натянул (past masc) - pulled (over smth); натянуть (inf) - to pull (over smth)

научиться (inf) - to learn

научу (ftr fst sng) - (I) will teach; научить (inf) - to teach

находится (thrd sng) - is (located); находиться (inf) - to be (located)

национальная (fem) - national

начал (past masc) - began; начать (inf) - to begin

началось (past neut) - started, began; начаться (inf) - to begin

начальник - boss, chief

Начинай! (imp sng) - Begin! начинать (inf) - to begin

начинают (thrd plr) - start; начинать (inf) - to start

наш (sng) - our; наш друг - our friend

нашёл (thrd sng) - found; найти (inf) - to find

не - not

небо - sky

небольшой (masc) - small, not large

невероятно (adv) - unlikely

невесёлый (masc) - sad, unhappy

невозможно (adv) - impossible

негодяй - scoundrel

негромко (adv) - quietly

недалеко (adv) - not far away

неделя - week; Я спланировал эту неделю. (acc) - I scheduled this week.

недобро (adv) - unkindly

недобрый (masc) - unkind

недостаточно (adv) - not enough

недружелюбно (adv) - unfriendly

нежно (adv) - gently, tender

незнакомец - a stranger; незнакомый (masc) - unfamiliar, strange

ней (always used with a preposition) - her; На ней красивое платье. - A beautiful dress is put on her.

некоторый (masc) - some; некоторые (plr) - some

нелегально (adv) - illegally

неловко (adv) - awkwardly

нельзя - cannot, must not, should not

немедленно (adv) - immediately

немного (adv) - a little, some

ненависть - a hate

ненадолго (adv) - not for long

неожиданно (adv) - surprisingly, suddenly

неожиданность - surprise, something unexpected; от неожиданности (gen) - in surprise

непогода - bad weather; непогоду (acc)

неправильно *(adv)* - incorrectly
непрерывно *(adv)* - constantly, incessantly
неприятный - unpleasant; с неприятной улыбкой *(inst fem)* - with an unpleasant smile
непростая *(fem)* - not simple
нервничает *(thrd sng verb)* - (he) is nervous; нервничать *(inf)* - to be/feel nervous; нервно *(adv)* - nervously
нервный - nervous; нервного *(neut gen)*
несколько - a few
несут *(thrd plr)* - (they) carry; нести *(inf)* - to carry
нет - no
неуверенно *(adv)* - uncertainly
неудачник - loser; неудачники *(plr)* - losers
нефть - oil; цена нефти *(gen)* - price of oil
ни одного - no-one, no; У меня нет ни одного знакомого в этой стране. - I have no acquaintance in this country.
ниже *(adv comparative)* - more below
низкий *(masc)* - short, low
низко *(adv)* - low
никакое - no, none; никакого *(neut gen)*
никогда - never
никто - nobody, no-one; никому *(dat)* - to nobody, to no-one; Я не знаю здесь никого. *(acc)* - I know nobody here.
ничто - nothing; Я не слышу ничего. *(acc)* - I hear nothing.
но - but
новость - news; новости *(plr)* - news
новый *(masc)* - new
нога - a foot; Он поставил ногу на стул. *(acc)* - He put his foot on a chair.
нож - knife
номер - a number
нормально *(adv)* - OK, normal
нормальный - normal, ordinary; нормальные *(plr)* - normal, ordinary

нос - nose
носок *(sng)* - a sock; носки *(plr)* - socks
ночь - a night
ночью *(adv)* - at night
нравиться *(inf, reflexive verb)* - to like; Этот кроссворд нравится мне. - I like this crossword.
ну *(interjection)* - well
нужен *(sng)* - needed; Мне нужен диктофон. - I need a dictaphone.
нужный - necessary, needed; нужные *(plr)* - necessary, needed
нюхает *(thrd sng)* - sniffs, smells; нюхать *(inf)* - to sniff, to smell

## Оо

об - about
оба - both
обвинили *(past plr)* - charged; обвинить *(inf)* - to charge
обдумывал *(past masc)* - thought about; обдумывать *(inf)* - to think about
обед - lunch
обезболивающее *(noun acc)* - painkillers
обезумевший *(masc)* - mad, out of his mind; обезумевших *(plr acc)* - mad, out of their mind
обезумели *(past plr)* - went mad; обезуметь *(inf)* - to go mad
обернулся *(past masc)* - turned around; обернуться *(inf)* - to turn around
обещал *(past masc)* - promised; обещать *(inf)* - to promise
обещание - a promise; обещания *(plr)* - promises
облако *(sng)* - a cloud; облака *(plr)* - clouds
облачно *(adv)* - cloudy
обманывает *(thrd sng)* - cheats; обманывать *(inf)* - to cheat
обматывается *(thrd sng)* - wraps (itself); обматываться *(inf)* - to wrap (itself)

290

обменял (past masc) - exchanged;
обменять (inf) - to exchange
обнял (past masc) - hugged; обнять (inf) - to hug
обойти (inf) - go around
оборона - defense; без обороны (gen) - without defense
обочина - side of the road
обрадовался (past masc) - was happy;
обрадоваться (inf) - to be happy
образование - an education
обратно (adv) - back
обращает (внимание) (thrd sng) - pays (attention); обращать (внимание) (inf) - to pay attention
обращаясь (pres part) - addressing, turning to; обращается (thrd sng) - addresses; обращаться (inf) - to address, to turn to
обстреляли (past plr) - shot at;
обстрелять (inf) - to shoot at
обувь - shoes
объявление - advertisement, ad
объяснил (past masc) - explained;
объяснить (inf) - to explain
обычная (fem) - ordinary, regular
обычно (adv) - usually
обязанность (sng) - a responsibility;
обязанности (plr) - responsibilities
обязательно (adv) - necessarily
оглушил (past masc) - stunned, deafened; оглушить (inf) - to stun, to deafen
огонь - a fire; огнём (inst) - with fire
ограбить (inf) - to rob
ограбление - a robbery; попытка ограбления (gen) - a robbery attempt
огромный (masc) - huge
одежда - clothes
одел (past masc) - put on; одеть (inf) - to put on
одет (past part sng) - is dressed, is wearing

одеяло - blanket
один (masc) - alone
одинока(я) (fem); одинок (masc);
одиноки (plr) - single
однажды - once
ожидает (thrd sng) - waiting for, awaits;
ожидать (inf) - to wait for, to await
ой - oh! (an exclamation)
оказалось (past neut) - ended up;
оказаться (inf) - to end up
оказывали (past plr) - provided;
оказывать (inf) - to provide
океан - ocean; берег океана (gen) - the shore of the ocean
окно - a window; мимо окна (gen) - past a window
около - near
окружающий - surrounding;
окружающие - people who are near somebody
окружили (past plr) - surrounded;
окружить (inf) - to surround
он - he; Я знаю его. (acc) - I know him. Его деньги на столе. (gen) - His money is on the table.
она - she
они - they; им (dat) - to them; Я знаю их. (acc) - I know them.
оно (neut) - a gender neutral pronoun, usually it
опасен (masc) - dangerous
опасная - dangerous; опасной (gen fem) - dangerous
опасно (adv) - dangerously, dangerous
опера - an opera; театр оперы (gen) - an opera theatre
оператор - operator, phone service provider
операция - operation, surgery;
операцию (acc) - operation, surgery
Оплатите! (imp plr) - Pay! оплатить (inf) - to pay
оправдывается (thrd sng) - justifies

himself; оправдываться *(inf)* - to justify oneself

опуская *(pres part)* - lowering, putting down; опускали *(past plr)* - lowered; опускать *(inf)* - to lower, to put down

опусти *(imp sng)* - put down; опустить *(inf)* - to put down

опустились *(past plr)* - got down; опуститься *(inf)* - to get down

опыт - an experience

опытный *(masc)* - experienced

опять *(adv)* - again

оргазм - orgasm

организация - organization

оружие - weapon

освещали *(past plr)* - lit; освещать *(inf)* - to light

освободить *(inf)* - to free

осматривает *(thrd sng)* - inspects; осматривать *(inf)* - to inspect

осмотрелся *(past masc)* - looked around; осмотреться *(inf)* - to look around

оставляете *(sec plr)* - leave; оставлять *(inf)* - to leave

Оставь! *(imp sng)* - Leave it! оставить *(inf)* - to leave

остаётся *(thrd sng)* - stays, remains; оставаться *(inf)* - to stay, to remain

остались *(past plr)* - stayed; останусь *(ftr fst sng)* - (I) will stay; Останься! *(imp sng)* - Stay! остаться *(inf)* - to stay

остальное *(neut)* - the rest

останавливается *(thrd sng)* - stops; останавливаясь *(pres part)* - stopping; останавливаться *(inf)* - to stop

остановила *(past fem)* - stopped; остановить *(inf)* - to stop

остановились *(past plr)* - stopped; остановиться *(inf)* - to stop

осторожно *(adv)* - carefully

осуждение - condemnation; без осуждения *(gen)* - without condemnation

от - from

отбежать *(inf)* - to run a short distance away from something

отблагодарил *(past masc)* - thanked; отблагодарить *(inf)* - to thank

отвезу *(ftr fst sng)* - (I) will take *(smth somewhere by transport)*; отвезти *(inf)* - to take *(smth somewhere by transport)*

отвернулся *(past masc)* - turned away; отвернуться *(inf)* - to turn away

ответ - an answer, a reply

отвечает *(thrd sng)* - is responsible, answers; отвечать за *(inf)* - be responsible for

отвращение - disgust

Отдавай!/Отдай! *(imp sng)* - Give it!

отдаёт *(thrd sng)* - gives; отдавать *(inf)* - to give

отдых - a rest, a vacation

отель - hotel

отец - father

отказывается *(thrd sng)* - refuses; отказываться *(inf)* - to refuse

Отключай! *(imp sng)* - Turn off!

отключил *(past masc)* - turned off; отключать *(inf)*, отключить *(inf)* - turn off

открыв *(past part)* - having opened; открыть *(inf)* - to open; открытый *(masc)* - open

Открывайте! *(imp plr)* - Open!

открывая (дверь) *(pres part)* - opening (a door); открывать *(inf)* - to open

открыто *(past part neut)* - open; Это уже открыто. - It is already open.

откуда - where from

отлично *(adv)* - excellent

отличный *(masc)* - excellent

Отойди! *(imp sng)* Отойдите! *(imp plr)* - Move away! отойти *(inf)* - to move away, to walk away

отомстить *(inf)* - to take revenge

отправляется *(thrd sng)* - heading out; отправляться *(inf)* - to head out

отпрыгнуть *(inf)* - to jump away
отпусти *(imp sng)* - let (me) go;
отпустить *(inf)* - to let go
отработал *(past masc)* - worked off;
отработать *(inf)* - to work off
отремонтировать *(inf)* - to repair
отрубили *(past plr)* - chopped off;
отрубить *(inf)* - to chop off; отрубить
голову - to behead
отрывая *(pres part)* - tearing; отрывать
*(inf)* - to tear
отрываясь *(pres part)* - tearing oneself
away; отрываться *(inf)* - to tear oneself
away
отсюда - out of here; оттуда - out of
there
оттащили *(past plr)* - dragged a short
distance away; оттащить *(inf)* - to drag a
short distance away
Отходи! *(imp sng)* - Move away!
отходить *(inf)* - to move away
отчёт - a report
отъезд - departure
офис - office
офицер - an officer
официант - waiter
охрана - guards; подкупить охрану
*(acc)* - bribe guards
охранник - guard; охранника *(gen)* -
guard's
очень - very
очередь - a line
очки - glasses
ошибка - a mistake; Я сделал ошибку.
*(acc)* - I made a mistake.
оштрафовать *(inf)* - to give a fine

## Пп

падает *(thrd sng)* - falls down; падать
*(inf)* - to fall down
пакет - bag, package
пакует *(thrd sng)* - packs; паковать *(inf)*

- to pack
палатка - tent
палец - a finger; нажать пальцем *(inst)* -
to press with a finger
палка - a stick; палкой *(inst)* - with a
stick
памятник - monument, statue
папа - dad
пара - a pair; пару *(acc)*
парашютист - paratrooper, parachutist;
парашютисты *(plr)* - paratroopers,
parachutists; парашют - parachute;
парашюты *(plr)* - parachutes
парень *(sng)* - guy; парни *(plr)* - guys
парк - park
паспорт - passport
паспортный *(adj masc)* - passport;
паспортный контроль - passport control
пассажирский *(masc)* - passenger
патрон - shell, cartridge; много
патронов *(plr gen)* - a lot of shells /
cartridges
патрулирует *(thrd sng)* - patrols;
патрулировать *(inf)* - to patrol
патруль - a patrol
пауза - a pause
паутинка *(sng)* - a cobweb; паутинки
*(plr)* - cobwebs
пахнет *(thrd sng)* - smells ; пахнуть *(inf)*

- to smell
пачка - a pack; Дайте мне пачку
сигарет, пожалуйста. *(acc)* - Give me a
pack of cigarettes, please.
пели *(past plr)* - sang; петь *(inf)* - to sing
пенсия - a pension
первый *(masc)* - first
перебегали *(past plr)* - ran across;
перебегать *(inf)* - to run across
перебил *(past masc)* - interrupted;
перебить *(inf)* - to interrupt
перевезти *(inf)* - to move *(smth to
somewhere by transport)*
перевели *(past plr)* - transferred;

перевести *(inf)* - to transfer

перевернул *(past masc)* - overturned, turned over; перевернуть *(inf)* - to overturn, to turn over

перевернулся *(past masc)* - turned over; перевернуться *(inf)* - to turn over

перевёрнутый - overturned; перевёрнутую *(fem acc)*

перевозка - a transport; перевозки *(gen)*

перевозят *(thrd plr)* - moving, transporting; перевозить *(inf)* - to move, to transport

переворачивали *(past plr)* - overturned, turned over; переворачивать *(inf)* - to overturn, to turn over

Перевяжите! *(imp plr)* - Bandage!

перевязал *(past masc)* - bandaged; перевязать *(inf)* - to bandage

перевязана *(past part fem)* - bandaged

переглянулся *(past masc)* - exchanged glances; переглянуться *(inf)* - to exchange glances

перед - in front of; перед собой *(inst)* - before him

перед тем как *(сделать что-нибудь)* - before (doing smth)

передаёт *(thrd sng)* - passes *(smth to smb)*; передавать *(inf)* / передать *(inf)* - to pass *(smth to smb)*, to tell *(smth to smb)*

Передай! *(imp sng)* - Tell! Pass! (someone something)

переезд - a move

переждать *(inf)* - to wait out

переживай *(imp sng)* - worry, feel upset; Не переживай! - Do not worry!

переживать *(inf)* - to worry, to feel upset

перезвоню *(ftr fst sng)* - (I will) call back; перезвонить *(inf)* - to call back

переключая *(pres part)* - switching; переключать *(inf)* - to switch

переключится *(ftr thrd sng)* - will change; переключиться *(inf)* - to change

перекрёсток - intersection

перекрыли *(past plr)* - blocked; перекрыть *(inf)* - to block

перелезли *(past plr)* - climbed over; перелезть *(inf)* - to climb over

пересекалась *(past fem)* - intersected; пересекаться *(inf)* - to intersect

переспросил *(past masc)* - asked again; переспросить *(inf)* - to ask again

перестали *(past plr)* - stopped; перестать *(inf)* - to stop

переулок - alley, side street; возле переулка *(gen)* - near the alley

перешёл *(inf)* - turned into, crossed; перейти *(inf)* - to turn into, to cross

персонал - personnel, staff

песок - sand

песчаная *(fem)* - sandy

пешком - on foot

пиджак - jacket; под пиджаком *(inst)* - under the jacket

пикируют *(thrd plr)* - swoop down; пикировать *(inf)* - to swoop down

пили *(past plr)* - drank; пить *(inf)* - to drink

пилот - a pilot; Он был пилотом. *(inst)* - He was a pilot.

писали *(past plr)* - wrote; писать *(inf)* - to write

пистолет - a gun

пицца - a pizza

плакать *(inf)* - to cry, to weep

план - a plan; без плана *(gen)* - without a plan

планета - planet

планируются *(thrd plr)* - being planned; планироваться *(inf)* - to be planned

пластиковый *(masc)* - plastic

платье - a dress

плачу *(fst sng)* - (I) pay; платить *(inf)* - to pay

плачущие *(pres part plr)* - weeping, crying; плакать *(inf)* - to weep, to cry

плечо - shoulder
плохо (adv) - bad, sick
плохое - bad; плохого (gen neut)
площадь - a square
пляж - beach
по - on, along
по крайней мере - at least
побег - escape (from prison)
победитель - the victor, winner
побежал (past masc) - ran; побежать (inf) - to run
поближе (adv) - closer
побрит (past part masc) - shaved; побрить (inf) - to shave
повар - a cook
повёл (past masc) - drove, led; повести (inf) - to drive, to lead
Поверните! (imp plr) - Turn! повернул (past masc) - turned; повернуть (inf) - to turn
повернулись (past plr) - turned; повернуться (inf) - to turn
поверю (ftr fst sng) - (I) will believe; поверить (inf) - to believe
повозка - a cart
поворачивают (thrd plr) - turn; поворачивать (inf) - to turn (around)
повреждена (past part fem) - damaged; повредить (inf) - to damage
повторял (past masc) - repeated; повторять (inf) - to repeat
повязка - bandage; наложить повязку (acc) - to put a bandage
погибнуть (inf) - to be killed, to die
поговорить (perf inf) - to talk
погоня - a chase
погрузить (inf) - to load
под - under
подарить (inf) - to give as a present or as a gift
подарок - a gift
подбегает (thrd sng) - runs up (to something); подбегать (inf) - to run up

подвал - a basement
подвезти (inf) - to give a lift
подготовили (past plr) - prepared;
подготовить (inf) - to prepare
подготовились (past plr) - prepared;
подготовиться (inf) - to prepare
поддельный (masc) - fake
поддержать (inf) - to support, to help
поддержка - support, reinforcement;
поддержки (gen) - support, reinforcement
подзащитный (masc) - defendant
подкупил (past masc) - bribed;
подкупить (inf) - to bribe
подлец - scoundrel, despicable person
подменили (past plr) - replaced, substituted; подменить (inf) - to replace, to substitute (often illegally)
подмигнул (past masc) - winked;
подмигнуть (inf) - to wink
поднёс (past masc) - brought (smth close to); поднести (inf) - to bring (smth close to)
поднимает (thrd sng) - raises, picks up; поднимать (inf) - to raise, to pick up
Поднимайся! (imp sng) - Go up! / Get up! подниматься (inf) - to go up, to get up
подниматься (inf) - to go upstairs; to get up
поднимая (pres part) - raising, pulled up; поднимать (inf) - to raise, to pull up;
поднял (past masc) - raised, picked up;
поднять (inf) - to raise, to pick up;
Подними! (imp sng) - Raise! поднять (inf) - to raise
поднялась (past fem) - went up, stood up; подняться (inf) - to go up, to stand up
подобрать (inf) - to pick up
Подожди! (imp sng) Подождите! (imp plr) - Wait! подождать (inf) - to wait
подошёл (past masc) - walked up to;

подойти *(inf)* - to walk up to
подписывает *(thrd sng)* - is signing;
подписывать *(inf)* - to sign
подпрыгивать *(inf)* - to bounce, to jump up
подросток - teenager; подростки *(plr)* - teenagers
подсказал *(past masc)* - suggested, gave a hint; подсказать *(inf)* - to suggest, to give a hint
подтащили *(past plr)* - dragged;
подтащить *(inf)* - to drag
подумала *(past fem)* - thought, considered; Подумай! *(imp sng)* - Think!
подумать *(inf)* - to think, to consider
подходишь *(sec sng)* - are suitable;
подходить *(inf)* - to be suitable
подходя *(pres part)* - coming up to, approaching; подходят *(thrd plr)* - approach; подходить *(inf)* - to come up to, to approach
подчиняться / подчиниться *(inf)* - to obey
подъезжает *(thrd sng)* - arrives, comes;
подъехать *(inf)* - to arrive, to come *(by transport)*
поезд - a train
поездка - a trip, a drive
поехать *(inf)* - to travel, to set off on a trip
пожалуйста - please
поживать *(inf)* - to live; как поживаете? - how are you?
пожизненно *(adv)* - life sentence
позволю *(ftr fst sng)* - (I) will allow;
позволить *(inf)* - to allow
Позвоните! *(imp plr)* - Call! позвонить *(inf)* - to call, to phone
поздравляю *(fst sng)* - congratulate;
поздравлять *(inf)* - to congratulate
познакомился *(past masc)* - met;
познакомиться *(inf)* - to meet

Позовите! *(imp plr)* - Call! позвать *(inf)* - to call
Пойдём! *(ftr plr)* - Let's go! пойти *(inf)* - to go
поинтересовался *(past masc)* - inquired;
поинтересоваться *(inf)* - to inquire
поискал *(past masc)* - searched;
поискать *(inf)* - to search
поисковая - search; поисковых *(gen plr)*
пойти *(inf)* - to go
пока - bye
покажу *(ftr fst sng)* - (I) will show;
показать *(inf)* - to show
показывает *(thrd sng)* - points, shows;
показывая *(pres part)* - showing, pointing at; показывать *(inf)* - to point, to show
покатил *(past masc)* - rolled; покатить *(inf)* - to roll
поклонился *(past masc)* - bowed;
Поклонись! *(imp sng)* - Bow!
поклониться *(inf)* - to bow
покупатель - customer, buyer; мало
покупателей *(gen plr)* - few customers / buyers
покупать *(inf)* - to buy
пол - a floor
полагаем *(fst plr)* - (we) believe, suppose; полагать *(inf)* - to believe, to suppose
пол-Дамаска - half of Damascus
поле - field
полез *(past masc)* - climbed; полезть *(inf)* - to climb
полетит *(ftr thrd sng)* - will fly;
полететь *(inf)* - to fly
поливает *(thrd sng)* - waters; поливать *(inf)* - to water
полицейский *(noun; adj masc)* - police; a police officer
полиция - the police
полка - shelf
полностью *(adv)* - completely

полный *(masc)* - heavy, full-figured
половина - half; Дайте мне половину. *(acc)* - Give me a half.
Положи! *(imp sng)* / Положите! *(imp plr)* - Put down! / Put! положил *(past masc)* - put down / put; положить *(inf)* - to put down, to put
полоса - strip, runway
полосатая - striped; полосатую *(fem acc)* - striped
полторы - one and a half
полутёмный *(masc)* - dimly lit, darkened
получение - the receiving, getting (of something); до получения *(gen)* - untill receiving / getting (something)
получил *(past masc)* - received, got; получить *(inf)* - to receive, to get
получилась *(past fem)* - turned out; получиться *(inf)* - to turn out
получите *(imp plr)* - (you) will get;
получить *(inf)* - to get
получишь *(ftr sec sng)* - (you) will get;
получить *(inf)* - to get *(smth)*
полчаса - half an hour
пользуетесь *(sec plr)* - use;
пользоваться *(inf)* - to use
помахал *(past masc)* - waved; помахать *(inf)* - to wave
помещение - room
Помогай! *(imp sng)* - Help! помогать *(inf)* - to help
Помоги! *(imp sng)* - Help! Помогите! *(imp plr)* - Help! поможет *(ftr thrd sng)* - will help; помочь *(inf)* - to help
помолчал *(past masc)* - was silent;
помолчать *(inf)* - to be silent
помочился *(past masc)* - urinated;
помочиться *(inf)* - to urinate
помощь *(noun)* - help
понедельник - Monday
понеслась *(past fem)* - raced, sped;
понестись *(inf)* - to race, to speed
понесли *(past plr)* - carried; понести

*(inf)* - to carry
понимать *(inf)* - to understand
понравится *(ftr thrd sng)* - will like;
понравиться *(inf)* - to like
понюхал *(past masc)* - smelled, sniffed;
понюхать *(inf)* - to smell, to sniff
Понятно? *(adv)* - Got it?
пообедать *(inf)* - to have dinner
попал *(past masc)* - found himself;
попасть *(inf)* - to find oneself (somewhere)
попался *(past masc)* - got caught;
попасться *(inf)* - to get caught
попасть *(inf)* - to get *(somewhere)*
попить *(inf)* - to have a drink
поправил *(past masc)* - adjusted;
поправить *(inf)* - to adjust
попробовать *(inf)* - to try
попросить *(inf)* - to ask
попытка - an attempt
пора - it's time
порно-журнал *(sng)* - a porn magazine;
порно-журналы *(plr)* - porn magazines
поровну - equally
порт - port; порты *(acc plr)* - ports
портфель - government position, *literally* portfolio.
портье - porter
порулить *(inf)* - to steer (a little time);
рулить *(inf)* - to steer
порядок - order; всё в порядке - everything is OK
Посади! *(imp sng)* - Put! (someone on a chair or in preason); посадить *(inf)* - to put
посадить *(inf)* - to land; посадка - landing
посередине - in the middle
поскольку - since, as
поскорей *(adv)* - quickly, quicker
после - after
последний *(masc)* - last
последовал *(past masc)* - followed;

последовать *(inf)* - to follow
послезавтра *(adv)* - the day after tomorrow
Послушай! *(imp sng)*, Послушайте! *(imp plr)* - Listen! послушать *(inf)* - to listen
послышался *(past masc)* - was heard;
послышаться *(inf)* - to be heard
посмотрел *(past masc)* - looked;
Посмотри! *(imp sng)* - Look!
посмотреть *(inf)* - to look
посмотрим *(ftr fst plr)* - (we) will see, will look; посмотреть *(inf)* - to look
посоветовал *(past masc)* - advised;
посоветовать *(inf)* - to advise
посреди - in the middle
пост - lookout post, station; постам *(dat plr)*
поставил *(past masc)* - put; поставить *(inf)* - to put
постель - a bed
постепенно *(adv)* - gradually
постоянный - permanent; постоянным *(masc inst)*
постучала *(past fem)* - knocked;
постучать *(inf)* - to knock
пот - sweat
потащил *(past masc)* - dragged;
потащить *(inf)* - to drag
потерял *(past masc)* - lost; потерять *(inf)* - to lose
потом - afterwards, after that, then
потому что - since, because
потребовал *(past masc)* - demanded;
потребовать *(inf)* - to demand
потрогал *(past masc)* - touched;
потрогать *(inf)* - to touch
похлопал *(past masc)* - patted;
похлопать *(inf)* - to pat
похож *(masc)* - similar, looks like
поцеловал *(past masc)* - kissed;
поцеловать *(inf)* - to kiss
поцелуем *(inst)* - with a kiss;

поцеловать *(inf)* - to kiss
почему - why
почесал *(past masc)* - scratched;
почесать *(inf)* - to scratch
почти *(adv)* - almost
почувствовал *(past masc)* - felt;
почувствовать *(inf)* - to feel
пошёл *(past masc)* - went; пойти *(inf)* - to go
поэтому - so
появился *(past masc)* - appeared;
появиться *(inf)* - to appear
пояс - waist, belt
прав *(sng masc)* - (I am, you are, he is) right; права *(sng fem)* - (I am, you are, she is) right; правы *(plr)* - (we are, you are, they are) right
правая - right; поднять правую руку *(fem acc)* - to pick up the right hand
правда *(adv)* - really; truth
правильно *(adv)* - right, correctly
правитель - ruler
правительство - government
править *(inf)* - to rule
право - right
превратился *(past masc)* - became, turned into; превратиться *(inf)* - to become, to turn into
предлагает *(thrd sng)* - offers;
предлагать *(inf)* - to offer
предложил *(past masc)* - offered;
предложить *(inf)* - to offer
предназначение - a purpose
предотвратить *(inf)* - to prevent
представил *(past masc)* - introduced;
представить *(inf)* - to introduce
предыдущий - last, previous;
предыдущего *(masc gen)*
президент - president
премьер-министр - prime minister; с премьер-министром *(inst)* - with the prime minister
прервалась *(past fem)* - interrupted, cut

off; прерв**а**ться *(inf)* - to be interrupted, to be cut off

пресл**е**дуете *(sec plr)* - (you) follow;

пресл**е**довать *(inf)* - to follow

преступл**е**ние - a crime

преступ**у**пник - criminal; н**е**сколько

преступ**у**пников *(gen plr)* - some criminals

при - near

прибеж**а**л *(past masc)* - ran up;

прибеж**а**ть *(inf)* - to run up

приближ**а**лись *(past plr)* - came closer, approached; приближ**а**ться *(inf)* - to come closer, to approach

приб**о**р - an instrument; приб**о**ры *(plr)* - instruments

прибыв**а**ет *(thrd sng)* - arrives;

прибыв**а**ть *(inf)* - to arrive

привезл**и** *(past plr)* - brought (by vehicle); привезт**и** *(inf)* - to bring (by vehicle)

привёл *(past masc)* - brought; привест**и** *(inf)* - to bring

прив**е**т - hi

приветств**у**я *(pres part)* - greeting;

прив**е**тствовать *(inf)* - to greet

привид**е**ние - a ghost

прив**о**зит *(thrd sng)* - brings (by transport); привоз**и**ть *(inf)* - to bring (by transport)

привяз**а**ли *(past plr)* - tied; привяз**а**ть *(inf)* - to tie

приглас**и**ть *(inf)* - to invite

пр**и**город - a suburb

пригот**о**вил *(past masc)* - prepared;

пригот**о**вить *(inf)* - to prepare

пригот**о**вился *(past masc)* - prepared, got ready; пригот**о**виться *(inf)* - to prepare, to get ready

прид**а**вил *(past masc)* - crushed;

прид**а**вить *(inf)* - to crush

при**е**зд - arrival

приезж**а**ют *(thrd plr)* - (they) arrive;

приезж**а**ть *(inf)* - to arrive

при**е**хал *(past masc)* - arrived, came;

при**е**хать *(inf)* - to arrive, to come

приж**а**та *(past part fem)* - pressed down;

приж**а**ть *(inf)* - to press down

земл
приземл**я**ется *(thrd sng)* - lands;

приземл**я**ться *(inf)* - to land

прийт**и** *(inf)* - to come; я прид**у** *(fst sng ftr)* - I'll come

прик**а**з - an order; подчин**я**ться

прик**а**зам *(plr dat)* - to obey orders

приказ**а**л *(past masc)* - ordered;

приказ**а**ть *(inf)* - to order

прил**а**вок - counter (in a shop)

прилож**и**л *(past masc)* - press to smth;

прилож**и**ть *(inf)* - to press to smth

прим**е**рно - about, approximately

принёс *(past masc)* - brought, fetched;

принест**и** *(inf)* - to bring, to fetch

пр**и**нцип - principle; пр**и**нципа *(gen)*

прин**я**ть *(inf)* - to take

приоткр**ы**лась *(past fem)* - opened slightly; приоткр**ы**ться *(inf)* - to open slightly

прис**е**ли *(past plr)* - sat down, crouched;

прис**е**сть *(inf)* - to sit down, to crouch

Приход**и**! *(imp sng)* - Come! приход**и**ть / прийт**и** *(inf)* - to come

приц**е**л - crosshairs

причёсан *(past part masc)* - having a combed hair; причес**а**ть *(inf)* - to comb (hair)

прич**и**на - a reason; н**е**сколько прич**и**н *(gen plr)* - some reasons

пришёл в себ**я** - regained consciousness, recovered

пришл**а** *(past fem)* - came; прийт**и** *(inf)* - to come

пришл**ю** *(ftr fst sng)* - (I) will send;

присл**а**ть *(inf)* - to send

при**я**тно *(adv)* - pleasant

при**я**тный *(masc)* - pleasant

про - about

пробег**а**ли *(past plr)* - ran through or past

(something); пробегать *(inf)* - to run past or through (something)

пробежал *(past masc)* - ran; пробежать *(inf)* - to run

пробка - traffic jam

проблема - a problem

пробует *(thrd sng)* - tries; пробовать *(inf)* - to try

провалился *(past masc)* - fell through; провалиться *(inf)* - to fall through

Проведите! *(imp plr)* - Conduct!

провести *(inf)* - to conduct

провёл *(past masc)* - led; провести *(inf)* - to lead

проверишь *(ftr sec sng)* - (you) will check; Проверь! *(imp sng)* - Check!

проверить *(inf)*, проверять *(inf)* - to check

проверка *(sng)* - inspection, control; проверки *(plr)* - inspections

провинция - province; в провинцию *(acc)* - to province

проводит *(thrd sng)* - passes; проводить *(inf)* - to pass

проговорила *(past fem)* - said; проговорить *(inf)* - to say

продавец - sales clerk, salesman

продам *(ftr fst sng)* - (I) will sell; продать *(inf)* - to sell

продолжает *(thrd sng)* - continues; продолжать *(inf)* - to continue

Продолжайте! *(imp plr)* - Continue! / Go on! продолжать *(inf)* - to continue, to go on

продолжались *(past plr)* - continued; продолжаться *(inf)* - to continue

проезд - a travel, a trip

проезжает *(thrd sng)* - drives by; проезжать *(inf)* - to drive past something

проезжающий - driving by, passing; проезжающего *(gen masc)*

прожила *(past fem)* - lived; прожить *(inf)* - to live

прозвучал *(past masc)* - was heard, rang out; прозвучать *(inf)* - to be heard, to ring out

пройдите *(imp plr)* - go through; пройти *(inf)* - to go through

произнёс *(past masc)* - declared; произнести *(inf)* - to declare

происходит *(thrd sng)* - happens; происходить *(inf)* - to happen

происходящее *(neut)* - happening

происшествие - incident; происшествия *(gen)*

проконсультироваться *(inf)* - to consult (with someone)

прокурор - prosecutor

пролетают *(thrd plr)* - fly; пролетать *(inf)* - to fly

пропали *(past plur)* - got lost, gone, disappeared; пропасть *(inf)* - to be lost, to disappear

пропустить *(inf)* - let through

просила *(past fem)* - asked; просит *(thrd sng)* - asks; просят *(thrd plr)* - (they) ask; прошу *(fst sng)* - (I) ask; просить *(inf)* - to ask

проспект - an avenue; проспект Ван Гога - Van Gogh avenue

простая *(fem)* - simple, easy

Прости! *(imp sng)* - Forgive! простил *(past masc)* - forgave; простить *(inf)* - to forgive

просто - just

простой *(masc)* - simple

простонал *(past masc)* - groaned; простонать *(inf)* - to groan

протестую *(fst sng)* - (I) protest; протестовать *(inf)* - to protest

против - against

протокол - a report, a protocol

протянул *(past masc)* - held out; протянуть *(inf)* - to hold out

профессия - a profession

прохладно *(adv)* - cool, cold

Проходите! *(imp plr)* - Come in!
проходить *(inf)* - to come in
проходят *(thrd plr)* - walk through;
проходить *(inf)* - to walk through
прохожий - passer-by; прохожие *(plr)* -
passers-by
процент - percent
процесс - a process
прочь - away *(ex.: иди прочь - go away)*
прошёл *(past masc)* - walked through;
пройти *(inf)* - to walk through
прошептал *(past masc)* - whispered;
прошептать *(inf)* - to whisper
прошлый *(masc)*, прошлая *(fem)* - last;
Дождь шёл всю прошлую неделю. *(fem
acc)* - It was raining all last week.
прощает *(thrd sng)* - forgives; прощать
*(inf)* - to forgive
прыгает *(thrd sng)* - jumps; Прыгай!
*(imp sng)* - Jump!; прыгать *(inf)* - to
jump
прямо *(adv)* - straight; прямо сейчас -
right now
прячут *(thrd plr)* - (they) hide; прятать
*(inf)* - to hide
птица - bird; птицы *(plr)* - birds
пуля - a bullet; получить пулю *(acc)* - to
get a bullet
пускай - let
пускать *(inf)* - to launch
пустынны *(plr)* - deserted; пустыня - a
desert
пусть - it's OK, let (someone do
something)
пути *(acc plr)* - ways
пыль - a dust; из-за пыли *(gen)* -
because of dust
пытается *(thrd sng)* - tries; пытаться
*(inf)* - to try
пытающиеся *(pres part plr)* - trying
пьёт *(thrd sng)* - drinks; пить *(inf)* - to
drink
пьяница - a drunk; пьяницы *(plr)* -

drunks
пьяный *(masc)* - drunk; пьяными *(plr
inst)* - drunk
пятиминутный *(adj masc)* - five minute
пятнадцать - fifteen
пятница - Friday
пятно - a stain; пятна *(plr)* - stains
пять - five; в пол-пятого *(gen)* - at half
past four
пятьдесят - fifty; около пятидесяти
*(gen)* - about fifty
пятьсот - five hundred

## Pp

работа - work, a job; много работы
*(gen)* - a lot of work
работает *(thrd sng)* - works; работать
*(inf)* - to work
работодатель - employer; работодатели
*(plr)* - employers
рабочий *(noun sng)* - worker; рабочие
*(plr)* - workers
рад *(sng masc)*, рада *(sng fem)* - glad,
рады *(plr)* - glad
радар - a radar
ради - for, for the sake of
радио - radio
радость - happiness; с радостью *(inst)* -
gladly
разбивались *(past plr)* - broke;
разбиваться *(inf)* - to break (to pieces)
разбудила *(past fem)* - woke up;
разбудить *(inf)* - to wake up
разве - really, *a particle indicating
surprise:* Разве он не британец? - Is not
he British?
разведена *(past part fem)*; разведён
*(past part masc)* - divorced
развязал *(past masc)* - untied; развязать
*(inf)* - to untie
разговаривают *(thrd plr)* - (they) talk,
have a conversation; разговаривать *(inf)*

- to talk, to have a conversation
раздали *(past plr)* - distributed; раздать *(inf)* - to distribute
раздался *(past masc)* - was heard; раздаться *(inf)* - to be heard
разлито *(past part neut)* - spilled; разлить *(inf)* - to spill
размешивал *(past masc)* - stirred; размешивать *(inf)* - to stir
размышлять *(inf)* - to reflect
разный *(masc)* - different; разные *(plr)* - different
разрешение - permission; разрешил *(past masc)* - allowed; разрешить *(inf)* - to allow
разрушали *(past plr)* - destroyed; разрушать *(inf)* - to destroy
разрушено *(past part neut)* - destroyed; разрушить *(inf)* - to destroy
разрывали *(past plr)* - tore, were tearing; разрывать *(inf)* - to tear
ракета - a rocket, missile
ракетный *(adj masc)* - missile; ракетные *(adj plr)* - missile
рана - a wound
раненая *(past part fem)* - injured; ранены *(past part plr)* - injured; ранить *(inf)* - to injure
ранение - injury; ранения *(plr)* - injuries
ранило *(past neut)* - was wounded; ранить *(inf)* - to wound
раньше *(adv)* - earlier
раскаиваюсь *(fst sng)* - (I) regret; раскаиваться *(inf)* - to regret
раскрыты *(past part plr)* - open; раскрыть *(inf)* - to open
расположен *(past part sng)* - is located; расположены *(past part plr)* - are located
рассердился *(past masc)* - got angry, became angry; рассердиться *(inf)* - to become angry

расскажу *(ftr fst sng)* - (I) will tell;
рассказать *(inf)* - to tell
рассказывает *(thrd sng)* - tells;
рассказывать *(inf)* - to tell
расслабился *(past masc)* - relaxed;
расслабиться *(inf)* - to relax
рассматривал *(past masc)* - looked closely; рассматривать *(inf)* - to look closely
расстегнул *(past masc)* - unbuttoned;
расстегнуть *(inf)* - to unbutton
расстояние - a distance
рассылал *(past masc)* - sent; рассылать *(inf)* - to send
рассыпаться *(inf)* - to fall apart, to scatter
расчистить *(inf)* - to clear
рация - radio; включить рацию *(acc)* - to turn on the radio
рванула *(past fem)* - sped off, started moving suddenly and quickly; рвануть *(inf)* - to speed off
рвёт *(thrd sng)* - tears; рвать *(inf)* - to tear
реальность - reality
ребёнок - child; у ребёнка *(gen)* - child has
ребята - guys
рёв - a roar; с рёвом *(inst)* - with a roar
ревели *(past plr)* - roared; реветь *(inf)* - to roar
революция - revolution; с революцией *(inst)* - with revolution
регистрируются *(thrd plr)* - (they) register; регистрироваться *(inf)* - to register
редко *(adv)* - rarely
резиновая - rubber; резиновую *(fem acc)*
Рекомендую! *(fst sng)* - I recommend!
рекомендовать *(inf)* - to recommend
религия - religion
ремонтник - a repairman, a repairer

респектабельный *(masc)* - respectable
решающий *(masc)* - decisive
решение - decision
решётка - bars; решётку *(acc)*
решил *(past masc)* - decided; решить *(inf)* - to decide
рискнуть *(inf)* - to risk, to take a risk
рисковать *(inf)* - to take a risk
ровно *(adv)* - exactly
родной *(masc)* - native, closely related; родной язык - native language
родственник - a relative; друг моего родственника *(gen)* - a friend of my relative
розоветь *(inf)* - to turn pink
роль - role; роли *(gen)* - roles
рот - mouth
рубашка - a shirt; одеть рубашку *(acc)* - to put on a shirt
рука *(sng)* - a hand, an arm; руки *(plr)* - hands, arms
руководят *(thrd plr)* - rule; руководить *(inf)* - to rule
руль - steering wheel
рухлядь - a junk
рыба - fish; с рыбой *(inst)* - with fish
рядом *(adv)* - nearby

## Сс

с - with
сад - a garden
садиться - to sit down; садитесь *(imp plr)* - sit down
сажать *(inf)* - to land (an airplane)
салон машины - a passenger compartment
сам - alone, by yourself
самолёт - a plane; самолёт-истребитель - a fighter plane
самый *(masc)* - the most; самого *(masc gen)* - the most
сарказм - sarcasm

сахар - sugar
сбежавших *(past part plr gen)* - who have run away; сбежали *(past plr)* - ran away; сбежать *(inf)* - to run away
сбить *(inf)* - to shoot down
сбор - gathering; в сборе - gathered together
сбылась *(past fem)* - came true; сбыться *(inf)* - to come true
свалить *(inf)* - to topple
сверху *(adv)* - from above
светлые *(plr)* - blond, fair
светофор - traffic lights, stoplight
свисают *(thrd plr)* - hang; свисать *(inf)* - to hang
свобода - freedom; дать свободу *(acc)* - give freedom
свободен *(adj masc)* - free
свободное *(neut)* - free
свои *(plr)* - my, our, your, his, her, its, their *(do smth with own your things)*; Он берёт свои документы. - He takes his documents.
Свяжи! *(imp sng)* - Tie! связаны *(past part plr)* - tied; связать *(inf)* - to tie
связано *(past part neut)* - connected to, related to
связь - connection, phone reception; без связи *(gen)* - without phone reception
сдам *(ftr fst sng)* - (I) will turn in; сдать *(inf)* - to turn in
Сделайте! *(imp plr)* - Do! сделать *(inf)* - to do, to make
себе *(dat)* - to yourself; Возьми этот кроссворд себе. - Take this crossword to yourself.
север - north
сегодня - today
седые *(plr)* - gray
сейф - a vault
сейчас *(adv)* - now
сексуально *(adv)* - sexually;
сексуальные *(plr)* - sexual; сексуальный

*(masc)* - sexual

секунда - second; за секунду *(gen)* - in a second

семь - seven

семья - family

сердито *(adv)* - angrily; сердитая - angry; сердитой *(gen fem)*

сердце - heart

середина - middle; в середину *(acc)* - into the middle

серьёзней *(adv)* - more serious

серьёзно *(adv)* - serious(ly)

серьёзный *(masc)* - serious

сесть *(inf)* - to sit down, to go to jail

сжала *(past fem)* - squeezed, pressed;

сжать *(inf)* - to squeeze, to press

сзади - behind

сигарета - a cigarette

сигнал - a signal

сигнализация - an alarm

сиденье - a seat; сиденья *(gen)*

Сиди! *(imp sng)* - Sit! сидит *(thrd sng)* - sits; сидя *(pres part)* - sitting; сидеть *(inf)* - to sit

сильней *(adv)* - more strongly

сильно *(adv)* - a lot, strongly, badly

сильный *(masc)* - strong

символ - symbol

Сим-карта - SIM card

синее *(neut)* - blue

сирена - siren; сирены *(plr)* - sirens

ситуация - situation; контролировать ситуацию *(acc)* - to control the situation

Скажите! *(imp plr)* - Tell! Say! сказать *(inf)* - to tell, to say

сквозь - through

сколько - how much, how many

скомандовал *(past masc)* - commanded; скомандовать *(inf)* - to command

скорей *(adv)* - quickly

скоро *(adv)* - soon

скорость - a speed

скотч - Scotch tape; связать скотчем

*(inst)* - to tie with Scotch tape

скрылся *(past masc)* - disappeared, hid;

скрыться *(inf)* - to disappear, to hide, to escape

скрыть *(inf)* - to hide

скучал *(past masc)* - missed (someone), was bored; скучать *(inf)* - to miss (someone), to be bored

скучно *(adv)* - boring, bored

слабый *(masc)* - weak

слева *(adv)* - on the left

следственный *(adj masc)* - investigation

следствие - investigation

следует *(thrd sng)* - should, follows;

следовать *(inf)* - to follow

следующий *(masc)* - next, following

слезать *(inf)* - to climb down

слесарь - electrician, locksmith

слишком *(adv)* - too; слишком много - too much

сломал *(past masc)* - broke; сломать *(inf)* - to break

сломалась *(past fem)* - broke; сломаться *(inf)* - to break

слон - elephant

служба - a service, a work

служебное *(neut)* - service

служил *(past masc)* - served; служить *(inf)* - to serve

случай - an incident

случиться *(inf)* - to happen

слушаю *(fst sng)* - (I) listen, am listening; слушать *(inf)* - to listen

слышит *(thrd sng)* - hears; слышу *(fst sng)* - I hear; слышать *(inf)* - to hear

слышны *(past part plr)* - were heard

смертная *(adj fem)* - death

смерть - death

смешно *(adv)* - ridiculous, funny

смеяться *(inf)* - to laugh

сможешь *(ftr sec sng)* - (you) could, will be able to

Смотрите! *(imp plr)* - Look! смотрит

*(thrd sng)* - looks; смотреть *(inf)* - to look

СМС - SMS, text message

смущённо *(adv)* - embarrassedly, with embarrassment

снаряд *(sng)* - a shell; снаряды *(plr)* - shells

сначала - at the beginning

снег - snow

снизу *(adv)* - below

Снимай! *(imp sng)* - Take off! снимает *(thrd sng)* - takes off; снимать *(inf)* - to take off

Сними! *(imp sng)* - Take off ! снял *(past masc)* - took off; снять *(inf)* - to take off

снова *(adv)* - again

собака - a dog

собираешься *(sec sng)* - planning; собираться *(inf)* - to plan

собственно *(adv)* - actually

собственный - one's own; собственные вещи *(plr)* - one's own things

событие - incident, event; события *(plr)* - incidents, events

совершение - committing, conclusion, fulfilment

совершенно *(adv)* - completely

современная *(fem)* - modern

совсем - completely

согласен *(masc adj)* - (he) agrees, he is in agreement

Соглашайтесь! *(imp plr)* - agree; соглашается *(thrd sng)* - he agrees; соглашаться *(inf)* - to agree

соединяла *(past fem)* - connected; соединять *(inf)* - to connect

создавать *(inf)* - to create; создаст *(ftr thrd sng)* - will create; создать *(inf)* - to create

сознание - a consciousness

сок - juice

солдаты *(plr)* - soldiers, soldier - солдат

солнечно *(adv)* - sunny

солнечный свет *(adj masc)* - the sunshine; на солнечной улице *(adj fem gen)* - on the street lit by the sunshine

сон *(sng)* - a dream; сны *(plr)* - dreams

сонный *(masc)* - sleepy

сообщи *(imp sng)* - report; сообщить *(inf)* - to report

сопровождал *(past masc)* - accompanied; сопровождать *(inf)* - to accompany

сопротивление - resistance

сопротивляться *(inf)* - to resist

сорок - forty

соседняя *(fem)* - neighboring; в соседнюю страну *(fem acc)* - into the neighboring country

Составь! *(imp sng)* - Draw up! (a report); составить *(inf)* - to draw up (a report)

сотня - hundred; сотни тысяч *(plr acc)* - hundreds of thousands

сотрудник *(masc)*; сотрудница *(fem)* - an employee

сошёл *(past masc)* - got off; сойти *(inf)* - to get off

спагетти - spaghetti

спал *(past masc)* - (was) asleep

спальня - a bedroom

Спаси! *(imp sng)* - Save! / Help! спасти *(inf)* - to save, to help

спасибо - thanks

спасти *(inf)* - to rescue

спать *(inf)* - to sleep

специальный *(masc)* - special

спина - back

спиртное - liquor, alcohol; запах спиртного *(neut gen)* - the smell of liquor/alcohol

спланировал *(past masc)* - planned; спланировать *(inf)* - to plan

спокойно *(adv)* - quietly, still

спортивная *(adj fem)* - sports

справа *(adv)* - on the right

справедливость - justice, fairness; Я

требую справедливости! *(acc)* - I demand justice!

спрашивает *(thrd sng)* - asks;

спрашивать *(inf)* - to ask

спрыгнул *(past masc)* - jumped off;

спрыгнуть *(inf)* - to jump off

спрятать *(inf)* - to hide

спрятаться *(inf)* - to hide

спутник - satellite; по спутнику *(dat)* - over a satellite

сработал *(past masc)* - worked *(perfective)*; сработать *(inf)* - to work *(perfective)*

сражаться *(inf)* - to fight, to battle

сразу - immediately, right away

среда - Wednesday

среди - among

средиземное - Mediterranean; средиземного *(gen neut)*

средство - means

срочная *(fem)* - urgent

срочно *(adv)* - urgently

ссора - a fight; устроить ссору *(acc)* - to get into a fight

Ставь! *(imp sng)* - Put! ставить *(inf)* - to put

стадо - a herd

стакан - a glass

стал *(past masc)* - started (to do something); стать *(inf)* - to start

становились *(past plr)* - became; становиться *(inf)* - to become

станция - a station

Стань! *(imp sng)* - Stand! Get! стать *(inf)* - to stand, to get

старая *(fem)*, старый *(masc)* - old;

старость - old age; от старости *(gen)* - because of old age;

старик - old man

старше *(adv)* - older

стейк - steak

стекло - glass, window

стена - a wall; красить стену *(acc)* - to paint a wall

стихло *(past neut)* - grew quiet;

стихнуть *(inf)* - to grow quiet

сто - a hundred

стодолларовый *(sng)* - hundred-dollar;

стодолларовые *(plr)* - hundred-dollar

Стой! *(imp sng)* - Stop! стоять *(inf)* - come to a standstill

стойка бара - bar (a kind of table)

стоит *(thrd sng)* - stands; стоят *(thrd plr)* - stand; стоять *(inf)* - to stand

стол - a table

столб - column

столица - capital (city)

столько - that much

сторона - side; в сторону *(acc)* - to a side

стоящий *(past part 1)* - standing; Я подошёл к стоящему человеку. *(past part masc dat)* - I went to the standing man.

страдание - suffering

страна - country (state)

странно *(adv)* - strange

странное *(neut)* - strange

страстно *(adv)* - passionately;

страстный - passionate; страстным *(inst masc)*

страх - a fear

страшно *(adv)* - afraid

страшный *(masc)* - frightening, scary

стрельба - gun fire

Стреляй! *(imp sng)* - Shoot! стреляя *(pres part)* - shooting; стрелять *(inf)* - to shoot

строго *(adv)* - harsh, strict

строгое *(adj neut)* - harsh

стройная *(fem)* - slender

стул - chair

стучит *(thrd sng)* - knocks, bangs;

стучать *(inf)* - to knock, to bang

стыдно *(adv)* - shameful, ashamed; Мне стыдно. - I am ashamed.

суббота - Saturday
субстанция - substance
суд - trial; судья -judge
судили *(past plr)* - tried (someone in court); судить *(inf)* - to try (someone in court)
сумасшедшая *(fem)* - crazy
сумка - a bag; Возьмите с собой сумку. *(acc)* - Take a bag with you.
сумочка *(sng)* - purse; сумочки *(plr)* - purses
супервор - super thief
суперзвезда - superstar
сушка - drying
существует *(thrd sng)* - exists; существовать *(inf)* - to exist
схватив *(past part)* - having grabbed; схватил *(past masc)* - grabbed; схватить *(inf)* - to grab
счастлив(ый) *(masc)* - happy
считаю *(fst sng)* - (I) think, (I) consider; считать *(inf)* - to think, to consider
считая *(pres part)* - counting; считать *(inf)* - to count
съехала *(past fem)* - went down; съехать *(inf)* - to go down from smth
сын - son
сынок - sonny
сюда *(adv)* - here *(direction)*
сюрприз - a surprise
Сядь! *(imp sng)* - Sit down! сесть *(inf)* - to sit down

## Тт

таблетка - a pill
так - so
такая *(fem)* - such; такую *(fem acc)* - such
также - likewise, also
такси - a taxi, a cab
таксист - cab driver, taxi driver
такт - a beat, rhythm

талантливый *(masc)* - talented; несколько талантливых людей *(gen plr)* - some talented people
там - there *(location)*
таможенный *(adj masc)* - customs
тарелка - a plate
татуировка - a tattoo; Я вижу татуировку. *(acc)* - I see a tattoo.
тащить *(inf)* - to drag
твой *(masc)* - your, yours
те *(plr)* - those
театр - a theatre
тебе *(dat)* - (to) you; Я знаю тебя. *(acc)* - I know you.
текст - text
телефон - a telephone, a phone
тело - body; телу *(dat)* - body; часть тела *(gen)* - a part of body
телохранитель - bodyguard; телохранители *(plr)* - bodyguard
темнеть *(inf)* - to get dark
теперь *(adv)* - now
тепло *(adv)* - warm
тепловой *(masc)* - thermal, relating to heat; несколько тепловых ракет *(plr gen)* - some thermal rockets
термин - terms; несколько терминов *(plr gen)* - some terms
терпеть *(inf)* - to tolerate, to put up
терраса - terrace
территория - territory; всю эту территорию *(acc)* - all this territory
террорист - terrorist; террористическая организация *(masc)* - terrorist organization
теряй *(imp sng)* - waste, lose; терять *(inf)* - to waste, to lose
течёт *(thrd sng)* - runs; течь *(inf)* - to run
тикали *(past plr)* - ticked; тикать *(inf)* - to tick
тихо *(adv)* - quiet, silently
тишина - silence
то - then; Если открыть окно, то здесь

307

будет холодно. - If you open a window, than it will be cold here. **Если** ты поможешь мне, **то** я помогу тебе. - If you help me, then I will help you.

тогда - then

тоже - too, also

толкала *(past fem)* - pushed;

толкать/толкнуть *(inf)* - to push;

толкнул *(past masc)* - pushed

толпа - a crowd

толстый *(masc)* - fat

только - just, only

тот *(masc)* - that

точка - a point, a dot

точно *(adv)* - exactly

трава - grass

традиционная *(fem)* - traditional

транспорт - transportation, traffic

тратить *(inf)* - to spend

требует *(thrd sng)* - demands; требовать *(inf)* - to demand

тренироваться *(inf)* - to train

третий *(masc)* - third; три - three

трибуна - platform, podium

тридцать - thirty

триста - three hundred

трое - three (people)

тронула *(fem)* - touched; тронуть *(inf)* - to touch

тротуар - a sidewalk

трубка - receiver, handset; брать трубку *(acc)* - to pick up the phone

трудно *(adv)* - difficult, hard

трус - coward; трусы *(plr)* - cowards

трюк - a trick

туда - there (direction)

туманно (adv) - foggy

турист - tourist; сказать туристам *(plr dat)* - to say to tourists

тут - here

туфель - shoe; туфлем *(inst)* - with a shoe

туча - cloud; тучи *(plr)* - clouds

ты *(sng)* - you (informal); с тобой *(inst)* - with you

тысяча - a thousand

тюремная - *relating to a prison*

тюрьма - prison

тяжёлые *(plr)* - heavy

тянется *(thrd sng)* - stretches; тянуться *(inf)* - to stretch

тянут *(thrd plr)* - pull; тянуть *(inf)* - to pull

## Уу

у нас - we have

у меня - I have

у него / у неё - he has/ she has

у них - they have

у тебя / у Вас - you have

убегает *(thrd sng)* - runs away; убегать *(inf)* - to run away

убиваете *(sec plr)* - (you) kill; убивать - to kill; Не убивайте! *(imp plr)* - Do not kill!

убирает *(thrd sng)* - takes away, puts away; убирать *(inf)* - to take away, to put away

уборка - cleaning

убрать *(inf)* - to clean, to take away; Уберите! *(imp plr)* - Clean!

убью *(ftr fst sng)* - (I) will kill; убить *(inf)* - to kill

увезти *(inf)* - to take away

уверен *(adj past part masc)* - sure; быть уверенным *(inf)* - to be sure

уверенно *(adv)* - confidently

увидел *(past masc)* - saw; увидеть *(inf)* - to see

увидимся *(ftr fst plr)* - see you, will see each other; увидеться *(inf)* - to meet smb

уволить *(inf)* - to fire

уговорил *(past masc)* - convinced, persuaded; уговорить *(inf)* - to convince, to persuade

Угощ**а**йся! *(imp sng)* - Help yourself!
угощ**а**ться *(inf)* - to help yourself
угрож**а**л *(past masc)* - threatened;
угрож**а**ть *(inf)* - to threaten
удал**и**ть *(inf)* - to remove
уд**а**р *(sng)* - a knock; уд**а**ры *(plr)* - knocks
уд**а**рил *(past masc)* - hit; уд**а**рить *(inf)* - to hit
удив**и**лась *(past fem)* - was surprised;
удив**и**ться *(inf)* - to be surprised
удив**и**ло *(past neut)* - surprised; удив**и**ть *(inf)* - to surprise
удивл**е**ние - surprise
удивлённо *(adv)* - surprised
удивл**я**ется *(thrd sng)* - is surprised;
удивл**я**ться *(inf)* - to be surprised
удов**о**льствие - pleasure; с удов**о**льствием - with pleasure, gladly.
удостовер**е**ние - a certificate
уезж**а**ю *(fst sng)* - (I) am leaving;
уезж**а**ть *(inf)* - to leave
**у**жас - nightmare, horror
**у**жасный *(masc)* - terrible
уж**е** - already, yet
**у**жин - dinner
**у**жинает *(thrd sng)* - dines; **у**жинать *(inf)* - to dine
узн**а**ет *(ftr thrd sng)* - will learn about;
узн**а**ть *(inf)* - to recognize; to learn about, to find out
уйт**и** *(inf)* - to go (away)
указ**а**л *(past masc)* - pointed; указ**а**ть *(inf)* - to point
ук**а**зывал *(past masc)* - was pointing;
ук**а**зывать *(inf)* - to point
ук**а**зывая *(pres part)* - pointing;
ук**а**зывать на *(inf)* - to point at
укр**а**денный *(masc)* - stolen;
укр**а**денные *(plr)* - stolen
укр**а**л *(past masc)* - stole; укр**а**сть *(inf)* - to steal

улыб**а**ется *(thrd sng)* - smiles;
улыб**а**ться *(inf)* - to smile
ул**ы**бка - a smile
улыбн**у**лся *(past masc)* - smiled;
улыбн**у**ться *(inf)* - to smile
ум - a mind; ум**а** *(gen)*
ум**е**ет *(thrd sng)* - can (do something), knows (how to do something); ум**е**ть *(inf)* - to be able, to know (how to do something)
умер**е**ть *(inf)* - to die
**у**мно *(adv)* - wisely, intelligently
университ**е**т - a university
униф**о**рма - uniform
уничт**о**жили *(past plr)* - killed, destroyed; уничт**о**жить *(inf)* - to kill, destroy
уп**а**л *(past masc)* - fell; уп**а**сть *(inf)* - to fall
упёрся *(past masc)* - came up against;
упер**е**ться *(inf)* - to come up against
управл**е**ние - the people in charge, the head office; управл**е**ния *(gen)* - the people in charge, the head office
управл**я**ть (самолётом) *(inf)* - to fly (a plane), to drive (a car)
управл**я**ющий *(masc)* - manager, the head of
упуст**и**л *(past masc)* - missed; упуст**и**ть *(inf)* - to miss
урон**и**л *(past masc)* - dropped; урон**и**ть *(inf)* - to drop
усл**о**вие - terms, conditions; усл**о**вия *(plr acc)* - terms, conditions
услу**г**а *(sng)* - the help, service; услу**г**и *(plr)* - the help, services
усл**ы**шал *(past masc)* - heard; усл**ы**шать *(inf)* - to hear
усп**е**л *(past masc)* - did something just in time; усп**е**ть *(inf)* - to do something just in time
успок**а**ивал *(past masc)* - soothed, calmed; успок**а**ивать *(inf)* - to sooth, to

calm

успокоиться *(inf)* - to calm down

устал *(past masc)* - became tired; устать *(inf)* - to become tired

устроила *(past fem)* - got into, created (a situation); устроить *(inf)* - to get into, to create (a situation)

уступить *(inf)* - to give in

утро - a morning

утром *(adv)* - in the morning

ухо - ear; уши *(acc plr)* - ears

Уходи! *(imp sng)* - Leave! уходит *(thrd sng)* - goes away; уходить *(inf)* - to leave

участвовать *(inf)* - to participate

участок - a plot (of land); полицейский участок - a police station

Учись! *(imp sng)* - Learn! учиться *(inf)* - to learn

учитель - teacher

ушёл *(past masc)* - left; уйти *(inf)* - to go away, to leave

## Фф

фабрика - factory

факт - fact; факту *(dat)*

фальшивый *(masc)* - fake; фальшивые *(plr)*

фамилия - last name

ферма - a farm

фильм - a film, movie

флаг - a flag; флаги *(plr)* - flags

фонарный *(masc)* - related to a lamp; фонарный столб - lamppost

форма - uniform

форсаж - afterburner

фотография - photo, picture; фотографии *(plr acc)*

фрукт - fruit; фрукты *(plr)*

функционировал *(past masc)* - worked, functioned; функционировать *(inf)* - to work, to function

футболка - a t-shirt; быть одетым в футболку *(acc)* - to be dressed in a t-shirt

## Xx

халат - coat, robe (for home or work)

хан - Khan; оружие ханов *(plr gen)* - the weapon of the Khans

хватит - that's enough

хвост - a tail

химчистка - dry cleaners, dry cleaning; возле химчистки *(gen)* - near the dry cleaners

хлеб - bread

хобот - trunk; хоботы *(plr)* - trunks

ходит *(thrd sng)* - walks, goes; ходить *(inf)* - to walk, to go

хозяин - an owner

холл - a hall

холод - cold

холодно *(adv)* - cold

хорошая *(fem)* - good

хорошенько *(adv)* - thoroughly, really well

хорошо *(adv)* - well

хотя - though; хотя бы - at least

хочется - want

хочу *(fst sng)* - (I) want; хочет *(thrd sng)* - wants; хотел *(past masc)* - wanted; хочешь *(sec sng)* - (you) want; хотеть *(inf)* - to want

хранилище - a store-room, a repository

худой *(masc)* - thin

хуже *(adv)* - worse

## Цц

цвет - color; цветом *(inst)* - with color

цветной *(masc)* - colorful; цветные *(plr)* - colorful

цветок *(sng)* - a flower; цветы *(plr)* - flowers

целая *(fem)* - whole

цель - goal; с целью *(inst)* - with goal, aiming at smth

центр - centre

центральный *(masc)* - central

ценю *(fst sng)* - (I) appreciate; ценить *(inf)* - to appreciate

церемонно *(adv)* - ceremonially

## Чч

чаевые *(plr)* - a tip

час - an hour; пять часов *(gen plr)* - five hours

частный - private; Я работаю частным детективом. *(masc inst)* - I work as a private detective.

часто *(adv)* - often

часть - a part

часы - a clock, a watch

чашка - cup, mug

человек - a man

чем - than

чемодан - suitcase

чепуха - nonsense

через - in

чёрный *(masc)* - black

честь - honor

четверг - Thursday

четверо - four (for people); четыре (for other things)

четвёртый *(masc)* - fourth

четыре - four

четыреста - four hundred

чистая *(fem)* - clean

что - what

чтобы - *gives a reason to do something;* Он идёт к Бруно чтобы помочь ему. - He goes to Bruno to help him.

что-нибудь - something, anything

что-то - something, anything

чувство - a feeling

чувствует *(thrd sng)* - feels, senses; чувствовать *(inf)* - to feel, to sense

чужие *(plr)* - somebody else's, another's

чуть - barely

чуть-чуть - a little

чья *(fem)* - whose

## Шш

шаг - a step

шанс - a chance

шасси - landing gear

шахта - a shaft, a mine

шёл *(past masc)*, шла *(past fem)* - went; идти *(inf)* - to go

шесть - six

шестьсот - six hundred

шея - a neck

широкая *(fem)* - wide

широко *(adv)* - wide

шкаф - closet; шкафы *(plr)* - closets

школа - a school; много школ *(plr gen)* - a lot of schools

шок - a shock

шоколадное *(neut)* - chocolate

штаб - headquarters

штаны - pants

штрафую *(fst sng)* - (I) fine; штрафовать *(inf)* - to fine

штука - thing

штурман - navigator

шум - a noise

шутка - a joke

шучу *(fst sng)* - (I) am joking, (I) joke; шутить *(inf)* - to joke

## Щщ

щетина - stubble; щетину *(acc)* - stubble

## Ээ

Эй! - Hey!

эйфория - euphoria

экзотика - the exotic

экзотическая *(adj fem)* - exotic

экономика - economy; без экономики *(gen)* - without economy

экран - a screen

эксперимент - experiment

эксплуатировали *(past plr)* - exploited; эксплуатировать *(inf)* - to exploit

электрик - an electrician

электрический *(masc)* - electric

электрошокер - Taser

элементарный - simple, basic; несколько элементарных правил *(plr gen)* - some basic rules

эмоционально *(adv)* - emotional

эмоция - emotion; эмоции *(plr)* - emotions

энергетика - energy, power; чувствовать энергетику *(acc)* - feel energy, power

этаж - a storey

эти *(plr)* - these; эту *(acc fem)* - this; по этим *(plr prep)* - along these

это - it, this

этот *(masc)* - this

эффективно *(adv)* - effective(ly)

## Юю
юг - south

## Яя

я - I; мне *(dat)* - to me; Он даёт мне деньги. - He gives money to me.

язык - language, tongue

ящик - a drawer, a box

# Англо-Русский Словарь

## Aa

about, regarding - об, про, насчёт *(adv)*;

about, approximately - примерно

above, over - над

absolutely, completely - абсолютно *(adv)*

accident - авария; during the accidents - во время аварии *(gen)*

accompany - сопровождать *(inf)*; accompanied - сопровождал *(past masc)*

ace *(pilot)* - ас

acquaintance - знакомый *(masc)*

across the street, in front of - напротив *(adv)*

act - действовать *(inf)*; acts - действует *(thrd sng)*

act of letting someone out of a vehicle - высадка; the act of letting someone out of a vehicle - высадки *(gen)*

act, to behave - вести себя *(inf)*; acted - вёл себя *(past masc)*

action - действие *(sng)*; actions - действия *(plr)*

activity, work - деятельность

actually - собственно *(adv)*

add - добавлять *(inf)*; adds - добавляет *(thrd sng)*

address - адрес

address, to turn to - обращаться *(inf)*; addressing, turning to - обращаясь *(pres part)*; addresses - обращается *(thrd sng)*

adjust - поправить *(inf)*; adjusted - поправил *(past masc)*

advertisement, ad - объявление

advise - посоветовать *(inf)*; advised - посоветовал *(past masc)*

afraid - страшно *(adv)*

after - после, затем *(adv)*

after all, since - ведь

afterburner - форсаж

afterwards, after that, then - потом

again - опять *(adv)*, снова *(adv)*

against - против

agitated - взволнованы *(past part plr)*; to make someone agitated - взволновать *(inf)*

ago, back - назад

agree - соглашаться *(inf)*; agree - Соглашайтесь! *(imp plr)*; he agrees - соглашается *(thrd sng)*

agreement, pact - договор

ahead of time - заранее *(adv)*

ahead, in front - впереди *(adv)*

air - воздух

airfield - аэродром

airport - аэропорт

alarm - сигнализация

alive - жив *(masc)*

all, everybody - все; to all, to everybody - всем *(dat)*; all, everything - всё; all, whole - вся, весь

alley, side street - переулок; near the alley - возле переулка *(gen)*

allow - позволить *(inf)*; I will allow - позволю *(ftr fst sng)*

almost - почти *(adv)*

alone - один *(masc)*

alone, by yourself - сам

already, yet - уже

always - всегда

amazement - изумление; (with) amazement - с изумлением *(inst)*

among - среди

and - и; and, but - а

angrily - сердито *(adv)*; angry - сердитая; сердитой *(gen fem)*

animal - животное

answer, a reply - ответ

antelope - антилопа; antelopes - антилопы *(plr)*

antenna - антенна

313

any - любой; any - любого *(masc gen)*

anywhere, somewhere - где-нибудь / где-то

apparently, it looks like, it seems - кажется

appear - появиться *(inf)*; appeared - появился *(past masc)*

appear, to seem - казаться *(inf)*

appearance - внешность

appetite - аппетит

appreciate - ценить *(inf)*; I appreciate - ценю *(fst sng)*

approach - подходить *(inf)*; approach - подходят *(thrd plr)*

Arab - араб; Arab - арабская *(adj fem)*

armchair - кресло

armed - вооружённые; some armed people - несколько вооружённых людей *(plr gen)*

army, military - армия

around - вокруг

around, in a circle - кругом *(adv)*

arrest - арест; to arrest - арестовать *(inf)*; Arrest! - Арестуй! *(imp sng)* / Арестуйте! *(imp plr)*; arrested - арестовали *(past plr)*

arrested, detained - арестованный *(masc)*

arrival - приезд

arrive, to come - приехать *(inf)*, приезжать *(inf)*, прибывать *(inf)*, подъехать *(inf)*; arrived, came - приехал *(past masc)*; they arrive - приезжают *(thrd plr)*

Asian - азиатская *(fem)*

ask - просить *(inf)*, попросить *(inf)*, спрашивать *(inf)*; asked - просила *(past fem)*; asks - спрашивает *(thrd sng)*, просит *(thrd sng)*; I ask - прошу *(fst sng)*; they ask - просят *(thrd plr)*

ask (questions) - задавать (вопросы) *(inf)*; ask a question - задать вопрос *(inf)*

ask again - переспросить *(inf)*; asked again - переспросил *(past masc)*

assistant - ассистент

at home - дома

at least - по крайней мере

at night - ночью *(adv)*

at the beginning - сначала

at, behind - за

attack - атаковать *(inf)*, напасть *(inf)*; attacked - напали *(past plr)*

attempt - попытка

attention - внимание

attentive - внимательный *(masc)*

authority, rule - власть

avenue - проспект; Van Gogh avenue - проспект Ван Гога

aviation - авиация; airplane of the air force - самолёт военной авиации *(gen)*

avoid - избежать *(inf)*

award - наградить *(inf)*; awarded - наградили *(past plr)*

away *(ex.: иди прочь - go away)* - прочь

awkwardly - неловко *(adv)*

## Bb

bachelor's degree - бакалавр; bachelor degree - диплом бакалавра *(gen)*

back - обратно *(adv)*, спина

bad - плохое; плохого *(gen neut)*; bad weather - непогода; непогоду *(acc)*

bad, sick - плохо *(adv)*

badge - значок

bag - мешок, сумка; Take a bag with you. - Возьмите с собой сумку. *(acc)*

bag, package - пакет

ballet - балет; a ballet theatre - театр балета *(gen)*

bandage - бандаж, повязка; to put a bandage - наложить повязку *(acc)*

bandage - перевязать *(inf)*; Bandage! - Перевяжите! *(imp plr)*; bandaged - перевязал *(past masc)*; bandaged - перевязана *(past part fem)*

bank - банк

bank card, credit or debit card -
банковская карта *(fem)*

bar (a kind of table) - стойка бара

bar, pub - бар

barely - чуть

barking - лай

barrel - бочка; a lot of barrels - много
бочек *(plr gen)*

bars - решётка; решётку *(acc)*

basement - подвал

bathroom - ванная

baton, club - дубинка; hit with a baton /
club - ударить дубинкой *(inst)*

battery - батарея; near the battery - возле
батареи *(gen)*

battle, fight - бой *(sng)*; battles - бои
*(plr)*; without a battle / a fight - без боя
*(gen)*

be - быть *(inf)*; I will - буду *(ftr fst sng)*;
you will - будешь *(ftr sec sng)*

be (located) - находиться *(inf)*; are
located - находятся *(inf)*, расположены
*(past part plr)*; is (located) - находится
*(thrd sng)*, расположен *(past part sng)*

be afraid - бояться *(inf)*; I'm afraid -
боюсь *(fst sng)*

be contained (in something) -
заключаться *(inf)*; contained (in
something) - заключается *(thrd sng)*

be filled up - наполниться *(inf)*; filled up
- наполнился *(past masc)*

be happy - обрадоваться *(inf)*; was
happy - обрадовался *(past masc)*

be heard - послышаться *(inf)*,
прозвучать *(inf)*, раздаться *(inf)*; was
heard - послышался *(past masc)*,
прозвучал *(past masc)*, раздался *(past
masc)*

be interrupted, to be cut off - прерваться
*(inf)*; interrupted, cut off - прервалась
*(past fem)*

be killed, to die - погибнуть *(inf)*

be lost, to disappear - пропасть *(inf)*; got
lost, gone, disappeared - пропали *(past
plur)*

be on duty - дежурить *(inf)*; was on duty
- дежурил *(past masc)*

be planned - планироваться *(inf)*; being
planned - планируются *(thrd plr)*

be sad - грустить *(inf)*

be silent - помолчать *(inf)*; was silent -
помолчал *(past masc)*

be suitable - подходить *(inf)*; are suitable
- подходишь *(sec sng)*

be sure - быть уверенным *(inf)*; sure -
уверен *(adj past part masc)*

be surprised - удивиться *(inf)*,
удивляться *(inf)*; was surprised -
удивилась *(past fem)*; surprised -
удивляется *(thrd sng)*

be/keep silent - молчать *(inf)*; silent -
молчит *(thrd sng)*

beach - пляж

beard - борода

beat, rhythm - такт

beautiful - красивая *(fem)*

because of - из-за

become - становиться *(inf)*; became -
становились *(past plr)*

become angry - рассердиться *(inf)*; got
angry, became angry - рассердился *(past
masc)*

become tired - устать *(inf)*; became tired
- устал *(past masc)*

become, to turn into - превратиться *(inf)*;
became, turned into - превратился *(past
masc)*

bed - кровать, постель

bedroom - спальня

before (doing smth) - перед тем как, до
того как

before, until - до

begin - начать *(inf)*, начинать *(inf)*;
began - начал *(past masc)*; Begin! -
Начинай! *(imp sng)*

begin - начаться *(inf)*; started, began - началось *(past neut)*

behind - сзади

believe - поверить *(inf)*; I will believe - поверю *(ftr fst sng)*

believe, to suppose - полагать *(inf)*; we believe, suppose - полагаем *(fst plr)*

believe, to trust - верить *(inf)*; Believe! / Trust! - Верь! *(imp sng)*; believes - верит *(thrd sng)*

below - снизу *(adv)*

bend down - нагнуться *(inf)*; bent down - нагнулся *(past masc)*

best - лучшая; Give me the best pizza, please. - Дайте мне лучшую пиццу, пожалуйста. *(fem acc)*

better - лучше *(adv)*

between - между

big - большой *(masc)*

bill - банкнота *(sng)*; bills - банкноты *(plr)*

bird - птица; birds - птицы *(plr)*

black - чёрный *(masc)*

blanket - одеяло

block - перекрыть *(inf)*; blocked - перекрыли *(past plr)*

blond, fair - светлые *(plr)*

blood - кровь

blow - дуть *(inf)*; blows - дует *(thrd sng)*

blow up - взорвать *(inf)*

blue - синее *(neut)*

body - тело; телу *(dat)*; a part of body - часть тела *(gen)*

bodyguard - телохранитель; bodyguard - телохранители *(plr)*

boiler room - котельная

bomb - бомба; to bomb - бомбить *(inf)*; you bomb - бомбите *(imp plr)*

bomber (plane) - бомбардировщик

bonus - бонус; bonuses - бонусов *(plr gen)*

border - граница; without borders - без границ *(plr gen)*

boring, bored - скучно *(adv)*

boss, chief - начальник

both - оба

bottle - бутылка; He gives a bottle. - Он даёт бутылку. *(acc)*

bounce, to jump up - подпрыгивать *(inf)*

bow - поклониться *(inf)*; bowed - поклонился *(past masc)*; Bow! - Поклонись! *(imp sng)*

box - коробка; boxes - коробки *(plr)*

boy - мальчик; мальчика *(gen)*

brake, to hit the brakes - затормозить *(inf)*; braked, hit the brakes - затормозил *(past masc)*

bread - хлеб

break - ломать *(inf)*, сломать *(inf)*, сломаться *(inf)*; сломал *(past masc)*, сломалась *(past fem)*

break (to pieces) - разбиваться *(inf)*; broke - разбивались *(past plr)*

breeze - бриз

bribe - подкупить *(inf)*; bribed - подкупил *(past masc)*

bring - привести *(inf)*; brought - привёл *(past masc)*

bring (by transport) - привозить *(inf)*; brings (by transport) - привозит *(thrd sng)*

bring (by vehicle) - привезти *(inf)*; brought (by vehicle) - привезли *(past plr)*

bring (smth close to) - поднести *(inf)*; brought (smth close to) - поднёс *(past masc)*

bring in - внести *(inf)*; brought in - внёс *(past masc)*

bring out - вынести *(inf)*; brought out - вынес *(past masc)*

bring, to fetch - принести *(inf)*; brought, fetched - принёс *(past masc)*

brother - брат

brown - коричневый; with brown shoe - коричневым туфлем *(fem inst)*

building - здание

bullet - пуля; to get a bullet - получить пулю *(acc)*

bulletproof vest - бронежилет

burn - гореть *(inf)*; burns - горит *(thrd sng)*

burning - горящий; горящая *(fem)*

bury - закопать *(inf)*; buried - закопал *(past masc)*

bus - автобусный *(adj masc sng)*; a bus station - автобусная станция; a lot of bus stops - много автобусных остановок *(plr gen)*

busy - занят *(past part masc)*

but - но

butt - жопка; to lick a butt - лизнуть жопку *(acc)*

button - кнопка; to press a button - нажимать кнопку *(acc)*

buy - покупать *(inf)*, купить *(inf)*; bought - купил *(past masc)*

by the way - кстати

bye - пока

Bye! (informal, should be used with caution) Give! - Давай! *(imp sng)*

## Cc

cab driver, taxi driver - таксист

cabbage - капуста; I like cabbage. - Я люблю капусту. *(acc)*

cafe - кафе

cage - клетка

call - вызвать *(inf)*, вызывать *(inf)*; calls - вызывает *(thrd sng)*; 2. звать *(inf)*; call - зовут *(thrd plr)*; They call him Alexander, his name is Alexander. - Его зовут Александр.; 3.call - позвать *(inf)*; Call! - Позовите! *(imp plr)* 4. call - позвонить *(inf)*; Call! - Позвоните! *(imp plr)*

call back - перезвонить *(inf)*; I will call back - перезвоню *(ftr fst sng)*

calm down - успокоиться *(inf)*

came closer, approached - приближались *(past plr)*; to come closer, to approach - приближаться *(inf)*

camel - верблюд

camp - лагерь

can - можно; Can I sit down? - Можно садиться?; 2. can (do something), knows (how to do something) - умеет *(thrd sng)*; to be able, to know (how to do something) - уметь *(inf)*; I can - я могу *(fst sng)*; we can - мы можем *(fst plr)*; you can - ты можешь *(sec sng)*; you can - вы можете *(sec plr)*; he/she/it can - он/она/оно может *(thrd sng)*; they can - они могут *(thrd plr)*

cannot, must not, should not - нельзя

capital (city) - столица

capitalism - капитализм

capture, seizure - захват; to gain control - с целью захвата *(gen)*; to capture, to gain control - захватить *(inf)*

car - автомобиль

car, truck, van - машина

card, map - карта

carefully - осторожно *(adv)*

carefully, attentively - внимательно *(adv)*; carefully, neatly - аккуратно *(adv)*

carry - нести *(inf)*; they carry - несут *(thrd plr)*

carry - понести *(inf)*; carried - понесли *(past plr)*

cart - повозка

cash register - касса

catapult - катапульта

catch fire - загореться *(inf)*; caught fire - загорелась *(past fem)*

catch up - догнать *(inf)*; caught up - догнал *(past masc)*

central - центральный *(masc)*

centre - центр

ceremonially - церемонно *(adv)*

certificate - удостоверение

317

chair - стул

chance - шанс

change - изменить *(inf)*; having changed - изменив *(past part)*

change - измениться *(inf)*; changed - изменилось *(past neut)*

change - переключиться *(inf)*; will change - переключится *(ftr thrd sng)*

charge - обвинить *(inf)*; charged - обвинили *(past plr)*

chase - погоня

cheat - обманывать *(inf)*; cheats - обманывает *(thrd sng)*

check - проверить *(inf)*, проверять *(inf)*; you will check - проверишь *(ftr sec sng)*; Check! - Проверь! *(imp sng)*

chest - грудь

child - ребёнок; child has - у ребёнка *(gen)*

children - дети *(plr)*

chocolate - шоколадное *(neut)*

choose - выбирать *(inf)*, выбрать *(inf)*; I choose - выбираю *(fst sng)*, chose - выбрали *(past plr)*

chop off - отрубить *(inf)*; chopped off - отрубили *(past plr)*; to behead - отрубить голову

cigarette - сигарета

circle - круг

citizen - гражданин; some citizens - несколько граждан *(gen plr)*

city - город

classification - классификация

clean - чистая *(fem)*

clean, to take away - убрать *(inf)*; Clean! - Уберите! *(imp plr)*

cleaning - уборка

clear - расчистить *(inf)*

client, customer - клиент; few clients - мало клиентов *(plr gen)*

climb - полезть *(inf)*; climbed - полез *(past masc)*

climb down - слезать *(inf)*

climb over - перелезть *(inf)*; climbed over - перелезли *(past plr)*

clock, watch - часы

close - закрыть *(inf)*, закрывать *(inf)*; Close! - Закрой! *(imp sng)*; closed - закрыт *(past part masc)*, закрытый *(masc)*; closed - закрытыми *(plr inst)*

close, nearby - близко *(adv)*

closer - ближе *(adv)*, поближе *(adv)*

closest - ближайший; ближайшие *(plr)*

closet - шкаф; closets - шкафы *(plr)*

clothes - одежда

cloud - облако *(sng)*, туча *(sng)*; clouds - облака *(plr)*, тучи *(plr)*

cloudy - облачно *(adv)*

coat, robe (for home or work) - халат

cobweb - паутинка *(sng)*; cobwebs - паутинки *(plr)*

coffee - кофе

cold - холод, холодно *(adv)*

colleague - коллега

color - цвет; with color - цветом *(inst)*

colorful - цветной *(masc)*; colorful - цветные *(plr)*

column - столб

comb (hair) - причесать *(inf)*; having a combed hair - причёсан *(past part masc)*

come - приходить / прийти *(inf)*; Come! - Приходи! *(imp sng)*; I'll come - я приду *(fst sng ftr)*; came - пришла *(past fem)*

come in - заходить *(inf)*, зайти *(inf)*, войти *(inf)*, проходить *(inf)*; Come in! - Заходи! *(imp sng)*; Проходите! *(imp plr)*; came in - вошла *(past fem)*, зашёл *(past masc)*

Come on! *(is used to make smb to do smth)* - Давай! *(imp sng)*; to give - давать *(inf)*

come to a standstill - стоять *(inf)*; Stop! - Стой! *(imp sng)*

come true - сбыться *(inf)*; came true - сбылась *(past fem)*

come up against - упереться *(inf)*; came up against - упёрся *(past masc)*

come up to, to approach - подходить *(inf)*; coming up to, approaching - подходя *(pres part)*

come, to begin - настать *(inf)*; came, began - настал *(past masc)*

come/go out - выходить *(inf)*; they come/go out - выходят *(thrd plr)*

command - команда; give a command - дать команду *(acc)*; to command - скомандовать *(inf)*; commanded - скомандовал *(past masc)*

commission - комиссия

committing, conclusion, fulfilment - совершение

company - компания

completely - полностью *(adv)*, совершенно *(adv)*, совсем

compound - комплекс; compounds - комплексы *(plr)*

condemnation - осуждение; without condemnation - без осуждения *(gen)*

conduct - провести *(inf)*; Conduct! - Проведите! *(imp plr)*

confidently - уверенно *(adv)*

confiscation - конфискация

congratulate - поздравлять *(inf)*; congratulate - поздравляю *(fst sng)*

connect - соединять *(inf)*; connected - соединяла *(past fem)*

connected to, related to - связано *(past part neut)*

connection, phone reception - связь; without phone reception - без связи *(gen)*

consciousness - сознание

conspiracy, plot - заговор

constantly, incessantly - непрерывно *(adv)*

consult (with someone) - проконсультироваться *(inf)*

consultant - консультант; consultant - консультанта *(gen)*

continent - континент

continue, to go on - продолжать *(inf)*, продолжаться *(inf)*; Continue! / Go on! - Продолжайте! *(imp plr)*; continues - продолжает *(thrd sng)*; continued - продолжались *(past plr)*

control - контроль *(noun)*

conversation - беседа; беседу *(acc)*

convict, prisoner - заключённый *(masc)*; convicts, prisoners - заключённые *(plr)*

convince, to persuade - уговорить *(inf)*; convinced, persuaded - уговорил *(past masc)*

cook - повар

cool, cold - прохладно *(adv)*; 2. cool, great - класс/классно *(informal adv)*

coordinate - координировать *(inf)*; coordinate - координируют *(thrd plr)*

corridor - коридор

couch, sofa - диван *(acc)*

count - считать *(inf)*; counting - считая *(pres part)*

counter (in a shop) - прилавок

country (state) - страна, государство; the army of the country - армия государства *(gen)*

coward - трус; cowards - трусы *(plr)*

crash, to hit (something) - врезаться *(inf)*; crashed, hit (something) - врезался *(past masc)*

crazy - сумасшедшая *(fem)*

cream, lotion - крем; with a cream, lotion - кремом *(inst)*

create - создать *(inf)*; create - создавать *(inf)*; will create - создаст *(ftr thrd sng)*

crime - преступление

criminal - преступник; some criminals - несколько преступников *(gen plr)*

crook, swindler - мошенник

crosshairs - прицел

crossword puzzle - кроссворд

crowd - толпа

crush - придавить *(inf)*; crushed -

придав_и_л *(past masc)*
cry, to weep - пл_а_кать *(inf)*
cup, mug - ч_а_шка
customer, buyer - покуп_а_тель; few
customers / buyers - м_а_ло покуп_а_телей
*(gen plr)*
customs - там_о_женный *(adj masc)*

## Dd

dad - п_а_па
Dalmatian - далмат_и_н
damage - повред_и_ть *(inf)*; damaged -
повреждена *(past part fem)*
dangerous - оп_а_сен *(masc)*; dangerous -
оп_а_сная; dangerous - оп_а_сной *(gen fem)*
dangerously, dangerous - оп_а_сно *(adv)*
day - день
day after tomorrow - послез_а_втра *(adv)*
deaf - глух_о_й *(masc)*
dear, expensive - дорог_о_й *(masc)*; dear,
lovely - м_и_лый; dear, lovely - м_и_лые
*(plr)*
death - смерть, см_е_ртная *(adj fem)*
debt - долг
decide - реш_и_ть *(inf)*; decided - реш_и_л
*(past masc)*
decision - реш_е_ние
decisive - реш_а_ющий *(masc)*
declare - произнест_и_ *(inf)*; declared -
произнёс *(past masc)*
defend, to shield - защищ_а_ть *(inf)*;
defended, shielded - защищ_а_л *(past
masc)*
defendant - подзащ_и_тный *(masc)*
defender, defending counsel - защ_и_тник
defense - защ_и_та, обор_о_на; without
defense - без обор_о_ны *(gen)*
degree, a diploma - дипл_о_м
demand - потр_е_бовать *(inf)*, тр_е_бовать
*(inf)*; demanded - потр_е_бовал *(past
masc)*; demands - тр_е_бует *(thrd sng)*
democratic - демократ_и_ческий;

democratic - демократ_и_ческого *(masc
gen)*
denim - дж_и_нсовая; He is wearing a
denim shirt. - Он одет в джинсовую
рубашку. *(fem acc)*
departure - отъ_е_зд
deserted - пуст_ы_нны *(plr)*; a desert -
пуст_ы_ня
deserve, to earn - засл_у_живать *(inf)*;
deserves, earns - засл_у_живает *(thrd sng)*
destroy - разруш_а_ть *(inf)*, разр_у_шить
*(inf)*; destroyed - разруш_а_ли *(past plr)*;
destroyed - разр_у_шено *(past part neut)*
detective - детект_и_в, детект_и_вный;
детект_и_вную *(fem gen)*
devil - дь_я_вол; devilish, relating to the
devil - дь_я_вольский *(masc)*; evil forces -
дь_я_вольские с_и_лы *(plr)*
dial a number - набир_а_ть н_о_мер *(inf)*;
dials a number - набир_а_ет н_о_мер *(thrd
sng)*
diamond - бриллиант *(sng)*; diamonds -
бриллианты *(plr)*
dictaphone - диктоф_о_н
dictatorship - диктат_у_ра
die - умер_е_ть *(inf)*
different - р_а_зный *(masc)*; different -
р_а_зные *(plr)*
difficult, hard - тр_у_дно *(adv)*
dimly lit, darkened - полутёмный *(masc)*
dine - _у_жинать *(inf)*; dines - _у_жинает
*(thrd sng)*
dinner - _у_жин
direct - напр_а_вить *(inf)*; having directed -
напр_а_вив *(past part)*
direction - направл_е_ние
dirty - гр_я_зная *(fem)*
disappear - исч_е_знуть *(inf)*; disappeared -
исч_е_з *(past masc)*; Disappear! / Get lost!
- Исч_е_зните! *(imp plr)*
disappear, to hide - скр_ы_ться *(inf)*;
disappeared, hid - скр_ы_лся *(past masc)*
disgust - отвращ_е_ние

disgusting - мерзкий *(masc)*

distance - расстояние

distribute - раздать *(inf)*; distributed - раздали *(past plr)*

divide - делить *(inf)*; we divide - делим *(fst sng)*

divorced - разведена *(past part fem)*; разведён *(past part masc)*

do something just in time - успеть *(inf)*; did something just in time - успел *(past masc)*

do, make - делать *(inf)*, сделать *(inf)*; Do! - Сделайте! *(imp plr)*

doctor - врач, доктор

document - документ; documents - документы *(plr)*

dog - собака

dollar - доллар; five dollars - пять долларов *(gen plr)*

door - дверь, дверца; to open a door - открыть дверцу *(acc)*

dose - доза; five doses - пять доз *(gen plr)*

double - двойная *(fem)*

down *(direction)* - вниз *(adv)*; below *(location)* - внизу *(adv)*

downpour - ливень

drag a short distance away - оттащить *(inf)*; dragged a short distance away - оттащили *(past plr)*

drag - тащить *(inf)*, потащить *(inf)*, подтащить *(inf)*; dragged - подтащили *(past plr)*; dragged - потащил *(past masc)*

dramatic - драматический *(masc)*

draw up (a report) - составить *(inf)*; Draw up! (a report) - Составь! *(imp sng)*

draw, to paint - нарисовать *(inf)*; drawn, painted - нарисованы *(past part plr)*

drawer, a box - ящик

dream - мечта, сон *(sng)*; dreams - мечты, сны *(plr)*; to dream - мечтать *(inf)*; dreamed - мечтал *(past masc)*

dress - платье

dressed, is wearing - одет *(past part sng)*

drink - напиток *(sng)*; drinks - напитки *(plr)*; to drink - выпить *(inf)*, пить *(inf)*; drank - выпили *(past plr)*, пили *(past plr)*; drinks - пьёт *(thrd sng)*

drive (a car, a train), to fly (an airplane) - вести *(inf)*

drive (someone or something by transport) - везти *(inf)*; drives (someone or something by transport) - везёт *(thrd sng)*

drive or fly up to (a place) - довести *(inf)*

drive out - выехать *(inf)*; drove out - выехал *(past masc)*

drive past something - проезжать *(inf)*; drives by - проезжает *(thrd sng)*

drive, to go - ездить *(inf)*; drove, went - ездил *(past masc)*

drive, to lead (a vehicle) - повести *(inf)*; drove, led - повёл *(past masc)*

driver - водитель

driver's cab, cabin - кабина; driver's cabs, cabins - кабины *(plr)*

driving by, passing - проезжающий; проезжающего *(gen masc)*

drop - капля; drops - капли *(plr)*

drop - уронить *(inf)*; dropped - уронил *(past masc)*

drop off - высадить *(inf)*

drug - наркотик; drugs - наркотики *(plr)*

drunk - пьяница; drunk - пьяный *(masc)*; drunk - пьяными *(plr inst)*; drunks - пьяницы *(plr)*

dry cleaners, dry cleaning - химчистка; near the dry cleaners - возле химчистки *(gen)*

drying - сушка

dune - дюна; dunes - дюны *(plr)*

during - в течение ; during the day, by day - днём *(adv)*

dust - пыль; за пыли *(gen)* - because of dust - из

## Ee

ear - у́хо; ears - у́ши *(acc plr)*
earlier - ра́ньше *(adv)*
earn, to make (money) - зарабо́тать *(inf)*
easily - легко́ *(adv)*
east - восто́к
eat - есть *(inf)*; (they) eat - едя́т *(thrd plr)*; ate - ел *(past masc)*
economy - эконо́мика; without economy - без эконо́мики *(gen)*
edge - кра́й
education - образова́ние
effective(ly) - эффекти́вно *(adv)*
eight - во́семь
elections - вы́боры *(plr)*
electric - электри́ческий *(masc)*
electrician - эле́ктрик
electrician, locksmith - слеса́рь
elephant - слон
elevator - лифт
embarrassedly, with embarrassment - смущённо *(adv)*
emotion - эмо́ция; emotions - эмо́ции *(plr)*
emotional - эмоциона́льно *(adv)*
employee - сотру́дник *(masc)*; сотру́дница *(fem)*
employer - работода́тель; employers - работода́тели *(plr)*
end - коне́ц; till the end - до конца́ *(gen)*; to end - конча́ться *(inf)*; ends - конча́ется *(thrd sng)*
end up - оказа́ться *(inf)*; ended up - оказа́лось *(past neut)*
enemy - враг; enemy - вра́жеский *(adj)*; a lot of enemy planes - мно́го вра́жеских самолётов *(plr gen)*
energy, power - энерге́тика; feel energy, power - чу́вствовать энерге́тику *(acc)*
engine - дви́гатель, мото́р; engines - дви́гатели *(plr)*

enjoy - наслажда́ться *(inf)*; enjoyed - наслажда́лся *(past masc)*
enough - доста́точно *(adv)*
enter - входи́ть *(inf)*, заходи́ть *(inf)*; enters - вхо́дит *(thrd sng)*, захо́дит *(thrd sng)*
entire, whole - весь *(masc)*
entrance - вход; at the entrance - во́зле вхо́да *(gen plr)*; 2. entrance (for transport) - въезд; to enter (by vehicle) - въе́хать *(inf)*
envelope - конве́рт
equally - по́ровну
equipment, instrument - инструме́нт; equipment, instruments - инструме́нты *(plr)*
escape (from prison) - побе́г; to escape - скры́ться *(inf)*
euphoria - эйфори́я
Europe - Евро́па; European Union, the EU - Евросою́з
European - европе́йская *(fem)*
even (used to express emphasis) - да́же
evening - ве́чер; in the evening - ве́чером *(adv)*
every, each - ка́ждый *(masc)*
everywhere - везде́ *(adv)*
evil - зло́е *(neut)*
exactly - и́менно; ро́вно *(adv)*, то́чно *(adv)*
excellent - отли́чно *(adv)*, отли́чный *(masc)*
except - кро́ме
exchange - меня́ть *(inf)*, обменя́ть *(inf)*; exchanged - меня́л *(past masc)*, обменя́л *(past masc)*
exchange glances - перегляну́ться *(inf)*; exchanged glances - перегляну́лся *(past masc)*
excuse, to forgive - извини́ть *(inf)*; excuse me - извини́те *(imp plr)*; excuse, forgive - извини́ *(imp sng)*
execute - казни́ть *(inf)*; they will execute

- казнят *(ftr thrd plr)*
execution (punishment) - казнь
exist - существовать *(inf)*; exists - существует *(thrd sng)*
exit - выход; go to an exit - идти к выходу *(gen)*
exotic - экзотическая *(adj fem)*
exotic - экзотика
experience - опыт
experienced - опытный *(masc)*
experiment - эксперимент
explain - объяснить *(inf)*; explained - объяснил *(past masc)*
exploit - эксплуатировать *(inf)*; exploited - эксплуатировали *(past plr)*
explosion - взрыв
expression - выражение; with help of the expression - с помощью выражения *(gen)*
eye - глаз *(sng)*; eyes - глаза *(plr)*

**Ff**

face - лицо
fact - факт; факту *(dat)*
factory - фабрика
fake - поддельный *(masc)*, фальшивый *(masc)*; fake - фальшивые *(plr)*
fall - упасть *(inf)*; fell - упал *(past masc)*
fall apart, to scatter - рассыпаться *(inf)*
fall down - падать *(inf)*; falls down - падает *(thrd sng)*
fall silent - замолчать *(inf)*; fell silent - замолчал *(past masc)*
fall through - провалиться *(inf)*; fell through - провалился *(past masc)*
fall, to throw oneself - броситься *(inf)*; fell, threw himself - бросился *(past masc)*
family - семья
far (away) - далеко *(adv)*
farm - ферма
farther, further - дальше *(adv)*

fast - быстрей *(adv)*
fat - толстый *(masc)*
father - отец
fault - вина
favorite - любимая; любимую *(acc fem)*
fear - страх
fearfully, in a frightened way - испуганно *(adv)*
feed - кормить *(inf)*; they feed - кормят *(thrd plr)*
feel - почувствовать *(inf)*; felt - почувствовал *(past masc)*
feel, to experience - испытывать (чувства) *(inf)*; feeling, experiencing - испытывают (чувства) *(thrd plr)*
feel, to sense - чувствовать *(inf)*; feels, senses - чувствует *(thrd sng)*
feeling - чувство
feminine, relating to women - женский *(fem)*
few - несколько
field - поле
fifteen - пятнадцать
fifty - пятьдесят; about fifty - около пятидесяти *(gen)*
fight - драка; 2. ссора; to get into a fight - устроить ссору *(acc)*
fight, battle - сражаться *(inf)*, драться *(inf)*
fighter or relating to combat - боевой *(masc)*
fighter plane - истребитель; behind the fighter plane - за истребителем *(inst)*
fighter, soldier - боец; I know this soldier. - Я знаю этого бойца. *(gen)*
fighting - дерущийся *(masc)*; some fighting people - несколько дерущихся людей *(plr gen)*
film, movie - фильм
finally, at last - наконец *(adv)*
find - найти *(inf)*; found - нашёл *(thrd sng)*
find oneself (somewhere) - попасть *(inf)*;

found himself - попал *(past masc)*

fine - штрафовать *(inf)*; I fine - штрафую *(fst sng)*

finger - палец; to press with a finger - нажать пальцем *(inst)*

finish - заканчивать *(inf)*, закончить *(inf)*, кончить *(inf)*; finish! - Заканчивайте! *(imp plr)*; finished - закончил *(past masc); over, finished - кончено *(past part neut)*

fire - костёр, огонь; near a fire - возле костра *(gen)*; with fire - огнём *(inst)*; fire from work - уволить *(inf)*

fire (a gun) - выстрелить *(inf)*; fired (a gun) - выстрелил *(past masc)*

first - первый *(masc)*

fish - рыба; with fish - с рыбой *(inst)*

five - пять; at half past four - в пол-пятого *(gen)*

five hundred - пятьсот

five minute - пятиминутный *(adj masc)*

flag - флаг; flags - флаги *(plr)*

flash - вспышка; flashes - вспышки *(plr)*

flashing light - мигалка; мигалку *(acc)*

floor - пол

flow out - вытекать *(inf)*; flowed out - вытекал *(past masc)*

flower - цветок *(sng)*; flowers - цветы *(plr)*

fly - лететь *(inf)*, полететь *(inf)*; flies - летит *(thrd sng)*; will fly - полетит *(ftr thrd sng)*; 2. fly - пролетать *(inf)*; fly (a plane), to drive (a vehicle) - управлять (самолётом или машиной) *(inf)*; fly - пролетают *(thrd plr)*

fly to - долететь до *(inf)*; will fly to - долетит до *(ftr thrd sng)*

fly, to drive - водить *(inf)*; flew, drove - водил *(past masc)*

flying - летящий; smoke of flying rockets - дым летящих ракет *(pres part plr gen)*

foggy - туманно (adv)

follow - последовать *(inf)*; followed - последовал *(past masc)*; 2. follow - преследовать *(inf)*; you follow - преследуете *(sec plr)*; 3. follow - следовать *(inf)*; should, follows - следует *(thrd sng)*

following, after - вслед *(adv)*

food - еда; I like this food. - Я люблю эту еду. *(acc)*

fool - дурак

foot - нога; He put his foot on a chair. - Он поставил ногу на стул. *(acc)*

for (something or someone) - для

for a long time - долго *(adv)*

for example - например

for the sake of - ради

forbid, to ban - запретить *(inf)*; ban - запрет

forest, woods - лес

forever - навсегда *(adv)*

forget - забывать *(inf)*, забыть *(inf)*; forget - забывайте *(imp plr)*; Forget! - Забудь! *(imp sng)*; forgot - забыли *(past plr)*

forgive - простить *(inf)*, прощать *(inf)*; Forgive! - Прости! *(imp sng)*; forgives - прощает *(thrd sng)*; forgave - простил *(past masc)*

former - бывший *(masc)*

forty - сорок

four (for people) - четверо; четыре (for other things)

four hundred - четыреста

fourth - четвёртый *(masc)*

free - бесплатный; бесплатные *(plr)*; free - освободить *(inf)*, свободен *(adj masc)*, свободное *(neut)*

freedom - свобода; give freedom - дать свободу *(acc)*

freeze - замереть *(inf)*; froze - замер *(past masc)*

Friday - пятница

friend - друг

324

frightened - испуганный *(masc)*;
frightened - испуганные *(plr)*
frightening, scary - страшный *(masc)*
from - из, от
from above - сверху *(adv)*
from under - из-под
fruit - фрукт; фрукты *(plr)*
fulfill - выполнять *(inf)*; fulfill - выполняете *(thrd plr)*
furniture - мебель, мебельный *(adj masc)*; a furniture store - мебельный магазин
future - будущий *(adj masc)*

## Gg

game - игра
garage - гараж
garden - сад
gas - газ
gasoline - бензин; gas tank - бензобак
gates - ворота; in front of gates - перед воротами *(inst plr)*
gathering - сбор; gathered together - в сборе
genie - джин
gently, tender - нежно *(adv)*
gesticulate - жестикулировать *(inf)*
get - получить *(inf)*; you will get - получите *(imp plr)*, получишь *(ftr sec sng)*
get *(somewhere)* - попасть *(inf)*
get caught - попасться *(inf)*; got caught - попался *(past masc)*
get dark - темнеть *(inf)*
get down - опуститься *(inf)*; got down - опустились *(past plr)*
get in by crawling - залезть *(inf)*; got in - залез *(past masc)*; got in - залезли *(past plr)*
get in one's way, to interfere - мешать *(inf)*
get into, to create (a situation) - устроить

*(inf)*; got into, created (a situation) - устроила *(past fem)*
get married - жениться *(inf)*; married (for men) - женат *(past part masc)*; will get married - женишься *(ftr sec sng)*
get off - сойти *(inf)*; got off - сошёл *(past masc)*
get out by crawling - вылезти *(inf)*; he gets out by crawling - он вылезает *(thrd sng)*
get out, to get off - выходить *(inf)*; Get out! - Выходите! *(imp plr)*
get sick - заболеть *(inf)*; got sick - заболел *(past masc)*
get stuck - застрять *(inf)*; got stuck - застрял *(past masc)*
get up - вставать *(inf)*; Get up! - Вставай! *(imp sng)*
ghost - привидение
gift - подарок
girl - девочка, девушка; girl's mom - мама девочки *(gen)*
give - дать *(inf)*, давать *(inf)*; Give! - Дай! *(imp sng)*; gives - даёт *(thrd sng)*; (I) will give - дам *(ftr fst)*; gave - дали *(past plr)*; 2. give - отдавать *(inf)*; Give it! - Отдавай!/Отдай! *(imp sng)*; gives - отдаёт *(thrd sng)*
give a fine - оштрафовать *(inf)*
give a lift - подвезти *(inf)*
give as a present or as a gift - подарить *(inf)*
give back, to return - вернуть *(inf)*; gave back, returned - вернули *(thrd plr)*
give in - уступить *(inf)*
glad - рад *(sng masc)*, рада *(sng fem)*, glad - рады *(plr)*
glance, look, gaze - взгляд; with a glance, with a look - взглядом *(inst)*
glass - стакан
glass, window - стекло
glasses - очки

glitter - блест*е*ть *(inf)*; glitter - блест*я*т *(thrd plr)*

go - пойт*и* *(inf)*, идт*и* *(inf)*; Let's go! - Пойдём! *(ftr plr)*; went - пошёл *(past masc)*, шёл *(past masc)*, шла *(past fem)*

go (away) - уйт*и* *(inf)*

go / come - идт*и* *(inf)*; you go/come - идёте *(sec plr)*; goes/comes - идёт *(thrd sng)*; they go / come - ид*у*т *(thrd plr)*; Go!/Come! - Ид*и*! *(imp sng)*

go around - обойт*и* *(inf)*

go away, to leave - ух*о*д*и*ть *(inf)*; goes away - ух*о*дит *(thrd sng)*

go down from smth - съ*е*хать *(inf)*; went down - съ*е*хала *(past fem)*

go in, to come in - вход*и*ть *(inf)*; Go in! / Come in! - Входи! *(imp sng)*

go mad - обез*у*меть *(inf)*; went mad - обез*у*мели *(past plr)*

go out, to leave - выход*и*ть *(inf)*; Go out! - Выход*и*! *(imp sng)*

go through - пройт*и* *(inf)*; go through - пройд*и*те *(imp plr)*

go up, to get up, go upstairs - поднима*ть*ся *(inf)*; Go up! / Get up! - Поднимайся! *(imp sng)*

go up, to stand up - подн*я*ться *(inf)*; went up, stood up - подня*ла*сь *(past fem)*

goal - цель; with goal, aiming at smth - с целью *(inst)*

god - бог; I believe in god. - Я в*е*рю в б*о*га. *(gen)*

good - хор*о*шая *(fem)*; good (morning) - *до*брое (утро) *(neut)*

Got it? - Пон*я*тно? *(adv)*

government - прав*и*тельство

government position, *literally* portfolio. - портф*е*ль

grab - схват*и*ть *(inf)*; grabbed - схват*и*л *(past masc)*; having grabbed - схват*и*в *(past part)*

gradually - постеп*е*нно *(adv)*

grass - трав*а*

gray - сед*ы*е *(plr)*

*great guy or someone who did something well* - молодец

greedily, eagerly - жадно *(adv)*

greedy - ж*а*дный; ж*а*дные *(plr)*

green - зелёный *(masc)*; зелёные *(plr)*

greet - прив*е*тствовать *(inf)*; greeting - прив*е*тствуя *(pres part)*

groan - стон*а*ть *(inf)*, простон*а*ть *(inf)*; to begin to groan - застон*а*ть *(inf)*; began to groan - застон*а*л *(past masc)*; groaned - простон*а*л *(past masc)*

ground to air - земл*я*-в*о*здух

ground, the earth - земл*я*

group, team - гр*у*ппа; join a group/team - войт*и* в гр*у*ппу *(acc)*

grow quiet - стихнуть *(inf)*; grew quiet - стихло *(past neut)*

grow smth - выр*а*щивать *(inf)*; grows smth - выр*а*щивает *(thrd sng)*

guarantee - гарант*и*ровать *(inf)*; we guarantee - гарант*и*руем *(fst plr)*

guard - охр*а*нник; guard's - охр*а*нника *(gen)*

guards - охр*а*на; bribe guards - подкуп*и*ть охр*а*ну *(acc)*

guess - догад*а*ться *(inf)*

guest - г*о*сть ( *sng)*; guests - г*о*сти *(plr)*

gun - пистол*е*т; gun fire - стрельб*а*

gunman, man with machine gun - автом*а*тчик; автом*а*тчику *(dat)*

guy - парень *(sng)*; guys - п*а*рни, реб*я*та *(plr)*

## Hh

hair - в*о*лосы *(plr)*

half - полов*и*на; Give me a half. - Дайте мне полов*и*ну. *(acc)*

half an hour - полчас*а*

half of Damascus - пол-Дам*а*ска

half past four - пол-п*я*того

hall - зал, холл

hand, an arm - рука *(sng)*; hands, arms - руки *(plr)*

handcuffs - наручники *(plr)*

handicapped - инвалид; a wheelchair - инвалидное кресло

hang - висеть *(inf)*; was hanging - висел *(past masc)*; 2. hang - свисать *(inf)*; hang - свисают *(thrd plr)*

hang out - вывешивать *(inf)*; hang out - вывешивают *(thrd plr)*

hangar - ангар

happen - происходить *(inf)*; happens - происходит *(thrd sng)*; 2. happen - случиться *(inf)*

happening - происходящее *(neut)*

happiness - радость; gladly - с радостью *(inst)*

happy - счастлив(ый) *(masc)*

harsh - строгое *(adj neut)*

harsh, strict - строго *(adv)*

hatch - люк

hate - ненависть

have - есть, иметь *(inf)*; has - имеет *(thrd sng)*; I have a crossword. - У меня (есть) кроссворд

have a drink - выпить *(inf)*, попить *(inf)*;

have a drink - выпей *(imp sng)*

have dinner - пообедать *(inf)*

have to, must - должен *(sng)*

he - он; I know him. - Я знаю его. *(acc)*; His money is on the table. - Его деньги на столе. *(gen)*

he has/ she has - у него / у неё

head - голова; head (of a criminal organization) - главарь

head out - отправляться *(inf)*; heading out - отправляется *(thrd sng)*

headquarters - штаб

healthcare - здравоохранение; without healthcare - без здравоохранения *(gen)*

hear - слышать *(inf)*, услышать *(inf)*; I hear - слышу *(fst sng)*; hears - слышит *(thrd sng)*; heard - услышал *(past masc)*

heart - сердце

heavy - тяжёлые *(plr)*

heavy, full-figured - полный *(masc)*

helicopter - вертолёт

hello - здравствуйте, алло *(on the phone only)*

help - помощь *(noun)*; to help - помогать *(inf)*, помочь *(inf)*; Help! - Помогай! Помоги! *(imp sng)*, Помогите! *(imp plr)*; will help - поможет *(ftr thrd sng)*

help yourself - угощаться *(inf)*; Help yourself! - Угощайся! *(imp sng)*

help, service - услуга *(sng)*; the help, services - услуги *(plr)*

her - её; I know her. - Я знаю её. *(acc)*; It is her money. - Это её деньги. *(gen)*; 2. her - ней *(always used with a preposition)*; A beautiful dress is put on her. - На ней красивое платье.

herd - стадо

here - тут; here (direction) - сюда *(adv)*; here (location) - здесь *(adv)*; here is - вот

hero - герой

Hey! - Эй!

hi - привет

hide - прятать *(inf)*; they hide - прячут *(thrd plr)*; 2. hide - скрыть *(inf)*, спрятать *(inf)*, спрятаться *(inf)*

high - высоко *(adv)*; height - высота

higher - выше *(adv)*

him - ему *(dat)*

hint - намёк

hire - нанять *(inf)*

hired - наёмный; some mercenaries - несколько наёмных солдат / наёмников *(acc plr)*

history - история *(inf)*; change the history - изменить историю *(acc)*

hit - ударить *(inf)*; hit - ударил *(past masc)*

hit, to beat - бить *(inf)*; hit, beat - била *(past fem)*

hold - держать *(inf)*; held - держал *(past masc)*; holding - держа *(pres part)*

hold on - держаться *(inf)*; Hold on! Hang in there! - Держись! *(imp sng)*

hold out - протянуть *(inf)*; held out - протянул *(past masc)*

home *(direction)* - домой

honor - честь

hope - надеяться *(inf)*; I hope - надеюсь *(fst sng)*

horizon - горизонт

hospital - больница

hot - жарко *(adv)*

hot, passionate - горячий; горячие *(plr)*

hotel - гостиница, отель; I know this hotel. - Я знаю эту гостиницу. *(acc)*

hour - час; five hours - пять часов *(gen plr)*

house - дом

how - как; How are you? How is it going? - Как дела?

how much, how many - сколько

hug - обнять *(inf)*; hugged - обнял *(past masc)*

huge - огромный *(masc)*

hundred - сто, сотня; hundreds of thousands - сотни тысяч *(plr acc)*

hundred-dollar - стодолларовый *(sng)*; hundred-dollar - стодолларовые *(plr)*

hungry - голодный *(masc)*

hurt - болеть *(inf)*; hurt - болела *(past fem)*

## Ii

I - я; to me - мне *(dat)*; He gives money to me. - Он даёт мне деньги.

(I am, you are, he is) right - прав *(sng masc)*, права *(sng fem)*, правы *(plr)*

I don't care - (мне) всё равно

ice cream - мороженое

idiot - идиот

if - если

ill - больной *(masc)*

illegally - нелегально *(adv)*

immediately, right away - немедленно *(adv)*, сразу

importance - важность

important - важная, важно *(adv)*; I have some important information. - Я имею важную информацию. *(fem acc)*

impossible - невозможно *(adv)*

in - в, через

in agitation, excitedly, nervously - взволнованно *(adv)*

in conflict, in trouble - конфликтуют *(thrd plr)*

in front of - перед; before him - перед собой *(inst)*

in general - вообще

in silence - молча *(adv)*

in the distance - вдали *(adv)*

in the middle - посреди, посередине; into the middle - в середину *(acc)*; middle - середина

in the morning - утром *(adv)*

in the world - на свете

in vain, for nothing - зря

incident - происшествие, случай; происшествия *(gen)*

incident, event - событие; incidents, events - события *(plr)*

incorrectly - неправильно *(adv)*

Indian - индийский; Indian - индийского *(masc gen)*

information - информация

injure - ранить *(inf)*; injured - раненая *(past part fem)*; injured - ранены *(past part plr)*

injury - ранение; injuries - ранения *(plr)*

inquire - поинтересоваться *(inf)*; inquired - поинтересовался *(past masc)*

inside *(direction)* - внутрь; inside *(location)* - внутри

insist - настаивать *(inf)*; insists - настаивает *(thrd sng)*

inspect - осм_а_тривать *(inf)*; inspects - осм_а_тривает *(thrd sng)*
inspection, control - пров_е_рка *(sng)*; inspections - пров_е_рки *(plr)*
instead - вм_е_сто
instrument - приб_о_р; instruments - приб_о_ры *(plr)*
interest - интересов_а_ть *(inf)*; interest - интерес_у_ют *(thrd plr)*
interesting - интер_е_сный *(masc)*; интер_е_сно *(adv)*
*interjection used to accentuate smth* - же
international - интернацион_а_льный *(masc)*, междунар_о_дный *(masc)*; international - интернацион_а_льной *(gen fem)*
interrupt - переб_и_ть *(inf)*; interrupted - переб_и_л *(past masc)*
intersect - пересек_а_ться *(inf)*; intersected - пересек_а_лась *(past fem)*
intersection - перекрёсток
introduce - предст_а_вить *(inf)*; introduced - предст_а_вил *(past masc)*
investigation - сл_е_дственный *(adj masc)*; сл_е_дствие
invite - приглас_и_ть *(inf)*
iron - жел_е_зный; from railway - от жел_е_зной дор_о_ги *(gen fem)*
Islam - исл_а_м
it *(neutral pronoun)* - он_о_
it, this - это
Italian - итальянская *(fem)*
it's OK, let (someone do something) - пусть
it's time - пор_а_

## Jj

jacket - к_у_ртка, пидж_а_к; to put on a jacket - од_е_ть к_у_ртку *(acc)*; under the jacket - под пиджак_о_м *(inst)*
jeans - дж_и_нсы *(plr)*
job, work, business - д_е_ло

joke - ш_у_тка; to joke - шут_и_ть *(inf)*; I am joking, (I) joke - шуч_у_ *(fst sng)*
juice - с_о_к
jump - пр_ы_гать *(inf)*; jump - пр_ы_гай *(imp sng)*; jumps - пр_ы_гает *(thrd sng)*
jump away - отпр_ы_гнуть *(inf)*
jump off - спр_ы_гнуть *(inf)*; jumped off - спр_ы_гнул *(past masc)*
jump out - выпр_ы_гивать *(inf)*
jump out, get out - в_ы_скочить *(inf)*; jumped out, got out - в_ы_скочил *(past masc)*
junk - р_у_хлядь
just - пр_о_сто
just, only - т_о_лько
justice, fairness - справедл_и_вость; I demand justice! - Я треб_у_ю справедл_и_вости! *(acc)*
justify oneself - опр_а_вдываться *(inf)*; justifies himself - опр_а_вдывается *(thrd sng)*

## Kk

key - кл_ю_ч
Khan - х_а_н; the weapon of the Khans - ор_у_жие х_а_нов *(plr gen)*
kill - уб_и_ть *(inf)*, убив_а_ть *(inf)*; Do not kill! - Не убив_а_йте! *(imp plr)*; you kill - убив_а_ете *(sec plr)*; I will kill - убь_ю_ *(ftr fst sng)*
kill, destroy - уничт_о_жить *(inf)*; killed, destroyed - уничт_о_жили *(past plr)*
kilometer - килом_е_тр; some kilometers - н_е_сколько килом_е_тров *(gen plr)*
king - кор_о_ль
kiss - поцелов_а_ть *(inf)*; kissed - поцелов_а_л *(past masc)*; with a kiss - поцел_у_ем *(inst)*
kitchen - к_у_хня
knee - кол_е_но; knees - кол_е_ни *(plr acc)*
knife - н_о_ж
knock - постуч_а_ть *(inf)*; knocked -

постучала *(past fem)*
knock - удар *(sng)*; knocks - удары *(plr)*
knock, to bang - стучать *(inf)*; knocks,
bangs - стучит *(thrd sng)*
know - знать *(inf)*; I know - знаю *(fst
sng)*; knows - знает *(thrd sng)*; you know
- знаешь *(sec sng)*

## Ll

lamp - лампа
land - посадить *(inf)*; landing - посадка;
land (an airplane) - сажать *(inf)*
land - приземляться *(inf)*; lands -
приземляется *(thrd sng)*
landing gear - шасси
language, tongue - язык
last - последний *(masc)*; прошлая *(fem)*;
It was raining all last week. - Дождь шёл
всю прошлую неделю. *(fem acc)*
last name - фамилия
last, previous - предыдущий;
предыдущего *(masc gen)*
laugh - смеяться *(inf)*
launch - запуск; was busy launching -
был занят запуском *(inst)*; to launch -
запускать *(inf)*, пускать *(inf)*
launch, to shoot - выпустить *(inf)*; will
launch, will shoot - выпустят *(ftr thrd
plr)*
law - закон; be in trouble with the law -
конфликтовать с законом *(inst)*
lead - провести *(inf)*; led - провёл *(past
masc)*
leader - вождь, лидер
leaflet - листовка; leaflets - листовки
*(plr)*
learn - учиться *(inf)*, научиться *(inf)*;
Learn! - Учись! *(imp sng)*
learn about - узнать *(inf)*; will learn
about - узнает *(ftr thrd sng)*
leave - оставлять *(inf)*, оставить *(inf)*;
leave - оставляете *(sec plr)*; Leave it! -

Оставь! *(imp sng)*; 2. leave - уезжать
*(inf)*; I am leaving - уезжаю *(fst sng)*
leave, to go away - уходить *(inf)*, уйти
*(inf)*; Leave! - Уходи! *(imp sng)*; left -
ушёл *(past masc)*
leave, to come out - выйти *(inf)*; leave,
come out - Выйдите! *(imp plr)*
leave, to go outside - выйти *(inf)*; left,
went outside - вышел *(past masc)*
left - налево *(adv)*; левая; with the left
hand - левой рукой *(fem gen)*
less - меньше *(adv)*
let - давать, позволять *(inf)*; let's -
давайте, позвольте *(imp plr)*; let -
пускай, разрешай, давай
let go - отпустить *(inf)*; let (me) go -
отпусти *(imp sng)*
let through - пропустить *(inf)*
liar - лжец
Libyan - ливиец, ливийский; some
Libyans - несколько ливийцев *(plr gen)*;
without Libyan oil - без ливийской
нефти *(fem gen)*
lick - лизать, полизать *(inf)*; Lick! -
Лижи! *(imp sng)*; licked - лизнул *(past
masc)*
lid - крышка; to open a lid - открыть
крышку *(acc)*
lie - лежать *(inf)*; lies - лежит *(thrd sng)*
life - жизнь
life sentence - пожизненно *(adv)*
light - лёгкий *(masc)*
light - освещать *(inf)*; lit - освещали
*(past plr)*
light up (a cigarette) - закуривать *(inf)*;
lights up (a cigarette) - закуривает *(thrd
sng)*; lighting (a cigarette) - закуривая
*(pres part)*
light, to set on fire - зажечь *(inf)*; lit, set
on fire - зажгли *(past plr)*
lightning - молния
like - нравиться *(inf, reflexive verb)*,
понравиться *(inf)*; I like this crossword. -

330

Этот кроссворд нравится мне.; will like - понравится *(ftr thrd sng)*
likewise, also - также
line - очередь
lip - губа; to the lips - к губам *(plr dat)*
liqueur - ликёр; liqueur - ликёрную *(fem acc)*
liquor, alcohol - спиртное; the smell of liquor/alcohol - запах спиртного *(neut gen)*
listen - слушать *(inf)*, послушать *(inf)*; Listen! - Послушай! *(imp sng)* / Послушайте! *(imp plr)*; I listen, am listening - слушаю *(fst sng)*
little - чуть-чуть
little, some - немного *(adv)*
live - жить *(inf)*, прожить *(inf)*; lives - живёт *(thrd sng)*; they live - живут *(thrd plr)*; lived - прожила *(past fem)*
live - поживать *(inf)*; how are you? - как поживаете?
load - грузить *(inf)*, погрузить *(inf)*
local - местный *(masc)*; I know a local man. - Я знаю одного местного человека. *(gen)*
location - местоположение
lock - замок *(sng)*; locks - замки *(plr acc)*
locked - заперта *(past part fem)*
logically, reasonably - логично *(adv)*
long - длинная, долгий; долгим *(masc inst)*; I see a long wall. - Я вижу длинную стену. *(acc fem)*
long ago; for a long time - давно *(adv)*
look - выглядеть *(inf)*; you look - выглядишь *(sec sng)*; 2. look - смотреть *(inf)*, посмотреть *(inf)*; looked - посмотрел *(past masc)*; looks - смотрит *(thrd sng)*; Look! - Посмотри! *(imp sng)*; Смотрите! *(imp plr)*; we will see, will look - посмотрим *(ftr fst plr)*
look around - осмотреться *(inf)*; looked around - осмотрелся *(past masc)*

look closely - рассматривать *(inf)*; looked closely - рассматривал *(past masc)*
look in - заглянуть *(inf)*; looked in - заглянул *(past masc)*
look out - выглянуть *(inf)*; looked out - выглянул *(past masc)*
look, to stare - глядеть *(inf)*; looked, stared - глядела *(past fem)*; looking - глядя *(part 1)*
lookout post, station - пост; постам *(dat plr)*
lose - терять *(inf)*, потерять *(inf)*; lost - потерял *(past masc)*
loser - неудачник; losers - неудачники *(plr)*
lot, strongly, badly - сильно *(adv)*
lottery - лото
loud - громкий *(masc)*; with loud voice - громким голосом *(inst masc)*
loudly - громко *(adv)*
love - любовь; to love - любить *(inf)*; we love - любим *(fst plr)*
low - низко *(adv)*
lower, to put down - опускать *(inf)*; lowering, putting down - опуская *(pres part)*; lowered - опускали *(past plr)*
lunch - обед

## Mm

machine gun, automatic weapon - автомат; (with) machine guns - с автоматами *(plr inst)*
mad, out of her mind - безумная *(fem)*; mad, out of his mind - обезумевший *(masc)*; mad, out of their mind - обезумевших *(plr acc)*
madman - безумец
mainly - в основном
make an agreement - заключить; made a contract or a pact - заключила *(past fem)* договор *(inf)*

331

make, to force - заставить *(inf)*; made,
forced - заставил *(past masc)*

male - мужской *(masc)*

man - мужчина, человек

manager, the head of - управляющий
*(masc)*, менеджер

maniac - маньяк

manner - манера; manners - манеры
*(plr)*

many - многие *(plr)*

many, much, a lot - много

married *(for women)* - замужем *(adv)*;

married *(for men)* - женатый *(adv)*

mass, weight - масса

me - меня *(gen)*; They call me Lisa. -
Меня зовут Лиза.

mean - значить *(inf)*; so, meaning -
значит *(thrd sng)*

mean smth - иметь в виду

meaning - значение; значения *(gen)*

means - средство

medal - медаль; медалью *(inst)*

medicine, drug - лекарство; medicine,
drugs - лекарства *(plr)*

Mediterranean - средиземное;
средиземного *(gen neut)*

meet - встретить *(inf)*, встречать *(inf)*;
встретиться *(inf)*, встречаться *(inf)*;
познакомиться *(inf)* ; met - встретились
*(past plr)*, встречались *(past plr)*;
познакомился *(past masc)*; meets -
встречает *(thrd sng)*;

meet smb - увидеться *(inf)*; see you, will
see each other - увидимся *(ftr fst plr)*

meet, to make (someone's) acquaintance -
знакомиться *(inf)*; meet, make
(someone's) acquaintance - знакомьтесь
*(imp plr)*

meeting - встреча

menu - меню

meter - метр

microphone - микрофон

military - военная; the air force airfield -
аэродром военной авиации *(gen fem)*

million - миллион; two millions - два
миллиона *(gen)*

millionaire - миллионер

mind - ум; ума *(gen)*

mineral - минеральная *(fem)*

minister - министр; a lot of ministers -
много министров *(plr gen)*

ministry, department - министерство

minute - минута

mirror - зеркало

misfortune - беда

miss - упустить *(inf)*; missed (a chance) -
упустил (шанс) *(past masc)*

miss (someone), to be bored - скучать
*(inf)*; missed (someone), was bored -
скучал *(past masc)*

missile - ракета, ракетный *(adj masc)*,
ракетные *(adj plr)*

mistake - ошибка; I made a mistake. - Я
сделал ошибку. *(acc)*

mister - господин; miss, missis, madam -
госпожа

mister, man - дядя

mob - мафия

model - модель; модели *(gen)*

modern - современная *(fem)*

mom, mother - мама; Go to the mom! -
Иди к маме! *(dat)*

moment - миг, момент

Monday - понедельник

money - деньги

monitor, screen - монитор; monitors,
screens - мониторы *(plr)*

month - месяц; two months - два месяца
*(plr gen)*

monument, statue - памятник

moon - луна

moral - моральное *(neut)*

more - более; more, else - ещё

more below - ниже *(adv comparative)*

more fun, more exciting - веселей *(adv)*

more serious - серьёзней *(adv)*
more strongly - сильней *(adv)*
more; bigger - больше
morning - утро
most - самый *(masc)*; the most - самого *(masc gen)*
mother - мать; with the mother - с матерью *(inst)*
mouth - рот
move - двигаться *(inf)*, двинуться *(inf)*;
moved - двигался *(past masc)*, двинулся *(past masc)*
move - переезд; to move *(smth to somewhere by transport)* - перевезти *(inf)*
move away, walk away - отойти *(inf)*, отходить *(inf)*; Move away! - Отойди! *(imp sng)* Отойдите! *(imp plr)*; Отходи! *(imp sng)*
move, to transport - перевозить *(inf)*; moving, transporting - перевозят *(thrd plr)*
movement, motion - движение; without movement / motion - без движения *(gen)*
mover, a loader - грузчик; (they) load - грузят *(thrd plr)*; to load - грузить *(inf)*
much more - намного *(adv)*
music - музыка; I often listen to music. - Я часто слушаю музыку. *(acc)*
must, need, should - надо
mutual - взаимный; взаимные *(plr)*
my - мой *(masc)*; моя *(fem)*; моё *(neut)*; мои *(plr)*
my friend's - моего друга *(masc gen)*
my, our, your, his, her, its, their *(do smth with own your things)* - свои *(plr)*; He takes his documents. - Он берёт свои документы.

## Nn

naive - наивный *(masc)*
name - имя, название *(for inanimate things)*, name *(of a person)* - имя;
without a name - без имени *(gen)*; is called - называется *(thrd sng)*; to be called - называться *(inf)*
national - национальная *(fem)*
native, closely related - родной *(masc)*; native language - родной язык
navigator - штурман
near - возле, около; при
nearby - рядом *(adv)*
necessarily - обязательно *(adv)*
necessary, needed - нужный; necessary, needed - нужные *(plr)*
neck - шея
needed - нужен *(sng)*; I need a dictaphone. - Мне нужен диктофон.
neighboring - соседняя *(fem)*; into the neighboring country - в соседнюю страну *(fem acc)*
nervous - нервничает *(thrd sng verb)*; to be/feel nervous - нервничать *(inf)*;
nervously - нервно *(adv)*
nervous - нервный; нервного *(neut gen)*
never - никогда
new - новый *(masc)*
news - новость; новости *(plr)*
newspaper - газета
next, following - следующий *(masc)*
nicely - красиво *(adv)*
night - ночь
nightmare, horror - ужас
nine - девять
no - нет
no more than, maximum, at most - максимум
no, none - никакое; никакого *(neut gen)*
nobody, no-one - никто; to nobody, to no-one - никому *(dat)*; I know nobody here. - Я не знаю здесь никого. *(acc)*
noise, din - грохот, шум
nonsense - чепуха
no-one, no - ни одного; I have no acquaintance in this country. - У меня

нет ни одного знакомого в этой стране.
normal, ordinary - нормальный; normal, ordinary - нормальные *(plr)*
north - север
nose - нос
not - не
not enough, too little - недостаточно *(adv)*, мало *(adv)*
not far away - недалеко *(adv)*
not for long - ненадолго *(adv)*
not simple - непростая *(fem)*
note - записка; to note, to notice - замечать *(inf)*; notes, notices - замечает *(thrd sng)*
nothing - ничто; I hear nothing. - Я не слышу ничего. *(acc)*
now - сейчас *(adv)*, теперь *(adv)*
number - номер
nurse - медсестра

## Oo

obey - подчиняться / подчиниться *(inf)*
ocean - океан; the shore of the ocean - берег океана *(gen)*
offer - предложить *(inf)*, предлагать *(inf)*; offered - предложил *(past masc)*; offers - предлагает *(thrd sng)*
office - офис; office room - кабинет
officer - офицер
often - часто *(adv)*
oh! (an exclamation) - ой
oil - нефть; price of oil - цена нефти *(gen)*
OK, normal - нормально *(adv)*
okay - ладно *(adv)*
old - старая *(fem)*; старый *(masc)*; old man - старик; old age - старость; because of old age - от старости *(gen)*
older - старше *(adv)*
on - на
on foot - пешком
on the left - слева *(adv)*

on the move - на ходу
on the right - справа *(adv)*
on, along - по
once - однажды
once more - ещё раз
one and a half - полторы
one's own - собственный; one's own things - собственные вещи *(plr)*
open - открыть *(inf)*; having opened - открыв *(past part)*; open - открытый *(masc)*; opening (a door) - открывая (дверь) *(pres part)*
open - раскрыть *(inf)*, открывать *(inf)*;
open - открыто *(past part neut)*, раскрыты *(past part plr)*; Open! - Открывайте! *(imp plr)*; It is already open. - Это уже открыто.
open slightly - приоткрыться *(inf)*; opened slightly - приоткрылась *(past fem)*
opera - опера; an opera theatre - театр оперы *(gen)*
operation, surgery - операция; operation, surgery - операцию *(acc)*
operator, phone service provider - оператор
or - или
order - заказ, порядок; everything is in order - всё в порядке; 2. приказ; to obey orders - подчиняться приказам *(plr dat)*
order - заказать *(inf)*; ordered - заказал *(past masc)*; 2. order - приказать *(inf)*; приказал *(past masc)*
ordinary, regular - обычная *(fem)*
organization - организация
orgasm - оргазм
other - другие *(plr)*
otherwise - иначе
our - наш *(sng)*; our friend - наш друг
out of here - отсюда; out of there - оттуда
outside (direction) - наружу *(adv)*
over there - вон *(colloq.)*

overturn, to turn over - перевернуть *(inf)*; переворачивать *(inf)*; overturned, turned over - перевернул *(past masc)*; переворачивали *(past plr)*; overturned - перевёрнутый; перевёрнутую *(fem acc)*
owner - хозяин

## Pp

pack - паковать *(inf)*; packs - пакует *(thrd sng)*
pack - пачка; Give me a pack of cigarettes, please. - Дайте мне пачку сигарет, пожалуйста. *(acc)*
page, leaf - лист; the beginning of the page - начало листа *(gen)*
pain, ache - боль; without pain - без боли *(gen)*;
painful - больно *(adv)*
painkillers - обезболивающее *(noun acc)*
paint - красить *(inf)*
paint, color - краска; little paint - мало краски *(gen)*
pair - пара; пару *(acc)*
pale - бледное *(neut)*
pantry - кладовая
pants - штаны
paper, document - бумага
paratrooper, parachutist - парашютист; paratroopers, parachutists - парашютисты *(plr)*; parachute - парашют; parachutes - парашюты *(plr)*
park - парк
parking lot - автостоянка; near the parking lot - возле автостоянки *(gen)*
part - часть
participate - участвовать *(inf)*
pass - проводить *(inf)*; passes - проводит *(thrd sng)*; 2. pass *(smth to smb)* - передавать *(inf)*; passes *(smth to smb)* - передаёт *(thrd sng)*
passenger - пассажирский *(masc)*
passenger compartment - салон машины

passer-by - прохожий; passers-by - прохожие *(plr)*
passionately - страстно *(adv)*; passionate - страстный; страстным *(inst masc)*
passport - паспорт, паспортный *(adj masc)*; passport control - паспортный контроль
past - мимо *(adv)*
pat - похлопать *(inf)*; patted - похлопал *(past masc)*
patrol - патруль; to patrol - патрулировать *(inf)*; patrols - патрулирует *(thrd sng)*
pause - пауза
pay - платить *(inf)*, заплатить *(inf)*, оплатить *(inf)*; I will pay - заплачу *(ftr fst sng)*; Pay! - Оплатите! *(imp plr)*; I pay - плачу *(fst sng)*
pay attention - обращать (внимание) *(inf)*; pays (attention) - обращает (внимание) *(thrd sng)*
pension - пенсия
people - люди, народ; to watch people - наблюдать за людьми *(plr inst)*; a lot of people - много народа *(gen)*
people in charge, the head office - управление; the people in charge, the head office - управления *(gen)*
percent - процент
perform, to speak (in public) - выступать *(inf)*; performed, spoke (in public) - выступали *(past plr)*
permanent - постоянный; постоянным *(masc inst)*
permission - разрешение; to allow - разрешить *(inf)*; allowed - разрешил *(past masc)*
personal, private - личная *(fem)*
personnel, staff - персонал
pet - гладить *(inf)*; pets (a dog or a cat) - гладит *(thrd sng)*
pharmacy - аптека
phone-call, ring (the sound of the

telephone) - звонок
photo, picture - фотография;
фотографии *(plr acc)*
pick up - подобрать *(inf)*
pick up the phone - брать трубку *(acc)*;
receiver, handset - трубка
pill - таблетка
pilot - пилот; He was a pilot. - Он был
пилотом. *(inst)*
pity - жаль
pizza - пицца
place, location - место
plan - запланировать *(inf)*,
спланировать *(inf)*; planned -
запланировали *(past plr)*, спланировал
*(past masc)*; 2. plan - собираться *(inf)*;
planning - собираешься *(sec sng)*
plan - план; without a plan - без плана
*(gen)*
plane - самолёт; истребитель - a fighter
plane - самолёт
planet - планета
plastic - пластиковый *(masc)*
plate - тарелка
platform, podium - трибуна
play - играть *(inf)*; played - играла *(past
fem)*
pleasant - приятно *(adv)*; приятный
*(masc)*
please - пожалуйста
pleasure - удовольствие; with pleasure,
gladly - с удовольствием
plot (of land) - участок; a police station -
полицейский участок
pocket - карман
point - указать *(inf)*, указывать *(inf)*; to
point at - указывать на *(inf)*; was
pointing - указывал *(past masc)*; pointed
- указал *(past masc)*; pointing - указывая
*(pres part)*
point, dot - точка
point, to show - показывать *(inf)*; points,
shows - показывает *(thrd sng)*

police - полиция; police officer -
полицейский *(noun; adj masc)*
polite - вежливая *(fem)*
politely - вежливо *(adv)*
poor, a poor person - бедный, бедняк;
the poor, poor people - бедные *(plr)*; to
help poor people - помогать беднякам
*(plr dat)*
porch - крыльцо
porn magazine - порно-журнал *(sng)*;
porn magazines - порно-журналы *(plr)*
port - порт; ports - порты *(acc plr)*
porter - портье
position - должность
possibility, opportunity - возможность;
few possibilities, opportunities - мало
возможностей *(plr gen)*
possibly - возможно *(adv)*
pour - наливать *(inf)*; pours - наливает
*(thrd sng)*
pour (sand, flour, etc') - насыпать *(inf)*;
pouring (sand, flour, etc') - насыпая *(pres
part)*
prepare - готовиться *(inf)*
prepare, to get ready - подготовить *(inf)*,
подготовиться *(inf)*, приготовить *(inf)*,
приготовиться; prepared - подготовили
*(past plr)*, подготовились *(past plr)*;
приготовил *(past masc)*; prepared, got
ready - приготовился *(past masc) (inf)*
prepare, cook - готовить *(inf)*
president - президент
press - нажимать *(inf)*; presses -
нажимает *(thrd sng)*
press down - прижать *(inf)*; pressed
down - прижата *(past part fem)*
press to smth - приложить *(inf)*; press to
smth - приложил *(past masc)*
press, to push - надавить *(inf)*; pressed,
pushed - надавил *(past masc)*
prevent - предотвратить *(inf)*
prime minister - премьер-министр; with
the prime minister - с премьер-

336

министром *(inst)*
principle - принцип; принципа *(gen)*
prison - тюрьма
prison cell - камера
private - частный; I work as a private detective. - Я работаю частным детективом. *(masc inst)*
probably, maybe - наверное *(adv)*
problem - проблема
process - процесс
profession - профессия
promise - обещание; promises - обещания *(plr)*; to promise - обещать *(inf)*; promised - обещал *(past masc)*
property - имущество; little property - мало имущества *(gen)*
prosecutor - прокурор
protect oneself, shield oneself - защититься *(inf)*
protest - протестовать *(inf)*; I protest - протестую *(fst sng)*
protest, to be indignant - возмущаться *(inf)*; protests, is indignant - возмущается resentfully, indignantly - возмущённо *(adv)*
prove - доказать *(inf)*
provide - оказывать *(inf)*; provided - оказывали *(past plr)*
province - провинция; to province - в провинцию *(acc)*
pull - тянуть *(inf)*; pull - тянут *(thrd plr)*
pull (over smth) - натянуть *(inf)*; pulled (over smth) - натянул *(past masc)*
pull out - вытащить *(inf)*; Pull out! - Вытащи! *(imp sng)*
pull out, to produce - доставать *(inf)*; pulls out, takes out - достаёт *(thrd sng)*
punish - наказать *(inf)*
punishment - наказание
purpose - предназначение
purse - сумочка *(sng)*; purses - сумочки *(plr)*
push - толкать/толкнуть *(inf)*; pushed -

толкала *(past fem)*; pushed - толкнул *(past masc)*
put - ложить *(inf)*, положить *(inf)*; Put! - Ложи! *(imp sng)* Положите! *(imp plr)*; puts - ложит *(thrd sng)*; 2. put - ставить *(inf)*, поставить *(inf)*; Put! - Ставь! *(imp sng)*; put - поставил *(past masc)*3. put - посадить *(inf)*; Put! (someone on a chair or in preason) - Посади! *(imp sng)*
put down - опустить *(inf)*, положить *(inf)*; Put down! - Опусти! *(imp sng)* Положи! *(imp sng)*; put down - положил *(past masc)*
put in - засунуть *(inf)*; put in - засунула *(past fem)*
put on, to wear - надеть, одеть *(inf)*; put on - одел *(past masc)*, надели *(past plr)*;
put on handcuffs - надевать наручники *(inf)*; puts on handcuffs - надевает наручники *(thrd sng)*;
put, to aim - наставить *(inf)*; put, aimed - наставил *(past masc)*
put, to apply (something) - наложить *(inf)*; put, applied (something) - наложил *(past masc)*

## Qq

quality - качество
question - вопрос
questioningly, in a questioning way - вопросительно *(adv)*
quick, rapid - быстрый *(masc)*
quickly - быстро *(adv)*
quickly, quicker - скорей *(adv)*, поскорей *(adv)*
quiet, silently - тихо *(adv)*
quietly - негромко *(adv)*
quietly, still - спокойно *(adv)*

## Rr

rabbit - кролик

race, to speed - понестись *(inf)*; raced, sped - понеслась *(past fem)*

radar - радар

radio - радио, рация; to turn on the radio - включить рацию *(acc)*

railway car - вагон; between railway cars - между вагонами *(plr inst)*

railway stations - железнодорожные станции *(plr)*

rain - дождь

raise, to pick up, to pull up - поднимать *(inf)*, поднять *(inf)*; raises, picks up - поднимает *(thrd sng)*; raised, picked up - поднял *(past masc)*; Raise! - Подними! *(imp sng)*; raising, pulled up - поднимая *(pres part)*

rarely - редко *(adv)*

ready, prepared - готов *(past part masc)*

real - настоящий *(masc)*

reality - реальность

really - разве, *a particle indicating surprise*: Is not he British? - Разве он не британец?

really, in truth - вправду *(adv)*, правда *(adv)*

reason - причина; some reasons - несколько причин *(gen plr)*

*reason to do something* - чтобы; He goes to Bruno to help him. - Он идёт к Бруно, чтобы помочь ему.

receive, to get - получить *(inf)*; received, got - получил *(past masc)*

receiving, getting (of something) - получение; untill receiving / getting (something) - до получения *(gen)*

recognize; learn about, find out - узнать *(inf)*

recommend - рекомендовать *(inf)*; I recommend! - Рекомендую! *(fst sng)*

red - красно *(adv)*; red - красный *(masc)*

reflect - размышлять *(inf)*

refuse - отказываться *(inf)*; refuses - отказывается *(thrd sng)*

regained consciousness, recovered - пришёл в себя

register - регистрироваться *(inf)*; they register - регистрируются *(thrd plr)*

registered - зарегистрированы *(past part plr)*

regret - раскаиваться *(inf)*; I regret - раскаиваюсь *(fst sng)*

regret, to feel sorry (for someone) - жалеть *(inf)*; I regret / feel sorry (for someone) - жалею *(fst sng)*

related to a lamp - фонарный *(masc)*; lamppost - фонарный столб

related to children - детский *(masc)*; children's toys - детские игрушки *(plr)*

relating to a prison - тюремная

relating to cargo - грузовой *(adj masc)*; relating to cargo - грузовые *(adj plr)*

relating to medicine - медицинский; some medical terms - несколько медицинских терминов *(plr gen)*

relating to stars - звёздный *(masc)*; shining moment - звёздный час

relating to the road - дорожная; relating to the road - дорожную *(acc fem)*

relating to the sea - морской; relating to the sea - морские *(plr)*

relative - родственник; a friend of my relative - друг моего родственника *(gen)*

relax - расслабиться *(inf)*; relaxed - расслабился *(past masc)*

religion - религия

remember - запомнить *(inf)*, вспомнить *(inf)*; Remember! - Запомни! *(imp sng)*; remembered - вспомнил *(past masc)*

remove - удалить *(inf)*

repair - отремонтировать *(inf)*

repairman, a repairer - ремонтник

repeat - повторять *(inf)*; repeated - повторял *(past masc)*

replace, to substitute (often illegally) - подменить *(inf)*; replaced, substituted -

подмен_и_ли *(past plr)*
report - сообщ_и_ть *(inf)*; report - сообщ_и_
*(imp sng)*
report, protocol - отчёт, протокол
rescue - спаст_и_ *(inf)*
resident - ж_и_тель; some residents -
н_е_сколько ж_и_телей *(plr gen)*
resist - сопротивл_я_ться *(inf)*
resistance - сопротивл_е_ние
respectable - респект_а_бельный *(masc)*
responsibility - об_я_занность *(sng)*;
responsibilities - об_я_занности *(plr)*
responsible, answers - отвеч_а_ет *(thrd
sng)*; be responsible for - отвеч_а_ть за
*(inf)*
rest - ост_а_льное *(neut)*
rest, a vacation - _о_тдых
return - верн_у_ться *(inf)*, возвращ_а_ться
*(inf)*; returned - верн_у_лся *(past masc)*;
returns - возвращ_а_ется *(thrd sng)*
revolution - револ_ю_ция; with revolution
- с револ_ю_цией *(inst)*
ride - _е_хать *(inf)*; they ride - _е_дут *(thrd
plr)*
ride, go (somewhere in a vehicle) - _е_хать
*(inf)*
ridiculous, funny - смешн_о_ *(adv)*
right - пр_а_вая, пр_а_во; to pick up the right
hand - подн_я_ть пр_а_вую р_у_ку *(fem acc)*;
2. right, correctly - пр_а_вильно *(adv)*
ring - зазвон_и_ть *(inf)*; rang - зазвон_и_л
*(past masc)*; 2. ring - кольц_о_
risk, take a risk - рискн_у_ть *(inf)*
road - дор_о_га
road, motorway - автодор_о_га
roar - рёв; with a roar - с рёвом *(inst)*; to
roar - рев_е_ть *(inf)*; roared - рев_е_ли *(past
plr)*
rob - гр_а_бить *(inf)*, огр_а_бить *(inf)*
robber - граб_и_тель; relating to robbery -
граб_и_тельский *(masc)*
robbery - ограбл_е_ние; a robbery attempt
- поп_ы_тка ограбл_е_ния *(gen)*

rocket, missile - рак_е_та
role - роль; roles - р_о_ли *(gen)*
roll - кат_и_ть *(inf)*, покат_и_ть *(inf)*; rolled -
кат_и_л *(past masc)*, покат_и_л *(past masc)*
roof - кр_ы_ша; on the roof - на кр_ы_шу
*(acc)*
room - к_о_мната, помещ_е_ние
rope - верёвка; ropes - верёвки *(plr)*
rotate - вращ_а_ть *(inf)*; a rotation -
вращ_е_ние
rubber - рез_и_новая; рез_и_новую *(fem
acc)*
rubbish - м_у_сор
rule - руковод_и_ть *(inf)*, пр_а_вить *(inf)*;
rule - руковод_я_т *(thrd plr)*
ruler - прав_и_тель
run - б_е_гать *(inf)*, беж_а_ть *(inf)*; Run! -
Бсги! *(imp sng)*; 2. run - побеж_а_ть *(inf)*,
пробеж_а_ть *(inf)*; ran - побеж_а_л *(past
masc)*, пробеж_а_л *(past masc)*; 3. run -
течь *(inf)*; runs - течёт *(thrd sng)*
run a short distance away from something
- отбеж_а_ть *(inf)*
run across - перебег_а_ть *(inf)*; ran across -
перебег_а_ли *(past plr)*
run away - сбеж_а_ть *(inf)*, убег_а_ть *(inf)*;
ran away - сбеж_а_ли *(past plr)*; runs away
- убег_а_ет *(thrd sng)*
run into (a place) - забеж_а_ть *(inf)*; ran
into (a place) - забеж_а_л *(past masc)*
run out - выбег_а_ть *(inf)*, в_ы_бежать *(inf)*
run past or through (something) -
пробег_а_ть *(inf)*; ran through or past
(something) - пробег_а_ли *(past plr)*
run up - подбег_а_ть *(inf)*; runs up (to
something) - подбег_а_ет *(thrd sng)*; 2. run
up - прибеж_а_ть *(inf)*; ran up - прибеж_а_л
*(past masc)*

**Ss**

sad - гр_у_стно *(adv)*
sad, unhappy - невесёлый *(masc)*,

грустный (masc)
safety - безопасность
salary - зарплата
sales clerk, salesman - продавец
sand - песок
sandy - песчаная (fem)
sarcasm - сарказм
satellite - спутник; over a satellite - по спутнику (dat)
Saturday - суббота
save, to help - спасти (inf); Save! / Help! - Спаси! (imp sng)
say - говорить (inf), проговорить (inf); says - говорит (thrd sng); said - проговорила (past fem)
say hello, to greet - здороваться (inf); says hello, greets - здоровается (thrd sng)
say, to tell (someone something) - передать (inf), сказать (inf); Tell! (someone something) - Передай! (imp sng) Скажите! (imp plr)
school - школа; a lot of schools - много школ (plr gen)
Scotch tape - скотч; to tie with Scotch tape - связать скотчем (inst)
scoundrel, despicable person - подлец, негодяй
scratch - почесать (inf); scratched - почесал (past masc)
scream - крик (sng); screams - крики (plr); to shout, to scream - кричать (inf); screams, shouts - кричит (thrd sng)
screen - экран
sea - море; near the sea - возле моря (gen)
search - поисковая; поисковых (gen plr)
search, to look for - искать (inf), поискать (inf); searches, looks for - ищет (thrd sng); searched - поискал (past masc)
seat - сиденье; сиденья (gen)

second - второй (masc), секунда; in a second - за секунду (gen)
see - видеть (inf), увидеть (inf); sees - видит (thrd sng); they see - видят (thrd plr); saw - видел (past masc), увидел (past masc); seen, visible - виден (masc)
sell - продать (inf); I will sell - продам (ftr fst sng)
send - прислать (inf); I will send - пришлю (ftr fst sng); 2. send - рассылать (inf); sent - рассылал (past masc)
send out, have someone get out of a vehicle - высаживать (inf)
send, to point - направлять (inf); sends, points - направляет (thrd sng)
serious - серьёзный (masc)
serious(ly) - серьёзно (adv)
serve - служить (inf); served - служил (past masc)
service - служебное (neut)
service, work - служба
seven - семь
sexually - сексуально (adv); sexual - сексуальные (plr); сексуальный (masc)
shaft, mine - шахта
shameful, ashamed - стыдно (adv); I am ashamed. - Мне стыдно.
shameless - бесстыжий (masc)
shave - побрить (inf); shaved - побрит (past part masc)
she - она
shelf - полка
shell - снаряд (sng); shells - снаряды (plr)
shell, cartridge - патрон; a lot of shells / cartridges - много патронов (plr gen)
shirt - рубашка; to put on a shirt - одеть рубашку (acc)
shock - шок
shoe - туфель; with a shoe - туфлем (inst)
shoes - обувь
shoot at - обстрелять (inf); shot at -

обстреляли *(past plr)*
shoot down - сбить *(inf)*
Shoot! - Стреляй! *(imp sng)*; shooting - стреляя *(pres part)*; shoot - стрелять *(inf)*
shop - магазин; a lot of shops - много магазинов *(plr gen)*
shore - берег
short, low - низкий *(masc)*
shot - выстрел; shots - выстрелы *(plr)*
shoulder - плечо
shout, to yell - закричать *(inf)*, крикнуть *(inf)*; shouted, yelled - закричал *(past masc)*, крикнул *(past masc)*
shouting - кричащий *(masc)*; a lot of shouting people - много кричащих людей *(pres part plr gen)*
shove, crush - давить *(inf)*
show - показать *(inf)*; I will show - покажу *(ftr fst sng)*
show, to point at - показывать *(inf)*; showing, pointing at - показывая *(pres part)*
shower - душ
shut up - заткнуться *(inf)*; shut up - заткнись *(imp sng)*
side - сторона; to a side - в сторону *(acc)*
side (of a person) - бок
side (of a ship or a boat) - борт
side of the road - обочина
sidewalk - тротуар
sign - подписывать *(inf)*; signing - подписывает *(thrd sng)*
sign, signal - знак
signal - сигнал
silence - тишина
SIM card - Сим-карта
similar, looks like - похож *(masc)*
simple - простой *(masc)*
simple, basic - элементарный; some basic rules - несколько элементарных правил *(plr gen)*; 2. simple, easy -

простая *(fem)*
since, as - поскольку ; 2. since, because - потому что
sing - петь *(inf)*; sang - пели *(past plr)*
single - одинока(я) *(fem)*; одинок *(masc)*; одиноки *(plr)*
single, only one - единственный *(masc)*
siren - сирена; sirens - сирены *(plr)*
sit - сидеть *(inf)*; Sit! - Сиди! *(imp sng)*; sits - сидит *(thrd sng)*; sitting - сидя *(pres part)*
sit down - сесть *(inf)*, садиться; Sit down! - Сядь! *(imp sng)* Садитесь! *(imp plr)*
sit down, to crouch - присесть *(inf)*; sat down, crouched - присели *(past plr)*
sit down, to go to jail - сесть *(inf)*
situation - ситуация; to control the situation - контролировать ситуацию *(acc)*
six - шесть
six hundred - шестьсот
skin - кожа; кожи *(gen)*
sky - небо
sleep - спать *(inf)*
sleepy - сонный *(masc)*
slender - стройная *(fem)*
slowed down - замедленный *(masc)*
slowly - медленно *(adv)*
small - маленький *(masc)*; small town - городок
small, not large - небольшой *(masc)*
smell - запах; to smell - пахнуть *(inf)*; smells - пахнет *(thrd sng)*
smell, to sniff - нюхать *(inf)*, понюхать *(inf)*; smelled, sniffed - понюхал *(past masc)*; sniffs, smells - нюхает *(thrd sng)*
smelly, stinking - вонючий *(masc)*; stinker - вонючка
smile - улыбка; to smile - улыбнуться *(inf)*, улыбаться *(inf)*; smiled - улыбнулся *(past masc)*; smiles - улыбается *(thrd sng)*

smoke - дым

smoke - курить *(inf)*; smoked - курил *(past masc)*

SMS, text message - СМС

snow - снег

so - поэтому, так

sock - носок (sng); socks - носки *(plr)*

soldier - солдат, soldiers - солдаты *(plr)*

some - некоторый *(masc)*; some - некоторые *(plr)*, какие-то *(plr)*

somebody else's, another's - чужие *(plr)*

somebody, someone - кто-то

something - что-то

something, anything - что-нибудь

sometimes - иногда

son - сын

sonny - сынок

soon - скоро *(adv)*

sooth, to calm - успокаивать *(inf)*; soothed, calmed - успокаивал *(past masc)*

sound, noise - звук *(sng)*; sounds, noises - звуки *(plr)*

south - юг

spaghetti - спагетти

spare - запасная *(fem)*

speak, to say - говорить *(inf)*; Speak! / Say! - Говори! *(imp sng)* Говорите! *(imp plr)*

special - специальный *(masc)*

speed - скорость

speed off - рвануть *(inf)*; sped off, started moving suddenly and quickly - рванула *(past fem)*

spend - тратить *(inf)*

spill - разлить *(inf)*; spilled - разлито *(past part neut)*

spin - кружиться *(inf)*

sports - спортивная *(adj fem)*

square - площадь

squeeze, to press - сжать *(inf)*; squeezed, pressed - сжала *(past fem)*

stain - пятно; stains - пятна *(plr)*

stairs - лестница

stand - стоять *(inf)*; stands - стоит *(thrd sng)*; stand - стоят *(thrd plr)*

stand up, to get up - вставать *(inf)*; stands up, gets up - встаёт *(thrd sng)*

stand, to get - стать *(inf)*; Stand! Get! - Стань! *(imp sng)*

standing - стоящий *(past part 1)*; I went to the standing man. - Я подошёл к стоящему человеку. *(past part masc dat)*

star - звезда *(sng)*; stars - звёзды *(plr)*

start - начинать *(inf)*, стать *(inf)*; start - начинают *(thrd plr)*; started (to do something) - стал *(past masc)*

start (an engine etc.) - заводить *(inf)*, завести *(inf)*; started (an engine) - завёл *(past masc)*

start laughing - засмеяться *(inf)*; started laughing - засмеялся *(inf masc)*

start talking - заговорить *(inf)*; started talking - заговорил *(past masc)*

station - станция

stay - остаться *(inf)*; Stay! - Останься! *(imp sng)*; I will stay - останусь *(ftr fst sng)*; stayed - остались *(past plr)*

stay, to remain - оставаться *(inf)*; stays, remains - остаётся *(thrd sng)*

steak - стейк

steal - красть *(inf)*, украсть *(inf)*; steals - крадёт *(thrd sng)*; stole - украл *(past masc)*

steer - рулить *(inf)*; steer (a little time) - порулить *(inf)*

steering wheel - руль

step - шаг

stick - палка; with a stick - палкой *(inst)*

stink - вонять *(inf)*; (it) stinks - воняет *(thrd sng)*

stir - размешивать *(inf)*; stirred - размешивал *(past masc)*

stolen - украденный *(masc)*; украденные *(plr)*

stomach, belly - живот

stop - остановить (inf), остановиться (inf), останавливаться (inf); stopped - остановила (past fem); остановились (past plr); stops - останавливается (thrd sng); stopping - останавливаясь (pres part)

stop by - заехать (inf)

stop doing smth - перестать делать что-нибудь (inf); stopped - перестали (past plr)

store-room, a repository - хранилище

storey - этаж

stowaway (literally: hare) - заяц;

stowaway (literally: hare) - зайца (acc)

straight - прямо (adv); right now - прямо сейчас

straight ahead - вперёд (adv)

strange - странное (neut); странно (adv)

stranger - незнакомец; unfamiliar, strange - незнакомый (masc)

street block, neighborhood - квартал; three street blocks - три квартала (gen)

stretch - тянуться (inf); stretches - тянется (thrd sng)

strip, runway - полоса

striped - полосатая; striped - полосатую (fem acc)

strong - сильный (masc)

stubble - щетина; stubble - щетину (acc)

study - изучать (inf); studied - изучал (past masc)

stun, to deafen - оглушить (inf); stunned, deafened - оглушил (past masc)

stupid - глупый (masc); some stupid people - несколько глупых людей (plr gen)

substance - субстанция

suburb - пригород

suddenly - вдруг (adv)

suffering - страдание

sugar - сахар

suggest, to give a hint - подсказать (inf);

suggested, gave a hint - подсказал (past masc)

suitcase - чемодан

Sunday - воскресенье

sunny - солнечно (adv)

sunshine - солнечный свет (adj masc); on the street lit by the sunshine - на солнечной улице (adj fem gen)

super thief - супервор

superstar - суперзвезда

supervise, control - контролировать (inf)

support, help, reinforcement - поддержать (inf), поддержка, поддержки (gen)

sure, of course - конечно

surprise - сюрприз, удивление; 2. to surprise - удивить (inf); surprised - удивило (past neut), удивлённо (adv)

surprise, something unexpected - неожиданность; in surprise - от неожиданности (gen)

surprisingly, suddenly - неожиданно (adv)

surround - окружить (inf); surrounded - окружили (past plr)

surrounding - окружающий; people who are near somebody - окружающие

swear - клясться (inf); I swear - клянусь (fst sng)

sweat - пот

switch - переключать (inf); switching - переключая (pres part)

swoop down - пикировать (inf); swoop down - пикируют (thrd plr)

symbol - символ


**Tt**

table - стол

tail - хвост

take - взять (inf), брать (inf), принять (inf); Take! - Возьми! (imp sng); takes -

343

берёт *(thrd sng)*; took - взял *(past sng)*; will take (he, she, it) - возьмёт *(ftr thrd sng)*; 2. take - занимать *(inf)*; takes or takes up (some space or time) - занимает *(thrd sng)*; 3. take *(smth somewhere by transport)* - отвезти *(inf)*; I will take *(smth somewhere by transport)* - отвезу *(ftr fst sng)*; 4. take (somewhere) - (от)вести *(inf)*; takes (somewhere) - ведёт *(thrd sng)*

take a risk - рисковать *(inf)*

take away - забрать *(inf)*; they took away - забрали *(thrd plr)*; 2. take away - увезти *(inf)*

take away, to put away - убирать *(inf)*; takes away, puts away - убирает *(thrd sng)*

take care (of something), deal (with something) - заняться *(inf)*

take off - взлёт; to take off - взлетать *(inf)* / взлететь *(inf)*, вылетать *(inf)*; Take off! - Взлетай! *(imp sng)*; we are taking off - вылетаем *(sec plr)*; 2. take off - снимать *(inf)*, снять *(inf)*; Take off! - Снимай! *(imp sng)* Сними! *(imp sng)*; takes off - снимает *(thrd sng)*; took off - снял *(past masc)*

take out, smuggle - вывезти *(inf)*

take out, to drag out - вытащить *(inf)*, достать *(inf)*, доставать *(inf)*; took out, dragged out - вытащил *(past masc)*, достал *(past masc)*; Take out! - Доставай! *(imp sng)*

take revenge - отомстить *(inf)*

Take! Here! *(imp)* - На! *(informal) (sng)* / Нате! *(plr)*

talented - талантливый *(masc)*; some talented people - несколько талантливых людей *(gen plr)*

talk - поговорить *(perf inf)*

talk, to have a conversation - разговаривать *(inf)*; they talk, have a conversation - разговаривают *(thrd plr)*

tall - высокий *(masc)*

tan - загар; a lot of tan - много загара *(gen)*

Taser - электрошокер

task - задание

tasty - вкусно (adv)

tattoo - татуировка; I see a tattoo. - Я вижу татуировку. *(acc)*

taxi, cab - такси

teach - научить *(inf)*; I will teach - научу *(ftr fst sng)*

teacher - учитель

tear - отрывать *(inf)*, рвать *(inf)*, разрывать *(inf)*; tearing - отрывая *(pres part)*; tears - рвёт *(thrd sng)*; tore, were tearing - разрывали *(past plr)*

tear oneself away - отрываться *(inf)*; tearing oneself away - отрываясь *(pres part)*

teenager - подросток; teenagers - подростки *(plr)*

telephone, a phone - телефон; to telephone, to phone, to call - звонить, позвонить *(inf)*

tell - рассказать *(inf)*, рассказывать *(inf)*; I will tell - расскажу *(ftr fst sng)*; tells - рассказывает *(thrd sng)*

teller - кассир

temporarily - временно *(adv)*; temporary - временный *(masc)*

ten - десять, десяток; some tens (used like dozens) - несколько десятков *(plr gen)*

tension, stress - напряжение; without tension / stress - без напряжения *(gen)*

tent - палатка

tenth, the tenth - десятый *(masc)*

terms - термин; some terms - несколько терминов *(plr gen)*

terms, conditions - условие; terms, conditions - условия *(plr acc)*

terrace - терраса

terrible - ужасный *(masc)*

territory - территория; all this territory - всю эту территорию (acc)
terrorist - террорист; terrorist organization - террористическая организация (masc)
text - текст
than - чем
thank - благодарить (inf), отблагодарить (inf); Thank! - Благодари! (imp sng); thanked - отблагодарил (past masc)
thanks - спасибо
that - тот (masc)
that much - столько
that's enough - хватит
the particle is used with Conditional Mood - бы; I would go to the cinema if I had more time. - Я бы пошёл в кино, если бы у меня было больше времени.
theatre - театр
theft, robbery - воровство; theft - кражу (acc)
then - тогда, то (after если); If you help me, then I will help you. - Если ты поможешь мне, то я помогу тебе. If you open a window, then it will be cold here. - Если открыть окно, то здесь будет холодно.
there (direction) - туда; there (location) - там
thermal, relating to heat - тепловой (masc); some thermal rockets - несколько тепловых ракет (plr gen)
these - эти (plr); this - эту (acc fem); along these - по этим (plr prep)
they - они; to them - им (dat); I know them. - Я знаю их. (acc)
thief - вор
thin - худой (masc)
thing - вещь (sng), штука; things, stuff - вещи (plr)
think - подумать (inf), думать (inf); Think! - Подумай! (imp sng); thinks - думает (thrd sng)
think about - обдумывать (inf); thought about - обдумывал (past masc)
think, to consider - подумать (inf); thought, considered - подумала (past fem); 2. think, to consider - считать (inf); I think, I consider - считаю (fst sng)
third - третий (masc); three - три
thirty - тридцать
this - этот (masc)
thoroughly, really well - хорошенько (adv)
those - те (plr)
though - хотя; at least - хотя бы
thoughtfully - задумчиво (adv)
thousand - тысяча
threaten - угрожать (inf); threatened - угрожал (past masc)
three (people) - трое
three hundred - триста
through - сквозь
throw out/away - выбросить (inf); threw out/away - выбросила (past fem); you will throw out - выбросите (ftr scn plr)
throw, to drop - бросать (inf); throws, drops - бросает (thrd sng)
thunder - гроза
Thursday - четверг
tick - тикать (inf); ticked - тикали (past plr)
ticket - билет
ticketless - безбилетный (masc)
tie - привязать (inf); tied - привязали (past plr); 2. tie - связать (inf); Tie! - Свяжи! (imp sng); tied - связаны (past part plr)
tight - крепко (adv)
time - время
tip - чаевые (plr)
to - к
to the right - вправо (adv), направо (adv)
to you - тебе (dat); I know you. - Я знаю тебя. (acc)

345

toad - жаба; to take a toad - взять жабу (acc)

today - сегодня

together - вместе (adv)

tolerate, put up - терпеть (inf)

tomorrow - завтра

too - слишком (adv); too much - слишком много

too, also - тоже

top - верхний (masc); on the top part - на верхней части (fem gen)

topple - свалить (inf)

touch - дотронуться (inf), коснуться (inf), потрогать (inf), тронуть (inf), касаться (inf); touched - дотронулся (past masc), коснулась (past fem), потрогал (past masc), тронула (fem); touching - касаясь (pres part)

tourist - турист; to say to tourists - сказать туристам (plr dat)

toy - игрушка; toys - игрушки (plr)

traditional - традиционная (fem)

traffic jam - пробка

traffic lights, stoplight - светофор

train - поезд; 2. тренироваться (inf)

transfer - перевести (inf); transferred - перевели (past plr)

transport - перевозка; перевозки (gen)

transportation, traffic - транспорт

travel, set off on a trip - поехать (inf), проезд

tree - дерево; a lot of trees - много деревьев (plr acc)

trial - суд; judge - судья

trick - трюк

trip, drive - поездка

truck - грузовик

trunk - хобот; trunks - хоботы (plr)

trust - доверять (inf); I trust - доверяю (fst sng)

try - пробовать (inf), пытаться (inf), попробовать (inf); tries - пробует (thrd sng), пытается (thrd sng)

try (someone in court) - судить (inf); tried (someone in court) - судили (past plr)

trying - пытающиеся (pres part plr)

t-shirt - футболка; to be dressed in a t-shirt - быть одетым в футболку (acc)

Tuesday - вторник

turn (around) - поворачивать (inf), повернуть (inf), повернуться (inf), обернуться (inf); turn - поворачивают (thrd plr); turned - повернул (past masc), повернулись (past plr); Turn! - Поверните! (imp plr); turned around - обернулся (past masc)

turn away - отвернуться (inf); turned away - отвернулся (past masc)

turn in - сдать (inf); I will turn in - сдам (ftr fst sng)

turn in the air - вираж

turn into, to cross - перейти (inf); turned into, crossed - перешёл (inf)

turn off - выключить (inf), отключить (inf), отключать (inf); turned off - выключил (past masc), отключил (past masc); Turn off! - Отключай! (imp sng)

turn on, to start - включить (inf), включаться (inf); turned on, started - включил (past masc); turns on - включается (thrd sng)

turn out - получиться (inf); turned out - получилась (past fem)

turn over - перевернуться (inf); turned over - перевернулся (past masc)

turn pink - розоветь (inf)

twelve - двенадцать

twenty - двадцать

two - два (masc), две (fem); 2. two (for people) - двое; I know these two (people). - Я знаю этих двоих. (gen)

two hundred - двести

two-story, with two floors - двухэтажное (neut)

346

## Uu

unbutton - расстегнуть *(inf)*; unbuttoned - расстегнул *(past masc)*
uncertainly - неуверенно *(adv)*
under - под
understand - понимать *(inf)*
underwear, linen - бельё
unemployed - безработный; unemployed people - безработные *(plr)*
unfriendly - недружелюбно *(adv)*
uniform - форма, униформа
university - университет
unkind - недобрый *(masc)*
unkindly - недобро *(adv)*
unlikely - невероятно *(adv)*
unpleasant - неприятный; with an unpleasant smile - с неприятной улыбкой *(inst fem)*
untie - развязать *(inf)*; untied - развязал *(past masc)*
up *(direction)* - вверх *(adv)*; above *(location)* - вверху *(adv)*
urgent - срочная *(fem)*
urgently - срочно *(adv)*
urinate - помочиться *(inf)*; urinated - помочился *(past masc)*
urinate, to pee - мочиться *(inf)*; Urinate! Pee! - Мочись! *(imp sng)*
use - использовать *(inf)*, пользоваться *(inf)*; use - пользуетесь *(sec plr)*; using - используя *(pres part)*
uselessness - бесполезность
usually - обычно *(adv)*


## Vv

vagabond, bum, tramp - бродяга
vanilla - ванильное; a lot of vanilla ice cream - много ванильного мороженого *(neut gen)*
vault - сейф

ventilation - вентиляция; a ventilation shaft - шахта вентиляции *(gen)*
vertically - вертикально *(adv)*
very - очень
vibrate - вибрировать *(inf)*; vibrates - вибрирует *(thrd sng)*
victor, winner - победитель
video camera - видеокамера; some video cameras - несколько видеокамер *(gen plr)*
view - вид
village - деревня; near a village - возле деревни *(gen)*
violate, to break (an agreement) - нарушить *(inf)*; violated, broke (an agreement) - нарушила *(past fem)*
visible - видно *(past part neut)*
voice - голос


## Ww

wailing - вой
waist, belt - пояс
wait - подождать *(inf)*, ждать *(inf)*; Wait! - Подождите! *(imp plr)* Подожди! *(imp sng)* Ждите! *(imp plr)*; waits - ждёт *(thrd sng)*
wait for, to await - ожидать *(inf)*; waiting for, awaits - ожидает *(thrd sng)*
wait out - переждать *(inf)*
waiter - официант
wake up - разбудить *(inf)*; woke up - разбудила *(past fem)*
walk through - пройти *(inf)*, проходить *(inf)*; walked through - прошёл *(past masc)*; walk through - проходят *(thrd plr)*
walk up (to something) - дойти *(inf)*, подойти *(inf)*; Walk up! (to something) - Дойди! *(imp sng)*; walked up (to something) - дошёл *(past masc)*; walked up to - подошёл *(past masc)*
walk, to go - идти / ходить *(inf)*; Walk!

Go! - Иди! *(imp sng)*; walks, goes - ходит *(thrd sng)*

wall - стена; to paint a wall - красить стену *(acc)*

wallet - бумажник

want - захотеть *(inf)*; will want - захочет *(ftr thrd sng)*; 2. хотеть *(inf)*; I want - хочу *(fst sng)*; (you) want - хочешь *(sec sng)*; wants - хочет *(thrd sng)*; wanted - хотел *(past masc)*; want - хочется

war - война; he is in the war - он на войне *(prep)*

warm - тепло *(adv)*

was - был *(masc)*, была *(fem)*, было *(neut)*; were - были; to be - быть *(inf)*; I was at the theatre. - Я был в театре.

was asleep - спал *(past masc)*

waste, to lose - терять *(inf)*; waste, lose - теряй *(imp sng)*

watch, observe - наблюдать *(inf)*

water - вода *(noun)*; a lot of water - много воды *(gen)*; 2. water - поливать *(inf)*; waters - поливает *(thrd sng)*

water, made out of water - водяная *(adj fem)*

wave - волна *(sng)*; waves - волны *(plr)*; 2. wave - махать *(inf)*, помахать *(inf)*; were waving - махали *(past plr)*; waved - помахал *(past masc)*

ways - пути *(acc plr)*

we - мы; to us - нам *(dat)*; we have - у нас

weak - слабый *(masc)*

weapon - оружие

Wednesday - среда

week - неделя; I scheduled this week. - Я спланировал эту неделю. *(acc)*

weep, to cry - плакать *(inf)*; weeping, crying - плачущие *(pres part plr)*

well - ну *(interjection)*, хорошо *(adv)*

well, so - итак

were heard - слышны *(past part plr)*

what - что

what, which - какой *(masc)*, какая *(fem)*

when - когда

where *(direction)* - куда, where *(location)* - где

where from - откуда

whether, if - ли

which, that - которая *(fem)*

whisper - прошептать *(inf)*; whispered - прошептал *(past masc)*

white - белый *(masc)*

who - кто; with whom - с кем *(inst)*; Whom do you know here? - Кого ты знаешь здесь? *(gen)*

whole - целая *(fem)*

whose - чья *(fem)*

why - почему

why, what for - зачем

wide - широкая *(fem)*; широко *(adv)*

wife - жена

win - выиграть *(inf)*; won - выиграла *(past fem)*

wind - ветер

window - окно; past a window - мимо окна *(gen)*; window (on an airplane) - иллюминатор

wine - вино

wing - крыло; with a wing - крылом *(inst)*

wink - подмигнуть *(inf)*; winked - подмигнул *(past masc)*

wipe - вытереть *(inf)*, вытирать *(inf)*; wiped - вытер *(past masc)*; wipes - вытирает *(thrd sng)*

wisely, intelligently - умно *(adv)*

wish - желать *(inf)*; they wish - желают *(thrd plr)*

with - с

without - без

woman - женщина

wooden - деревянная *(fem)*

work *(perfective)* - работать, сработать *(inf)*; worked *(perfective)* - работал, сработал *(past masc)*; works - работает

*(thrd sng)*

work off - отраб**о**тать *(inf)*; worked off - отраб**о**тал *(past masc)*

work, a job - раб**о**та; a lot of work - мн**о**го раб**о**ты *(gen)*

work, to function - функцион**и**ровать *(inf)*; functioned - функцион**и**ровал *(past masc)*

worker - раб**о**чий *(noun sng)*; workers - раб**о**чие *(plr)*

world - мир

worry - волнов**а**ться *(inf)*; worries - волн**у**ется *(thrd sng)*

worry, to feel upset - пережив**а**ть *(inf)*; worry, feel upset - пережив**а**й *(imp sng)*; Do not worry! - Не пережив**а**й!

worse - х**у**же *(adv)*

wound - р**а**на; to wound - р**а**нить *(inf)*; was wounded - р**а**нило *(past neut)*

wrap (itself) - обм**а**тываться *(inf)*; wraps (itself) - обм**а**тывается *(thrd sng)*

write - пис**а**ть *(inf)*; wrote - пис**а**ли *(past plr)*

written - нап**и**сано *(past part neut)*; This word is written incorrectly. - **Э**то сл**о**во нап**и**сано непр**а**вильно.

# Yy

yard - двор

yawn - зевн**у**ть *(inf)*; yawned - зевн**у**л *(past masc)*

year - год *(sng nom)*; years - лет *(gen plr)*; many years - мн**о**го лет

yellow - жёлтый *(masc)*

yes - да

yesterday's, of yesterday - вчер**а**шний *(masc)*

you - вы *(plr)*, Вы *(sng polite)*; I know you. - Я зн**а**ю Вас. *(acc)*; 2. you (informal) - ты *(sng)*; with you - с тоб**о**й *(inst)*; to you - вам, теб**е** *(dat)*

you could, will be able to - см**о**жешь *(ftr sec sng)*

young - молод**а**я *(fem)*

your - ваш *(masc)*; в**а**ша *(fem)*; в**а**ше *(neut)*; в**а**ши *(plr)*; your, yours - твой *(masc)*

yourself - себ**е** *(dat)*; Take this crossword to yourself. - Возьм**и** этот кроссв**о**рд себе.

# Zz

zoologist - зо**о**лог

# Recommended Books

**Learn Russian Language Through Dialogue: Bilingual textbook with parallel translation for speakers of English (Russian Edition)**
The textbook gives you many examples on how questions and answers in Russian dialogue should be formed. It is easy to see the difference between Russian and English using parallel translation. Common questions and answers used in everyday situations are explained simply enough even for beginners. A lot of pictures with vocabulary and some sayings and jokes make it engaging despite six cases that make Russian a little difficult for some students. Audio tracks are available on lppbooks.com for free download.

**First Russian Reader for beginners bilingual for speakers of English (Russian practice for speakers of English)**

There are simple and funny Russian texts for easy reading. The book consists of Elementary and Pre-intermediate courses with parallel Russian-English texts. The author maintains learners' motivation with funny stories about real life situations such as meeting people, studying, job searches, working etc. The ALARM method (Approved Learning Automatic Remembering Method) utilize natural human ability to remember words used in texts repeatedly and systematically. The author had to compose each sentence using only words explained in previous chapters. The second and the following chapters of the Elementary course have only 30 new words each. First Russian Reader for complete

beginners was created in the same way as Second Russian Reader. Those who do not have any background about Russian should start with First Russian Reader before moving on to Second Russian Reader. Audio tracks are available on lppbooks.com for free download.

\* \* \*

Printed in Great Britain
by Amazon.co.uk, Ltd.,
Marston Gate.